include MyDesk

Per accedere a MyDesk vai su

www.alphatest.it/tu25288

e segui le istruzioni.

Cos'è MyDesk e cosa ti offre?

MyDesk è l'esclusivo sistema di e-learning adottato anche in tutti i corsi di preparazione Alpha Test. Acquistando questo volume, hai diritto ad accedere a MyDesk usufruendo di contenuti supplementari utili per la preparazione al tuo concorso.

A tua disposizione trovi:

- **Simulazioni** d'esame
- **Esercitazioni** mirate
- **Tutorial** su test e preparazione all'esame

L'abbinamento di MyDesk al libro ti consente di potenziare lo studio, l'esercizio e la verifica della preparazione offrendoti maggiori possibilità di successo nella selezione.

TESTUNIVERSITARI

Alpha Test
MEDICINA
Esercizi commentati

edizioni
Alpha Test

Via Mercalli, 14 – 20122 – Milano (Italy)
Tel. 02 5845981 – fax 02 58459896
servizi@alphatest.it
www.alphatest.it

ISBN: 9788848325288

Quattordicesima edizione: ottobre 2022
Prima edizione: maggio 1997

Stampato da L.E.G.O. S.p.A. Lavis (TN)
per conto di Alpha Test S.r.l.
nell'ottobre 2022

INDICE

parte settima – **PROVA SIMULATA** 261

Prefazione

Per gli studenti italiani (ma anche stranieri che vogliono studiare in Italia) l'iscrizione all'università è ormai da parecchi anni subordinata al superamento di una prova di **selezione** (o talvolta di valutazione), che ha lo scopo di verificare se e in quale misura le aspiranti matricole abbiano le potenzialità di frequentare con profitto il corso di laurea prescelto.

Attualmente, in Italia – sia nelle più importanti università private sia negli atenei statali – quasi tutti i corsi di laurea magistrale a ciclo unico (**Medicina e Chirurgia**, **Odontoiatria e Protesi dentaria**, **Medicina Veterinaria**, Scienze della Formazione primaria, Farmacia, Architettura, Giurisprudenza ecc.) e molti corsi di laurea triennale (in particolare quelle **sanitarie**) sono caratterizzati dalla presenza del **numero programmato** a livello nazionale o locale. Il numero di iscritti al primo anno di questi corsi non può quindi superare il limite di posti stabilito dal Ministero o dai singoli atenei.

La selezione tra i candidati che desiderano accedere a un corso universitario a numero programmato viene effettuata quasi ovunque mediante una **prova a test**, composta da domande a risposta multipla: si valutano in tal modo le conoscenze e le attitudini degli studenti. Il test viene predisposto, a seconda dei casi, o su indicazioni del ministero dell'Università e della Ricerca (come, per esempio, per le prove nazionali di accesso ai corsi di Medicina/Odontoiatria e Veterinaria) o dalle singole università o da consorzi interuniversitari (quali il CISIA o il CINECA). Il risultato ottenuto nel test determina il **punteggio** con il quale lo studente entra nella **graduatoria dei candidati**; è sulla base di questa graduatoria che vengono infine attribuiti i posti a disposizione.

Solo in pochi corsi a numero chiuso locale, a definire la posizione nella graduatoria finale contribuiscono anche i voti conseguiti negli ultimi anni di scuola superiore o il voto dell'Esame di Stato, ma con peso minore (se non minimo) rispetto al punteggio del test.

La normativa attuale impone ormai che – anche per i corsi di laurea ad accesso libero – siano attivate in ingresso **prove valutative** e/o di **orientamento**, di solito a test; lo scopo di tali prove è rilevare se la preparazione iniziale dello studente corrisponde a quella ritenuta necessaria per frequentare con successo un dato corso (talvolta essa viene indicata con la formula "saperi minimi"). La valutazione non ha lo scopo di precludere l'iscrizione ma, in caso di mancato raggiungimento della soglia stabilita, attribuisce alcuni **obblighi formativi aggiuntivi** (OFA) che la matricola dovrà assolvere entro il primo semestre o il primo anno di corso, dimostrando di aver colmato le lacune evidenziate. In taluni casi, gli OFA vanno saldati prima di potere affrontare gli esami del primo anno di corso. Può darsi il caso che lo studente – prendendo atto di un esito insufficiente della prova – decida spontaneamente di rivedere la propria scelta di studi.

Dunque, anche chi intende frequentare un corso universitario ad accesso libero deve affrontare una prova prima dell'immatricolazione; ciò impone agli studenti seriamente motivati di prepararsi in modo adeguato per iniziare senza debiti formativi il proprio percorso di studio.

Alpha Test è la più importante organizzazione in Italia che, per prima e da oltre 30 anni, offre agli studenti strumenti e percorsi specifici per affrontare con successo i diversi test di valutazione o di selezione. A questo scopo pubblica la **collana TestUniversitari**, composta da oltre ottanta tra manuali ed eserciziari, differenziati per ogni area di studio (tutte le informazioni su alphatest.it/Libri-Alpha-Test).

In particolare, **questo libro** è dedicato a chi deve preparare i test di ammissione alle lauree magistrali a ciclo unico di **Medicina e Chirurgia** (LM-41), **Odontoiatria e Protesi dentaria** (LM-46) e **Medicina Veterinaria** (LM-42).

L'acquisto di un volume della collana TestUniversitari consente di accedere a **MyDesk**, l'esclusiva piattaforma online sviluppata da Alpha Test, con materiali di studio aggiuntivi (videolezioni, tutorial dei docenti, informazioni aggiornate ecc.) e un avanzato **sistema di simulazione** per svolgere esercitazioni per materia o prove simulate secondo tempi e modalità dell'esame ufficiale.

Per **accedere a MyDesk** è sufficiente seguire le istruzioni che si trovano nella seconda pagina di questo volume.

Alpha Test – attiva su tutto il territorio nazionale, con sedi nelle principali città universitarie – si avvale della collaborazione di un corpo docente di grande esperienza, organizzando **corsi specifici di preparazione** di diversa durata, in presenza oppure online (tutte le informazioni su alphatest.it/Corsi).

Un altro utile strumento per gli studenti è **Alpha Test Academy**: una piattaforma online di assistenza personalizzata allo studio, che guida lo studente in un programma graduale di esercitazioni, fino al raggiungimento di una completa preparazione al test.

Ringraziamenti

Per i preziosi contributi forniti nella fase di realizzazione di questo volume, l'Editore desidera ringraziare il corpo docente Alpha Test e, in particolare, Stefania Provasi, Veronica Facchin, Massimo Mannitti.

Alpha Test ringrazia i lettori, i partecipanti ai corsi e i collaboratori che, con i loro interventi, suggerimenti e in particolare con i giudizi ogni anno forniti al termine dei corsi, hanno contribuito a migliorare nel tempo la qualità dei volumi e dei servizi offerti.

Natura del test e caratteristiche di questo libro

NATURA DEL TEST

Le **prove di selezione** che i lettori di questo volume si preparano ad affrontare sono **regolate a livello nazionale** direttamente dal ministero dell'Università. In base al **fabbisogno** stabilito in accordo con il ministero della Salute, il ministero dell'Università e della Ricerca (MUR) ogni anno determina il numero di posti a bando – per ciascuna delle classi di laurea – sul territorio nazionale e li ripartisce tra tutti gli atenei (statali e privati) che attivano i relativi corsi, in proporzione anche alle disponibilità comunicate da ogni sede universitaria.

Nella tabella seguente sono riportati i dati relativi ai test degli ultimi anni, con il numero di posti messi a bando, nelle sole **università statali**, in totale e rispettivamente per i corsi di Medicina e quelli di Odontoiatria. Nell'ultima colonna si legge il rapporto tra candidati iscritti al test e posti complessivi.

Medicina e Odontoiatria					
Anno	**Posti Medicina**	**Posti Odontoiatria**	**Posti totali**	**Candidati**	**Rapporto**
2019	10.117	1.030	11.147	68.694	6.1
2020	11.259	1.103	12.362	66.638	5,3
2021	12.003	1.125	13.128	63.972	4,9
2022	12.026	1.126	13.152	65.378	4.9

Sempre il MUR stabilisce le modalità di svolgimento del test (data della prova, durata ecc.), la sua composizione (discipline previste, numero di quesiti in totale e per materia) e i programmi d'esame.

DALL'A.A. 2023/2024: TOLC-MED E TOLC-VET

Con il decreto ministeriale n. **1107 del 24 settembre 2022**, il MUR ha radicalmente modificato modalità, tempi e struttura delle prove selettive per l'accesso sia a Medicina e Chirurgia e Odontoiatria e Protesi dentaria sia a Medicina Veterinaria. I cambiamenti sono molti e significativi.

1 Nuova organizzazione e struttura delle prove ministeriali

Il decreto archivia la prova unica nazionale – che si svolgeva in tutta Italia in una stessa data, con quesiti uguali per tutti i candidati – per sostituirla con test del tipo TOLC (Test Online CISIA). Il CISIA è un consorzio interuniversitario che negli ultimi anni ha sviluppato un catalogo di test, pesati e differenziati per l'ammissione ai corsi di laurea in diverse aree di studio (Ingegneria, Economia, Scienze umane, Psicologia ecc.). Ogni TOLC si articola in **Sezioni** (comprensione verbale, logica, quesiti disciplinari quali biologia, matematica ecc.) e ogni sezione propone un numero prestabilito di quesiti a risposta multipla (con 5 alternative) da svolgere entro un tempo prefissato per ogni sezione. Ogni **prova è diversa** dall'altra, costruita con quesiti diversi (estratti da ampi database) che sono però tra loro equipollenti, in modo tale che tutti i questionari di uno stesso tipo di TOLC abbiano **pari livello di difficoltà**.

Il Ministero ha dunque incaricato il CISIA perché appronti un **TOLC** specifico per l'ammissione a **Medicina e Odontoiatria** e uno specifico per l'ammissione a **Veterinaria**.

2 Nuove procedure di selezione

Il decreto supera anche l'impostazione tradizionale della prova di selezione che si può svolgere una volta sola e in contemporanea con tutti i candidati. Le novità si riassumono nelle parole **anticipo** e **ripetibilità**.

- Possono svolgere il TOLC-MED e il TOLC-VET, anche prima del diploma, i candidati iscritti al **quarto** e **quinto anno** di scuola secondaria di secondo grado, oltre naturalmente a chi ha già un diploma.

- In luogo della consueta data unica nazionale, a inizio settembre, si possono svolgere il TOLC-MED e il TOLC-VET in **due sessioni per ogni anno solare**. Nel **2023** queste sessioni sono previste in **aprile** e **luglio**. Per consentire la partecipazione di tutti i candidati, ogni sessione avrà un arco temporale di più giornate, con tre turni di erogazione in ogni giornata. Le date delle due sessioni vengono definite ogni anno con un decreto.
- Ogni candidato può svolgere, per **ogni anno solare**, **2 prove** per ogni tipo di TOLC. È possibile svolgere **un solo TOLC-MED e un solo TOLC-VET per sessione**: non è consentito cioè giocarsi entrambe le prove dell'anno nella stessa sessione.
- La prova cartacea è sostituita da un **test computer based** da svolgere, **in presenza**, presso le postazioni informatiche dedicate nelle varie sedi universitarie: quindi il bando non consente lo svolgimento da casa. A ogni sessione, i candidati devono **iscriversi al TOLC** di interesse (MED o VET, o anche entrambi) attraverso il sito del CISIA. Durante la procedura di iscrizione si può scegliere, tra le sedi indicate come disponibili, quella dove si intende svolgere la prova.
- La ripetibilità del test consente a ogni candidato di scegliere con quale punteggio inserirsi nella graduatoria finale per l'anno accademico di interesse. Per esempio, per immatricolarsi nell'a.a. 2023/2024 sarà possibile utilizzare il **migliore punteggio** ottenuto nelle due sessioni dell'**anno solare 2023**. Per immatricolarsi nell'a.a. 2024/2025 sarà invece possibile presentare il migliore punteggio conseguito con le prove svolte nelle quattro sessioni dei **due anni solari 2023 e 2024**.
- Solo chi ha **svolto** almeno un TOLC-MED o un TOLC-VET può presentare istanza di **inserimento nella graduatoria** di merito corrispondente, compilando la domanda sul portale **Universitaly**. Anche in questo caso, scadenze e modalità sono definite ogni anno per decreto del MUR.
  Attenzione, dunque: avere svolto uno o più TOLC non implica di per sé l'inserimento in alcuna graduatoria. Per risultare in graduatoria è necessario fare la specifica iscrizione.

3 Struttura del TOLC-MED e del TOLC-VET, valutazione della prova e graduatorie

Il TOLC-MED per l'accesso ai corsi di **Medicina** e **Chirurgia** e di **Odontoiatria e Protesi dentaria** per l'a.a. 2023/2024 sarà articolato in **50 quesiti** a risposta multipla con **5 alternative** di cui una sola esatta.

I quesiti saranno ripartiti in quattro sezioni:

• Comprensione del testo e conoscenze acquisite negli studi	**7 quesiti** da svolgere in **15 minuti**
• Biologia	**15 quesiti** da svolgere in **25 minuti**
• Chimica e Fisica	**15 quesiti** da svolgere in **25 minuti**
• Matematica e Ragionamento	**13 quesiti** da svolgere in **25 minuti**
• **Totale**	**50 quesiti** da svolgere in **90 minuti**

Anche il TOLC-VET per l'accesso a **Medicina Veterinaria** per l'a.a. 2023/2024 sarà composto da **50 quesiti** a risposta multipla (con **5 opzioni**, di cui una sola esatta). I quesiti saranno così ripartiti in quattro sezioni:

• Comprensione del testo e conoscenze acquisite negli studi	**7 quesiti** da svolgere in **15 minuti**
• Biologia	**12 quesiti** da svolgere in **20 minuti**
• Chimica e Fisica	**18 quesiti** da svolgere in **30 minuti**
• Matematica e Ragionamento	**13 quesiti** da svolgere in **25 minuti**
• **Totale**	**50 quesiti** da svolgere in **90 minuti**

La **distribuzione obbligata dei tempi di svolgimento** è quindi una importante novità rispetto alle precedenti regole in uso. A ogni sezione infatti è attribuito un certo minutaggio che non può essere utilizzato per risolvere i quesiti di altre sezioni.

Nella correzione dei TOLC sia di Medicina e Odontoiatria sia di Veterinaria, verranno assegnati i seguenti valori: **1 punto** per ogni risposta esatta; una penalità pari a **–0,25 punti** per ogni risposta errata e **0 punti** per ogni risposta omessa.

Il punteggio così ottenuto è detto punteggio "non equalizzato" e verrà sommato a un coefficiente di equalizzazione: si tratta di un numero (ricavato con procedimenti statistici) che tiene conto delle difficoltà misurate dei singoli quesiti di ciascuna prova e rende *equa* la comparazione tra tutte le prove sostenute, anche se composte da quesiti diversi e svolte in momenti diversi. Il punteggio risultante è il **punteggio equalizzato** che il candidato potrà utilizzare per l'inserimento in graduatoria.

Terminato il proprio TOLC, il candidato troverà nella sua area riservata sul portale CISIA i dati relativi alla prova svolta: numero identificativo univoco del questionario; numero risposte esatte, errate, omesse; indicazione della data in cui sarà disponibile l'attestato con il punteggio equalizzato (entro 15 giorni).

Un punteggio equalizzato inferiore alla **soglia minima di 10 punti** è considerato **non idoneo** e non consente al candidato di inserirsi con esso in graduatoria.

- Per quanto riguarda **Medicina e Odontoiatria**, i punteggi presentati dai candidati daranno origine a un'**unica graduatoria nazionale**. In base alla posizione ottenuta da ciascun candidato in graduatoria e all'ordine delle preferenze – per sede e per corso – che avrà indicato, verranno assegnati i posti disponibili. I candidati infatti, nell'istanza di inserimento in graduatoria, indicano in successione le proprie preferenze relativamente agli atenei e alla classe di laurea di interesse. Non c'è limite alle preferenze che si possono esprimere ed è consentito elencare, in ordine di gradimento, anche tutte le combinazioni tra sede e corsi di laurea attivi (per esempio: Milano Bicocca Medicina; Milano Università degli Studi Medicina; Milano Università degli Studi Odontoiatria ecc., fino a esaurire tutti gli abbinamenti).
- Anche la selezione per **Veterinaria** dà origine a un'**unica graduatoria nazionale**. In base al punteggio presentato dal candidato e all'ordine delle preferenze espresse in fase di iscrizione , sono assegnati i posti disponibili.

È sempre possibile reperire **informazioni** e **aggiornamenti** su scadenze e procedure dei TOLC-MED e TOLC-VET sul sito alphatest.it.
Si possono inoltre scaricare i **decreti relativi** a queste selezioni all'indirizzo: **alphatest.it/Test-di-ammissione** nella sezione "Bandi, posti disponibili, decreti".

IMAT

Accanto ai corsi tradizionali in lingua italiana, ormai da oltre un decennio sono stati introdotti, in alcuni atenei, corsi di laurea condotti in **lingua inglese** sia per **Medicina** sia per **Odontoiatria**. La relativa prova di ammissione è **unica** per i due corsi di laurea, con produzione di una **graduatoria unica** nazionale: anche la data di svolgimento è unica e, in Italia, si svolge ovunque alla medesima ora.

Nel 2022 sono state attivate alcune sedi estere (sia in Europa sia in altri continenti) per consentire la partecipazione al test anche a studenti stranieri o italiani residenti all'estero. In Italia, si poteva sostenere l'esame ad Ancona, Bari, Bologna, Messina, Milano Università degli Studi, Milano Bicocca, Napoli Federico II, Napoli Vanvitelli, Parma, Pavia, Padova, Roma La Sapienza, Roma Tor Vergata, Siena, Torino.

La prova, denominata **IMAT** (*International Medical Admissions Test*), è stata predisposta dal ministero dell'Università in collaborazione con il Cambridge Assessment. Il questionario era composto da **60 quesiti**, con **5 alternative** di risposta, e articolato come segue:

- 10 domande di cultura generale;
- 10 di ragionamento logico e problemi;
- 15 di biologia;
- 15 di chimica;
- 10 di fisica e matematica.

Il tempo a disposizione è stato pari a **100 minuti**. Sono stati assegnati **1,5 punti** per ogni risposta esatta, una penalità di **–0,4** punti per ogni risposta errata e **0** punti per ogni risposta omessa.

L'idoneità per entrare in graduatoria è stata attribuita solo con il raggiungimento della soglia minima di 20 punti. I candidati collocati in posizione utile in graduatoria sono stati assegnati a una sede universitaria in funzione del proprio punteggio e dell'ordine di preferenze espresso in sede di iscrizione.

Per completare la preparazione, Alpha Test pubblica i volumi specifici: *Alpha Test-Medicina in Inglese IMAT-Manuale; Alpha Test Medicina inglese-Esercizi commentati; Alpha Test Medicina inglese-1300 Quiz* e propone **corsi specifici** di preparazione ai test IMAT.

PROVE NELLE UNIVERSITÀ PRIVATE

Gli **atenei privati** hanno la facoltà di decidere in autonomia sia il contenuto dei propri test selettivi (discipline, tipo di domande, numero di quesiti totali e per ciascun argomento ecc.) sia la data di somministrazione. Anche per queste università, tuttavia, il numero di posti da mettere a bando è stabilito dalla programmazione ministeriale.

Di seguito si riporta quanto avvenuto con le ultime prove di accesso dei principali atenei privati.

Università Cattolica del Sacro Cuore

1. Per l'a.a. 2022/2023 erano a bando **360 posti** per Medicina e Chirurgia e **25** per Odontoiatria e Protesi dentaria. La selezione si è svolta in modalità multisessione (28 e 29 marzo). La prova scritta era la stessa per entrambi i corsi di laurea, ma ogni candidato poteva concorrere per **un solo corso**. Il test era costituito da **60 quesiti a risposta multipla** con **5 opzioni di risposta** e così strutturato:
   - 35 quesiti di ragionamento logico e logico-matematico;
   - 15 quesiti di cultura scientifica (5 di biologia, 5 di chimica e 5 di fisica);
   - 2 quesiti di lingua inglese;
   - 3 quesiti di cultura generale;
   - 5 quesiti di cultura etico-religiosa.

   Il tempo a disposizione era di **60 minuti**. Sono stati assegnati **1 punto** per ogni risposta esatta, una penalità pari a **–0,25 punti** per ogni risposta errata e **0 punti** per ogni risposta omessa. Anche per chi ha ottenuto punti sufficienti a immatricolarsi, la risposta errata a 3 o più domande delle sezioni di biologia e/o di chimica ha comportato l'attribuzione dei relativi OFA.

   La posizione del candidato in graduatoria è dipesa solo dal **risultato del test**. In caso di parità, il criterio di prevalenza ha premiato il candidato con il migliore punteggio ottenuto nella soluzione dei quesiti relativi, nell'ordine, agli argomenti di: ragionamento logico e logico-matematico, poi di cultura scientifica (complessivamente considerati), cultura generale, conoscenza della lingua inglese, cultura religiosa. In caso di ulteriore parità ha prevalso il candidato anagraficamente più giovane.
2. Per l'a.a. 2022/2023 erano a bando **30 posti** per cittadini comunitari in Medicina e Chirurgia in lingua inglese (Medicine and Surgery). L'ammissione è stata regolata dall'esito di una prova scritta (in modalità multisede e multisessione) composta da **65 quesiti** con 5 **opzioni di risposta**:
   - 2 quesiti di cultura generale;
   - 20 quesiti di ragionamento logico;
   - 18 quesiti di biologia;
   - 12 quesiti di chimica;
   - 8 quesiti di fisica e matematica;
   - 5 quesiti di cultura etico-religiosa.

   La prova è stata erogata in lingua inglese e in modalità **computer based**; il tempo complessivo a disposizione per risolvere i quesiti è stato di **65 minuti**. Il test è stato valutato assegnando **1 punto** per ogni risposta esatta; **–0,25 punti** per ogni risposta sbagliata; **0 punti** per ogni risposta omessa. Anche per chi ha ottenuto punti sufficienti per immatricolarsi, 10 o più risposte errate in biologia e/o 6 o più risposte errate in chimica hanno comportato l'attribuzione dei relativi OFA.

   In caso di parità tra due o più candidati, la precedenza è andata al migliore punteggio, nell'ordine, per i quesiti del gruppo di ragionamento logico, poi di biologia, chimica, fisica e matematica, cultura etico-religiosa. In caso di ulteriore parità ha prevalso lo studente anagraficamente più giovane. La **soglia minima** richiesta per potersi immatricolare al corso di laurea è stata fissata a **15 punti** su 65.

Per la preparazione agli esami di ammissione all'università Cattolica, Alpha Test ha in programma alcuni **corsi mirati** e pubblica i **volumi specifici** *Alpha Test Cattolica San Raffaele-Manuale; Alpha Test Cattolica San Raffaele-Esercizi commentati.*

Libera Università Vita-Salute San Raffaele

1. Per l'a.a. 2022/2023 erano a bando **600 posti** per Medicina e Chirurgia e **60 posti** per Odontoiatria. L'ammissione è stata regolata tramite prove erogate in modalità **computer based**, multisessione (a fine febbraio) e multisede, in test center di varie città (Milano, Roma, Napoli, Bari, Reggio Calabria, Catania, Palermo, Cagliari). I test erano composti da **60 domande** a **risposta multipla** così ripartite:
   - 36 domande di logica, problem solving e comprensione di un testo;
   - 24 domande di carattere scientifico (biologia, chimica, matematica e fisica).

   Il 10% delle domande era formulato in inglese. Il tempo complessivo a disposizione per risolvere i quesiti è stato di **60 minuti**. I punteggi sono stati assegnati come segue: **1 punto** per ogni risposta esatta; **–0,25 punti** per ogni risposta errata; **0 punti** per ogni risposta omessa.

   Al termine dell'esame, a ogni candidato è stato richiesto di rispondere a ulteriori 7 quesiti di riserva, con un tempo aggiuntivo e proporzionale al tempo complessivo della prova gestito informaticamente dalla piattaforma d'esame. Tali quesiti, coerenti con il programma del test, hanno fatto da riserva in caso di anomalie in uno o più quesiti. In assenza di annullamenti, i quesiti di riserva NON hanno concorso alla definizione del punteggio.

   In caso di parità tra due o più candidati, la precedenza è andata al migliore punteggio, nell'ordine, per i quesiti dei raggruppamenti di: logica e problem solving; comprensione del testo; biologia; chimica; matematica; fisica. In caso di ulteriore parità di punteggio la priorità è stata data al soggetto anagraficamente più giovane.

   In fase di iscrizione, il candidato indica il proprio ordine di preferenza in relazione ai due corsi di studio ai fini della successiva formazione delle graduatorie.

2. Per l'a.a. 2022/2023 sono stati messi a bando **86 posti** per Medicina e Chirurgia in lingua inglese (*International MD Program*). L'ammissione è stata regolata tramite prove erogate in modalità **computer based**, multisessione (ai primi di marzo) e multisede, in test center di varie città (Milano, Roma, Napoli, Bari, Reggio Calabria, Catania, Palermo, Cagliari) Il test era composto da **60 domande** a risposta multipla formulate in inglese così ripartite:
   - 36 domande di logica e problem solving e comprensione di un testo;
   - 24 domande di argomento scientifico (biologia, chimica, matematica e fisica).

   Il tempo complessivo a disposizione è stato pari a **80 minuti**. I punteggi sono stati assegnati come segue: **1 punto** per ogni risposta esatta; **–0,25 punti** per ogni risposta errata; **0 punti** per ogni risposta omessa. Al termine dell'esame, a ogni candidato è stato richiesto di rispondere a ulteriori 7 quesiti di riserva, in un tempo aggiuntivo e proporzionale al tempo complessivo della prova. In assenza di annullamenti, i quesiti di riserva NON hanno concorso alla definizione del punteggio.

   In caso di parità tra due o più candidati, la precedenza è andata al migliore punteggio, nell'ordine, per i quesiti dei raggruppamenti di: logica e problem solving, comprensione del testo, biologia, chimica, matematica, fisica. In caso di ulteriore parità di punteggio la priorità va al soggetto anagraficamente più giovane.

Per la preparazione agli esami di ammissione all'Università Vita-Salute San Raffaele, Alpha Test ha in programma **corsi mirati** e pubblica i **volumi specifici** *Alpha Test Cattolica San Raffaele-Manuale; Alpha Test Cattolica San Raffaele-Esercizi commentati*.

Libera Università Campus Bio Medico

1. Per l'a.a. 2022/2023, sono stati messi a bando **140 posti** per il corso di Medicina e Chirurgia. L'ammissione è stata regolata mediante una **prova scritta** (che si è svolta a fine marzo) composta da **80 quesiti a risposta multipla**, così ripartiti:
   - 50 domande di logica;
   - 10 domande di biologia;
   - 10 domande di chimica;
   - 10 domande di fisica e matematica.

Il tempo a disposizione per lo svolgimento è stato di **100 minuti**. Alle risposte sono stati assegnati: **1 punto** per ogni risposta esatta; **–0,2 punti** per ogni risposta sbagliata; **0 punti** per ogni risposta omessa, per un massimo di 80 punti. La **soglia minima** per potersi immatricolare pari a **16 punti**. Avere risposto correttamente a meno della metà delle domande di una o più materie ha comportato l'attribuzione di OFA nelle materie interessate.

In caso di parità tra due o più candidati, la precedenza è andata al migliore punteggio, nell'ordine, per i quesiti dei raggruppamenti di: logica, biologia, chimica e matematica e fisica. In caso di ulteriore parità, ha prevalso lo studente anagraficamente più giovane.

2. Per l'a.a. 2022/2023, sono stati messi a bando **60 posti** per Medicina e Chirurgia in lingua inglese (***Medicine and Surgery***) e aggiuntivi **40 posti** per il nuovo percorso **Medtech**. L'ammissione è stata regolata mediante una **prova scritta** (svoltasi a fine marzo) erogata in lingua inglese e composta da **80 quesiti a risposta multipla**, così ripartiti:
   - 50 domande di logica;
   - 10 domande di biologia;
   - 10 domande di chimica;
   - 10 domande di matematica e fisica.

   Il tempo a disposizione per lo svolgimento è stato di **100 minuti**. Alle risposte sono stati assegnati: **1 punto** per risposta esatta; **–0,2** punti per risposta sbagliata; **0 punti** per risposta omessa.

   Il punteggio massimo conseguibile era di 80 punti, la **soglia minima** per potersi immatricolare pari a **16 punti**. Avere risposto correttamente a meno della metà delle domande di una o più materie, ha comportato l'attribuzione di OFA nelle materie interessate.

   In caso di parità tra due o più candidati, la precedenza è andata al migliore punteggio, nell'ordine, per i quesiti dei raggruppamenti di: logica, biologia, chimica e matematica e fisica. In caso di ulteriore parità, ha prevalso lo studente anagraficamente più giovane.

Per la preparazione agli esami di ammissione all'università Campus Biomedico, Alpha Test ha in programma **corsi mirati** e pubblica i volumi *Alpha Test Cattolica San Raffaele-Manuale; Alpha Test Cattolica San Raffaele-Esercizi commentati*, **validi** anche per **questo ateneo**.

Humanitas International Medical School

1. Per l'a.a. 2022/2023, sono stati messi a bando **130 posti** per il corso di laurea in *Medicine and Surgery*. L'ammissione è stata regolata da una prova **computer based**, multissessione a domicilio. Il test interamente formulato in inglese era costituito da **60 quesiti** con **4 opzioni** di risposta, così ripartiti:
   - 30 quesiti di Scientific Thinking, da svolgersi in **60 minuti**, di cui: 10 quesiti di Procedural Thinking; 10 quesiti di Mathematical Thinking; 10 quesiti di Visual Thinking.
   - 30 quesiti di Academic Literacy, da svolgersi in **60 minuti**.

   Sono stati attribuiti **3 punti** per la risposta esatta; **–1 punto** per la risposta sbagliata; **0 punti** per la risposta omessa. La **soglia minima** era di **40 punti**, con almeno 20 punti per ogni sezione.

   Le matricole inoltre hanno dovuto svolgere un ulteriore test valutativo su biologia, chimica, matematica e fisica, con attribuzione di OFA nella/e materia/e con meno del 50% di risposte esatte.

2. Per l'a.a. 2022/2023, sono stati messi a bando 60 posti per il corso in lingua inglese **MEDTEC School**. L'ammissione è stata regolata da una prova **computer based**, multissessione a domicilio. Il test interamente formulato in inglese era costituito da **60 quesiti** con **5 opzioni** di risposta, ripartiti in 5 sezioni, da svolgere nel tempo complessivo di 100 minuti. In particolare: 20 quesiti di matematica (40 minuti); 10 di comprensione del testo e ragionamento critico (25 minuti); 10 di fisica e chimica (20 minuti); 10 di biologia (10 minuti); 10 di conoscenze tecnico-scientifiche (5 minuti). I quesiti di ogni sezione sono stati valutati con punteggi in positivo e in negativo differenti.

Università "Saint Camillus International" di Roma

1. Per l'a.a. 2022/2023, presso l'università Saint Camillus International University of Health Sciences di Roma, sono stati messi a bando **195 posti** per il corso di laurea in inglese di *Medicine and Surgery*. La prova di selezione, **computer based** e a domicilio, era composta da **60 domande** a **risposta multipla** in inglese, così ripartite:
   - 15 domande di ragionamento logico e comprensione del testo;
   - 35 domande di ambito scientifico (10 di biologia, 10 di chimica, 5 di matematica e10 di fisica);
   - 10 domande relative alla specifica missione umanitaria dell'Università.

   Il tempo a disposizione è stato di **60 minuti**. Alle risposte sono stati assegnati: **1,5 punti** per la risposta esatta; **– 0,25** punti per ogni risposta sbagliata; **0 punti** per ogni risposta omessa.

   Il punteggio massimo conseguibile era 90 punti; la **soglia minima** per potersi immatricolare era di 20 punti, indipendentemente dal posizionamento in graduatoria. In caso di parità di esito ha prevalso il candidato con migliore punteggio nelle domandi di argomento umanitario; in caso di ulteriore parità, il candidato più giovane per età anagrafica.
2. Per l'a.a. 2022/2023, sono stati messi a bando **75 posti** per il corso di laurea in inglese di Odontoiatria e Protesi dentaria. La prova di selezione, **computer based** e a domicilio, era composta da **60 domande** a **risposta multipla** in inglese, così ripartite:
   - 15 domande di ragionamento logico e comprensione del testo;
   - 35 domande di ambito scientifico (10 di biologia, 10 di chimica, 5 di matematica e10 di fisica);
   - 10 domande relative alla specifica missione umanitaria dell'Università.

   Il tempo a disposizione è stato di **60 minuti**. Alle risposte sono stati assegnati: **1,5 punti** per la risposta esatta; **– 0,25** punti per ogni risposta sbagliata; **0 punti** per ogni risposta omessa. La **soglia minima** per potersi immatricolare era di 20 punti.

CARATTERISTICHE DEL LIBRO

Questo volume consente agli studenti di ottimizzare la preparazione per lo svolgimento delle prove con quesiti a risposta multipla sulle discipline previste nei test.

Contiene centinaia di esercizi risolti e commentati relativi alle tipologie di esercizi previsti nei test di ammissione a Medicina e Chirurgia, Odontoiatria e Medicina Veterinaria. È dedicato a corsi di studio diversi, in quanto i test utilizzati per l'ammissione a tali corsi sono della stessa natura e presentano molti aspetti in comune. In generale, non vi è dunque, all'interno del volume, una parte dedicata a Medicina e Chirurgia, un'altra dedicata a Odontoiatria e così via, ma tutte le tipologie di esercizi esaminate sono di interesse per i candidati a tutti i test a cui l'opera si rivolge.

Nella **prima**, **seconda**, **terza** e **quarta** parte del volume vengono presentati i quesiti relativi a **biologia**, **chimica**, **fisica** e **matematica**.

La **quinta parte** del volume è dedicata alla sezione **ragionamento logico** ed esamina tutte le tipologie di esercizi di natura attitudinale, che possono essere raggruppate in macro-categorie:

- **logica verbale**: raccoglie domande che verificano principalmente la **proprietà di linguaggio** dello studente e la sua capacità di individuare le relazioni che possono intercorrere tra vocaboli (di senso, uso, etimologia ecc.). Si tratta dunque di esercizi che valutano non solo la conoscenza della lingua italiana, ma anche le attitudini logiche;
- **ragionamento logico**: figurano in questa categoria gli esercizi il cui obiettivo è valutare la capacità di ragionamento deduttivo dei candidati: riconoscere correttamente il valore di verità di una proposizione logica e le relazioni tra più proposizioni, individuare o prevedere le implicazioni certe, possibili o impossibili di un'affermazione, distinguere una condizione sufficiente da una necessaria rispetto a una data conclusione, operare deduzioni in base a sillogismi ecc.;
- **problemi logico-matematici**: includono diverse tipologie di quesiti, quali i problemi di ragionamento quantitativo o geometrico, esercizi su problemi di tempo, velocità, ritmi di lavoro, interpretazione di tabelle e grafici statistici ecc;
- **analisi di argomentazioni e comprensione verbale**: le domande richiedono di analizzare un testo, individuarne le premesse, riconoscerne il messaggio principale o la supposizione su cui si basa, individuare l'alternativa che rafforza o indebolisce il ragionamento ecc.

La **sesta parte** del volume è dedicata alla sezione **competenze di lettura e conoscenze acquisite**; i quesiti proposti sono finalizzati a verificare, anche attraverso l'utilizzo di brevi brani, le competenze trasversali di ambito umanistico (storia, geografia, filosofia, letteratura ecc.), quelle di cittadinanza e la conoscenza di eventi legati all'attualità economico-giuridica.

Ognuna di queste parti è composta da due sezioni: nella prima, denominata "quesiti", vengono presentati i quesiti senza le soluzioni; la seconda, denominata "soluzioni e commenti", contiene invece il commento e la spiegazione di tutti gli esercizi, unitamente alle soluzioni.

Naturalmente il commento agli esercizi presuppone che lo studente sia già in possesso, almeno parzialmente, delle conoscenze teoriche necessarie alla risoluzione dei quesiti. Il commento, infatti, indica le tecniche di risoluzione più efficaci e segnala le nozioni teoriche che l'esercizio intende verificare, ma non presenta l'analisi e la spiegazione dettagliata di tali argomenti.

Per utilizzare nel modo più proficuo questo eserciziario è utile quindi affiancarlo al corrispondente Manuale di preparazione che propone il ripasso di tutte le discipline oggetto del test attraverso centinaia di illustrazioni, schemi originali, tabelle ed esercizi svolti.

La **settima parte** del volume contiene **una prova simulata di test**, formulata con criteri del tutto analoghi a quelli che caratterizzano il TOLC-MED e il TOLC-VET per l'ammissione ai corsi universitari di Medicina/Odontoiatria e Veterinaria. Tale prova consente allo studente di mettere in pratica quanto appreso nel corso della lettura dei precedenti capitoli e allo stesso tempo di evidenziare le parti sulle quali ancora registra eventuali difficoltà e per le quali è dunque conveniente tornare a ripassare i relativi capitoli teorici contenuti nel MANUALE DI PREPARAZIONE.

I suggerimenti e gli strumenti di Alpha Test per prepararsi al test di ingresso

Il **primo passo** in ogni percorso di preparazione consiste nel procurarsi tutte le informazioni disponibili sul test che si vuole affrontare, cominciando dai contenuti delle sue precedenti edizioni. Le fonti più autorevoli e complete sono il **sito del ministero dell'Università e della Ricerca** (MUR), i **siti degli atenei** di proprio interesse e **alphatest.it**. Sul sito del MUR gli studenti possono trovare tutta la normativa in materia, mentre sui siti delle singole università e di Alpha Test vengono pubblicati i bandi per i diversi concorsi di ammissione, che integrano le indicazioni del Ministero con le specifiche proprie di ciascuna sede. Su **alphatest.it** vengono costantemente aggiornati il calendario con le date di svolgimento delle prove a test e pubblicata la normativa sulle prove di ingresso; si possono inoltre scaricare i test ufficiali degli anni precedenti risolti e commentati, nonché dati e approfondimenti relativi ai diversi corsi di laurea.

Anche i canali social Alpha Test (Facebook, Instagram e Youtube) informano tempestivamente su tutte le novità riguardanti sia i test sia le iniziative del Ministero o degli atenei; nelle rispettive communities gli studenti hanno inoltre la possibilità di relazionarsi tra loro e con gli esperti di Alpha Test.

Un altro utile strumento a disposizione degli studenti è il **magazine on line** di Alpha Test (**http://magazine.alphatest.it**), dove si possono consultare articoli e approfondimenti sempre aggiornati in tema di ammissione all'università, metodi e strumenti di studio, orientamento universitario e bandi di concorso.

Il metodo Alpha Test: libri, Alpha Test Academy, corsi in aula e online

Il **passo successivo** per conseguire una preparazione completa è costituito dallo **studio individuale**. Tra i libri che Alpha Test ha realizzato appositamente per chi deve affrontare i test di Medicina, Odontoiatria e Veterinaria, i principali sono il Manuale di preparazione, la raccolta di quesiti suddivisi per materia Esercizi commentati, la raccolta di prove simulate Prove di verifica e il volume 10.000 Quiz.

Ognuno di questi libri consente l'accesso a **MyDesk**, l'esclusivo ambiente di formazione online creato da Alpha Test, con contenuti e strumenti aggiuntivi a disposizione del lettore.

Ai fini dello studio, ciascuno dei quattro volumi è autosufficiente ma, allo stesso tempo, complementare agli altri. Ecco in sintesi le caratteristiche di ciascuno.

- **Manuale di preparazione**: è il principale strumento di studio. Raccoglie la sintesi di tutti gli argomenti previsti nei programmi ufficiali del test, materia per materia. È un valido aiuto a non disperdere gli sforzi di fronte alla vastità dei programmi da svolgere, perché consente lo **studio** e il **ripasso** mirato. L'esposizione degli argomenti è resa più efficace e completa mediante immagini, schemi, tabelle, glossari, mentre l'apprendimento è facilitato e consolidato grazie ai numerosi esercizi di esempio (sempre nella forma a risposta multipla), risolti e commentati.

  Lo spazio **MyDesk** del Manuale propone videolezioni su argomenti di matematica, tutorial sullo svolgimento dei test, sintesi, formulari e ulteriori materiali di studio. Nel libro, un'apposita icona – visibile sul margine della pagina – segnala la presenza di contenuti aggiuntivi su **MyDesk**.
- **Esercizi commentati**: questo libro rappresenta un ulteriore step da usare nella fase intermedia della preparazione. Si tratta di un volume di esercitazioni guidate, con centinaia di quesiti, suddivisi tra le materie oggetto d'esame. Lo studente può svolgere ogni quesito in autonomia per poi verificare la soluzione nel relativo commento, dove troverà richiamate le nozioni teoriche necessarie e i metodi risolutivi più efficaci. In tal modo, il lettore può sia **esercitarsi** sia **accrescere la preparazione**.

  Nello spazio **MyDesk** correlato, è possibile accedere a un **simulatore online** per svolgere esercitazioni per materia, combinando i quesiti a disposizione di una stessa disciplina, o per comporre prove simulate secondo le modalità e i tempi dell'esame ufficiale.

- **Prove di verifica**: è uno strumento agile ed efficace, consigliato nella **fase finale** del percorso di preparazione. Consente di valutare i propri risultati nella soluzione di prove strutturate, monitorare la preparazione raggiunta e intervenire sulle materie o aree in cui si rilevano incertezze o lacune. Contiene 10 test completi, composti con domande ufficiali dei concorsi degli ultimi anni, in forma di **prove simulate**, accompagnate da indicazioni pratiche (tempo a disposizione, criteri di calcolo del punteggio ecc.) che consentono di svolgerle e valutarle nei modi dell'esame ufficiale.
  Nello spazio **MyDesk** correlato, è possibile svolgere online le prove contenute nel volume e confrontare così il proprio risultato con quello degli altri lettori. Sono inoltre disponibili alcune prove aggiuntive.
- **10.000 Quiz – I quesiti delle prove di ammissione**: è una imponente banca dati di quesiti, che include la raccolta completa dei quesiti delle prove ufficiali somministrate in passato. Gli esercizi sono suddivisi per materia (3000 di biologia, 3000 di chimica e fisica, 3000 di matematica e ragionamento, 1000 di competenze di lettura e conoscenze acquisite negli studi). Alla fine di ogni sezione sono riportate in tabella le soluzioni di tutti i quesiti. Questo volume può essere utilizzato o in parallelo allo studio del MANUALE, o con le stesse finalità delle PROVE DI VERIFICA.
  Come nell'eserciziario, lo spazio **MyDesk** correlato consente l'accesso a un **simulatore online**, per svolgere esercitazioni mirate sulle singole discipline o argomenti e comporre numerose prove simulate da svolgere secondo le modalità e i tempi dell'esame ufficiale.

AlphaTestAcademy

È l'innovativo ambiente di studio online, **personalizzato** e **assistito**, che guida lo studente nella preparazione ai test. Per ciascuna delle materie e degli argomenti previsti nelle prove di ammissione, il programma accompagna lo studente a migliorare le proprie conoscenze, proponendogli in modo **adattivo** batterie di domande a difficoltà graduale e differenziata; ogni domanda è corredata da spiegazioni o da commenti multimediali (link, videotutorial), con specifici richiami di teoria. Il materiale e l'assistenza offerti da AlphaTestAcademy consentono di chiarire lungo il percorso ogni quesito e dubbio individuale, migliorando e consolidando progressivamente conoscenze e capacità in vista del test ufficiale.

Questo lavoro di preparazione e potenziamento rappresenta quindi un utile affiancamento al manuale di preparazione o a un corso Alpha Test in aula. L'abbonamento alla piattaforma è in dotazione ai partecipanti ai corsi Alpha Test e viene abilitato al momento dell'iscrizione.

Corsi

Un ulteriore e importante strumento di preparazione alle prove di ammissione, che Alpha Test ha ideato per gli studenti più motivati, sono i numerosi **corsi**, svolti **in aula** oppure **on line**, con durata differenziata (da pochi giorni di lezione ad alcuni mesi). Frequentare un corso Alpha Test consente di completare, perfezionare e consolidare la propria preparazione grazie ai seguenti punti di forza. Frequentare un corso Alpha Test consente di completare, perfezionare e consolidare la preparazione grazie ai seguenti punti di forza.

1. **La didattica interattiva.** Ogni corso prevede cicli di lezioni e di esercitazioni dedicate al ripasso di tutti gli argomenti oggetto d'esame. Gli studenti possono beneficiare della professionalità di docenti con un'esperienza d'insegnamento unica in Italia, maturata in oltre 30 anni di attività di Alpha Test nel campo specifico della preparazione ai test universitari.
2. **Il materiale supplementare consegnato ai corsi.** Durante le lezioni, a ciascun partecipante viene fornito materiale di studio e di esercitazione aggiuntivo rispetto ai volumi, consegnato al momento dell'iscrizione. Si tratta di contenuti didattici estremamente aggiornati e specifici, redatti in base alla struttura e ai contenuti del test che si deve affrontare.
3. **I corsi online** prevedono un mix tra lezioni sincrone e asincrone e si svolgono nell'aula virtuale di **MyDesk**, uno spazio di e-learning completo, appositamente realizzato da Alpha Test e già sperimentato con soddisfazione da migliaia di corsisti. **MyDesk** consente infatti ai docenti Alpha Test di seguire gli studenti con la stessa cura che hanno in classe, assicurando quindi la più alta qualità non solo nelle fasi di spiegazione ed esercitazione sulle singole materie ma anche in termini di assistenza e supporto a chiarimento di dubbi individuali. Sono inoltre favoriti il rapporto e il confronto diretto con gli altri studenti nonché la puntuale verifica dei progressi nella preparazione.
4. **L'esperienza "sul campo".** In ciascun corso vengono svolte più simulazioni d'esame per mettersi alla prova e per confrontare la propria preparazione con quella di altri candidati.

Infine, chi desidera prepararsi al test di ammissione senza rinunciare a divertimento e nuove amicizie può partecipare a una delle **vacanze-studio Alpha Test** (per informazioni: **alphatest.it/Corsi**).

Test ufficiali commentati e ultimi aggiornamenti disponibili su alphatest.it

Sul sito **alphatest.it** si possono scaricare gratuitamente i test ufficiali di ammissione ai corsi di laurea in Medicina/Odontoiatria e Veterinaria, somministrati negli ultimi anni, completi delle soluzioni e dei **commenti esplicativi dei singoli quesiti**.

Sul sito sono anche pubblicati gli aggiornamenti riguardo alla normativa sui test, con le eventuali integrazioni agli argomenti e ai programmi d'esame.

Test di autovalutazione online

Su **alphatest.it** è possibile autovalutare il proprio livello di preparazione. Il test diagnostico gratuito prevede 20 domande tratte dai test ufficiali degli ultimi anni, da risolvere in 20 minuti; il suo scopo è aiutare il candidato a individuare le proprie debolezze e impostare al meglio il percorso di studio.

Indicazioni per i partecipanti ai corsi Alpha Test

Alpha Test:

- è **la prima** società in Italia specializzata nel preparare gli studenti ai test di ammissione all'università;
- è **l'unica** organizzazione che può vantare un'esperienza di 35 anni e migliaia di corsi già organizzati su tutto il **territorio nazionale**;
- dal 1987 a oggi ha **preparato con successo** ai test universitari **decine di migliaia di studenti** che si sono trovati in vantaggio rispetto alle altre aspiranti matricole;
- è **la più scelta** dagli studenti che superano le selezioni per l'università (secondo i rilievi di una primaria società di indagini di mercato, l'**84%** degli ammessi a Medicina si è preparato con Alpha Test);
- propone **corsi** con durata, programmi e costi differenziati a seconda della prova di selezione e delle esigenze dei singoli studenti, comprese **vacanze-studio, corsi online** e **corsi residenziali**;
- vanta un corpo docente composto da oltre 200 esperti rigorosamente selezionati e costantemente formati: docenti e ricercatori universitari, professionisti e insegnanti con un'**esperienza didattica unica** e **specifica** nel campo della preparazione ai test universitari;
- ha sviluppato, per prima in Italia, una **metodologia didattica innovativa** e specifica per affrontare le prove a test, oggi potenziata con **Mydesk**: un originale spazio di e-learning riservato ai corsisti;
- propone ai suoi corsisti **prove simulate**, corrette individualmente; ciò consente ai partecipanti di verificare in tempo reale il proprio livello di preparazione e di apprendimento;
- effettua l'analisi e la discussione in aula delle **prove ufficiali** somministrate negli anni passati;
- ha sviluppato una collana di volumi specifici per i diversi test di ammissione, già scelti da oltre cinque milioni di studenti, che vengono **forniti ai partecipanti ai corsi** all'atto dell'iscrizione;
- ha sviluppato **AlphaTestAcademy**, la piattaforma di training online personalizzato, attivata per tutti coloro che si iscrivono a un corso;
- mette a disposizione anche dei suoi lettori lo spazio digitale di apprendimento **MyDesk**, con materiali e contenuti aggiuntivi per la preparazione.

I risultati conseguiti nelle prove di ammissione dai corsisti Alpha Test nei tanti anni di esperienza confermano che prepararsi a un test frequentando lo specifico corso Alpha Test rappresenta la scelta migliore per chi è veramente motivato ad accedere al corso universitario desiderato. I dati dicono che in tal modo si aumenta fino a sette volte la probabilità di ammissione rispetto a quella degli altri candidati.

Alpha Test e il suo corpo docente mettono a disposizione l'esperienza maturata e forniscono tutto l'aiuto necessario affinché i propri studenti possano prepararsi nel modo più rapido, completo ed efficace alla prova di selezione. Per accrescere ulteriormente la probabilità di successo è comunque **essenziale l'impegno** di ogni aspirante matricola nelle attività di **studio individuale** e di **esercitazione** prima e durante lo svolgimento del corso.

Per consentire agli studenti un approccio preliminare agli argomenti di studio, Alpha Test consegna già all'atto dell'iscrizione i volumi MANUALE DI PREPARAZIONE, ESERCIZI COMMENTATI, PROVE DI VERIFICA e 10.000 QUIZ (quest'ultimo solo per i corsi di maggior durata) e il codice di attivazione per AlphaTestAcademy valido fino al momento del test ufficiale.

Consigliamo di leggere i libri (almeno il manuale) **prima dell'inizio del corso, per acquisire almeno una conoscenza di base dei programmi**. Questa raccomandazione vale in particolar modo per chi sceglie di frequentare uno dei corsi Alpha Test di durata minore.

Sempre al momento dell'iscrizione al corso, Alpha Test fornisce una guida operativa con istruzioni e consigli utili per avviare la preparazione anche prima dell'inizio delle lezioni e con importanti informazioni sul test di ammissione di interesse dello studente.

Durante il corso l'attenzione viene focalizzata in modo specifico sulle tipologie di quesiti previsti nella prova di ammissione di interesse. Viene inoltre esaminato e discusso con i docenti un consistente numero di esercizi diversi da quelli presenti nei libri e contenuti in appositi materiali didattici aggiornati ogni anno e distribuiti durante il corso esclusivamente ai partecipanti.

Informazioni e modalità di iscrizione ai corsi Alpha Test

Le iscrizioni ai corsi Alpha Test per la preparazione ai test di ammissione universitari sono sempre aperte, sino all'esaurimento dei posti previsti. I corsi sono infatti riservati a un numero limitato di partecipanti.

Per ciascun corso, sono disponibili su **alphatest.it** le informazioni aggiornate relative al calendario e alla quota di partecipazione.

Per chi avesse già acquistato **direttamente da Alpha Test** l'ultima edizione dei libri in dotazione al corso, è prevista una riduzione della quota di iscrizione al corso pari al 100% del prezzo di copertina dei libri; se i libri sono stati acquistati **in libreria** tale riduzione è pari al 50% del prezzo di copertina.

L'iscrizione ai corsi e l'acquisto dei libri Alpha Test possono essere effettuati su **alphatest.it**

Per ricevere maggiori informazioni sui libri o una consulenza gratuita sui corsi è possibile scrivere a info@alphatest.it oppure scegliere una delle modalità indicate nella sezione "Richiedi informazioni" su **alphatest.it**

Suggerimenti per affrontare il test

Per affrontare al meglio un test a risposta multipla è importante conoscerne le caratteristiche rilevanti: per esempio quali siano le modalità di svolgimento, la composizione, il numero dei quesiti e delle alternative di risposta, o – se possibile – quali tipologie di esercizi si dovranno risolvere. In tal modo si possono studiare anche opportune "strategie" per valorizzare al massimo le proprie conoscenze e potenzialità.

Nelle prove per l'ammissione ai corsi a numero programmato, i candidati sono selezionati sulla base di un criterio di tipo **comparativo**. Cioè, per superare la selezione **lo studente deve figurare tra i migliori** nella graduatoria: non è quindi tanto rilevante il punteggio assoluto ottenuto quanto svolgere il test di ammissione meglio di un certo numero di altri candidati.

È bene però ricordare, soprattutto nei casi dei test di ammissione a base nazionale, che a volte è prevista una soglia minima qualificante: in tal caso anche qualora residuassero posti disponibili, i candidati con punteggio inferiore a tale soglia non potrebbero immatricolarsi perché giudicati non idonei. Dunque, totalizzare i punti minimi rappresenta una condizione necessaria ma non sufficiente per l'immatricolazione.

Prima di addentrarsi nell'analisi dei contenuti dei test e degli esercizi che li compongono, è opportuno considerare alcuni suggerimenti solo in apparenza banali, e invece molto utili al fine di ottimizzare il risultato nella prova di ammissione.

Prima del test

Il primo suggerimento, di carattere generale, è leggere con grande attenzione e per intero il **bando di concorso**, compresi gli allegati con i programmi di esame. Inoltre bisogna tenere in considerazione anche le **disposizioni** pubblicate dalla sede universitaria dove lo studente svolgerà la prova. Gli atenei e il Ministero, infatti, sono le fonti di informazioni **ufficiali** relative alle norme, alle modalità di selezione, alla struttura e ai contenuti della prova che regola l'ammissione al corso di studi scelto.

In particolare è importante avere ben chiare le indicazioni relative a: modalità di iscrizione alla prova; titoli necessari per potere partecipare al concorso; giorno e ora di svolgimento della prova di interesse, nonché la sua durata ecc. Sarà cura dello studente verificare in quale modalità (computer based o meno, sessione unica o multisessione ecc.) sarà somministrato il test di suo interesse. Sicuramente, in caso di test in presenza, bisognerà ricordare di recarsi all'esame con un documento di identità valido, la ricevuta di iscrizione ed eventuali ricevute di pagamento richieste.

Il giorno del test

In sede d'esame, prima del suo inizio, di solito vengono comunicate ai candidati le **norme alle quali attenersi durante tutte le fasi di svolgimento del test**. Tali norme riguardano, per esempio: il tempo totale a disposizione, le modalità con cui indicare le risposte sull'apposita scheda cartacea o, in caso di prova *computer based*, le istruzioni per l'utilizzo della piattaforma; vengono inoltre fornite altre indicazioni su come comportarsi durante l'esame e al suo termine.

È necessario rispettare scrupolosamente tutte le regole, evitando così errori banali ma sostanziali (quale, per esempio, la compilazione errata della scheda per le risposte o l'omissione di una firma), che potrebbero compromettere la validità della prova e quindi l'ammissione.

In alcuni casi, all'interno del test stesso gli esercizi sono preceduti da **istruzioni circa le modalità di risoluzione** dei quesiti e a volte anche da un esempio risolto. È importante in questi casi non lasciarsi prendere dalla fretta di mettersi subito al lavoro, ma dedicare la massima attenzione alla lettura di queste istruzioni, indispensabili per capire la logica degli esercizi e per rispondere correttamente alle domande.

Domande a risposta multipla

I test che vengono utilizzati per l'ammissione all'università sono costituiti da domande a risposta **chiusa**, le cui risposte sono cioè predefinite: il candidato deve individuare la sola risposta esatta tra le alternative proposte che, per i test cui si rivolge questo volume, sono sempre **5**.

Per rispondere a una domanda *aperta* (cioè non corredata da risposte prefissate) come per esempio "Qual è la capitale della Colombia?", occorre conoscere l'esatta nozione che consente di dare la risposta. Nel caso di *domande a scelta multipla* è invece possibile procedere anche in maniera diversa.

Si ipotizzi, per esempio, di dover rispondere al medesimo quesito, però in forma chiusa.

---

1 **Qual è la capitale della Colombia?**

- A Delhi
- B Buenos Aires
- C Bogotá
- D Brasilia
- E Santiago

In questo caso è possibile determinare la risposta corretta procedendo in due modi distinti:

1. ragionando come se si trattasse di una domanda aperta: sapendo che la capitale della Colombia è Bogotá, si individua direttamente la risposta corretta (C) senza valutare le altre risposte proposte;
2. se, al contrario, non si conosce la risposta alla domanda, ma si ricordano altri accoppiamenti Paese/capitale, è possibile individuare la risposta corretta eliminando le alternative errate: sapendo che Delhi è la capitale dell'India, Buenos Aires dell'Argentina, Santiago del Cile e Brasilia del Brasile, per esclusione si può concludere che la risposta esatta è la C.

In altre parole, per rispondere correttamente a una domanda a scelta multipla non è sempre strettamente necessario conoscere la risposta esatta: a volte la soluzione può essere individuata indirettamente, escludendo le alternative errate.

Nel caso in cui, procedendo per esclusione, il candidato non riesca a eliminare tutte le alternative errate, il metodo di risposta per eliminazione permette comunque di aumentare le probabilità di individuare la risposta corretta: l'esclusione di una o più risposte riduce infatti il numero delle alternative tra cui si rimane incerti e quindi incrementa la probabilità di individuare l'alternativa corretta.

Valore dei quesiti e gestione del tempo

Come i partecipanti ai corsi Alpha Test hanno modo di sperimentare durante lo svolgimento delle prove simulate, il **tempo** rappresenta uno dei fattori critici per affrontare con successo un test di ammissione.

Infatti, le prove sono spesso progettate e formulate in modo tale da permettere solo ai più preparati e ai più veloci di rispondere, entro i termini concessi, alla totalità delle domande.

È dunque imperativo impiegare razionalmente ogni minuto, avendo presente – prima di iniziare la prova – quanto vale il tempo medio a disposizione per ogni quesito (calcolato sui minuti complessivi divisi per il numero dei quesiti), ed evitando di soffermarsi su una singola domanda per un tempo eccessivamente superiore. In generale, il consiglio è di non superare il tempo medio per più del 20%: questa dilazione per gli esercizi più complessi viene infatti compensata dalla presenza di altri di più veloce risoluzione.

Ormai in quasi tutti i test, ogni risposta corretta fa "guadagnare" lo stesso punteggio: dunque a parità di tempo impiegato conviene risolvere due esercizi semplici piuttosto che uno complesso.

Come in tutti i TOLC, anche la struttura dei **TOLC-MED** e **TOLC-VET** ha conseguenze significative sulla gestione del tempo. Infatti, benché i minuti totali a disposizione siano 90 e gli esercizi 50, il calcolo del tempio medio va fatto sezione per sezione, in quanto ciascuna ha un suo tempo massimo che non può essere integrato con i minuti eventualmente "risparmiati" in un'altra. Il tempo medio dunque non è lo stesso per tutti i quesiti, perché il numero di esercizi di ogni sezione va rapportato al tempo assegnato alla sezione stessa.

Così, per esempio nel TOLC-MED, per i 7 quesiti di Comprensione del testo, il tempo medio è di oltre 2 minuti (128 secondi), mentre per i 15 di Biologia sarà di 100 secondi esatti (lo stesso per Chimica con Fisica). Infine i 13 quesiti di Matematica e Ragionamento avranno un tempo medio disponibile un po' più alto, pari a 115 secondi.

Scelta casuale della risposta?

La correzione dei test attribuisce in genere un punteggio positivo per le risposte corrette e, nella più parte dei casi, l'attribuzione di un punteggio negativo per ogni risposta errata (di solito quantificato in una frazione di punto). Ai quesiti omessi, a cui cioè non si è risposto, viene di norma attribuito punteggio nullo.

Come spesso accade, anche nei TOLC l'attribuzione del punteggio applica il seguente criterio:

- risposta esatta: +1
- risposta errata: –0,25 (–1/4)
- risposta omessa: 0

La penalità sulle risposte errate ha lo scopo di annullare il punteggio positivo che, statisticamente, il candidato potrebbe conseguire rispondendo a caso in assenza di tale penalità.

Ma **è conveniente o no rispondere a caso** ai quesiti a cui si sa trovare soluzione?

Si supponga di non conoscere assolutamente le risposte di 20 quesiti (con 5 risposte alternative ciascuno) della prova. Scegliendo a caso, si risponderebbe statisticamente in modo corretto a 4 esercizi (20/5) e si sbaglierebbero i restanti 16 quesiti. Il punteggio totalizzato sarebbe dunque:

- risposte esatte: $4 \times (+1) = +4$
- risposte errate: $16 \times (-1/4) = -4$
- risposte nulle: $0 \times 0 = 0$
- punteggio totale: $4 - 4 = 0$

Si otterrebbe quindi un punteggio nullo, esattamente identico a quello che si totalizzerebbe scegliendo di non rispondere ai 20 quesiti. Dunque, è possibile distillare una regola utile su come comportarsi nel caso in cui non si riesca a identificare, tra le diverse risposte alternative, quella corretta:

> conviene rispondere casualmente ogni volta che il numero di alternative tra cui si è indecisi è pari o inferiore al reciproco del punteggio negativo attribuito alle risposte errate.

Quindi, se restasse invariata la struttura dei quesiti con 5 alternative, è sufficiente scartare almeno una alternativa per rendere statisticamente conveniente rispondere a caso a un quesito che non si sa risolvere.

Nella pratica, scartare almeno una alternativa di risposta è cosa possibile anche quando l'argomento del quesito risulti poco o per nulla noto al candidato. Infatti quasi sempre almeno una delle risposte fornite è palesemente errata. Si veda per esempio:

---

2 In base alla Costituzione, l'Italia è:

A una repubblica regionale

B uno Stato federale

C una repubblica democratica, fondata sul lavoro

D una repubblica presidenziale, fondata sul lavoro

E uno Stato federato

Anche senza ricordare la definizione precisa che la Costituzione dà dello Stato italiano, è facile riuscire a escludere le alternative B ed E che si segnalano per l'evidente implausibilità. L'Italia infatti è uno Stato unitario che non si articola al suo interno in altre entità statali né è a sua volta parte di uno Stato federale. Al candidato resterà dunque, eventualmente, il dubbio tra tre sole alternative (la risposta esatta è C).

Prova computer based

Con le novità introdotte dalla riforma delle prove di ammissione, descritte a pagina XI e seguenti, le prove dei TOLC per l'accesso a Medicina, Odontoiatria e Veterinaria saranno erogate dalla piattaforma CISIA e i candidati le svolgeranno dalle postazioni informatiche messe a disposizione dalle sedi universitarie.

Rispetto alle prove cartacee (con questionario e scheda delle risposte separate), l'indicazione della risposta sarà più agevole: basterà cliccare lo spazio corrispondente all'alternativa che si ritiene corretta. All'interno di ogni Sezione e del tempo concesso per la soluzione dei relativi quesiti, è sempre possibile cambiare la risposta indicata. Al termine dei minuti assegnati alla Sezione, però, il sistema non consentirà di tornare sulle domande di quella Sezione.

Al termine di ogni prova TOLC-MED o TOLC-VET, lo studente potrà visionare nella sua area riservata CISIA le risposte date e confrontare in forma aggregata il risultato ottenuto con quelli degli altri partecipanti nello stesso periodo/anno solare. Si tratta di uno strumento utile per valutare il proprio posizionamento.

parte prima

BIOLOGIA

Quesiti

1 Si definisce zimogeno un precursore inattivo di un enzima. Esso, infatti, richiede la rottura di uno o più legami peptidici specifici per divenire un enzima attivo. Tale attivazione può avvenire per opera di enzimi specifici che fanno parte della famiglia delle:

A diesterasi
B fragmentasi
C proteasi
D isomerasi
E proenzimasi

2 Gli esempi di seguito riportati sono determinati da interazioni deboli ECCETTO UNO, quale?

A Legame antigene-anticorpo
B Struttura secondaria delle proteine
C Appaiamento codone-anticodone
D Passaggio di H_2O attraverso le acquaporine
E Struttura primaria delle proteine

3 Quali gruppi funzionali sono presenti in una molecola di glucosio nella sua forma lineare?

A 1 gruppo chetonico e 4 gruppi ossidrilici
B 1 gruppo chetonico e 5 gruppi ossidrilici
C 1 gruppo aldeidico, un gruppo chetonico e 4 gruppi ossidrilici
D 1 gruppo aldeidico e 5 gruppi ossidrilici
E 1 gruppo aldeidico e 6 gruppi ossidrilici

4 Quale tra i seguenti composti biochimici contiene azoto?

A Glucosio
B Amilosio
C Vitamina D1
D ATP
E Colesterolo

5 La denaturazione di una proteina consiste:

A nella modifica della sua struttura primaria
B nell'alterazione della sua struttura secondaria e terziaria
C nella frammentazione in piccoli polipeptidi operata dal proteasoma
D nella sostituzione di uno o più amminoacidi nel suo sito attivo
E nella sostituzione di residui idrofilici con residui idrofobici nelle catene laterali di alcuni amminoacidi

6 **Amido, cellulosa e glicogeno sono**:

- A sostanze di riserva contenute nelle cellule vegetali
- B sostanze di riserva presenti nelle cellule animali
- C costituiti da carbonio, idrogeno, ossigeno e azoto
- D polimeri del glucosio con diversi livelli di ramificazione
- E molecole con funzione strutturale e di sostegno

7 **Quale delle seguenti osservazioni può essere utilizzata per distinguere procarioti da eucarioti?**

- A Presenza di pori nucleari
- B Presenza di una parete cellulare
- C Presenza di ribosomi
- D Presenza di trascrittasi inversa
- E Presenza di una membrana cellulare

8 **I prioni sono proteine normalmente presenti sulla superficie di tutte le cellule, ma particolarmente numerose sui neuroni; la loro alterazione provoca il gruppo di malattie definite "encefalopatie spongiformi". Il primo a dare il nome a questi agenti infettivi non convenzionali fu Stanley Prusiner nel 1982, dall'acronimo *PRotein Infective ONly particles*, riconoscendone così la loro natura esclusivamente proteica. La comunità scientifica era invece più propensa a considerare virus questi agenti infettivi. Questa interpretazione era errata in quanto per essere considerati virus avrebbero dovuto avere una delle seguenti caratteristiche tipiche dei virus:**

- A presentare entrambi gli acidi nucleici, DNA e RNA
- B presentare uno dei due tipi di acidi nucleici, DNA o RNA
- C avere una membrana cellulare
- D avere un metabolismo proprio
- E essere visibili al microscopio ottico

9 **I flagelli batterici:**

- A hanno una struttura diversa da quella dei flagelli eucariotici
- B sono costituiti da microtubuli
- C sono importanti per la riproduzione batterica
- D servono per allontanare i virus batterici
- E sono importanti per l'assunzione di cibo

10 **Quale/i delle seguenti sostanze chimiche può/possono attraversare facilmente la membrana cellulare senza l'ausilio di proteine di trasporto?**

1. Glucosio

2. O_2

3. Na^+

- A Solo 1
- B Solo 2
- C Solo 3
- D Solo 1 e 2
- E Solo 2 e 3

11 **Quale tipo di trasporto può essere studiato attraverso una membrana sintetica costituita esclusivamente da un doppio strato lipidico?**

A Diffusione facilitata
B Trasporto attivo primario
C Simporto
D Diffusione semplice
E Antiporto

12 **Il trasporto passivo del glucosio attraverso la membrana cellulare non richiede consumo di ATP. Da dove proviene l'energia necessaria per il trasporto?**

A Dalla pompa del sodio
B Dall'idrolisi di composti diversi dall'ATP
C Dal gradiente di concentrazione
D Da meccanismi di trasporto accoppiato
E Da fenomeni di endocitosi

13 **Una cellula è immersa in una soluzione isotonica. Che cosa avviene?**

A L'acqua entra nella cellula
B L'acqua esce dalla cellula
C L'acqua non entra né esce dalla cellula
D L'acqua entra ed esce dalla cellula in ugual misura
E La cellula va incontro a lisi

14 **Negli eucarioti, quale tra le seguenti proteine forma la trama di microfilamenti del citoscheletro?**

A Miosina
B Tubulina
C Chinesina
D Dineina
E Actina

15 **Quali delle seguenti strutture cellulari vengono coinvolte nella sintesi di glicoproteine destinate alla secrezione?**

1. L'apparato di Golgi
2. Il nucleo
3. Il centriolo
4. Il reticolo endoplasmatico ruvido

A 1, 2 e 3   B 1, 2 e 4   C 1, 3 e 4   D 2, 3 e 4   E Tutte

16 **Quali fra le seguenti sono caratteristiche attribuibili ai mitocondri?**

1. Sede di replicazione di molecole di DNA
2. Sede di sintesi di molecole d'acqua
3. Sede di trasporto tramite diffusione semplice
4. Presenti in cellule autotrofe

A Solo 1, 3, 4
B Tutte
C Solo 1, 2, 3
D Solo 2, 3, 4
E Solo 1, 2

17 **In una molecola di ATP sono presenti:**

- A tre legami ad alta energia
- B un legame ad alta energia
- C un solo legame pirofosforico
- D due legami fosfomonoestere
- E due legami ad alta energia

18 **Il piruvato che si forma dalla glicolisi:**

- A viene immagazzinato come riserva
- B viene trasformato in glucosio
- C viene ridotto ad acetilcoenzima A
- D viene ossidato a gruppo acetilico
- E produce due molecole di ATP

19 **Qual è l'agente riducente nella reazione:**

$$\text{piruvato} + NADH + H^+ \rightarrow \text{etanolo} + CO_2 + NAD^+?$$

- A NADH
- B Piruvato
- C Etanolo
- D CO_2
- E H^+

20 **Nelle cellule degli eucarioti, durante il processo catabolico che porta alla demolizione di una molecola di glucosio, in quale delle seguenti fasi viene liberato il maggior numero di molecole di CO_2?**

- A La fermentazione lattica
- B La glicolisi
- C Il ciclo di Krebs
- D Il trasporto degli elettroni
- E La fosforilazione ossidativa

21 **Nel ciclo di Calvin della fotosintesi le molecole di CO_2:**

- A si legano al glucosio
- B si legano fra loro formando glucosio
- C si legano a uno zucchero a 5 atomi di carbonio
- D si scindono liberando ossigeno
- E si liberano nell'atmosfera attraverso gli stomi

22 **Qual è il prodotto finale del ciclo di Calvin che si verifica all'interno del cloroplasto?**

- A Una molecola di glucosio
- B Gliceraldeide-3-fosfato
- C Ribulosio difosfato
- D Ossigeno
- E Anidride carbonica

23 **Il principale tampone all'interno delle cellule per mantenere invariato il pH è la coppia $H_2PO_4^-$ e HPO_4^{2-}. Quale delle seguenti reazioni tampona un aumento del pH?**

- A $H_2PO_4^- + OH^- \rightarrow H_3PO_4$
- B $H_2PO_4^- + H^+ \rightarrow H_3PO_4$
- C $H_2PO_4^- + OH^- \rightarrow HPO_4^{2-} + H_2O$
- D $HPO_4^{2-} + OH^- \rightarrow H_2PO_5 + H_2O$
- E $HPO_4^{2-} + H^+ \rightarrow H_2PO_4^-$

24 **Le proteine che formano complessi regolativi con le chinasi che governano i processi che avvengono durante le fasi G1, S, G2, ed M del ciclo cellulare sono chiamate:**

- A Cicline
- B Dineine
- C Connessine
- D Integrine
- E Clatrine

25 **Alcune sostanze utilizzate nella cura per il cancro non permettono il disassemblamento del fuso mitotico. In quale delle seguenti fasi si arresta la mitosi a seguito del trattamento con tali sostanze?**

- A Interfase
- B Metafase
- C Profase
- D Anafase
- E Telofase

26 **Quale delle seguenti definizioni NON è corretta?**

- A Centrosoma: centro di organizzazione dei microtubuli
- B Centromero: punto di attacco delle fibre del fuso
- C Corpo basale: organulo che assembla ciglia e flagelli
- D Nucleoide: regione contenente il DNA procariotico
- E Nucleosoma: sede della costruzione delle subunità ribosomiali

27 **Quale processo promuove la ripartizione dei cromosomi nelle cellule figlie al termine della mitosi?**

- A La corrente citoplasmatica
- B L'interazione dei cromosomi con elementi del citoscheletro
- C L'interazione dei cromosomi con la membrana citoplasmatica
- D L'attività motoria intrinseca dei cromosomi
- E La fusione dei cromatidi

28 **Quale delle seguenti affermazioni sull'anafase è corretta?**

- A È una vitamina
- B È una fase sia della mitosi sia della meiosi
- C È una parte dell'interfase
- D È una fase esclusiva della meiosi
- E È una fase esclusiva della mitosi

29 Quale delle seguenti frasi è corretta?

A Nella meiosi si verificano due divisioni nucleari successive che fanno seguito a un solo ciclo di replicazione del DNA

B Al termine della mitosi si hanno 2 cellule figlie con numero cromosomico n

C Al termine della meiosi si hanno 4 cellule figlie con numero cromosomico 2n

D Al termine della meiosi si hanno 4 cellule figlie con identico patrimonio genetico

E Nell'interfase meiotica si ha replicazione del DNA

30 Il nucleo di una cellula diploide in fase G_1 contiene una quantità S di DNA. Se questa cellula va incontro a meiosi, quale sarà la quantità di DNA della cellula alla fine della meiosi I?

A S B 2S C S/4 D S/2 E 4S

31 Nella meiosi, dopo l'appaiamento degli omologhi, è frequente il "crossing over"; durante quale fase del processo meiotico avviene questo fenomeno?

A Diacinesi

B Pachitene

C Leptotene

D Zigotene

E Diplotene

32 Se non avviene *crossing-over*, quanti tipi di gameti può produrre un organismo con sei cromosomi?

A 8

B 6

C 9

D Infiniti

E 66

33 Nell'uomo, quali delle seguenti cellule hanno un numero di cromosomi uguale o minore rispetto ad uno spermatozoo?

1. Un globulo bianco

2. Una cellula staminale embrionale

3. Un ovocita secondario

4. Un globulo rosso maturo

A 1, 2 e 3

B 2, 3 e 4

C 1, 3 e 4

D 1 e 2

E 3 e 4

34 Quale tra le seguenti affermazioni riguardanti la riproduzione sessuata negli organismi eucarioti superiori (animali e piante) NON è corretta?

A In alcune specie può avvenire per autofecondazione

B Prevede la produzione di cellule aploidi

C Implica una divisione meiotica

D In alcune specie può avvenire per gemmazione

E La fecondazione può essere esterna o interna

35 Il termine "ibrido", usato da Mendel, nella genetica moderna è sinonimo di:

- A carattere che non si manifesta
- B eterozigote
- C figlio di specie diverse
- D figlio di razze diverse
- E eredità poligenica

36 Si considerino i seguenti incroci:

1. AA × aa

2. Aa × Aa

3. AA × Aa

4. Aa × aa

Scegliere l'opzione che riporta solo gli incroci con probabilità nulla di avere figli con fenotipo recessivo.

- A 1 e 2
- B 1 e 4
- C 3 e 4
- D 1 e 3
- E 2 e 4

37 Una malattia genetica, autosomica dominante:

- A si manifesta solo in condizioni di omozigosi
- B può essere trasmessa da un solo genitore
- C è sempre trasmessa alla progenie
- D può essere trasmessa solo ai figli maschi
- E è sempre trasmessa dalla madre

38 Un individuo ha ereditato dai genitori, che non hanno alcun problema di udito, una forma congenita di sordità. Tale anomalia genetica è causata da un allele recessivo (d) di un gene il cui allele dominante (D) garantisce la normale percezione dei suoni.

Quale potrebbe essere il genotipo dei genitori di tale individuo?

- A DD e dd
- B dd e dd
- C Dd e Dd
- D DD e Dd
- E Non è possibile stabilirlo

39 Il colore nero (N) della pelliccia delle pecore è dominante sul bianco (n).

Come è possibile determinare il genotipo di una pecora nera?

- A Non è possibile determinare il genotipo
- B Sicuramente è eterozigote perché il nero è dominante
- C Sicuramente è omozigote perché è nera
- D La incrocio con una pecora bianca
- E La incrocio con una pecora nera

40 **"L'acondroplasia è una patologia mendeliana ereditata con modello autosomico dominante. Le caratteristiche cliniche più importanti sono: bassa statura sproporzionata con arti corti e tozzi e macrocefalia con fronte prominente, entrambe dovute a un mancato sviluppo della cartilagine di accrescimento delle ossa lunghe. È la più comune causa di nanismo nell'uomo ed ha una prevalenza stimata di circa un affetto ogni 20.000 nati vivi. Nell'80% dei casi la storia familiare è negativa, cioè si tratta probabilmente di una nuova mutazione. Lo sviluppo intellettuale nei pazienti affetti dall'acondroplasia è comunque normale e riescono a condurre una vita regolare."**

Dalla lettura del brano si può, con buone probabilità, dedurre che se un individuo affetto da acondroplasia sposa una donna normale:

- A il 25% dei figli è normale come la madre
- B sicuramente entrambi i genitori dell'individuo affetto da nanismo erano malati
- C il 50% dei figli presenterà la stessa patologia del padre
- D non potrà avere figli
- E tutti i suoi figli saranno sani

41 **I gatti dell'isola di Man sono eterozigoti per una mutazione (dominante) che causa l'assenza della coda. La mutazione omozigote risulta letale già a livello embrionale. Pertanto l'incrocio tra due gatti di Man originerà:**

- A un rapporto fenotipico di 3:1 tra i gatti nati vivi, cioè 1 gatto di Man e 3 con coda normale
- B un rapporto fenotipico di 2:1 tra i gatti nati vivi, cioè 2 gatti con coda normale e 1 di Man
- C un rapporto fenotipico di 2:1 tra i gatti nati vivi, cioè 2 gatti di Man e 1 con coda normale
- D tutti gatti con coda normale
- E tutti gatti di Man 11

42 **In un incrocio tra due individui, entrambi eterozigoti per due geni (diibridi), qual è la probabilità che la loro progenie abbia un fenotipo dominante per un solo carattere?**

- A 1/2
- B 1/8
- C 3/4
- D 3/8
- E 3/16

43 **In un caso di eredità poligenica, i geni A, B, C controllano tutti la produzione di un pigmento di colore rosso. A quale dei genotipi riportati corrisponde la massima produzione di colore?**

- A aaBBcc
- B AaBBCc
- C aabbCc
- D AaBbCc
- E AAbbcc

44 **Sono detti omologhi i cromosomi che presentano:**

- A identica successione di basi azotate nel DNA
- B diversa sequenza di loci genici
- C diversa sequenza di amminoacidi
- D identica successione di basi azotate nell'RNA
- E identica sequenza di loci genici

45 **Nelle cellule della mucosa uterina della donna:**

- **A** il numero di cromosomi presenti è 23
- **B** non ci sono cromosomi perché la mucosa si sfalda in continuazione
- **C** il numero di cromosomi presenti è 46
- **D** il numero di cromosomi è molto elevato perché la mucosa si sfalda in continuazione
- **E** il numero di cromosomi è doppio rispetto a quello delle cellule delle mucose dell'uomo

46 **L'analisi del cariotipo di un uomo fenotipicamente normale permette di evidenziare se egli:**

- **A** è eterozigote per una malattia dovuta a una mutazione genica
- **B** è portatore di una traslocazione cromosomica bilanciata
- **C** avrà un figlio con cariotipo normale
- **D** è affetto da una malattia ereditaria legata al sesso
- **E** è figlio di genitori eterozigoti per mutazioni geniche

47 **Quale dei seguenti aspetti può essere diverso in una coppia di gemelli non identici?**

- **A** La somma di adenina + guanina
- **B** La quantità di DNA nucleare
- **C** Gli alleli
- **D** Il numero di autosomi
- **E** Il numero di cromosomi

48 **La sindrome di Klinefelter è data da un'anomalia del numero dei cromosomi sessuali ed è caratterizzata da un genotipo:**

- **A** XYY
- **B** X0
- **C** Y0
- **D** XXX
- **E** XXY

49 **Alcune malattie genetiche (per esempio la sindrome di Leigh e alcune encefalo-miopatie) si trasmettono solo in linea femminile. Ciò perché i geni che le determinano:**

- **A** sono geni legati al DNA mitocondriale
- **B** sono geni legati al DNA delle cellule della placenta
- **C** sono geni legati al DNA delle cellule della parete uterina
- **D** sono geni legati al cromosoma X
- **E** sono geni stimolati dalla presenza di ormoni femminili

50 **Il daltonismo è un carattere recessivo controllato da un gene (X^C) che si trova sul cromosoma X. Qual è il genotipo del padre di una bambina daltonica il cui genotipo pertanto è (X^CX^C)?**

- **A** X^CX^C
- **B** $X\ X^C$
- **C** $X\ Y^C$
- **D** X Y
- **E** X^CY

51 **Si consideri l'albero genealogico di una famiglia in cui è presente un gene recessivo non legato al sesso che determina una malattia genetica.**

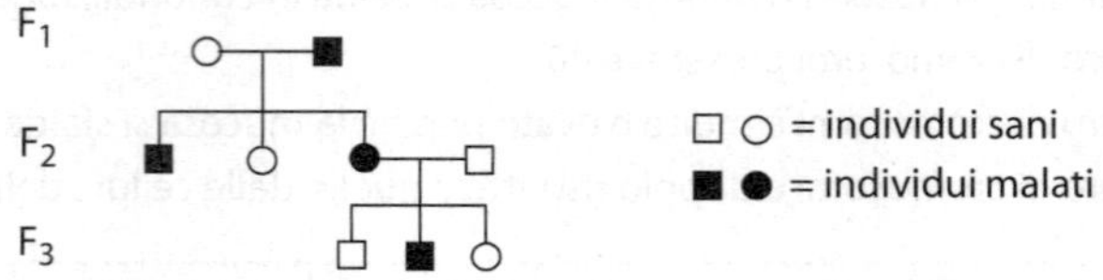

Possiamo dire con certezza che:

- A il maschio malato di F_2 è eterozigote
- B la femmina di F_1 è omozigote
- C la femmina sana di F_2 è eterozigote
- D il maschio sano di F_3 è omozigote
- E la femmina sana di F_3 è omozigote

52 **Nel reparto maternità di un ospedale nascono tre bambini. I loro genitori hanno i gruppi sanguigni presentati in tabella.**

	Coppia 1	Coppia 2	Coppia 3
Madre	A	0	B
Padre	B	0	B

Quale delle seguenti affermazioni è sicuramente CORRETTA?

- A La coppia 1 sicuramente non può avere un figlio 0
- B La coppia 1 ha sicuramente un figlio AB
- C La coppia 3 ha sicuramente un figlio B
- D La coppia 3 potrebbe avere un figlio A
- E La coppia 2 ha sicuramente un figlio 0

53 **Quante reazioni di condensazione avvengono durante la formazione di una catena di tre nucleotidi a partire da fosfato, deossiribosio e basi azotate?**

- A 2
- B 5
- C 6
- D 8
- E 0

54 **Si analizza la composizione nucleotidica di 5 campioni di DNA e si ottengono i risultati sotto indicati. In quale caso si è certamente verificato un errore nell'analisi?**

- A 30% citosina, 30% adenina, 20% guanina, 20% timina
- B 35% guanina, 35% citosina, 15% timina, 15% adenina
- C 25% adenina, 25% citosina, 25% guanina, 25% timina
- D 33% timina, 17% citosina, 17% guanina, 33% adenina
- E 50% basi puriniche, 50% basi pirimidiniche

55 **Un frammento di DNA a doppia elica contiene 12 molecole di timina e 15 molecole di guanina. Quanti singoli legami idrogeno tra basi azotate sono complessivamente presenti all'interno di questo frammento di DNA?**

A 27
B 54
C 66
D 69
E 81

56 **Sia il seguente tratto di DNA: ATTGGCAGCCCC. Identificare la sequenza che rappresenta correttamente la sua duplicazione.**

A TAACCGTCGGGG
B TAAGCCTCGGGG
C TAACCATCGGGA
D TAACCCACGGGG
E TAACCGTCGCCC

57 **Una molecola di DNA va incontro a due successive duplicazioni. Quanto DNA delle 4 molecole risultanti deriva direttamente dalla molecola madre?**

A Il 50%
B Il 100%
C Il 75%
D Il 25%
E Lo 0%

58 **Sono in grado di interrompere la replicazione del DNA deossiribonucleotidi che presentano:**

A lo zucchero ribosio privo del gruppo ossidrilico in posizione 2′
B una base azotata in posizione 1′
C lo zucchero desossiribosio privo del gruppo ossidrilico in posizione 3′
D un gruppo trifosfato in posizione 5′
E un legame fosfodiestere

59 **Quale/i tra gli acidi nucleici elencati di seguito contiene/contengono azoto?**

1. DNA
2. mRNA
3. tRNA

A Solo 1
B Solo 1 e 2
C Solo 1 e 3
D Solo 2 e 3
E Tutti

60 **Che cosa è possibile trovare in un cromosoma umano?**

1. Esoni
2. Introni
3. Proteine

A Solo 1 e 2 B Solo 2 e 3 C Solo 1 e 3 D Tutti E Solo 1

61 È corretto affermare che:

- **A** in un nucleotide lo zucchero e la base azotata sono uniti tra loro da un gruppo fosfato
- **B** le basi azotate presenti nella molecola di RNA sono adenina, guanina, timina e uracile
- **C** nella molecola di DNA i nucleotidi delle due semieliche si appaiano in modo complementare e sono uniti tra loro con 2 o 3 legami ionici
- **D** si può ottenere una molecola di DNA partendo da uno stampo di RNA
- **E** dalla traduzione di un filamento di DNA si ottiene una molecola di mRNA

62 Negli Eucarioti, i fattori trascrizionali regolano l'espressione genica grazie all'interazione con:

- **A** brevi sequenze regolatrici di mRNA
- **B** sequenze regolatrici dello splicing
- **C** brevi sequenze regolatrici di DNA
- **D** domini regolatori dell'attività delle primasi
- **E** sequenze mobili di DNA (trasposoni)

63 In quale dei seguenti organelli avviene solitamente la sintesi proteica?

1. **Cloroplasto**
2. **Mitocondrio**
3. **Nucleo**

- **A** Tutti
- **B** Solo 1 e 2
- **C** Solo 1 e 3
- **D** Solo 2 e 3
- **E** Nessuno

64 La tripletta di nucleotidi AAT presente in una molecola di DNA subisce una mutazione, trasformandosi nella tripletta AAC. Ciò nonostante, dopo la traduzione, non si ha alcun cambiamento nella funzionalità della proteina che si forma. Ciò perché:

- **A** l'mRNA ha corretto la mutazione
- **B** il tRNA della cellula trasporta solo l'amminoacido corrispondente alla tripletta AAT
- **C** la proteina, una volta formata, si corregge per poter svolgere la propria funzione
- **D** la proteina, una volta formata, subisce una mutazione inversa
- **E** il codice del DNA è ridondante

65 La "telomerasi" è un enzima capace di bloccare la perdita dei "telomeri" durante l'attività riproduttiva della cellula, perdita ritenuta responsabile dell'invecchiamento delle cellule. I telomeri sono:

- **A** il punto da cui originano le fibre del fuso
- **B** i mitocondri presenti nelle cellule riproduttive
- **C** porzioni terminali dei cromosomi costituite da DNA ripetuto
- **D** porzioni di DNA che tengono uniti i cromatidi
- **E** cromosomi circolari presenti negli eucarioti

66 Quale dei seguenti meccanismi NON contribuisce alla regolazione dell'espressione genica in una cellula eucariotica?

A L'apoptosi
B Il controllo della trascrizione
C Il processamento dell'RNA
D La degradazione selettiva di proteine
E Il rimodellamento della cromatina

67 I trasposoni, scoperti e studiati dalla biologa Barbara McClintock nel mais, sono sequenze di DNA che si spostano da un punto all'altro del cromosoma, quindi si inseriscono in siti nuovi modificando la sequenza originaria, ampliando così la variabilità genetica. Tale meccanismo, detto "ricombinazione sito-specifica", è alla base:

A della produzione dell'enorme varietà di anticorpi da parte del sistema immunitario
B della presenza di caratteri poliallelici nell'uomo e in altri animali
C della ricombinazione omologa tra cromatidi nel crossing-over
D dell'assortimento allelico durante la meiosi
E della duplicazione della molecola di DNA

68 Si vuole ottenere in laboratorio una coltura di virus per studiarne l'infettività. Si dovrà procedere a:

A seminare particelle virali su una piastra sterile
B infettare con particelle virali colture di cellule a esse sensibili
C seminare particelle virali in un brodo nutritizio
D inoculare i virus in una cavia morta, per maggiore sicurezza
E isolare il ceppo virale e attendere la sua riproduzione in provetta

69 Con la sigla RFLP si intende:

A enzimi di restrizione usati per individuare una sequenza genica
B cellule ottenute da una cellula clonata
C polimorfismo della lunghezza dei frammenti di restrizione del DNA
D assemblaggio di una proteina secondo una precisa sequenza di amminoacidi
E copie di DNA ottenute in gran numero per clonazione

70 Un batterio che produce insulina umana:

A contiene un gene estraneo e lo esprime
B esprime un gene normalmente inattivo
C perde le sue normali capacità metaboliche
D possiede enzimi diversi rispetto a batteri della stessa specie
E ha subito una mutazione

71 In ingegneria genetica con il termine cDNA si indica una molecola di DNA complementare ottenuta a partire da una molecola di RNA, grazie all'intervento degli enzimi trascrittasi inversa e DNA polimerasi. Tale tecnica risulta particolarmente utile quando si lavora con i geni degli eucarioti perché:

A non è possibile isolare il DNA degli eucarioti
B il DNA degli eucarioti contiene oltre agli esoni anche gli introni non codificanti
C i geni degli eucarioti sono formati da triplette diverse da quelle dei procarioti
D i procarioti non sono attaccati dai virus che possiedono la trascrittasi inversa
E l'informazione negli eucarioti passa normalmente dall'RNA al DNA

72 Quale tra i seguenti processi NON ha bisogno dell'enzima DNA ligasi?

A Metodi PCR
B Unione di frammenti di Okazaki
C Sintesi del filamento lento di DNA
D Cucitura del gene target al vettore di clonaggio
E Meccanismi di ricombinazione

73 L'evoluzione richiede obbligatoriamente:

1. variazione genetica
2. selezione naturale
3. predazione

A Solo 1 e 3
B Solo 2 e 3
C Solo 2
D Solo 1
E Solo 1 e 2

74 La Legge dell'uso e del non uso è uno degli assunti fondamentali della teoria scientifica dell'evoluzione proposta da:

A Charles Darwin
B Jean Baptiste de Lamarck
C Charles Lyell
D James Hutton
E Stephen Jay Gould

75 In quale dei seguenti gruppi di organismi può essere utilizzata la definizione biologica di specie?

A Organismi che si riproducono solo per riproduzione asessuale
B Organismi che si riproducono per riproduzione sessuale biparentale
C Organismi che si riproducono solo per partenogenesi
D Tutti gli organismi viventi
E Organismi vissuti nel Paleozoico e poi estinti

76 Nel corso dell'evoluzione la fecondazione interna ha sostituito in molti animali quella esterna. Ciò ha avuto come conseguenza:

A un aumento del numero delle uova prodotte
B una diminuzione del numero delle uova prodotte
C una diminuzione delle cure parentali
D un aumento del numero dei figli
E l'acquisizione delle gonadi

77 Due vertebrati, sani, di sesso differente, appartengono sicuramente a specie diverse se:

A appartengono a due distinte popolazioni
B presentano differenze anatomiche evidenti
C non possono generare prole fertile
D vivono in differenti aree geografiche
E appartengono a due razze molto differenti

78 **La figura rappresenta un esempio di:**

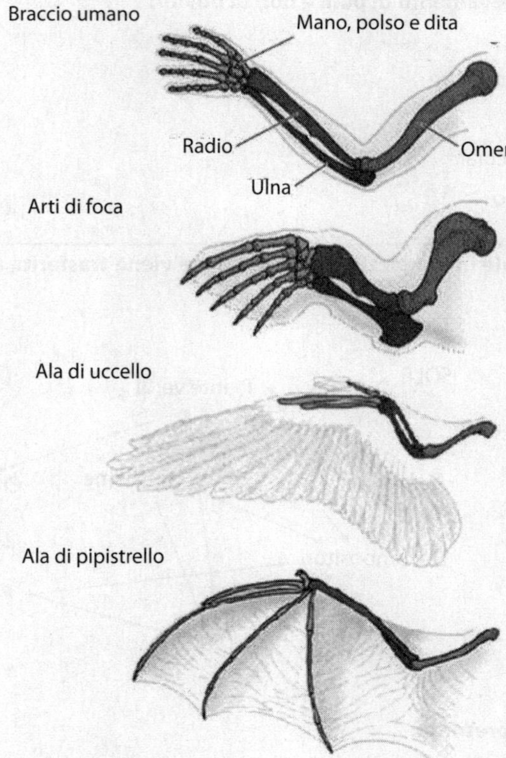

- **A** analogia
- **B** mutazione
- **C** embriologia
- **D** omologia
- **E** convergenza evolutiva

79 **Quale affermazione riguardante gli animali è FALSA?**

- **A** Si tratta di organismi esclusivamente eterotermi
- **B** Si tratta di organismi eterotrofi
- **C** Sono costituiti da cellule eucariotiche
- **D** Sono organismi eterotermi o omeotermi
- **E** Alcune specie animali si possono riprodurre in modo asessuato

80 **Gli organismi eterotrofi:**

- **A** acquisiscono energia partendo da sostanze organiche prodotte dagli autotrofi
- **B** sono in grado di sintetizzare le proprie sostanze nutritive
- **C** si trovano solo tra i procarioti
- **D** sono tutti eucarioti
- **E** utilizzano l'energia solare per sintetizzare glucosio a partire da sostanze inorganiche

81 Quale tessuto biologico, osservato al microscopio ottico dopo colorazione emallume-eosina, mi permette di affermare che si tratta di un prelievo fatto ad un animale proveniente da un allevamento di polli e non di bovini?

- A Cartilagine
- B Epitelio ghiandolare
- C Sangue
- D Tessuto muscolare
- E Tessuto osseo

82 L'energia del sole immagazzinata nelle piante viene trasferita ad altri viventi, secondo lo schema.

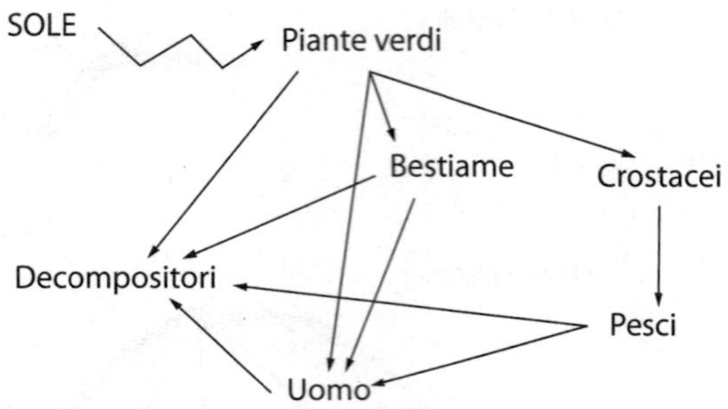

Il bestiame rappresenta:

- A i consumatori primari
- B i consumatori secondari
- C i produttori
- D i semplificatori
- E gli autotrofi

83 Dall'ectoderma prende origine:

- A il sistema nervoso
- B il sistema circolatorio
- C l'apparato respiratorio
- D la colonna vertebrale
- E la muscolatura

84 Quale delle seguenti affermazioni sul tessuto connettivo è falsa?

- A Il collagene forma fibre insolubili con una elevata resistenza elastica
- B È costituito principalmente da collagene, elastina e proteoglicani
- C Le fibre elastiche sono formate da elastina
- D Il tropocollagene è l'unità strutturale del collagene
- E I proteoglicani non costituiscono la sostanza basale del tessuto connettivo

85 Quale/i degli esempi sotto riportati non è/sono riferito/i al tipo degli epiteli semplici?

1. **Epidermide**
2. **Rivestimento interno degli alveoli polmonari**
3. **Epitelio di assorbimento intestinale**
4. **Endotelio**
5. **Mucosa orale**

A Solo 1
B Solo 3 e 4
C Solo 5
D Solo 1 e 5
E Solo 1 e 3

86 Quale tra le seguenti strutture muscolari è striata?

A Il muscolo dilatatore dell'iride
B Il muscolo piloerettore
C Il miocardio contrattile
D Lo strato muscolare longitudinale esterno dell'intestino tenue
E Lo strato muscolare circolare interno dell'intestino tenue

87 Quale delle seguenti affermazioni è corretta?

A L'omero è l'unico osso dell'avambraccio
B Tutte le coste sono collegate allo sterno
C Cuboide, astragalo e scafoide sono ossa del carpo
D Le vertebre libere sono: 5 cervicali, 12 toraciche e 7 lombari
E La clavicola si articola con la scapola

88 Le ossa dei bambini sono più elastiche di quelle dell'adulto perché:

A contengono un numero maggiore di osteociti
B contengono un numero maggiore di osteoni
C hanno una maggior quantità di cartilagine
D hanno una maggior quantità di calcio e di sali minerali
E non sono costituite da tessuto connettivo

89 Indicare quale/i delle seguenti affermazioni sulla cheratina è/sono corretta/e:

1. **è una sostanza di natura proteica**
2. **forma la cuticola di rivestimento degli insetti**
3. **è una sostanza di natura lipidica**
4. **è presente negli strati superficiali dell'epidermide**
5. **è presente nel derma di tutti i vertebrati**

A Solo 1 e 4
B Solo 1
C Solo 2
D Solo 1 e 5
E Solo 3 e 4

90 L'inizio della contrazione a livello della placca motrice di un muscolo scheletrico è permesso da:

- A liberazione di ioni Fe^{2+} da parte della mioglobina
- B riassorbimento di ioni calcio da parte dell'actina
- C liberazione di ossigeno da parte dei numerosi mitocondri
- D liberazione di ioni calcio dal reticolo sarcoplasmatico
- E accorciamento della miosina

91 Quale delle seguenti affermazioni sulle arterie è corretta?

- A Trasportano il sangue dalla periferia verso il cuore
- B Trasportano sempre sangue ossigenato
- C Trasportano sempre sangue non ossigenato
- D Lungo il loro decorso presentano numerose valvole
- E Trasportano il sangue dal cuore verso la periferia

92 Il percorso che il sangue deossigenato compie per giungere ai polmoni è:

- A Arteria polmonare – Atrio destro – Atrio sinistro – Vena polmonare
- B Vena cava superiore – Atrio destro – Ventricolo sinistro – Arteria polmonare
- C Vene cave – Atrio sinistro – Ventricolo sinistro – Arteria polmonare
- D Vena polmonare – Atrio sinistro – Ventricolo sinistro – Arteria polmonare
- E Vene cave – Atrio destro – Ventricolo destro - Arteria polmonare

93 Il contenuto normale in globuli rossi del sangue umano è:

- A 5000 - 6000 cellule per mm^3
- B oltre 10 milioni di cellule per mm^3
- C 5000 - 6000 cellule per cm^3
- D 4 - 5 milioni di cellule per mm^3
- E 4 - 5 milioni di cellule per cm^3

94 Il diagramma rappresenta l'andamento della pressione del sangue nel circolo sanguigno. Il tratto B rappresenta:

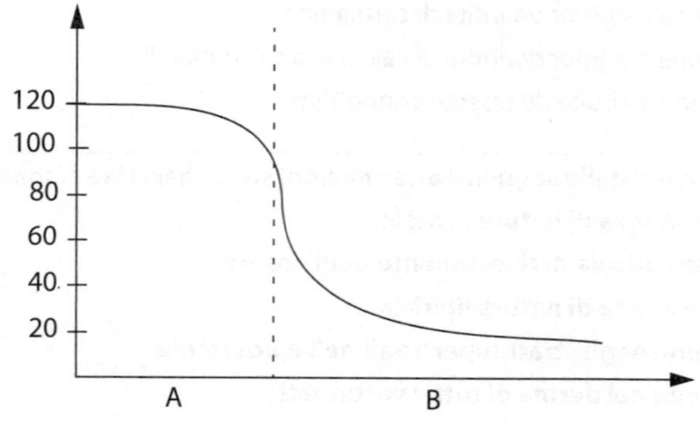

- A la pressione nei capillari e nelle arteriole
- B la pressione nelle vene polmonari
- C la pressione nelle coronarie
- D la pressione nelle vene della circolazione sistemica
- E la pressione nelle arterie della circolazione sistemica

95 **Gli emboli o trombi che si formano nel circolo venoso, soprattutto nelle vene degli arti inferiori, vengono portati dalla corrente sanguigna attraverso vasi sempre più grossi fino al cuore, di qui ai polmoni, dove i coaguli si fermano causando un'ostruzione e determinando l'insorgenza di un quadro clinico noto come embolia polmonare.**

L'embolia polmonare si manifesta con difficoltà respiratoria, ipotensione, insufficienza cardiaca, dolori al torace, affanno, svenimenti. Il trattamento contro l'embolia polmonare è soprattutto farmacologico, e prevede l'assunzione di anticoagulanti tipo eparina e di trombolitici.

Si può affermare che l'embolia polmonare è conseguente a occlusione dei capillari derivati da:

A vena polmonare
B alveolo polmonare
C vena cava superiore
D arteria polmonare
E arteria carotide

96 **L'aterosclerosi colpisce principalmente le arterie ed è caratterizzata dalla formazione nella loro parete interna di placche dure e ruvide, dette ateromatose.**

Esse sono costituite principalmente da:

A proteine e acidi nucleici
B lipidi, colesterolo in particolare
C polisaccaridi
D zuccheri
E tessuto cartilagineo

97 **Quale fra le seguenti non è una funzione del sistema linfatico?**

A Ritorno al sangue dei fluidi tissutali in eccesso
B Produzione dei globuli bianchi
C Trasporto dei grassi assorbiti dal sistema digerente
D Difesa del corpo contro le malattie
E Trasporto di proteine

98 **I linfociti originano e/o si differenziano negli organi linfoidi primari. Quale tra i seguenti è un organo linfoide primario?**

A Milza
B Appendice
C Tonsilla faringea
D Midollo osseo
E Tonsilla palatina

99 **Il "surfactante" è una sostanza prodotta da alcune cellule alveolari, in grado di ridurre la tensione superficiale in corrispondenza del sottile velo umido che riveste gli alveoli.**

La diminuita produzione di tale sostanza comporta:

A l'aumento degli scambi gassosi
B la diminuzione degli scambi gassosi
C l'insorgere della tosse secca
D una depressione tra pleure e torace
E un aumento dei globuli rossi

100 Lo schema rappresenta lo scambio di ossigeno e anidride carbonica attraverso l'endotelio dei capillari sanguigni.

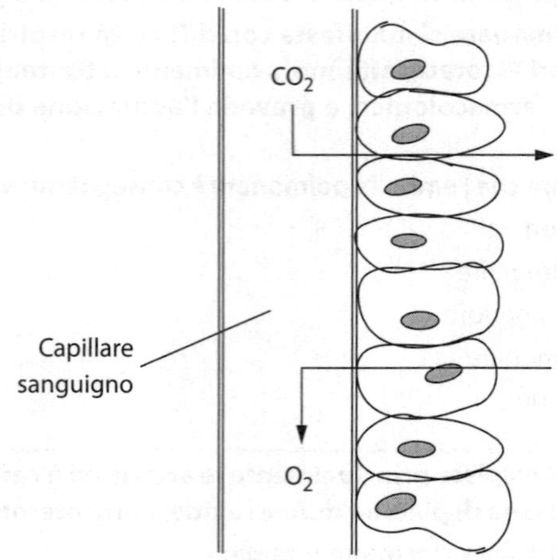

Più in particolare, lo schema rappresenta:

A lo scambio dei gas tra capillari e alveoli polmonari
B lo scambio dei gas tra capillari e cellule dei tessuti
C lo scambio dei gas tra capillari e villi intestinali
D lo scambio dei gas tra capillari e muscoli
E lo scambio dei gas tra capillari e cavità del cuore

101 Due delle seguenti strutture anatomiche necessitano di actina e miosina per espletare la loro funzione principale. Quali?

1. Alveoli
2. Diaframma
3. Muscoli intercostali
4 Pleura

A Solo 1 e 2
B Solo 1 e 3
C Solo 2 e 3
D Solo 2 e 4
E Solo 3 e 4

102 Lo schema rappresenta il processo di idrolisi dell'amido nel tubo digerente dell'uomo.

$$\textbf{Amido} \xrightarrow{\text{amilasi}} \textbf{Maltosio} \xrightarrow{\text{maltasi}} \textbf{Glucosio}$$

Tale processo si completa:

A nell'esofago
B nello stomaco
C nell'intestino
D nel colon
E in bocca

103 Il cardias è:

- A la muscolatura tipica del cuore
- B lo strato muscolare che avvolge i vasi sanguigni
- C la membrana pericardica che avvolge il cuore
- D la meninge che riveste l'encefalo
- E l'orifizio valvolare tra esofago e stomaco

104 Spesso la calcolosi biliare è asintomatica e viene scoperta casualmente nel corso di altre indagini. Più della metà dei pazienti non sviluppa sintomi o complicazioni nemmeno nel corso degli anni. Solo quando i calcoli si muovono dalla loro sede di formazione si hanno episodi acuti e molto dolorosi, le coliche biliari, caratterizzate da un forte dolore addominale che tende a irradiarsi anche alla schiena. Un sintomo inequivocabile è l'ittero, cioè la colorazione giallastra della cute dovuta all'entrata in circolo nel sangue della bilirubina, un costituente della bile, che non compie più il suo percorso fisiologico. Il "percorso fisiologico" della bile è:

- A il coledoco
- B l'arteria renale
- C la vena porta
- D la vena epatica
- E l'uretere

105 Nel processo digestivo lo ione bicarbonato rappresenta:

- A una base presente nel duodeno
- B un prodotto del fegato
- C un acido presente nel duodeno
- D un componente acido del succo gastrico
- E un componente acido presente nello stomaco

106 Il peritoneo è una membrana sierosa che riveste

- A il cuore
- B l'intestino
- C la laringe
- D i polmoni
- E l'epifisi

107 Funzione del tubulo renale è:

- A portare l'urina all'esterno
- B essere sede del riassorbimento
- C collegare il rene con la vescica
- D servire da deposito dell'urina
- E filtrare il sangue

108 In una torrida giornata estiva la diuresi di un uomo che non beve:

- A diminuisce se diminuisce l'umidità
- B diminuisce perché suda molto
- C è uguale a quella di una giornata fredda
- D aumenta perché suda molto
- E aumenta se mangia salato

109 Qual è il percorso seguito dall'urina dopo che ha abbandonato i reni?

A. Uretra, vescica, uretere
B. Vescica, uretere, uretra
C. Vena renale, uretere, vescica
D. Uretere, vescica, uretra
E. Uretra, uretere, vescica

110 Quale delle seguenti affermazioni sul progesterone è FALSA?

A. Viene prodotto dal corpo luteo
B. Viene prodotto dalla placenta
C. La sua produzione è controllata dall'ormone luteinizzante (LH)
D. Mantiene rilassata la muscolatura uterina
E. Viene prodotto dall'ovaio dal primo giorno del ciclo ovarico

111 Un medico deve curare una donna apparentemente sterile; dopo aver accertato che non vi è alcun danno a carico dell'apparato riproduttivo, disporrà degli esami clinici per verificare il corretto funzionamento di:

A. reni
B. muscolatura liscia
C. ipofisi
D. polmoni
E. cuore

112 Responsabile dei movimenti della muscolatura dell'intestino è:

A. il cervelletto
B. il sistema nervoso centrale
C. il sistema nervoso autonomo
D. il tronco o bulbo
E. il midollo spinale

113 Il grafico rappresenta le variazioni del potenziale di membrana durante un impulso nervoso. Il tratto ω rappresenta:

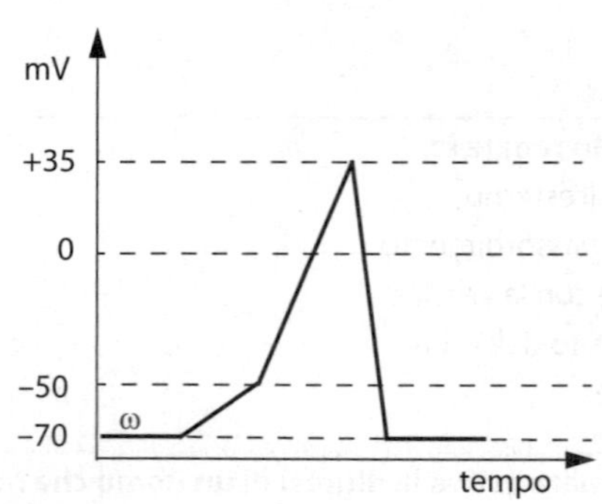

A. il potenziale di azione
B. il potenziale di soglia
C. la chiusura dei canali Na^+
D. il potenziale di riposo
E. la chiusura dei canali di fuga K^+

114 Il trigemino presiede alla sensibilità della faccia e della metà anteriore della testa, e innerva tutti i muscoli masticatori, la congiuntiva, la cornea e l'iride, l'arcata dentale, la lingua. Per questo suo raggio d'azione così diffuso è responsabile della maggior parte delle nevralgie. Indicare le affermazioni corrette relativamente al trigemino.

1. **È un nervo cranico**
2. **È un nervo sensoriale**
3. **È un nervo misto**
4. **È un nervo spinale**
5. **È un nervo motorio**

A 1 e 2 B 3 e 4 C 2 e 4 D 1 e 5 E 1 e 3

115 Nel lobo frontale e parietale del cervello, lungo il solco centrale, si trovano la corteccia motoria e la corteccia sensoriale. Dalla corteccia motoria partono gli stimoli destinati ai muscoli scheletrici. Più esattamente gli stimoli partono da aree specifiche corrispondenti alle singole regioni del corpo. L'estensione di queste aree:

A è proporzionale all'estensione della regione controllata
B è maggiore per la regione del tronco e dell'anca
C è proporzionale alla capacità di ottenere movimenti molto precisi
D è maggiore dove la sensibilità è minore
E dipende dal tipo degli stimoli che invia

116 Quando la luce colpisce la retina avviene una trasformazione chimica in una sostanza contenuta nelle sue cellule e ciò origina lo stimolo nervoso. Questa sostanza è:

A la rodopsina
B la melanina
C la fibrina
D la cromatina
E la macula lutea

117 In quale riga sono correttamente riportate le funzioni relative ad ogni struttura anatomica indicata in colonna?

	midollo allungato	*ipofisi*	*cervello*	*cervelletto*
1	controlla ritmo cardiaco e respirazione	produce l'ormone FSH	coordina l'equilibrio	controlla le emozioni
2	coordina l'equilibrio	controlla le emozioni	controlla ritmo cardiaco e respirazione	produce l'ormone ADH
3	controlla ritmo cardiaco e respirazione	produce l'ormone ADH	controlla le emozioni	coordina l'equilibrio
4	controlla le emozioni	coordina l'equilibrio	produce l'ormone ADH	controlla ritmo cardiaco e respirazione
5	coordina l'equilibrio	controlla ritmo cardiaco e respirazione	controlla le emozioni	produce l'ormone FSH

A Riga 1 B Riga 2 C Riga 3 D Riga 4 E Riga 5

118 **Il sistema endocrino è in grado di:**

- A contribuire al mantenimento dell'equilibrio dei processi fisiologici
- B modificare il metabolismo delle cellule
- C inviare messaggi agli organi bersaglio
- D utilizzare segnali chimici come sistema di comunicazione
- E tutte le altre risposte sono corrette

119 **Il mancato funzionamento delle "isole del Langerhans" del pancreas comporterebbe:**

- A la non produzione di bicarbonato a funzione anti-acida
- B la mancata produzione di tripsina per la digestione delle proteine
- C la mancata produzione dell'amilasi per la digestione degli zuccheri
- D la non regolazione della concentrazione degli ioni calcio nel sangue
- E la non regolazione del rifornimento energetico diretto alle cellule

120 **Quale/i dei seguenti ormoni ha/hanno un ruolo nella regolazione della funzione renale?**

1. **ADH**
2. **FSH**
3. **ACTH**
4. **Aldosterone**
5. **Cortisolo**

- A Solo 1 e 4
- B Solo 2 e 4
- C Solo 1 e 3
- D Solo 4
- E Solo 1 e 5

121 **Le contrazioni dell'utero prima del parto provocano il rilascio di un ormone da parte della neuroipofisi dell'ipotalamo, l'ossitocina, che determina un aumento delle contrazioni che a loro volta accentuano la produzione di ossitocina. Questo è un esempio di:**

- A feedback positivo
- B feedback negativo
- C regolazione nervosa
- D omeostasi
- E arco riflesso

122 **La vasocostrizione si verifica come risposta a una diminuzione della temperatura corporea. La vasodilatazione è conseguenza dell'aumento della temperatura corporea o dell'ingestione di sostanze alcoliche. Ad una persona che ha la pressione sanguigna bassa è consigliabile al mattino:**

- A fare una doccia fredda
- B fare un bagno caldo
- C bere un bicchierino di grappa
- D bere un bicchiere di latte caldo
- E bere un bicchiere di acqua e zucchero

123 Il rigetto acuto degli organi trapiantati è nella maggior parte dei casi diretta conseguenza:

- A dei farmaci usati durante e dopo l'intervento chirurgico
- B della risposta immunitaria aspecifica
- C della risposta immunitaria anticorpale
- D della risposta immunitaria cellulo-mediata
- E dell'insuccesso dell'intervento chirurgico

124 Siamo in grado di combattere molti antigeni perché:

- A ogni individuo produce un numero enorme di linfociti specifici per i vari antigeni prima di averli incontrati
- B i linfociti man mano che incontrano gli antigeni cambiano la loro conformazione e diventano in grado di legarsi a essi
- C ogni individuo produce un numero enorme di linfociti specifici per i vari antigeni dopo averli incontrati
- D nel timo i linfociti vengono in contatto con i vari antigeni "non self" e avviene una selezione clonale
- E i linfociti T producono dei recettori solubili contro tutti gli antigeni estranei

125 Le cellule della memoria del sistema immunitario sono:

- A anticorpi totipotenti
- B antigeni dello stesso tipo
- C cellule nervose
- D linfociti particolari
- E immunoglobuline di difesa

126 Le due linee del grafico rappresentano l'evoluzione del tasso di anticorpi dopo sieroterapia e iniezione di vaccino.

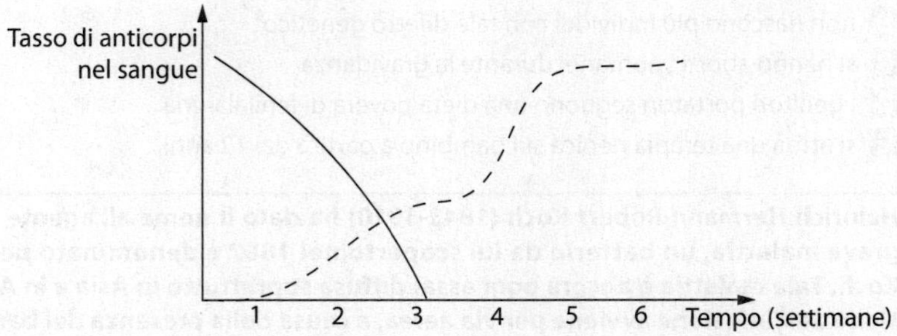

Si può dedurre che:

- A la linea continua rappresenta gli anticorpi forniti dal vaccino
- B la linea tratteggiata rappresenta gli anticorpi forniti dal siero
- C la linea tratteggiata rappresenta gli anticorpi prodotti dall'organismo in seguito a vaccino
- D l'iniezione di vaccino ha azione immediata
- E il siero dà immunità attiva

127 Quale/i delle seguenti affermazioni non è/sono riferibile/i alle molecole di interferone?

1. Interagiscono con recettori di membrana di molti tipi di cellule
2. Sono molecole di natura proteica
3. Vengono prodotte in risposta a infezioni virali
4. Sono molecole di natura lipidica
5. Sono anticorpi specifici contro batteri Gram-positivi

A 1 e 4
B 4 e 5
C Solo 2
D 3 e 4
E 1 e 5

128 Quale tipo di cellule è più idoneo per lo studio dei lisosomi?

A le cellule muscolari lisce
B le cellule degli stomi fogliari
C i granulociti neutrofili
D le cellule cardiache
E i globuli rossi

129 Quale dei seguenti abbinamenti NON è corretto?

A Fibrina – coagulazione del sangue
B Lisozima – azione battericida
C Istamina – vasodilatazione
D Tripsina – digestione delle proteine
E Lisina – digestione lisosomiale

130 In mancanza di un apposito enzima che metabolizza la fenilalanina, si ha un accumulo di tale amminoacido nel sistema nervoso che porta a un gravissimo ritardo mentale e morte verso i 30 anni. Tale difetto genetico oggi non è più un grave problema perché:

A il nascituro riconosciuto affetto segue fin dalla nascita una dieta povera di fenilalanina
B non nascono più individui con tale difetto genetico
C si hanno aborti spontanei durante la gravidanza
D i genitori portatori seguono una dieta povera di fenilalanina
E si attua una terapia genica sul bambino a partire dai 12 anni

131 Heinrich Hermann Robert Koch (1843-1910) ha dato il nome all'agente patogeno di una grave malattia, un batterio da lui scoperto nel 1882 e denominato pertanto bacillo di Koch. Tale malattia è ancora oggi assai diffusa soprattutto in Asia e in Africa. La trasmissione dell'infezione avviene per via aerea, a causa della presenza del bacillo nelle goccioline di saliva o nelle secrezioni bronchiali. Per accertare la malattia, si esegue una radiografia del torace che svela la presenza dell'infezione nei polmoni.

La malattia di cui si parla è:

A l'influenza
B il colera
C l'AIDS
D la tubercolosi
E il morbillo

132 I gas nervini, sostanze chimiche dal potente e irreversibile effetto tossico, sono inibitori dell'enzima colinesterasi, la cui funzione è di idrolizzare il neurotrasmettitore acetilcolina, degradandola. Si indichi, tra quelle proposte, la conseguenza immediata meno probabile dell'avvelenamento da gas nervini:

A il numero di cromosomi delle cellule viene alterato in seguito a continue delezioni
B le sinapsi colinergiche sono completamente bloccate
C le placche neuromuscolari sono in modo persistente contratte
D si ha paralisi muscolare con tetanismo
E si ha asfissia per paralisi diaframmatica intercostale

133 L'industria farmaceutica deve continuamente produrre nuovi antibiotici perché i batteri a essi sensibili nel giro di qualche anno diventano in grado di resistere a tali farmaci. Ciò avviene perché:

A con il passare del tempo, tutti i batteri si sono abituati all'antibiotico
B la presenza dell'antibiotico induce mutazioni che conferiscono resistenza all'antibiotico
C la selezione naturale ha eliminato i batteri meno nocivi
D la selezione naturale favorisce i batteri che presentano naturalmente resistenza agli antibiotici
E l'antibiotico ha subito una mutazione e non è più efficace

134 In medicina, per "tolleranza" a un farmaco si intende:

A aumento progressivo della risposta terapeutica del farmaco, tale da indurre dosaggi inferiori
B riduzione progressiva della risposta terapeutica del farmaco, tale da indurre dosaggi sempre più elevati
C diminuzione dei dosaggi di un farmaco perché oggetto di ripetute somministrazioni
D tossicità di uno specifico componente che rientra nella composizione del farmaco
E allergia verso un farmaco, accompagnata da risposta eccessiva, tale da farne cessare la somministrazione

135 Il talidomide è un farmaco venduto negli anni '50-'60 del secolo scorso come ipnotico, sedativo e antinausea, rivolto soprattutto alle donne in gravidanza. Fu messo in commercio da una ditta tedesca dopo tre anni di sperimentazione sugli animali (cani, gatti, topi, conigli) che evidenziarono l'innocuità del farmaco. La nascita di migliaia di bambini focomelici, cioè con assenza degli arti o evidente riduzione della diafisi delle ossa lunghe, indusse la ditta produttrice a ritirare definitivamente dal commercio il farmaco.
Da tali premesse si può dedurre che:

A i genitori dei bimbi focomelici erano entrambi portatori del gene letale
B un farmaco sperimentato sugli animali risulta sicuramente innocuo per l'uomo
C le madri dei bimbi focomelici erano geneticamente predisposte alle deformazioni degli arti
D il principio teratogeno del farmaco riesce ad attraversare la barriera placentale
E durante la gravidanza le madri dei bimbi focomelici hanno contratto un'infezione virale che ha provocato le malformazioni

136 Molte infezioni cutanee acute, quali per esempio gli ascessi, sono dovute a *Staphylococcus aureus*. Una terapia consigliata si basa sull'uso di:

A antiemorragici
B antigeni
C antireumatici
D antibiotici
E antiplasmine

137 Per *anamnesi* si intende:

- A il riconoscimento di una precisa malattia
- B l'insieme delle cure prescritte all'insorgere di una malattia
- C la raccolta dei dati fisiologici, patologici ed ereditari di un paziente
- D il decorso normale di una malattia
- E la diminuzione patologica della memoria in un paziente anziano

138 L'amniocentesi è:

- A il prelievo del liquido amniotico per analisi prenatali
- B l'eliminazione della placenta dopo il parto
- C la resezione dei tubuli seminiferi dei testicoli
- D l'ecografia del feto durante la gravidanza
- E il parto eseguito con taglio cesareo

139 La cellula cancerosa è caratterizzata dal fatto che:

- A blocca il ciclo cellulare in fase S
- B perde l'inibizione da contatto
- C non produce fattori di crescita
- D cresce indipendentemente dall'apporto di metaboliti
- E non è in grado di sintetizzare DNA

140 Il lisozima è una sostanza antimicrobica che agisce principalmente:

- A sui batteri Gram-positivi
- B sui virus
- C sui miceti patogeni
- D sui protozoi
- E sulle spore

Soluzioni e commenti

1 Gli enzimi, e quindi anche i loro eventuali precursori (zimogeni), sono proteine: per essere attivati necessitano di un taglio proteolitico operato da specifici enzimi appartenenti alla classe delle proteasi. Si ricordi che la desinenza -asi è riferibile a un enzima, mentre la parte di nome che la precede indica la classe o l'azione dell'enzima stesso: di conseguenza, "proteasi" significa "enzima che taglia le proteine". La risposta esatta è la **C**.

2 Le interazioni deboli sono molto importanti in biologia, come dimostrano tutti gli esempi riportati nelle alternative. L'unico caso in cui si osserva un legame covalente è rappresentato dall'alternativa **E** (risposta esatta): la struttura primaria delle proteine è determinata da legami peptidici. Rispetto a un legame forte, come è quello appena visto, i legami chimici deboli hanno meno di 1/20 dell'energia di un legame covalente.

3 Il glucosio è un carboidrato a 6 atomi di carbonio che, in forma lineare, presenta un gruppo aldeidico (CHO) e 5 gruppi ossidrilici (OH), come mostrato in figura; risposta **D**.

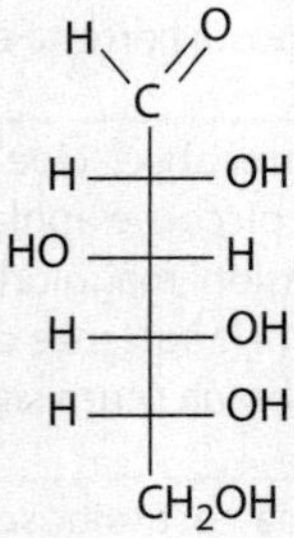

4 Il glucosio, con formula bruta $C_6H_{12}O_6$, è un monosaccaride a sei atomi di carbonio, formato solo da carbonio, idrogeno e ossigeno. L'amilosio è un polimero di glucosio, ed è quindi formato dagli stessi elementi; le risposte **A** e **B** si possono pertanto escludere. Il colesterolo è un composto lipidico con una struttura chimica basata su anelli idrocarburici (contenenti solo carbonio e idrogeno) e un gruppo –OH. La vitamina D (presente con diverse forme) ha struttura simile al colesterolo e come questo contiene solamente carbonio, idrogeno e ossigeno. Anche la **C** e la **E** sono quindi da scartare. L'ATP (adenosina trifosfato) è un nucleotide formato da ribosio (zucchero a cinque atomi di carbonio), dalla base azotata adenina e da tre gruppi fosfato: contiene quindi carbonio, idrogeno, ossigeno, azoto e fosforo. La risposta corretta è la **D**.

5 "Denaturare" significa rompere i legami deboli della struttura secondaria e terziaria di una proteina o del DNA, per esempio modificando il pH o aumentando la temperatura. Una proteina denaturata perde la sua forma tridimensionale e, di conseguenza, la sua attività biologica; non viene invece alterata la sua struttura primaria, cioè la sequenza di amminoacidi che la compongono. Riportando pH e temperatura a livelli standard, la proteina si rinatura acquisendo nuovamente la propria forma e la propria funzione. Quindi la risposta corretta è la **B**.

6 Amido, cellulosa e glicogeno sono carboidrati formati da carbonio, ossigeno e idrogeno. Sono tutti polimeri del glucosio con diversi livelli di ramificazione (risposta **D** corretta) e diverse funzioni o localizzazioni: in particolare, l'amido rappresenta la sostanza di riserva nelle cellule vegetali, il glicogeno è la sostanza di riserva presente nelle cellule animali e la cellulosa è presente nelle cellule vegetali con funzione strutturale e di sostegno.

7 Sia le cellule procariotiche che quelle eucariotiche possiedono una membrana cellulare ed entrambi i tipi possono essere avvolti da una parete cellulare, quindi si escludono le risposte **E** e **B**. A differenza delle eucariotiche, le cellule procariotiche non hanno un nucleo delimitato da membrana e, tra gli organuli, possiedono i soli ribosomi (dunque la **C** può essere scartata). Anche la **D** è errata: infatti, la trascrittasi inversa non si trova in nessuno dei due tipi cellulari, ma è un enzima proprio dei retrovirus. La risposta corretta è la **A**: i pori nucleari sono strutture presenti nella membrana nucleare, quindi si trovano negli eucarioti ma non nei procarioti.

8 I virus sono "oggetti biologici" che possono riprodursi solo all'interno di una cellula ospite, perché non possiedono l'apparato metabolico necessario per la replicazione del proprio materiale genetico e per la sintesi delle proprie proteine. In ogni caso però i virus contengono materiale genetico, che può essere DNA oppure RNA. Se gli agenti infettivi classificati come prioni fossero stati virus non avrebbero avuto membrana cellulare, né un metabolismo proprio, né sarebbero stati visibili al microscopio ottico (caratteristiche che non appartengono ai virus), però avrebbero presentato DNA oppure RNA, come indicato dall'alternativa **B**.

9 Nonostante il nome in comune e la funzione analoga, ossia il movimento della cellula, i flagelli batterici hanno una struttura diversa dai flagelli eucariotici: il flagello degli spermatozoi è composto da microtubuli, mentre nei batteri la struttura è composta da numerose proteine, tra cui la flagellina, ma non da microtubuli. La risposta corretta è la **A**.

10 La membrana plasmatica è semipermeabile, cioè può essere attraversata liberamente solo dall'acqua e da poche altre molecole, piccole e apolari, cioè prive di carica, come O_2, CO_2 e urea. Gli ioni e le molecole neutre di dimensioni maggiori possono attraversarla grazie a proteine trasportatrici, inserite nella membrana. Fra le sostanze chimiche proposte dal testo dell'esercizio, solo l'ossigeno può attraversare la membrana senza sistemi di trasporto. Risposta esatta: **B**.

11 Avendo a disposizione una membrana costituita solamente un doppio strato lipidico, privo di proteine, l'unico tipo di trasporto osservabile è la diffusione semplice. Infatti, sia la diffusione facilitata sia il trasporto attivo richiedono la presenza di proteine trasportatrici.

La risposta corretta è la **D**.

12 Il trasporto di una sostanza secondo gradiente di concentrazione, da un punto in cui è più concentrata verso uno in cui è meno concentrata, è un processo esoergonico che avviene spontaneamente perché è associato a un aumento di entropia. È quindi il gradiente di concentrazione che fornisce l'energia per il trasporto; risposta **C**.

13 Dato che la membrana cellulare può essere attraversata dall'acqua, se una cellula viene immersa in una soluzione isotonica, ovvero con una concentrazione dei soluti uguale a quella citoplasmatica, si realizza un trasporto di acqua, attraverso la membrana, di uguale entità nei due versi. Tale processo non determina alcun cambiamento della quantità di acqua nel citoplasma, quindi non si verifica alcuna variazione del volume cellulare. La risposta corretta è dunque la **D**.

Si ricordi invece che se la cellula viene posta in una soluzione ipotonica rispetto al citoplasma si verifica un ingresso netto di acqua e un aumento di volume, mentre una cellula introdotta in una soluzione ipertonica tende a perdere acqua e a raggrinzirsi.

14 I microfilamenti sono i filamenti sottili che compongono il citoscheletro e sono formati dalla proteina actina, risposta **E**. Ricordiamo brevemente gli altri elementi elencati dalle alternative: miosina, chinesina e dineina sono proteine di tipo motrice mentre la tubulina è una proteina costituente dei microtubuli.

15 Le glicoproteine sono proteine cui è legata una componente glucidica. Come tutte le proteine sono sintetizzate in base alle informazioni contenute nel nucleo (DNA); la sintesi ha luogo nel citoplasma e coinvolge il reticolo endoplasmatico ruvido. Le proteine prodotte in questa struttura sono poi modificate nelle cisterne dell'apparato di Golgi. I centrioli non sono coinvolti in questi processi, si deduce che le strutture coinvolte sono la 1, la 2 e la 4; risposta esatta: **B**.

16 I mitocondri sono organuli caratteristici delle cellule eucariotiche, autotrofe ed eterotrofe, responsabili della respirazione cellulare. Contengono una molecola di DNA circolare che viene replicata e trascritta per produrre parte delle proteine mitocondriali. Possiamo quindi già stabilire che le affermazioni 1 e 4 descrivono caratteristiche attribuibili ai mitocondri. Anche la 2 è corretta perché nell'ultima fase della respirazione cellulare gli elettroni ceduti da NADH e $FADH_2$ formatisi durante glicolisi e ciclo di Krebs passano dai citocromi fino all'accettore finale, l'ossigeno, che si trasforma in acqua.

Infine, anche l'affermazione 3 è corretta: infatti, la diffusione semplice è un fenomeno che interessa tutte le cellule e gli organuli delimitati da una membrana. La risposta corretta è la **B**.

17 Una molecola di ATP è formata da una molecola di ribosio che in corrispondenza del carbonio 1′ lega la base adenina, mentre al carbonio 5′ è legato un gruppo fosfato al quale sono legati un secondo e un terzo gruppo fosfato. Il legame che unisce il secondo gruppo al primo e quello che unisce il terzo gruppo al secondo sono legami altamente energetici; la risposta corretta è quindi la **E**.

18 La glicolisi rappresenta la prima tappa del catabolismo del glucosio e comprende una serie di reazioni biochimiche in cui una molecola di glucosio (a sei atomi di carbonio) è demolita per formare due molecole di acido piruvico (o piruvato) a tre atomi di carbonio; si svolge nel citoplasma e non richiede la presenza di ossigeno. Il piruvato successivamente entra nel mitocondrio e subisce una *decarbossilazione ossidativa*, cioè viene ossidato e allo stesso tempo privato di un atomo di carbonio, mentre il composto rimanente, a due atomi di carbonio (acetile), si lega al coenzima A formando acetil-coenzima A (acetil-CoA). L'acetil-CoA entra nel ciclo di Krebs, una serie di reazioni in cui il gruppo acetile viene demolito completamente a CO_2, permettendo la formazione di un gran numero di molecole di ATP. Da quanto appena visto si deduce che l'unica affermazione corretta, fra quelle proposte dal quesito, è la **D**.

19 Il NAD^+ è un accettore di elettroni e si riduce a NADH. Nella reazione inversa, il NADH si ossida (è quindi agente riducente) a NAD^+. Quindi la risposta esatta è la **A**.

20 Nel corso della glicolisi una molecola di glucosio è trasformata in due molecole di piruvato e non si ha liberazione di CO_2. Il prodotto della glicolisi, in ambiente aerobico, entra nella respirazione cellulare: subisce quindi la decarbossilazione ossidativa, ovvero la perdita di una molecola di CO_2, prima di entrare nel ciclo di Krebs; poi, a ogni giro del ciclo vengono liberate due molecole di CO_2. Nelle ultime fasi della respirazione, trasporto di elettroni e fosforilazione ossidativa, non si osserva produzione di CO_2. La risposta corretta è quindi la **C**. La fermentazione lattica, cui fa riferimento l'alternativa **A**, è una via metabolica, attiva in condizioni anaerobiche, che trasforma l'acido piruvico in acido lattico e non è accompagnata da liberazione di CO_2.

21 Il ciclo di Calvin è costituito da una serie di reazioni che avvengono nella fase oscura della fotosintesi, all'interno dello stroma del cloroplasto. Tali reazioni portano alla formazione degli zuccheri di cui la pianta ha bisogno e iniziano con il legame dell'anidride carbonica a uno zucchero a cinque atomi di carbonio (ribulosio-1,5-bisfosfato) a formare un composto intermedio a sei atomi di carbonio. La risposta esatta è dunque la **C**.

22 Il ciclo di Calvin comprende una serie di reazioni che permettono la sintesi di glucosio a partire da molecole di CO_2, pur non essendo il glucosio il prodotto finale del ciclo. La CO_2, infatti, entra nel ciclo di Calvin legandosi al ribulosio-1,5-difosfato (uno zucchero a 5 atomi di C), ciò porta alla formazione di un composto instabile a 6 atomi di C che, immediatamente, si decompone in due molecole a 3 atomi di C, il 3-fosfoglicerato (o PGA). Ogni molecola di PGA si lega poi a un gruppo fosfato proveniente dalla scissione dell'ATP, trasformandosi in difosfoglicerato. Quest'ultimo, utilizzando NADPH e ATP prodotti nella fase luminosa, viene infine ridotto a gliceraldeide-3-fosfato. La risposta corretta è la **B**.

23 Un sistema tampone è una soluzione comprendente un acido debole e un suo sale con una base forte (oppure una base debole e un suo sale con un acido forte) in grado di opporsi alle variazioni di pH nel caso venga aggiunto un acido o una base.

Nei liquidi cellulari e nel sangue sono presenti diversi tamponi, molto importanti per il mantenimento dell'integrità delle cellule e la funzionalità degli enzimi. Nel caso proposto dal quesito si tratta del tampone formato da diidrogenofosfato ($H_2PO_4^-$) e idrogenofosfato (HPO_4^{2-}), in cui $H_2PO_4^-$ è l'acido debole e HPO_4^{2-} la sua base coniugata. L'aggiunta di un composto acido determina un aumento di ioni H^+ e una diminuzione del pH, contrastata dalla presenza della base HPO_4^{2-}, che "consuma" gli ioni H^+ nella reazione:

$$HPO_4^{2-} + H^+ \rightarrow H_2PO_4^-$$

Analogamente, l'aggiunta di un composto basico determina un aumento di ioni OH^- e un aumento del pH (e questo è il caso proposto dal quesito) che viene contrastato dalla reazione:

$$H_2PO_4^- + OH^- \rightarrow HPO_4^{2-} + H_2O$$

La risposta esatta è quindi la **C**.

24 Le dineine sono proteine motrici, deputate al movimento degli organuli cellulari o di ciglia e flagelli (risposta **B** errata). Le connessine sono proteine transmembrana che si associano a formare un connessone, una struttura con poro centrale che mette in comunicazione due cellule adiacenti (gap junction; risposta **C** errata). Le integrine sono proteine integrali della membrana plasmatica che si legano ad altre proteine presenti nella matrice extracellulare (risposta **D** errata). Le clatrine invece si associano alla membrana durante la formazione di vescicole di endocitosi (risposta **E** errata). Il passaggio da una fase del ciclo cellulare alla successiva è determinato dall'espressione di proteine chiamate cicline e dalla susseguente attivazione di altre proteine, le chinasi ciclina-dipendenti (CdK), in grado di fosforilare proteine a valle. L'attivazione delle CdK consente di passare il checkpoint (punto di controllo) e di entrare nella fase successiva. Per esempio: non è possibile passare alla fase G2 se la replicazione del DNA in fase S non è ancora terminata: Ogni fase del ciclo ha le proprie cicline e le relative CdK, che scompaiono quando la cellula passa alla fase del ciclo successiva. La risposta corretta è la **A**.

25 Il fuso mitotico è una struttura, costituita da un fascio di microtubuli, che si forma durante le divisioni cellulari (sia in mitosi sia in meiosi) e non è presente in interfase: la risposta **A** è quindi errata. Durante la profase le due coppie di centrioli si dirigono verso i poli opposti della cellula e da essi si originano i microtubuli che andranno a formare il fuso mitotico; anche la **C** è quindi sbagliata.

I cromosomi si legano ai microtubuli che formano il fuso, si dispongono sul piano equatoriale (metafase) per poi essere trascinati verso le estremità opposte della cellula (anafase), dove andranno a costituire i nuovi nuclei delle cellule figlie.

La cristallizzazione dei microtubuli da parte di alcune sostanze antitumorali (vinblastina e tassolo, per esempio), impedisce il disassemblamento del fuso e porta al blocco della divisione cellulare: poiché il pieno sviluppo del fuso mitotico avviene in metafase, è questo il momento in cui agisce il farmaco, impedendo alla cellula di andare in anafase (risposta **D** errata) e, conseguentemente, in telofase (risposta **E** errata). La risposta corretta è pertanto la **B**.

26 Per rispondere correttamente al quesito occorre riconoscere a quale delle strutture cellulari elencate è stata abbinata una definizione errata. Il centrosoma è effettivamente il centro di organizzazione dei microtubuli che formano il fuso mitotico durante la divisione cellulare. Il centromero è il punto in cui i due cromatidi sono uniti e a cui aderiscono le fibre del fuso. Il corpo basale è la struttura che si trova alla base di ciglia e flagelli.

Il nucleoide è la regione di citoplasma che contiene il DNA nei procarioti. I nucleosomi sono le unità di base della cromatina, e sono formati da DNA avvolto intorno a gruppi di 8 istoni, le proteine basiche che contribuiscono a compattare la lunga molecola di acido desossiribonucleico nel nucleo. L'associazione errata, e quindi risposta corretta, è la **E**: infatti i ribosomi, siti della sintesi proteica, vengono assemblati nel nucleolo, non nei nucleosomi.

27 I cromosomi sono ripartiti equamente tra le cellule figlie grazie alla loro interazione con i microtubuli del fuso mitotico, risposta **B**.

28 L'anafase è una fase presente sia nella divisione mitotica sia in quella meiotica; nello specifico: è la fase durante la quale i cromatidi fratelli o i cromosomi omologhi migrano verso poli opposti della cellula. La risposta corretta è la **B**.

29 La mitosi è un processo di divisione cellulare (anzi, più precisamente una divisione del nucleo) che, a partire da una cellula, permette la formazione di due cellule con patrimonio genetico identico fra loro e a quella di partenza. La meiosi invece è una modalità di divisione in base alla quale da una cellula diploide (2n) si formano quattro cellule aploidi (n), cioè con un patrimonio genetico dimezzato; le cellule figlie hanno patrimonio genetico diverso fra loro e diverso dalla cellula di partenza. La meiosi consta di due successive divisioni, però il DNA si replica solo una volta, prima della prima divisione meiotica. La risposta corretta è quindi la **A**.

30 Una cellula diploide in fase G_1 contiene una certa quantità di DNA, che indichiamo con S, organizzata in un certo numero di cromosomi (ognuno formato da un solo cromatidio), che possiamo indicare con *x*. Prima della divisione cellulare, nel caso proposto dal quesito una meiosi, il DNA si replica: a questo punto la cellula contiene una quantità 2S di DNA che forma un numero *x* di cromosomi bicromatidici. Durante la prima divisione meiotica, i cromosomi omologhi si separano e si originano due cellule che contengono un numero *x*/2 di cromosomi, formati da una quantità di DNA pari alla metà di quella contenuta dalla cellula all'inizio della meiosi, cioè pari a S. La risposta corretta è la **A**.

31 La profase della prima divisione meiotica è un processo più lungo e complicato della profase mitotica; infatti, mentre si forma il fuso, i cromosomi omologhi si appaiano e possono scambiarsi frammenti di materiale genetico. Per comprendere le diverse fasi viene suddivisa in 5 stadi:

- *leptotene*, in cui i filamenti cromosomici si condensano;
- *zigotene*, durante il quale i cromosomi omologhi si appaiano formando strutture dette sinapsi;
- *pachitene*, in cui può avvenire il crossing-over, e di conseguenza si scambiano porzioni di materiale genetico;
- *diplotene*, durante il quale i cromosomi appaiati iniziano a separarsi;
- *diacinesi*, in cui avviene la dissoluzione della membrana nucleare e del nucleolo.

La profase I può durare per giorni o anche più a lungo e occupa mediamente il 90% del tempo richiesto per la divisione meiotica. La risposta corretta è quindi la **B**.

32 Dato che per ogni cromosoma esistono due alternative (i due omologhi di ogni coppia), la formula che permette di calcolare il numero di possibili combinazioni cromosomiche nei gameti (e quindi il numero di tipi di gameti) è 2^n, dove n rappresenta il numero aploide di cromosomi, ovvero il numero di coppie di cromosomi omologhi. Poiché l'organismo in questione possiede sei cromosomi e dunque tre coppie di cromosomi omologhi, se non avviene alcun crossing-over il numero di gameti possibile è pari a 2^3, cioè 8. La risposta giusta è pertanto la **A**.

33 Lo spermatozoo è il gamete umano maschile maturo; come tutti i gameti, contiene un numero di cromosomi dimezzato rispetto a quello delle cellule somatiche dell'organismo cui appartiene: le cellule somatiche umane contengono 46 cromosomi e lo spermatozoo ne contiene 23. Lo stesso numero di cromosomi si trova nel gamete femminile, che è l'ovocita. Con la fecondazione (la fusione di un gamete maschile e uno femminile), si ripristina il numero diploide di cromosomi e la cellula che si forma da questo processo, detta zigote, possiede 46 cromosomi, come pure le cellule staminali embrionali. I globuli bianchi sono cellule nucleate e il nucleo contiene 46 cromosomi, mentre i globuli rossi maturi sono privi di nucleo, quindi non contengono cromosomi.

Si conclude che le uniche cellule, fra quelle proposte, che contengono un numero di cromosomi uguale o inferiore a quello dello spermatozoo sono l'ovocita secondario e il globulo rosso maturo; risposta esatta: E.

34 La gemmazione, che consiste nella generazione di un nuovo individuo mediante la formazione di una piccola protuberanza sulla cellula, rappresenta un esempio di riproduzione asessuata. L'affermazione errata, tra quelle proposte, è pertanto la D, risposta esatta al quesito.

35 Nella moderna biologia il termine "ibrido" indica un organismo derivato dall'incrocio fra due specie diverse: per esempio il mulo, che deriva dall'incrocio fra un asino e una cavalla. Mendel, invece, definiva ibridi gli individui ottenuti dall'incrocio fra piante di linea pura, omozigoti per un certo carattere. Gli ibridi di Mendel sono gli eterozigoti della genetica moderna; risposta B.

36 Il fenotipo recessivo si manifesta quando il genotipo è omozigote recessivo, aa. Tale combinazione può derivare qualora entrambi i genitori possiedano almeno un allele a. Ciò accade nei casi 2 e 4 mentre non si verifica negli incroci 1 e 3. La risposta esatta è la D.

37 Una malattia genetica autosomica viene trasmessa a prescindere dal sesso, sia dei genitori che dei figli (risposte D ed E errate). Nel caso di malattia autosomica dominante, sia l'individuo omozigote sia l'individuo eterozigote manifestano la malattia, ma solo l'omozigote dominante ha una probabilità del 100% di trasmettere la patologia alla prole (risposte A e C errate). La risposta corretta è quindi la B: può essere trasmessa da un solo genitore.

38 Quando due genitori sani hanno un figlio affetto da una malattia genetica si tratta di una caratteristica recessiva, che si manifesta solo in omozigosi. Se entrambi i genitori sono eterozigoti sani (portatori sani della malattia) il figlio può ereditare da entrambi il gene recessivo e risultare malato. Una situazione di questo tipo è quella indicata dall'alternativa C, che rappresenta la risposta corretta.

39 Per stabilire se un organismo è eterozigote oppure omozigote per un dato carattere, di cui mostra la forma dominante, si esegue un test di *reincrocio* (detto anche *test-cross* o *back-cross*), in cui l'organismo considerato viene incrociato con un individuo che per lo stesso carattere è omozigote recessivo.

Nel caso proposto dal quesito, per determinare il genotipo di una pecora nera (Nn o NN?) è necessario incrociarla con una pecora bianca (nn): dato che la pecora bianca produce solamente gameti di tipo n, se la pecora nera è omozigote (NN) produce solamente gameti di tipo N e la prole sarà costituita esclusivamente da pecore nere (Nn). Se invece la pecora considerata è eterozigote (Nn) produce gameti per il 50% di tipo N e per il 50% di tipo n, quindi la prole sarà costituita per il 50% di pecore bianche (nn) e per il 50% di pecore nere (Nn). La risposta corretta è la D.

40 Secondo quanto si legge nel brano proposto, l'acondroplasia è una patologia ereditaria autosomica dominante, quindi si manifesta sia negli eterozigoti sia negli omozigoti; quest'ultimo caso è però decisamente improbabile perché si tratterebbe di un figlio di due individui affetti. I gameti di un individuo affetto da acondroplasia (eterozigote) contengono per il 50% l'allele sano e per il 50% l'allele mutato, quindi, se tale individuo sposa una donna normale, la probabilità di trasmettere ai figli la propria patologia è pari al 50%; risposta C.

41 Indicando con A l'allele che causa l'assenza di coda e con a l'allele recessivo per la coda normale, i gatti dell'isola di Man hanno genotipo Aa e sono privi di coda. Ognuno di questi animali produrrà il 50% di gameti con l'allele A e il 50% con l'allele a. Il 25% dei gatti originati dall'incrocio di due eterozigoti sarà omozigote AA e nascerà morto, un altro 25% sarà omozigote aa e quindi dotato di coda, mentre il 50% avrà genotipo Aa e sarà privo di coda. Considerando i nati vivi, gli animali senza coda sono 2 contro 1 dotato di coda, come indicato dall'alternativa **C**.

42 Il caso proposto dal quesito è il classico incrocio "diibrido" di Mendel. Il genotipo dei due individui considerati, eterozigoti per due geni, può essere indicato come *AaBb*. Un individuo con questo genotipo produce quattro tipi di gameti (*AB*, *Ab*, *aB* e *ab*) e dall'incrocio di due individui *AaBb* si possono ottenere quattro diversi fenotipi, che compaiono con una tipica frequenza:

- doppio dominante = 9/16;
- dominante per A e recessivo per B = 3/16;
- dominante per B e recessivo per A = 3/16;
- doppio recessivo = 1/16.

I casi cercati dal quesito, cioè gli individui con fenotipo dominante per un solo carattere, sono il dominante per A e recessivo per B (3/16) e il dominante per B e recessivo per A (3/16). Considerando entrambi questi casi, si può concludere che individui con fenotipo dominante per uno dei due geni compaiono con la frequenza di 6/16, cioè 3/8. Risposta esatta: **D**.

43 Si parla di eredità poligenica per i caratteri che sono controllati da più di un gene, caratteri che mostrano nelle popolazioni una variabilità continua (come la statura o il colore della pelle). Nel caso proposto dal quesito la massima produzione di colore corrisponde al genotipo in cui sono presenti il maggior numero di alleli in forma dominante, indipendentemente dal fatto che si tratti dell'allele a, b o c. La risposta corretta è la **B**.

44 Sono detti omologhi i cromosomi che hanno la stessa forma, le stesse dimensioni e la stessa sequenza di geni; la risposta corretta è quindi la **E**. Per quanto riguarda le alternative errate, la **B** è chiaramente da scartare; inoltre, dato che i cromosomi sono formati da lunghissime molecole di DNA, sono da escludere anche le alternative **C** e **D**. La risposta **A** infine è sbagliata perché due cromosomi omologhi non presentano la stessa successione di basi azotate: presentano la stessa sequenza di geni, ma questi sono generalmente presenti con forme alleliche diverse quindi con diverse sequenze di basi.

45 Tutte le cellule che formano il corpo umano contengono 46 cromosomi; l'unica eccezione è rappresentata dalle cellule riproduttive: spermatozoi e ovociti contengono infatti 23 cromosomi. La risposta corretta è quindi la **C**.

46 Il cariotipo è l'immagine dell'insieme dei cromosomi di una specie, o di un individuo, ordinati secondo la morfologia (lunghezza delle braccia e posizione del centromero). Analizzando il cariotipo dell'uomo proposto dal quesito (apparentemente normale) non potremo osservare le caratteristiche dei suoi geni, ma potremo vedere se ha una mutazione cromosomica, dovuta cioè alla rottura di un cromosoma. Una traslocazione (alternativa corretta **B**) si verifica infatti quando un frammento cromosomico si stacca da un cromosoma e va a riattaccarsi a un cromosoma non omologo: tale evento è visibile analizzando la forma dei cromosomi evidenziata dal cariotipo.

47 I gemelli non identici, esattamente come i fratelli in generale, hanno la stessa quantità di DNA nucleare (risposta **B** errata), lo stesso numero di cromosomi (46, risposta **E** errata), lo stesso numero di autosomi per cellula (44, risposta **D** errata). Anche la somma di adenina e guanina, che dà come risultato la totalità del DNA, è identica (risposta **A** errata). La combinazione di alleli che viene ereditata, invece, è il risultato dell'assortimento indipendente e del crossing over durante la meiosi, quindi varia da individuo a individuo, a esclusione dei gemelli monozigoti (identici). La risposta corretta è la **C**.

48 La sindrome di Klinefelter è caratterizzata dalla presenza di tre cromosomi sessuali: XXY. Nonostante la presenza di due cromosomi X, l'individuo è di sesso maschile, in quanto la presenza del cromosoma Y lo rende fenotipicamente tale. La risposta corretta è la **E**.

49 Per rispondere al quesito è opportuno innanzitutto scartare le risposte **B** e **C** (secondo le quali il DNA delle cellule della placenta o della parete uterina potrebbe influenzare la comparsa di malattie genetiche nella prole), in quanto non si verificano trasferimenti di materiale genetico dalle strutture materne all'embrione. Anche la risposta **E** è errata, perché queste malattie non dipendono dalla presenza di particolari ormoni, ma esclusivamente dalla composizione genetica.

La risposta **D**, secondo la quale le malattie genetiche che si trasmettono solo in linea femminile dipendono da geni situati sul cromosoma X, è da scartare perché i cromosomi X sono presenti anche nel sesso maschile (XY) e vengono trasmessi alla prole. La risposta corretta è la **A**: alcune malattie genetiche si trasmettono solo in linea femminile perché i geni che le determinano sono legati al DNA contenuto nei mitocondri. Al momento della fecondazione il nucleo dello spermatozoo si fonde con quello della cellula uovo, ma il materiale citoplasmatico (e quindi anche i mitocondri) dello zigote così formato è quello della cellula uovo, di provenienza materna.

50 La figlia daltonica ha ereditato una X^c dalla madre e una X^c dal padre, di conseguenza il genotipo del padre è X^cY, risposta **E**.

51 Un gene recessivo non legato al sesso si manifesta in ugual misura, nei maschi e nelle femmine, solo negli omozigoti recessivi. In questo caso può capitare che due genitori sani eterozigoti, quindi portatori del gene che causa la malattia, abbiano un figlio malato, omozigote.

L'albero genealogico proposto presenta una famiglia in cui una donna sana e un uomo malato (quindi omozigote) hanno due figli malati e uno sano (il sesso non importa); da ciò si deduce che la femmina sana della F_1 è eterozigote, se fosse omozigote dominante, infatti, nella F_2 non comparirebbero individui malati; l'alternativa **B** è quindi errata. Anche la **A** è errata perché tutti gli individui malati sono omozigoti.

La femmina malata di F_2, accoppiandosi con un maschio sano, ha due figli sani e uno malato; da ciò si evince che il maschio sano della F_2 è un eterozigote, portatore sano, e che i due individui sani della F_3 sono entrambi eterozigoti. Le alternative **D** ed **E** sono quindi errate e la risposta corretta è la **C**: la femmina sana di F_2, figlia di una portatrice sana e di un malato, possiede sicuramente l'allele responsabile della malattia, in eterozigosi.

52 I gruppi sanguigni del sistema AB0 sono definiti in base alla presenza/assenza degli antigeni A e B sulla membrana dei globuli rossi e sono determinati geneticamente da un sistema a tre alleli: I^A, I^B e I^0, con I^A e I^B dominanti su I^0 e codominanti fra loro. Questo significa, per esempio, che un individuo con genotipo $I^A I^0$ possiede antigeni di tipo A e appartiene al gruppo A, come un individuo a genotipo I^AI^A; un individuo con genotipo I^AI^B possiede entrambi i tipi di antigeni e appartiene al gruppo AB, mentre un individuo con genotipo I^0I^0 non possiede nessuno dei due antigeni e appartiene al gruppo 0.

Gli individui che formano la coppia 1 potrebbero essere omozigoti (I^AI^A e I^BI^B), oppure eterozigoti ($I^A I^0$ e $I^B I^0$), e a seconda dei casi potrebbero avere figli appartenenti a tutti e quattro i gruppi sanguigni; le alternative **A** e **B** sono quindi da scartare. Gli individui della coppia 3 potrebbero essere omozigoti (I^BI^B), oppure eterozigoti ($I^B I^0$), e potrebbero avere figli di gruppo sanguigno B oppure 0, quindi anche le alternative **C** e **D** sono errate. La risposta corretta è la **E**, infatti due individui di gruppo 0 hanno sicuramente genotipo I^0I^0 e i loro figli saranno tutti di gruppo 0.

53 Per unire ogni deossiribosio a un gruppo fosfato e a una base azotata occorrono due reazioni di condensazione, quindi: 2 reazioni di condensazione x 3 nucleotidi = 6. Per unire i tre nucleotidi occorrono altre 2 reazioni di condensazione, per un totale di 8, risposta **D**.

BIOLOGIA

54 La molecola del DNA è formata da due filamenti avvolti a elica, ognuno dei quali è un polimero di nucleotidi, formati da quattro diverse basi azotate: due puriniche, *adenina* e *guanina*, e due pirimidiniche, *citosina* e *timina*. Le due eliche polinucleotidiche sono unite grazie all'appaiamento delle basi azotate attraverso legami a idrogeno che si formano tra basi complementari: l'adenina si appaia con la timina e la citosina si appaia con la guanina. La quantità di timina è quindi sempre uguale alla quantità di adenina, mentre la quantità di guanina corrisponde a quella di citosina. Da quanto appena visto si deduce che non è possibile che un campione di DNA risulti composto come suggerito dall'alternativa **A**: 30% citosina, 30% adenina, 20% guanina e 20% timina, in questo caso infatti non è rispettata la complementarità fra le basi (che potrebbe essere, per esempio: 30% citosina e guanina, 20% adenina e timina). La **A** è quindi la risposta corretta al quesito.

55 Ogni timina lega una base adenina con due legami idrogeno mentre ogni guanina si appaia a una citosina con tre legami idrogeno. Dodici timine coinvolgeranno dunque 24 ponti a idrogeno e 45 saranno quelli tra le 15 guanine e le corrispondenti citosine, per un totale di 69. La risposta corretta è quindi la **D**.

56 Quando un tratto di DNA si duplica la doppia elica si apre, i due filamenti polinucleotidici si separano e su ognuno viene sintetizzato un filamento di DNA complementare. Nel caso proposto dal quesito, dato che la base azotata adenina (A) si appaia con la timina (T) e che la citosina (C) si appaia con la guanina (G), il filamento complementare alla sequenza ATTGGCAGCCCC sarà TAACCGTCGGGG. Risposta **A**.

57 La duplicazione del DNA è "semiconservativa": ciò significa che quando una doppia elica di DNA va incontro a replicazione, ognuna delle due molecole che si formano, perfettamente identiche fra loro e alla prima, è costituita da un filamento polinucleotidico proveniente dalla doppia elica di partenza (filamento parentale) e da un filamento di nuova sintesi (filamento neoformato). Quando una molecola di DNA si replica, il DNA risultante è costituito per il 50% da DNA parentale, mentre per il 50% è di nuova sintesi; dopo una ulteriore replicazione, il DNA parentale si sarà invece ridotto al 25%; risposta **D**.

58 La replicazione del DNA viene interrotta qualora l'ultimo nucleotide incorporato dalla DNA polimerasi non presenti il 3'-OH libero al quale l'enzima legherebbe il nucleotide successivo. La base azotata in 1', il ribosio privo del gruppo ossidrilico (e quindi con un idrogeno al suo posto) in 2', così come il legame fosfodiestere e avere tre gruppi fosfato in 5' sono tutte caratteristiche standard dei nucleotidi utilizzati per la replicazione del DNA e non presentano anomalie in grado di interromperne la sintesi. La risposta esatta è la **C**.

59 Gli acidi nucleici sono polimeri di nucleotidi e un nucleotide è una molecola formata da uno zucchero a cinque atomi di carbonio (ribosio nell'RNA, desossiribosio nel DNA) che lega una base azotata e un gruppo fosfato. Siccome tutte le basi azotate contengono azoto, si conclude che tutti e tre gli acidi nucleici proposti contengono questo elemento. La risposta corretta è la **E**.

60 I cromosomi umani sono formati da DNA e proteine, le cosiddette *nucleoproteine*, tra cui gli istoni, che aiutano l'impacchettamento del filamento di acido nucleico a formare la cromatina. Il DNA umano, come in tutti gli eucarioti, comprende tratti che vengono tradotti in proteine (*esoni*) intervallati da tratti non codificanti detti *introni*. Si risponde quindi correttamente scegliendo la **D**.

61 In un nucleotide lo zucchero lega una base azotata al 1' con un legame glicosidico e un gruppo fosfato al 5' con un legame fosfoestereo (risposta **A** errata); le basi azotate del DNA si appaiano tra loro mediante legami a idrogeno (risposta **C** errata), mentre le basi presenti nella molecola di RNA sono adenina, guanina, citosina e uracile (risposta **B** errata). La formazione di mRNA a partire da DNA si chiama *trascrizione* (risposta **E** errata), ed è possibile ottenere una molecola di DNA partendo da uno stampo di DNA grazie all'azione dell'enzima trascrittasi inversa. La risposta corretta è quindi la **D**.

62 I fattori di trascrizione sono proteine che si legano al DNA in corrispondenza di sequenze particolari chiamate *enhancer* (intensificatori), poste a volte anche a grande distanza da gene trascritto, che aumentano notevolmente la velocità di sintesi dell'RNA. La risposta esatta è la **C**.

63 La sintesi proteica si avvale dei ribosomi. Questi si trovano sia nel cloroplasto sia nel mitocondrio e sono assenti nel nucleo, anche se le catene di RNA ribosomiale (che insieme ad altre proteine formano le due subunità dei ribosomi) vengono sintetizzate al suo interno (nel nucleolo). La risposta giusta è quindi la **B**.

64 Il codice genetico è costituito da 64 triplette che codificano 20 amminoacidi: ogni tripletta codifica un solo amminoacido, però ogni amminoacido è codificato da più triplette e per questo si dice che il codice è ridondante (o "degenerato"). Se la tripletta AAT e la tripletta AAC codificano lo stesso amminoacido la sequenza amminoacidica non cambia e non ne risente neppure la funzionalità della proteina. La risposta corretta è quindi la **E**.

65 I telomeri sono sequenze di nucleotidi ripetute, poste alle estremità dei cromosomi. Queste sequenze hanno un ruolo protettivo in quanto ogni volta che il DNA si replica vanno persi brevi tratti di DNA posti alle estremità del filamento. A ogni replicazione, quindi, il telomero si accorcia, a meno che nella cellula non sia presente l'enzima *telomerasi*, che ripristina la lunghezza originale. La risposta corretta è la **C**.

66 La regolazione dell'espressione genica è il meccanismo alla base del differenziamento cellulare, ovvero grazie al quale una cellula traduce in catene polipeptidiche solo i geni necessari a seconda delle circostanze. Nel caso della cellula procariotica, tale regolazione avviene essenzialmente a livello della trascrizione; nella cellula eucariotica esistono invece diversi punti e modi di controllo dell'espressione genica, separati spazialmente e temporalmente. Nel nucleo, per esempio, si possono osservare un controllo conformazionale a livello della cromatina, il controllo della trascrizione e della maturazione dell'mRNA, mentre nel citoplasma si può avere un tipo di controllo post-traduzionale (per esempio la degradazione selettiva di proteine). L'unica alternativa che non riguarda la regolazione dell'espressione genica è rappresentata dall'apoptosi, ovvero la morte cellulare programmata geneticamente, un meccanismo che contribuisce a controllare il numero di cellule che formano un tessuto. Risposta **A**.

67 La molecola di un anticorpo (o immunoglobulina) è costituita da quattro catene polipeptidiche (2 corte e 2 lunghe, dette rispettivamente leggere e pesanti) unite in una struttura a forma di Y. Ogni catena è formata da una parte costante e da una parte variabile; le porzioni variabili delle catene pesanti e leggere interagiscono tra loro delimitando uno sorta di "tasca" in cui si incastra l'antigene contro cui è diretto quell'anticorpo. I milioni di antigeni esistenti vengono riconosciuti e combattuti da altrettanti tipi di linfociti, ciascuno in grado di produrre una immunoglobulina specifica.

Si è visto che questa straordinaria varietà di anticorpi diversi è permessa dal fatto che alla formazione delle porzioni variabili delle catene polipeptidiche di ogni anticorpo collaborano più geni e che questi geni esistono in numerose forme alleliche, con possibilità di combinarsi variamente tra loro. Il tratto di DNA che controlla la sintesi di ognuna delle regioni variabili deriva quindi dall'assemblaggio e dalla ricombinazione fra diversi tratti di DNA che, potendo spostarsi nel cromosoma e ricombinarsi in modi diversi, hanno le caratteristiche dei trasposoni. Risposta **A**.

68 I virus sono parassiti endocellulari obbligati, ossia necessitano della presenza di cellule vive, in modo da poter introdurre il loro materiale genetico e poter sfruttare la cellula come macchinario per la riproduzione. La risposta corretta è quindi la **B**.

69 La sigla RFLP sta per "polimorfismo della lunghezza dei frammenti di restrizione del DNA"; risposta C. Per comprenderne il significato è necessario ricordare che gli enzimi di restrizione sono enzimi che tagliano le molecole di DNA in corrispondenza di specifiche sequenze di nucleotidi. Se si tratta un tessuto con un certo enzima di restrizione si ottengono sempre gli stessi frammenti di DNA. La presenza di frammenti di lunghezza diversa indica un'anomalia del DNA, spesso correlabile a malattie genetiche; una mutazione, infatti, può modificare o eliminare un sito di restrizione. Per questo motivo i frammenti di lunghezza diversa dal normale, indicati come RFLP, vengono ricercati per diagnosticare alcune malattie genetiche.

70 I batteri non possiedono il gene per poter produrre l'insulina, a meno che esso non sia stato introdotto artificialmente mediante tecniche di ingegneria genetica. La risposta corretta è la A.

71 Gli introni del trascritto primario vengono eliminati mediante lo splicing. Questo processo dà origine alla molecola di mRNA che verrà effettivamente tradotta. In laboratorio risulta difficoltoso replicare lo splicing per eliminare gli introni: è più semplice, invece, partire con la molecola di mRNA matura e creare un DNA complementare (cDNA) che non contenga le sequenze degli introni. La risposta corretta è la B.

72 Ricordando che il nome dell'enzima è correlato alla sua funzione è piuttosto semplice capire che la ligasi ha un'azione legante e quindi sarà coinvolta nei processi che prevedono unione, sintesi, cucitura e ricombinazione proposti dalle alternative. L'unico caso in cui il processo non richiede la ligasi è nel caso della PCR in cui il materiale genetico viene amplificato in più copie. La risposta corretta è la A.

73 L'evoluzione si basa sul fatto che gli esseri viventi generano organismi simili a sé stessi ma con una notevole variabilità fra i singoli (variazione genetica). Dato che di solito la prole è troppo numerosa rispetto alle risorse disponibili, solo gli organismi che mostrano le caratteristiche più adatte all'ambiente in cui si trovano sopravvivono e arrivano a riprodursi, trasmettendo alla prole le loro caratteristiche (selezione naturale). La predazione è uno dei fattori che entrano nella selezione naturale ma non è indispensabile per l'evoluzione; risposta corretta E.

74 La legge dell'uso e del non uso, secondo la quale un organo che viene utilizzato in modo più intenso si sviluppa, mentre uno poco utilizzato regredisce, è stata formulata da Lamarck, che sosteneva che le differenze anatomiche determinate dall'uso o dal non uso fossero trasmesse alla prole (eredità dei caratteri acquisiti). Risposta corretta: B.

75 La definizione biologica afferma che la specie è un gruppo di individui che possono incrociarsi tra loro generando prole fertile. Ciò implica innanzitutto un incrocio tra due individui e quindi un tipo di riproduzione gamica, ovvero sessuale. La risposta esatta è la B.

76 Si parla di *fecondazione esterna* quando l'incontro fra la cellula uovo e lo spermatozoo avviene esternamente al corpo della madre, di *fecondazione interna* quando questo avviene all'interno dell'apparato riproduttivo della madre. Nel primo caso vengono prodotte un gran numero di uova, perché liberandole nell'ambiente esterno molte di queste vanno disperse; nel secondo caso, invece, le poche uova prodotte attendono i gameti maschili protette nel corpo della madre. Fra i vertebrati, i pesci e gli anfibi hanno generalmente fecondazione esterna, mentre i rettili, gli uccelli e i mammiferi hanno fecondazione interna. Gli animali a fecondazione interna hanno un rapporto molto più stretto con i propri figli, che sono meno numerosi e generalmente vengono accuditi dai genitori. Si deduce che le risposte A, C, e D sono sbagliate e che la risposta corretta è la B. Per quanto riguarda l'alternativa E, anche questa è da scartare, perché tutti gli animali a riproduzione sessuata possiedono le gonadi (cioè gli organi in cui vengono prodotti i gameti).

77 Ricordiamo la definizione di specie: gruppo di individui che possono incrociarsi tra loro dando origine a prole fertile. La risposta corretta è dunque quella data dall'alternativa **C**.

78 La figura mostra quattro esempi di arti di vertebrati. Confrontando le figure si può notare che gli arti di questi quattro animali hanno una struttura simile: in tutti i casi è presente un primo tratto formato da un osso lungo (nell'uomo l'omero), un secondo tratto formato da due ossa lunghe (radio e ulna), poi una parte formata da numerose ossa brevi. Queste tre parti, riconoscibili in tutti e quattro i casi, sono modificate a seconda dello stile di vita dell'animale e dell'uso cui l'arto è destinato.

Gli arti di questi animali sono strutture omologhe, cioè strutture organizzate nello stesso modo perché hanno la stessa origine evolutiva e la stessa derivazione embrionale, anche se svolgono funzioni diverse. La risposta corretta è la **D**.

79 Gli animali sono organismi pluricellulari, formati da cellule di tipo eucariotico, eterotrofi. Molte specie hanno riproduzione sessuata, ma alcune si riproducono in modo asessuato. L'omeotermia, cioè la capacità di mantenere costante la temperatura corporea, è propria solo degli uccelli e dei mammiferi, mentre i restanti sono eterotermi. Se ne deduce che la risposta corretta è la **A**.

80 Gli organismi eterotrofi non sono in grado di produrre le proprie sostanze nutritive, come fanno, per esempio, le piante, capaci di sintetizzare glucosio a partire da carbonio inorganico (CO_2): sono quindi costretti ad assumere le sostanze organiche prodotte dagli autotrofi per ricavare l'energia. La risposta corretta è la **A**.

81 Tra i tessuti rappresentati nelle alternative, l'unico che ci permette di distinguere un mammifero da un uccello è il sangue: infatti, gli eritrociti degli uccelli possiedono il nucleo, quelli dei mammiferi sono anucleati. La risposta esatta è la **C**.

82 In ogni ecosistema i diversi esseri viventi sono correlati tra loro nelle catene alimentari (o catene trofiche), che indicano la successione in cui alcuni organismi si alimentano di quelli che li precedono e costituiscono alimento per quelli che li seguono. Il posto occupato nella catena alimentare è detto *livello trofico*, e in base a questo gli organismi sono suddivisi in *produttori*, *consumatori* e *decompositori*. I produttori, posti all'origine delle catene alimentari, sono gli organismi autotrofi (piante verdi, alghe e cianobatteri) che utilizzano l'energia solare per sintetizzare la sostanza organica rendendola disponibile per gli animali (consumatori) e per i decompositori. I consumatori sono organismi che si nutrono di altri esseri viventi: i consumatori primari, animali erbivori, si nutrono di produttori, mentre i consumatori secondari, animali carnivori, si nutrono di consumatori primari. I decompositori infine si nutrono di organismi morti o di sostanze di rifiuto prodotte dagli altri esseri viventi, trasformando la sostanza organica in composti inorganici, che possono essere assimilati dalle piante e quindi rientrare nelle catene alimentari; sono decompositori numerosi invertebrati, funghi e batteri.

Nello schema proposto dal quesito, il bestiame, nutrendosi di vegetali, occupa il livello dei consumatori primari; risposta **A**.

83 Durante lo sviluppo embrionale si formano precocemente (2ª-3ª settimana) tre strati cellulari, da cui avranno origine tutti i diversi organi. Dall'*ectoderma*, il più esterno, si formano la cute, gli annessi cutanei, la bocca, i denti e la lingua, il sistema nervoso, gli occhi, il naso e le orecchie.

Dal *mesoderma*, il foglietto intermedio, si formano le ossa, la cartilagine, i muscoli scheletrici e la muscolatura intestinale, il tessuto connettivo, gli organi dell'apparato escretore e di quello riproduttivo, il sangue, i vasi e il cuore. Dall'*endoderma*, infine, il foglietto più interno, si formano i polmoni, lo stomaco, gli epiteli di rivestimento dell'apparato respiratorio e digerente, il fegato e il pancreas. La risposta corretta è quindi la **A**.

84 Il tessuto connettivo è costituito da cellule disperse in una *sostanza fondamentale* (o *matrice*) che fornisce alimento e asporta le sostanze di rifiuto. La sostanza fondamentale è in genere ricca di fibrille proteiche secrete dalle stesse cellule connettivali. I componenti principali del tessuto connettivo sono i proteoglicani, il collagene e l'elastina. I proteoglicani sono macromolecole composte da un asse proteico a cui sono unite covalentemente catene di glicosamminoglicani (polisaccaridi in cui si alternano un amminozucchero e uno zucchero acido). Il collagene è una proteina fibrosa (nell'uomo è la più abbondante) le cui fibre hanno un'elevatissima capacità di essere stirate senza rompersi. L'unità strutturale del collagene è rappresentata dal tropocollagene, proteina formata da tre catene polipeptidiche associate. L'elastina è una voluminosa proteina insolubile formata da molte molecole di tropoelastina, idrosolubile, legate da legame covalente. L'elastina è particolarmente abbondante nel connettivo presente in alcune parti del corpo, per esempio nelle pareti dei grandi vasi sanguigni, nei polmoni, nei legamenti, nella pelle, nella vescica e nella cartilagine.

Da quanto appena visto si deduce che l'unica affermazione errata, fra quelle proposte, è la **E**.

85 Il rivestimento degli alveoli polmonari è costituito da un epitelio pavimentoso semplice, come pure l'endotelio che riveste i vasi sanguigni. Il rivestimento dei i villi intestinali è un epitelio cubico semplice e appartiene a questa tipologia anche quello che riveste la capsula di Bowman; quest'ultimo non è continuo ma caratterizzato dalla presenza di fenestrature, infatti le cellule che formano questo epitelio, dette podociti, non sono appiattite e contigue come le piastrelle di un pavimento, bensì hanno un corpo voluminoso e numerosi prolungamenti che vanno ad abbracciare i capillari glomerulari. Tutti i tipi appena visti sono epiteli semplici, mentre l'epidermide e la mucosa orale sono tessuti epiteliali pavimentosi pluristratificati; la risposta corretta è quindi la **D**.

86 Ricordando che il tessuto muscolare striato è così chiamato per la presenza di strutture in cui le miofibrille sono disposte in modo ordinato (i sarcomeri), l'unico caso in cui si osserva tale composizione è rappresentato dall'alternativa **C**. Tutti gli altri casi sono esempi di muscoli lisci, caratterizzati da tessuto in cui i miofilamenti non sono organizzati in sarcomeri e tipici di muscoli involontari. Infatti, l'iride reagisce alla luce come il diaframma di una macchina fotografica, pertanto non è sotto controllo della nostra volontà; il muscolo erettore del pelo è quello che causa il fenomeno dell'orripilazione (la pelle d'oca), è involontario; infine, anche i movimenti peristaltici intestinali sono di tipo involontario.

87 L'omero è l'unico osso del braccio (risposta **A** errata). Delle 12 paia di coste, solo 7 si articolano allo sterno: l'ottava, la nona e la decima (dette false o spurie) sono collegate alla cartilagine della costa posta superiormente, mentre l'undicesima e la dodicesima sono fluttuanti, cioè libere (risposta **B** errata). Cuboide, astragalo e scafoide sono ossa del tarso e non del carpo (risposta **C** errata); le vertebre libere, cioè non fuse tra loro, sono: 7 cervicali, 12 toraciche e 5 lombari (risposta **D** errata). È corretta l'opzione **E**, in cui si afferma che la clavicola si articola con la scapola.

88 Durante lo sviluppo embrionale le ossa compaiono come abbozzi formati da tessuto cartilagineo poi, gradualmente, la cartilagine viene sostituita da tessuto osseo, più resistente ma meno elastico, durante la vita fetale e nei primi anni di vita. Una porzione di cartilagine rimane nelle ossa dei bambini e dei ragazzi fino all'età adulta, quando l'ossificazione diviene completa. Le ossa dei bambini sono più elastiche di quelle degli adulti proprio perché contengono una maggior quantità di cartilagine; risposta **C**.

89 La cheratina è una proteina fibrosa costituente le scaglie dello strato corneo dell'epidermide. Tali scaglie sono costituite da cellule morte spinte verso la superficie dall'attiva proliferazione di cellule giovani, chiamate cheratinociti, dello strato più profondo, detto *germinativo* (o *basale*), dell'epidermide.

Non forma l'esoscheletro degli insetti (che è costituito di chitina) e non si trova nel derma dei vertebrati. Le affermazioni corrette sono la 1 e la 4; la risposta esatta è quindi la **A**.

90 La contrazione di una fibra muscolare avviene in seguito all'arrivo di un impulso nervoso condotto da un neurone motore che, suddividendosi in numerosi rami, prende contatto con più cellule muscolari mediante la giunzione sinaptica neuromuscolare, detta placca motrice. Quando l'impulso raggiunge l'estremità di una fibra nervosa, essa libera un particolare neurotrasmettitore, l'acetilcolina, che interagisce con la superficie della fibra muscolare determinando una serie di processi che portano alla liberazione di Ca^{2+} dal reticolo sarcoplasmatico nel citoplasma della fibra stessa. L'interazione (non il riassorbimento) di tale ione con le molecole di actina nelle miofibrille innesca la contrazione. Risposta **D**.

91 Le arterie sono i vasi sanguigni che hanno origine dai ventricoli e portano il sangue verso la periferia, esse possono trasportare sia sangue carico di O_2 nel caso della circolazione sistemica, sia sangue povero di O_2 come nel caso dell'arteria polmonare, quindi l'opzione corretta è la **E**.

92 Il sangue povero di ossigeno, proveniente dai diversi organi e tessuti del corpo, viene raccolto dalle vene cave che lo versano nell'atrio destro del cuore. Da questa camera cardiaca passa nel ventricolo destro, da cui esce tramite l'arteria polmonare che presto si biforca in due rami diretti ai polmoni; qui il sangue rilascia anidride carbonica e si arricchisce in ossigeno. Risposta **E**.

93 I globuli rossi sono presenti normalmente nella concentrazione di circa 4,5 milioni per mm^3 di sangue nella donna e circa 5 milioni nell'uomo; risposta **D**.

94 La pressione del sangue nei vasi del sistema circolatorio è determinata dalla contrazione ritmica del cuore. La pressione nella grande circolazione è massima nel ventricolo sinistro durante la contrazione (sistole), diminuisce gradualmente durante il percorso nelle arterie, poi bruscamente a livello delle arteriole precapillari (le sottili arterie da cui si formano le reti di capillari), e poi ancora gradualmente durante il percorso nei capillari e nelle vene, fino a raggiungere un valore minimo allo sbocco delle vene cave nell'atrio destro.

Nella piccola circolazione, analogamente, la pressione è massima nel ventricolo destro e nelle arterie polmonari, poi diminuisce per arrivare ai valori minimi in corrispondenza dello sbocco nell'atrio sinistro delle vene polmonari.

Il tratto B del grafico proposto dal quesito individua la fase in cui la pressione diminuisce, prima bruscamente, poi gradualmente: si tratta quindi della pressione nelle arteriole e nei capillari, risposta **A**.

95 I vasi che portano il sangue dal cuore ai polmoni sono le arterie polmonari, che possono trasportare anche coaguli sanguigni responsabili di embolia polmonare. Questa patologia è quindi dovuta all'occlusione dei capillari che si formano dalle arterie polmonari; risposta **D**.

96 L'aterosclerosi è una patologia che si manifesta con degenerazione e indurimento delle pareti delle arterie per il deposito di fibrina, frammenti cellulari e, soprattutto, colesterolo. Questo ispessimento riduce il lume dei vasi ostacolando il flusso del sangue, ed è responsabile di complicazioni spesso mortali, come trombosi, emorragie cerebrali e infarto.

La risposta corretta è la **B**.

97 Il sistema linfatico è formato da vasi a fondo cieco ed è deputato al recupero dei liquidi tissutali in eccesso. Inoltre, ha il compito di trasportare sostanze, quali i grassi assorbiti dall'intestino e di contribuire alla difesa dell'organismo distribuendo i linfociti.

Non ha invece il compito di produrre globuli bianchi, quindi la risposta corretta è la **B**.

98 Rispetta la definizione di organo linfoide primario solo il midollo osseo in quanto genera linfociti a partire da cellule progenitrici indifferenziate. Sono organi linfoidi secondari quelli in cui hanno inizio le risposte agli antigeni. La risposta esatta è la **D**.

99 Nella circolazione polmonare gli scambi gassosi avvengono attraverso la parete dei capillari polmonari e l'epitelio alveolare, caratterizzato da un ridottissimo spessore. Il raggio degli alveoli è molto piccolo e pertanto la tensione superficiale che si realizza a livello del velo umido che li riveste, essendo inversamente proporzionale al raggio, è particolarmente forte. Al fine di ridurre tale tensione, alcune cellule dei polmoni producono una sostanza tensioattiva, il surfactante, che svolge un'importante funzione stabilizzatrice sugli alveoli; infatti, in condizioni di deficit di surfactante, una eccessiva tensione superficiale determinerebbe un collasso alveolare e causerebbe un notevole aumento del lavoro respiratorio. Il ruolo del surfactante è, dunque, strettamente correlato all'efficienza degli scambi gassosi che risulterebbero diminuiti in presenza di una diminuzione di tale sostanza; risposta **B**.

100 Lo schema rappresenta una situazione in cui l'anidride carbonica esce dal capillare sanguigno per passare nei tessuti circostanti, mentre l'ossigeno entra nel capillare sanguigno. Questo si verifica negli alveoli polmonari, la risposta è esatta è quindi la **A**.

101 Actina e miosina sono due proteine coinvolte nel processo della contrazione muscolare. Si trovano pertanto nel diaframma e nei muscoli intercostali, mentre sono assenti dagli alveoli polmonari (formati da un epitelio pavimentoso semplice e da connettivo) e dalla pleura, la membrana sierosa che avvolge i polmoni. Le strutture che necessitano di actina e miosina sono la 2 e la 3 e la risposta corretta è la **C**.

102 La digestione dell'amido inizia in bocca, viene sospesa nello stomaco e riprende nel duodeno, fino alla trasformazione di tutti i carboidrati in glucosio, per opera delle amilasi e maltasi presenti nei succhi enterici e pancreatici. La risposta corretta è quindi la **C**.

103 Tra esofago e stomaco esiste un orifizio di passaggio, detto cardias, che impedisce il riflusso del contenuto del secondo all'interno del primo. La risposta corretta è quindi la **E**.

Si ricordi che, durante la digestione, il cibo viene dapprima masticato e impastato con la saliva a livello della cavità orale a formare il bolo. Quest'ultimo viene poi spinto nella faringe e da questa passa nell'esofago nel quale procede, grazie alla peristalsi, giungendo allo stomaco dopo aver attraversato il cardias. Qui il bolo viene trasformato in un composto liquido molto acido, il chimo, che prosegue verso l'intestino dove si completa la digestione e avviene la maggior parte dell'assorbimento delle sostanze da essa derivate.

104 La bile è un liquido secreto dal fegato che si accumula nella cistifellea e viene immesso nel duodeno durante la digestione. La bile, alcalina, favorisce la neutralizzazione dell'acidità del chimo proveniente dallo stomaco, facilitando l'azione degli enzimi pancreatici; contiene sali biliari, colesterolo e fosfolipidi, sostanze dotate di proprietà emulsionanti (soprattutto i sali biliari) che facilitano la digestione e l'assorbimento dei grassi. I calcoli biliari sono masserelle dure che si formano in seguito a precipitazione del colesterolo quando si altera il rapporto fra questo composto, i sali biliari, e la lecitina contenuti nella bile. I calcoli biliari possono scatenare un processo estremamente doloroso (colica biliare) quando si incastrano nel coledoco, il canalino attraverso il quale la bile giunge nel duodeno.

La risposta corretta è la **A**.

105 Il bicarbonato, prodotto dal pancreas, viene secreto nel duodeno dove, grazie alla propria attività basica, va a neutralizzare l'acidità del chimo, liquido brodoso a pH = 1-2, proveniente dallo stomaco. Questa azione è importante perché gli enzimi riversati nel duodeno hanno un'attività ottimale intorno a pH = 7. Risposta **A**.

106 Il peritoneo riveste la cavità addominale, quindi l'unico organo rivestito da questa membrana sierosa è l'intestino. La risposta esatta è la **B**.

107 Il tubulo renale è il lungo e sottile tubulo che forma il *nefrone*, l'unità funzionale del rene. Ogni nefrone è formato appunto da un tubulo che termina a fondo cieco e si dilata formando una struttura a forma di coppa, la capsula di Bowman, che avvolge una rete di capillari arteriosi detta glomerulo renale. Dalla capsula di Bowman ha origine un tratto detto tubulo contorto prossimale, seguito dai tratti rettilinei che formano l'ansa di Henle e dal tubulo contorto distale, terminante in un dotto collettore; tutti i dotti collettori confluiscono nella zona centrale del rene, la pelvi renale. Nella capsula di Bowman viene filtrato il sangue del glomerulo e si forma una grande quantità di liquido, l'*ultrafiltrato*; successivamente, durante il transito nei tubuli, si verificano importanti processi di riassorbimento che permettono il recupero di gran parte dell'acqua e di sostanze utili, e processi di secrezione di sostanze di rifiuto. Ogni giorno si formano circa 180 L di ultrafiltrato da cui si ottengono solo 1,5 L di urina; l'urina quindi giunge nella pelvi renale molto concentrata in sostanze di rifiuto. Dalle pelvi renali hanno origine gli ureteri che portano l'urina nella vescica, organo in cui si accumula, per essere poi eliminata all'esterno tramite l'uretra.

La risposta corretta è la **B**.

108 Il caldo eccessivo determina un aumento della temperatura corporea che deve essere subito riportata a livelli normali per non compromettere il funzionamento dell'organismo. Il modo più efficace per abbassare la temperatura è rappresentato dalla sudorazione che, però, provoca anche una notevole perdita di liquidi. In tali condizioni l'organismo cerca di trattenere liquidi: la perdita di acqua dovuta alla sudorazione innesca una via di regolazione dell'equilibrio idrico-salino, nella quale un ruolo essenziale è giocato dall'ormone aldosterone, in grado di stimolare il riassorbimento di acqua a livello del rene, determinando una riduzione della diuresi.
Tra le alternative proposte quella corretta è dunque la **B**.

109 L'urina si forma nel rene e si raccoglie nel bacinetto renale, ogni rene è collegato tramite gli ureteri alla vescica, in cui l'urina si accumula, per poi essere periodicamente eliminata all'esterno tramite l'uretra. Il percorso corretto è quindi:

uretere → vescica → uretra

La risposta corretta è la **D**.

110 Il progesterone inizia a essere prodotto nella fase luteinica, che ha inizio il 15° giorno circa del ciclo ovarico, subito dopo l'ovulazione. È l'ormone luteinizzante (LH) che ne controlla la produzione andando a provocare la trasformazione del follicolo in corpo luteo, che inizia a produrre progesterone in sostituzione degli estrogeni. In caso di gravidanza, il corpo luteo va in declino intorno alla ventesima settimana e il progesterone, fondamentale per impedire le contrazioni, viene prodotto dalla placenta. La risposta esatta è quindi la **E**.

111 In generale la sterilità nella donna può essere dovuta a ostacoli meccanici che impediscono la migrazione dell'uovo verso la cavità uterina (occlusione delle tube), ad alterazioni della mucosa uterina che ostacolano l'impianto dell'eventuale cellula uovo fecondata, oppure a squilibri ormonali che impediscono la corretta maturazione della cellula uovo. Nel caso proposto dal quesito, una volta esclusa la presenza di alterazioni dell'apparato riproduttivo, è necessario verificare il corretto funzionamento dell'ipofisi: questa ghiandola controlla l'attività delle ovaie, la produzione di estrogeni e progesterone, e la maturazione della cellula uovo (ciclo ovarico). Risposta **C**.

112 L'intestino è costituito da un lungo tubo comprendente diversi strati: la *tonaca mucosa* formata da uno strato di tessuto epiteliale, uno di connettivo e un sottile strato muscolare; la *tonaca sottomucosa*, strato di connettivo in cui decorrono nervi e vasi sanguigni e linfatici; e infine la *tonaca muscolare*, formata da due strati di muscolatura liscia. Le contrazioni di queste fibre muscolari, responsabili dell'avanzamento del cibo nell'intestino, sono indipendenti dalla volontà, sotto il controllo del sistema nervoso autonomo. Risposta **C**.

113 I neuroni, come tutte le altre cellule, sono caratterizzati dalla presenza di una concentrazione di ioni differenziata ai due lati della membrana (K^+ più concentrato all'interno, Na^+ all'esterno), che determina una differenza di potenziale elettrico, il *potenziale di membrana* (o *potenziale di riposo*), pari a circa – 70 mV, rappresentato nel grafico dai tratti orizzontali.

Quando uno stimolo raggiunge un neurone, si verifica una variazione del potenziale di membrana (*depolarizzazione*) e, se lo stimolo è sufficientemente forte da depolarizzare la membrana fino a – 50 mV (livello di soglia), si genera un *potenziale d'azione*: si aprono i canali del Na^+, che fluisce così dentro l'assone, e la depolarizzazione continua finché la differenza di potenziale attraverso la membrana dell'assone è pari a +30/+35 mV. Subito dopo, i canali del Na^+ si chiudono e si aprono quelli del K^+; il flusso verso l'esterno di K^+ è poi rapidamente contrastato dall'azione della pompa Na^+/K^+ che, riportando K^+ all'interno e Na^+ all'esterno, ripristina nel neurone il potenziale di riposo.

Il tratto indicato nel grafico con ω rappresenta il potenziale di riposo, la risposta esatta è quindi la **D**.

114 Il termine trigemino indica il V paio di nervi cranici. I nervi cranici sono 12 paia di nervi che emergono dal tronco encefalico e innervano la testa, il collo e parte del tronco; alcuni sono motori, altri sensitivi, altri misti. Il trigemino è un nervo misto, con una componente sensitiva, che raccoglie stimoli sensoriali (esterocettivi e propriocettivi) da testa e faccia, e una componente motrice, che innerva numerosi muscoli della faccia e della testa.

Le affermazioni corrette sono la 1 e la 3; si può quindi stabilire che risponde correttamente al quesito l'alternativa **E**.

115 L'estensione delle aree della corteccia motoria che controllano specifiche regioni del corpo è proporzionale alla capacità di tali regioni di compiere movimenti molto precisi; risposta **C**. Questo fenomeno è schematizzato dall'*Homunculus motorio*: una rappresentazione della figura umana in cui l'estensione delle diverse parti del corpo è proporzionale alla superficie di corteccia cerebrale dedicata al controllo di quella stessa parte del corpo. L'*Homunculus* ha tronco e arti di piccole dimensioni, mentre le mani e le labbra sono molto grandi; questo significa che le aree della corteccia cerebrale destinate ai movimenti della mano e a quelli delle labbra sono molto estese in confronto alle aree dedicate al controllo del tronco o degli arti.

116 I coni e i bastoncelli, cellule fotosensibili presenti nella retina, contengono i pigmenti *iodopsina* e *rodopsina*; quando queste molecole sono colpite da radiazioni luminose modificano la propria conformazione e da tali variazioni ha origine lo stimolo nervoso.

La risposta corretta è la **A**.

117 I centri di controllo della respirazione e del ritmo cardiaco hanno sede nel midollo allungato; questo ci permette di concentrare la nostra attenzione sulle righe 1 e 3, che contengono questa affermazione. La porzione anteriore dell'ipofisi (adenoipofisi) secerne l'ormone follicolo stimolante (FSH), mentre la porzione posteriore (neuroipofisi) è la sede in cui l'ormone antidiuretico (ADH), prodotto dall'ipotalamo, viene messo in circolo. Il cervello contiene i centri di controllo delle emozioni (in particolare nell'amigdala) mentre il cervelletto è deputato al controllo del movimento e dell'equilibrio. Le funzioni delle diverse strutture sono riportate correttamente nella riga 3 e la risposta esatta è la **C**.

118 Il sistema endocrino è composto dalle ghiandole che producono particolari messaggeri di natura proteica o lipidica, gli ormoni. Questi vengono riversati nella circolazione sanguigna e raggiungono tutti i distretti corporei: solamente le cellule in possesso di recettori specifici per il determinato ormone saranno in grado di ricevere il messaggio e rispondere, ad esempio modificando il metabolismo o regolando la trascrizione genica. In questo modo, il sistema endocrino contribuisce al mantenimento dell'omeostasi.

Tutte le affermazioni sono corrette, la risposta è la **E**.

119 Le isole del Langerhans del pancreas sono masserelle di tessuto endocrino responsabili della produzione di diversi ormoni, i più importanti dei quali sono insulina e glucagone, ormoni che regolano la glicemia e il metabolismo cellulare di glucidi e lipidi. La restante massa del pancreas ha invece funzione di ghiandola esocrina e produce i succhi pancreatici, contenenti numerosi enzimi digestivi. La risposta corretta è la E.

120 Gli ormoni che hanno effetti sulla funzione renale sono: l'*aldosterone*, secreto dalla corticale surrenale, che regola l'equilibrio idrico-salino aumentando l'assorbimento di sodio e acqua nel rene; l'*ormone antidiuretico* (ADH), o vasopressina, secreto dalla neuroipofisi, che regola la concentrazione dei fluidi corporei, stimolando il riassorbimento nei vasi sanguigni di acqua con produzione di urina più concentrata. Risposta corretta: A.

121 Nel processo descritto, un primo rilascio dell'ormone ossitocina è provocato dalle contrazioni dell'utero che, a loro volta, vengono stimolate e potenziate dallo stesso ormone. Si innesca così una via di regolazione circolare, indicata come *feedback positivo* (la A è la risposta corretta), nella quale il prodotto di una data fase influisce positivamente sul processo che ha portato alla sua formazione. In tal modo l'intero fenomeno si sostiene e si potenzia da sé. La risposta B, invece, si riferisce al *feedback negativo*, una via di regolazione diversa, nella quale l'aumento del prodotto di un dato processo inibisce o rallenta il processo stesso. Anche le risposte C ed E devono essere scartate, perché fanno riferimento a fenomeni di tipo nervoso, mentre il processo descritto nel quesito riguarda un caso di regolazione endocrina. Infine anche la risposta D non è appropriata, in quanto l'omeostasi è un processo totalmente distinto da quello descritto nella domanda e rappresenta la capacità di un organismo di mantenere costanti le condizioni chimico-fisiche del suo ambiente interno anche al variare delle condizioni ambientali esterne.

122 La pressione arteriosa dipende principalmente da tre fattori: frequenza delle contrazioni cardiache, volume del sangue e resistenza del sistema vascolare. Per quanto riguarda quest'ultimo fattore, la *vasodilatazione* (aumento del diametro delle arterie) determina una diminuzione della pressione sanguigna, mentre la *vasocostrizione* determina un aumento dello stesso valore.

Dato che la pressione sanguigna è generalmente più bassa al mattino che durante il resto della giornata, è sconsigliabile, per chi ha la pressione bassa, mettere in atto comportamenti che favoriscano la vasodilatazione, come innalzare la temperatura corporea o bere sostanze alcoliche, si possono quindi escludere le alternative B, C e D.

È invece consigliabile invece fare una doccia fredda che provoca vasocostrizione e quindi un certo aumento della pressione arteriosa; risposta A.

123 Il *rigetto* è la reazione che un organismo mette in atto contro un tessuto o un organo ricevuti in seguito a un trapianto. Deriva da una risposta immunitaria di tipo cellulare, scatenata contro qualcosa che l'organismo non riconosce come proprio; inizia con una massiccia infiltrazione di globuli bianchi nel tessuto trapiantato, seguita da lesioni dei capillari fino alla totale distruzione del tessuto. La risposta corretta è quindi la D.

124 La risposta immunitaria specifica comprende diversi meccanismi, tutti basati sull'esistenza, nell'organismo, di un gran numero di linfociti diversi, ognuno caratterizzato da uno specifico recettore (proteina di membrana). Quando un linfocita incontra l'antigene corrispondente, questo si lega al recettore, provocando l'attivazione del linfocita stesso che inizia a dividersi generando numerose cellule dello stesso tipo, in grado di mettere in atto una serie di processi finalizzati all'eliminazione di quello specifico antigene. La grande varietà dei recettori presenti sui linfociti non compare in seguito al contatto con i diversi antigeni (la B e la C sono quindi errate), ma lo precede, ed è resa possibile dal fatto che la struttura dei recettori è controllata da un sistema di geni che possono riassortirsi in innumerevoli modi diversi.

La risposta corretta è quindi la A.

125 Quando il sistema immunitario mette in atto una risposta per contrastare l'ingresso di specifici antigeni, vengono prodotti linfociti appartenenti a diverse linee cellulari. Fra questi, le cellule della memoria sono formate da una frazione dei linfociti B e T che rimane nell'organismo dopo la scomparsa dell'antigene, pronta a intervenire nel caso che questo si ripresenti; risposta **D**.

126 La somministrazione di un *siero* viene detta anche *immunizzazione passiva*, perché questa preparazione contiene anticorpi contro un certo agente patogeno e viene iniettata per conferire immediatamente resistenza a un individuo che si teme abbia avuto contatto con lo stesso patogeno. Un vaccino invece è una preparazione formata da microrganismi patogeni morti, attenuati (resi innocui) oppure da loro componenti (proteine o parti di materiale genetico), che viene somministrata per indurre nell'organismo una risposta immunitaria e conferire una resistenza duratura alla malattia provocata dagli stessi patogeni; si parla in questo caso di *immunizzazione attiva*.

La somministrazione di un siero determina un immediato aumento del tasso di anticorpi nel sangue, che poi si abbassa, fino ad annullarsi, con l'esaurimento degli anticorpi iniettati. Con la somministrazione di un vaccino, al contrario, il tasso di anticorpi nel sangue aumenta solo dopo un certo numero di giorni, il tempo necessario all'organismo per scatenare una reazione immunitaria contro l'antigene iniettato; la comparsa degli anticorpi è ritardata ma perdura nel tempo.

È chiaro quindi che, nel grafico proposto dal quesito, la linea continua rappresenta l'evoluzione nel tempo del numero di anticorpi in seguito alla somministrazione di un siero, mentre la linea tratteggiata rappresenta l'andamento degli anticorpi prodotti dall'organismo in seguito a vaccinazione; risposta **C**.

127 Gli interferoni sono messaggeri chimici di natura proteica (l'opzione 2 è corretta e la 4 errata), ad azione antivirale (l'opzione 3 è corretta), coinvolti sia nei meccanismi di immunità innata sia in quelli dell'immunità acquisita. In caso di infezione virale, le cellule colpite possono liberare interferone, che segnala alle cellule circostanti (la 1 è corretta) la presenza del virus e le stimola a produrre enzimi in grado di bloccare la sintesi delle proteine virali. Inoltre queste sostanze, di cui esistono diverse famiglie, rafforzano l'attività delle cellule del sistema immunitario e contrastano la crescita di alcune cellule tumorali; non sono anticorpi specifici contro batteri Gram-positivi (la 5 è errata).

Le affermazioni non riferibili all'interferone sono dunque la 4 e la 5 e la risposta corretta al quesito è quindi la **B**.

128 I lisosomi sono vescicole delimitate da membrana che contengono enzimi idrolitici: pertanto, sono abbondanti nelle cellule coinvolte nei meccanismi di difesa dell'organismo, come i globuli bianchi, di cui i granulociti neutrofili costituiscono una tipologia. Risposta **C**.

129 Il quesito richiede di individuare a quale sostanza non è associata la funzione corretta. La fibrina è una proteina coinvolta nella coagulazione del sangue; il lisozima è una sostanza ad azione battericida presente anche nella saliva e nelle lacrime; l'istamina è una sostanza coinvolta nella reazione infiammatoria; la tripsina è un enzima che nello stomaco permette la digestione delle proteine; la lisina è un amminoacido. Si deduce che la risposta corretta è la **E**: infatti, la lisina non ha nulla a che fare con le attività di degradazione che avvengono all'interno dei lisosomi.

130 I disordini che coinvolgono il metabolismo degli amminoacidi fanno parte delle malattie metaboliche ereditarie. La malattia citata dal quesito, la fenilchetonuria, è una patologia dovuta alla carenza di un enzima necessario per la degradazione delle molecole di fenilalanina che non vengono utilizzate per la normale sintesi proteica. Nella forma più grave di tale disturbo, l'enzima in questione manca completamente e l'accumulo di fenilalanina causa un serio danno cerebrale. Il neonato appare normale alla nascita e il ritardo mentale si sviluppa gradualmente dopo le prime settimane di vita.

Fortunatamente, la fenilchetonuria costituisce un esempio classico di risultato efficace della medicina preventiva in quanto, dopo aver diagnosticato la malattia al neonato, può essere effettuata una terapia basata su un apporto ridotto di fenilalanina con la dieta. Se tale regime dietetico è iniziato abbastanza precocemente e viene seguito correttamente, è possibile prevenire i danni causati dalla malattia soprattutto sul sistema nervoso, consentendo una vita normale. L'alternativa corretta tra quelle proposte è la A.

---

131 L'agente patogeno scoperto da Koch è il batterio *Mycobacterium tubercolosis*, che provoca la tubercolosi; risposta D.

---

132 L'acetilcolina è il neurotrasmettitore caratteristico dei neuroni motori, che la rilasciano in corrispondenza delle sinapsi che questi formano con le fibre muscolari, dette placche motrici. L'acetilcolina si lega a specifici recettori posti sulla membrana delle fibre muscolari e il legame con il recettore determina una serie di modificazioni che ha come risultato la contrazione muscolare. Immediatamente dopo aver svolto il proprio compito l'acetilcolina viene idrolizzata dall'enzima colinesterasi. L'azione dei gas nervini, che inibiscono questo enzima, fa sì che l'acetilcolina rimanga legata ai propri recettori, causando una contrazione continua delle fibre muscolari interessate. Le conseguenze dell'avvelenamento da gas nervini sono dovute a questi effetti, quindi comprendono paralisi muscolare con tetanismo (movimenti muscolari involontari e incontrollabili) e morte per asfissia dovuta a paralisi del diaframma e dei muscoli intercostali.

Si deduce che tutte le alternative proposte riportano effetti di questi gas, tranne la A che è quindi la risposta corretta.

---

133 Il fenomeno che spiega per quale motivo, ogni volta che un nuovo antibiotico entra in uso, nel giro di alcuni anni compaiono ceppi batterici resistenti, è la *selezione naturale*. I batteri si riproducono molto rapidamente e a ogni generazione è possibile la comparsa di qualche mutazione casuale; se fra queste mutazioni compare la resistenza a un antibiotico, il ceppo dotato di questa caratteristica è favorito rispetto agli altri, perché può vivere anche in presenza dell'antibiotico. I batteri resistenti quindi si riproducono nelle condizioni in cui gli altri muoiono, diffondendo con grande rapidità le caratteristiche di resistenza.

È importante ricordare che non è l'antibiotico che induce la comparsa di mutazioni, la B è quindi sbagliata, mentre l'alternativa corretta è la D.

---

134 In medicina, la tolleranza a un farmaco indica la riduzione progressiva della sensibilità al farmaco, in modo che per indurre l'effetto desiderato occorre una dose via via più elevata. La tolleranza dipende da numerosi diversi meccanismi e può svilupparsi nei confronti di alcuni effetti di un farmaco molto più rapidamente rispetto ad altri. Risposta B.

---

135 Secondo quanto si legge nel brano proposto, la nascita, negli anni Sessanta del secolo scorso, di un gran numero di bambini focomelici è stata messa in correlazione con il talidomide, farmaco assunto dalle madri durante la gravidanza. Queste malformazioni non avevano origini genetiche, né derivavano da agenti infettivi, si possono quindi escludere le risposte A, C ed E.

Dato che il talidomide non aveva mostrato effetti negativi sugli animali usati per la sperimentazione, si deduce che anche la risposta B è errata.

L'alternativa corretta è la D: il principio teratogeno (che cioè provoca malformazioni al feto durante lo sviluppo embrionale) contenuto nel talidomide attraversa la placenta e raggiunge il feto.

---

136 I microrganismi della specie *Staphylococcus aureus* sono batteri, quindi per combatterli possono essere utili gli antibiotici, sostanze in grado di distruggere i batteri patogeni, o quanto meno di inibirne la crescita; risposta D.

137 In medicina, l'anamnesi è l'insieme delle informazioni raccolte dal medico interrogando il malato e i suoi familiari circa le circostanze che hanno preceduto la malattia e la storia di eventuali patologie già occorse ai componenti del nucleo familiare (legati al paziente da diretto vincolo di sangue). Insieme all'esame obiettivo del malato, l'anamnesi è di grande ausilio nella formulazione della diagnosi poiché permette di ricostruire le modalità di insorgenza e il decorso della patologia in atto e fornisce indicazioni sull'esistenza o meno di una predisposizione genetica all'interno del gruppo familiare verso una determinata malattia. L'anamnesi, quindi, è molto più che una semplice lista di sintomi: essa descrive la vera e propria storia della malattia nella quale vengono evidenziati i fatti di importanza medica della vita del paziente. La risposta esatta è la **C**.

138 L'amniocentesi è una tecnica di diagnosi prenatale che consiste nel prelevare una ridotta quantità di liquido amniotico, fluido che avvolge e protegge il feto, dall'utero gravido. Il prelievo viene effettuato a partire dalla sedicesima settimana di gestazione e l'analisi delle cellule del nascituro, disperse in tale liquido, permette di determinare precocemente la presenza di eventuali anomalie cromosomiche. La risposta corretta è dunque la **A**.

139 Un tumore è costituito da una massa di cellule che si originano da processi di divisione e crescita incontrollati. La perdita del controllo del normale ciclo cellulare si può verificare per diverse ragioni, una di queste è la scomparsa del meccanismo inibitorio che blocca automaticamente la crescita della cellula quando questa arriva in contatto con altre cellule (risposta **B**).

140 Il lisozima è un enzima tipico di diversi tessuti animali, presente per esempio nelle lacrime e nella saliva, dotato di attività battericida per la sua capacità di demolire il peptidoglicano. Dato che agisce demolendo il peptidoglicano, costituente principale della parete batterica, il lisozima agisce sui batteri; in particolare sono sensibili a questa sostanza i Gram-positivi ma non i Gram-negativi, la cui parete è formata in minima parte da peptidoglicano mentre per la maggior parte da altri composti. La risposta corretta è quindi la **A**.

parte seconda

CHIMICA

Quesiti

1 **Secondo la legge di Lavoisier in una trasformazione chimica rimane costante:**

- A la massa del sistema
- B la densità del sistema
- C il volume delle sostanze
- D lo stato di aggregazione delle sostanze
- E il contenuto energetico

2 **Sono stati ottenuti, con quattro differenti metodi, quattro campioni di un ossido di azoto; la percentuale in peso di azoto risulta essere la stessa in ognuno dei quattro campioni. Ciò costituisce una prova della legge:**

- A della conservazione della massa
- B delle proporzioni multiple
- C di Avogadro
- D delle proporzioni definite
- E di Einstein

3 **Quale delle seguenti tecniche di separazione comporta dei passaggi di stato?**

- A Filtrazione
- B Distillazione
- C Cromatografia
- D Estrazione
- E Decantazione

4 **Quale tra le seguenti sostanze non è un elemento?**

- A Ammoniaca
- B Argento
- C Idrogeno
- D Mercurio
- E Ferro

5 **Quale tra i seguenti termini NON indica una lega metallica?**

- A Rodio
- B Bronzo
- C Acciaio
- D Ottone
- E Ghisa

6 **«Nel nucleo, carico positivamente, risiede praticamente tutta la massa dell'atomo; il nucleo è costituito da un certo numero di protoni, che sono i portatori della carica positiva unitaria (uguale a quella dell'elettrone, ma di segno opposto), e da un certo numero di neutroni (di massa quasi uguale a quella dei protoni), che, come indica il nome, non portano alcuna carica. Protoni e neutroni vengono talvolta indicati con il nome generico di nucleoni».**
Quale delle seguenti affermazioni NON può essere dedotta dalla lettura del brano precedente?

- A L'elettrone possiede una carica negativa unitaria
- B La massa dell'atomo è praticamente dovuta solo ai nucleoni
- C Protoni e neutroni si trovano nel nucleo in genere in numero uguale
- D Non vi è grande differenza tra le masse dei due tipi di nucleoni
- E La carica positiva dell'atomo è dovuta solo ai protoni

7 **Il numero di massa di un atomo è 18, il numero atomico è 8; i neutroni contenuti nel nucleo sono:**

- A 10
- B 8
- C 18
- D 26
- E 16

8 **Quale delle seguenti affermazioni sui numeri quantici atomici è FALSA?**

- A Il numero quantico secondario dipende dal numero quantico principale
- B Il numero quantico secondario può assumere solo valori inferiori al valore del numero quantico principale
- C Il numero quantico di spin di un elettrone può assumere solo valori seminteri
- D Il numero quantico secondario dipende dal numero quantico magnetico
- E Il numero di orbitali di un livello dipende dal numero quantico principale

9 **"Se più elettroni occupano orbitali degeneri, essi si distribuiscono con spin paralleli, sul numero massimo possibile di tali orbitali".**
Quest'affermazione è nota come:

- A regola di Hund
- B principio di esclusione di Pauli
- C principio di Aufbau
- D modello di Bohr
- E regola dell'ottetto

10 **Il numero massimo di elettroni che può essere contenuto in totale nei primi tre livelli elettronici è:**

- A 18
- B 30
- C 26
- D 10
- E 28

11 **Dato un elettrone contenuto in un orbitale 3*p*, stabilire quale/i delle seguenti affermazioni è/sono corretta/e.**

1. **Il numero quantico secondario è 3**
2. **Il numero quantico principale è 3**
3. **Il numero quantico secondario può assumere tutti i valori compresi fra 0 e 2**

A Solo 1 B Solo 1 e 2 C Solo 1 e 3 D Solo 3 E Solo 2

12 **Quale delle seguenti quaterne di numeri quantici riferite a un elettrone è possibile?**

A $n = 3; l = 1; m = -1/2; m_s = 0$

B $n = 3; l = 1; m = 0; m_s = -1/2$

C $n = 2; l = 3; m = 0; m_s = +1/2$

D $n = 2; l = 3; m = +1/2; m_s = 0$

E $n = 3; l = 1; m = 4; m_s = +1/2$

13 **In quale delle seguenti serie tutte le specie sono isoelettroniche tra di loro?**

A N^{3-}, O^{2-}, F^-

B Cl, Cl^-, Cl^+

C N, O^-, F^+

D F^-, Ne, Mg^+

E F^-, Cl^-, Br^-

14 **Gli elementi chimici conosciuti sono:**

A circa 80

B circa 120

C circa 160

D circa 200

E circa 240

15 **Quale di queste coppie di elementi appartiene allo stesso gruppo della tavola periodica degli elementi?**

A Na e Cl

B K e Ca

C K e O

D Ca e O

E Ca e Mg

16 **Lo ione Gd^{3+}, avente configurazione elettronica $[Xe]4f^7$, ha proprietà paramagnetiche che lo rendono adatto per la produzione di mezzi di contrasto per applicazioni in diagnostica. Da cosa dipendono tali proprietà?**

A Dal valore inusualmente elevato della carica dello ione Gd^{3+}

B Dall'elevato numero di elettroni spaiati che caratterizzano lo stato fondamentale dello ione Gd^{3+}

C Dalla capacità dello ione Gd^{3+} di contrastare efficacemente l'azione degli ioni OH^- presenti nei fluidi biologici

D Dalla capacità dello ione Gd^{3+} di contrastare efficacemente l'azione dei radicali OH• presenti nei fluidi biologici

E Dal rapido decadimento dello ione Gd^{3+} a dare Xe^{3+} come prodotto di decadimento, con contestuale emissione di particelle α e elettroni

17 **L'energia di prima ionizzazione del magnesio $_{12}Mg$ è superiore a quella dell'alluminio $_{13}Al$. Qual è il motivo di questo comportamento?**

A L'alluminio è meno elettronegativo del magnesio
B Il raggio atomico dell'alluminio è superiore a quello del magnesio
C L'alluminio possiede più protoni del magnesio
D L'alluminio possiede più neutroni del magnesio
E Rimuovendo un elettrone dall'alluminio si ottiene uno ione con un sottolivello pieno

PARTE SECONDA

18 **Il sodio (Na) precede il potassio (K) nel Gruppo 1 della tavola periodica. Quale/i delle seguenti affermazioni è/sono corretta/e relativamente a questi due elementi?**

1. Un atomo di sodio è più grande di un atomo di potassio
2. Il potassio è più reattivo del sodio
3. Entrambi formano ioni 2+ in composti presenti in natura
4. Entrambi hanno una configurazione elettronica esterna s^2p^1

A Solo la 1
B Solo la 2
C Solo la 3
D Solo la 4
E 1 e 2

19 **Si assuma che i valori delle prime sei energie di ionizzazione (espresse in kJ mol^{-1}) di un elemento siano: 738, 1450, 7730, 10500, 13600 e 18000. Quale/i delle seguenti affermazioni è/sono corretta/e?**

1. L'elemento appartiene al Gruppo 2 della Tavola Periodica
2. Il valore 7730 kJ mol^{-1} corrisponde al processo: $X^{3+}_{(g)} - e^- \rightarrow X^{4+}_{(g)}$
3. L'elemento appartiene al Periodo 2 della Tavola Periodica

A Solo 1
B Solo 2
C Solo 3
D Solo 1 e 2
E Solo 1 e 3

20 **Qual è il motivo per cui l'elettronegatività diminuisce scendendo lungo un gruppo della tavola periodica?**

A Perché diminuisce il raggio atomico
B Perché diminuisce la tendenza a perdere elettroni
C Perché aumenta il raggio atomico
D Perché aumentano le forze di attrazione tra il nucleo e gli elettroni di valenza
E Perché diminuisce il carattere metallico

21 **In che cosa consiste la massa atomica relativa di un atomo?**

A Nel rapporto tra la massa dell'atomo in esame e la dodicesima parte della massa dell'isotopo 12 del carbonio
B Nella massa di un atomo espressa in grammi
C Nel rapporto tra la massa dell'atomo in esame e la sedicesima parte della massa dell'isotopo 16 dell'ossigeno
D Nella massa di una mole di atomi dell'elemento in esame
E Nessuna delle altre alternative è corretta

22 **Un litro di CO e un litro di CO_2, nelle stesse condizioni di temperatura e pressione:**

A hanno la stessa massa

B contengono lo stesso numero di atomi

C hanno la stessa densità

D hanno masse che stanno nel rapporto 1:2

E contengono lo stesso numero di molecole

23 **Un composto con formula empirica C_2H_5O ha massa molare 135 g/mol. Qual è la sua formula molecolare?**

A CH_3CHOH

B $C_4H_{10}O_2$

C $C_8H_7O_2$

D $C_6H_{15}O_3$

E $C_6H_9 \cdot 3H_2O$

24 **Dati $PA_{Na} = 22{,}99$, $PA_{Cl} = 35{,}45$, stabilire a quanti grammi di composto equivalgono 1,5 moli di cloruro di sodio (NaCl).**

A 34,48

B 53,17

C 58,44

D 87,66

E 876,6

25 **Una micromole di atomi contiene:**

A $6{,}023 \cdot 10^{23}$ atomi

B $6{,}023 \cdot 10^{17}$ atomi

C un numero di atomi che dipende dal numero atomico

D $6{,}023 \cdot 10^{17}$ grammi

E $6{,}023 \cdot 10^{20}$ atomi

26 **Il cloro ha due isotopi con masse atomiche relative di 35 u e 37 u. Un campione di CH_2Cl_2 ha una massa molecolare relativa di 86 u. Quale/i tra questi di seguito potrebbe/ro essere il campione?**

1. Una miscela 50% di $CH_2(^{35}Cl)_2$ e 50% di $CH_2(^{37}Cl)_2$

2. 100% di $CH_2{}^{35}Cl^{37}Cl$

3. Una miscela 25% di $CH_2(^{35}Cl)_2$ e 75% di $CH_2{}^{35}Cl^{37}Cl$

[Massa atomica relativa: H = 1 u, C = 12 u]

A Solo 1

B Solo 2

C Solo 3

D Solo 1 e 2

E Solo 1 e 3

27 **Una particella alfa è caratterizzata da:**

A neutralità elettrica
B due cariche negative
C due cariche positive
D massa doppia rispetto a quella dell'elettrone
E massa doppia rispetto a quella del protone

28 **Il $^{4}_{3}Li$ è un isotopo instabile del litio che decade emettendo un protone. Quale sarà il suo prodotto di decadimento?**

A $^{2}_{1}H$
B $^{3}_{1}H$
C $^{3}_{1}He$
D $^{3}_{2}He$
E $^{3}_{3}Li$

29 **Individuare quale tra le seguenti affermazioni sui legami chimici è FALSA.**

A I legami chimici possono formarsi tra atomi di carbonio
B I legami chimici possono formarsi solo tra sostanze allo stato liquido
C I legami chimici possono formarsi tra atomi diversi tra loro
D I legami chimici possono essere di tipo covalente polare
E I legami chimici caratterizzano tutti i composti chimici

30 **In quale dei seguenti composti è rispettata la regola dell'ottetto?**

A BF_3
B PF_5
C NO
D BrO_2
E NF_3

31 **Quanti elettroni dell'azoto sono impegnati in legami, quando si forma la molecola $HONO_2$?**

A 4
B 3
C 6
D 5
E 7

32 **Quale delle seguenti molecole NON è lineare secondo la teoria VSEPR?**

A SO_2
B HCN
C CO_2
D C_2H_2
E CaH_2

33 **La forma geometrica della molecola di fosfina PH_3 è:**

A piramidale trigonale
B tetraedrica
C piegata
D trigonale planare
E lineare

34 **Gli orbitali ibridi *sp*^{2}:**

A formano fra loro angoli di 180°
B sono diretti lungo le tre direzioni dello spazio
C formano fra loro angoli di 90°
D sono diretti lungo i vertici di un triangolo equilatero
E formano fra loro angoli di 109°

35 **Quale/i delle seguenti affermazioni è/sono corretta/e relativamente ai legami carbonio–carbonio?**

1. **L'energia di legame cresce nell'ordine C – C, C = C, C ≡ C**
2. **La lunghezza del legame C – C è doppia rispetto a quella del legame C = C**
3. **Nel legame C = C gli atomi di carbonio condividono quattro elettroni**

A Solo 1 e 3
B Solo 3
C Solo 1 e 2
D Solo 2 e 3
E Solo 1

36 **Nel legame metallico:**

A atomi neutri si attraggono reciprocamente
B strati di ioni positivi si alternano a strati di ioni negativi
C ioni positivi sono circondati da elettroni di valenza delocalizzati
D ioni positivi e negativi si attraggono reciprocamente
E ioni positivi e negativi sono circondati da elettroni di valenza delocalizzati

37 **In quale delle seguenti coppie di molecole un membro può stabilire interazioni intermolecolari con l'altro membro esclusivamente attraverso la formazione di un dipolo istantaneo e di un dipolo istantaneo indotto?**

A CO, CO_2
B CO, CH_4
C I_2, Li_2
D CCl_4, SO
E SO, SO

38 **Un esempio di legame a idrogeno è quello tra:**

A un atomo di idrogeno di una molecola di acqua e uno di un'altra
B un atomo di idrogeno di una molecola di acqua e quello di ossigeno di un'altra
C due atomi di carbonio in un idrocarburo
D un atomo di idrogeno e uno di ossigeno che formano una molecola d'acqua
E un atomo di carbonio e uno di idrogeno in un idrocarburo

39 **Il valore massimo del numero di ossidazione del cloro è:**

A +1
B −1
C 0
D +7
E +3

40 **Lo stato di ibridazione e il numero di ossidazione di ciascun atomo di azoto nella molecola N_2O_4 sono rispettivamente:**

A sp^2; +3
B sp^3; +5
C sp^3; +4
D sp^2; +4
E sp; +3

41 **Il valore del numero di ossidazione di un anione monoatomico è:**

A −2
B uguale alla carica dello ione
C uguale alla carica cambiata di segno
D 1
E 0

42 **Il numero di ossidazione dello zolfo nel composto $Al_2(SO_4)_3$ è:**

A +3
B +6
C −2
D +4
E −6

43 **Quale tra i seguenti composti è un idruro?**

A HBr
B CaH_2
C HCN
D $Mg(OH)_2$
E $CuSO_4{\cdot}5H_2O$

44 **L'ossido di potassio, reagendo con l'acqua, forma:**

A un sale
B una soluzione basica
C una soluzione acida
D potassio libero
E la reazione non avviene

45 **Il composto formato dagli ioni Fe^{3+} e SO_4^{2-} ha formula:**

A $Fe_2(SO_4)_3$
B $Fe_2(SO_4)_2$
C Fe_2SO_4
D $FeSO_4$
E $Fe(SO_4)_2$

46 **Quale, tra le seguenti formule, rappresenta un composto stabile?**

A CaO
B CaCl
C Ca_2Cl
D $NaCl_2$
E NaO

47 **Quale tra le seguenti scritture indica lo ione bromato?**

A BrO^-
B BrO_3^-
C BrO_5^-
D BrO_7^-
E Br^-

48 **L'idrossido di sodio può formare un sale reagendo con:**

A acqua
B ammoniaca
C ossigeno
D idrogeno molecolare
E acido bromidrico

49 **Quando l'acqua viene sottoposta all'azione di un agente ossidante forte, che cosa si forma?**

A O_2
B H_2
C H_2 e O_2
D H_2 e OH^-
E H^+ e OH^-

50 **Quale affermazione riferita alla seguente equazione chimica, che deve essere bilanciata, è corretta?**

$$MnO_2 + HCl \rightarrow MnCl_2 + Cl_2 + H_2O$$

A Il cloro si riduce
B Il manganese è l'agente riducente
C È una reazione di dismutazione
D Sono necessarie 4 moli di HCl per ogni mole di MnO_2
E Si formano 2 moli di Cl_2 per ogni mole di MnO_2

51 **Quale delle seguenti combinazioni di coefficienti stechiometrici - *a, b, c, d, e, f* - deve essere utilizzata per bilanciare la reazione?**

$$aH_3AsO_3 + bHIO_3 + cCl^- \rightarrow dICl^- + eH_3AsO_4 + fOH^-$$

A $a = 1; b = 1; c = 2; d = 1; e = 1; f = 1$

B $a = 2; b = 1; c = 2; d = 1; e = 2; f = 1$

C $a = 2; b = 2; c = 2; d = 1; e = 2; f = 2$

D $a = 2; b = 2; c = 2; d = 2; e = 2; f = 2$

E $a = 1; b = 1; c = 1; d = 1; e = 1; f = 1$

PARTE SECONDA

52 **Nelle reazioni di ossidoriduzione avviene sempre un passaggio di:**

A ioni tra un metallo e un non metallo

B elettroni tra specie chimiche diverse

C ioni tra specie chimiche diverse

D elettroni tra un metallo e un non metallo

E elettroni tra ioni di elementi diversi

53 **Nella reazione $3\ Cu + 8\ HNO_3 \rightarrow 3\ Cu(NO_3)_2 + 2\ NO + 4\ H_2O$:**

A Cu si riduce

B Cu si ossida

C N si ossida

D Cu è l'agente ossidante

E N è l'agente riducente

54 **Quale/i delle seguenti reazioni è/sono delle ossidoriduzioni?**

1. $Cl_2(aq) + 2\ Br^-(aq) \rightarrow Br_2(aq) + 2\ Cl^-(aq)$
2. $Cl_2(aq) + H_2O(l) \rightarrow H^+Cl^-(aq) + HOCl(aq)$
3. $H^+Cl^-(aq) + H_2O(l) \rightarrow H_3O^+(aq) + Cl^-(aq)$

A Solo 1 e 2

B Solo 2

C Solo 3

D Solo 1 e 3

E Solo 2 e 3

55 **In una pila Daniell il ponte salino serve a:**

A garantire che le due soluzioni abbiano la stessa temperatura

B calcolare la f.e.m. (forza elettromotrice)

C garantire l'apertura del circuito mediante una corrente ionica

D garantire la chiusura del circuito mediante una corrente ionica

E garantire che le due soluzioni abbiano valori costanti di pressione

56 **Lo smalto dei denti è costituito per la maggior parte da idrossiapatite, la cui unità formula è $Ca_5(PO_4)_3(OH)$. In ambiente acido per acido solforico, essa può essere decomposta secondo la seguente reazione:**

$$Ca_5(PO_4)_3(OH) + 4H^+ \rightarrow 5Ca^{2+} + 3HPO_4^{2-} + H_2O$$

Quante moli di H_2SO_4 sono necessarie per produrre 0,3 moli di ioni HPO_4^{2-}?

A 0,1
B 0,2
C 0,3
D 0,4
E 0,5

57 **La combustione dell'acido solfidrico può avvenire secondo la seguente reazione:**

$$2\,H_2S + 3\,O_2 \rightarrow 2\,SO_2 + 2\,H_2O$$

Se 10 mol di H_2S e 30 mol di O_2 vengono poste in un recipiente chiuso, quante moli saranno complessivamente presenti nel recipiente dopo la combustione completa?

A 20 mol
B 35 mol
C 40 mol
D 10 mol
E 55 mol

58 **Calcolare quante moli di K_2O si ottengono a partire da 39 grammi di potassio metallico (39 u.m.a.), per reazione con eccesso di ossigeno, dopo aver bilanciato la seguente reazione:**

$$K + O_2 \rightarrow K_2O$$

A 0,5
B 1,0
C 2,0
D 0,25
E 0,14

59 **Qual è il volume di idrogeno prodotto quando 2,5 g di calcio reagiscono con un eccesso di acqua? [Il volume molare del gas, nelle condizioni dell'esperimento, è di 24 litri per mole] [La massa atomica relativa del calcio è 40]**

A 1000 mL
B 1200 mL
C 1500 mL
D 1800 mL
E 2000 mL

60 **Una camera di scoppio contiene 10 moli di H_2 e 7 moli di O_2. Quante moli saranno complessivamente presenti in seguito all'esplosione di questa miscela?**

A 3
B 7
C 10
D 12
E 17

61 **«Esistono notevoli differenze tra le solubilità in acqua dei carbonati e degli idrogenocarbonati degli elementi del primo e del secondo gruppo. Infatti i carbonati dei metalli alcalini sono notevolmente più solubili dei rispettivi idrogenocarbonati, mentre per i metalli alcalino-terrosi si verifica il fenomeno opposto».**

Quale delle seguenti affermazioni NON può essere dedotta dalla lettura del brano precedente?

A Na_2CO_3 è più solubile di K_2CO_3

B $BaCO_3$ è meno solubile di $Ba(HCO_3)_2$

C Li_2CO_3 è più solubile di $LiHCO_3$

D $Mg(HCO_3)_2$ è più solubile di $MgCO_3$

E $KHCO_3$ è meno solubile di K_2CO_3

62 **Indicare quale delle seguenti sostanze si scioglie meglio in un solvente apolare:**

A acido solforico

B acetato di potassio

C zolfo

D idrossido di sodio

E idrossido di potassio

63 **Quale, tra le seguenti coppie di sostanze, forma sempre una miscela omogenea a pressione e temperatura ambiente?**

A Acqua e anidride carbonica

B Diazoto e diossigeno

C Acqua e olio

D Acqua e zolfo

E Ferro e carbonio

64 **Quale delle seguenti azioni produce una soluzione acquosa di $NaNO_3$ (M = 85 g/mol) con concentrazione 0,20 M?**

A Mescolare 150 mL di una soluzione di $NaNO_3$ 0,15 M con 50 mL di una soluzione di $NaNO_3$ 0,05 M

B Sciogliere 17,0 g di $NaNO_3$ in 250 mL di H_2O

C Aggiungere acqua a 8,5 g di $NaNO_3$ per ottenere 250 mL di soluzione

D Diluire 50 mL di una soluzione 2 M di $NaNO_3$ fino a 200 mL

E Diluire 250 mL di una soluzione di $NaNO_3$ 0,8 M fino a 1,0 L

65 **Una soluzione contiene 5 g di soluto disciolti in 50 L di solvente. La sua concentrazione è pari a:**

A 0,1 g/L

B 10 g/L

C 250 g/L

D 0,1 M

E 10 M

66 Un decilitro di una soluzione 0,1 molare di cloruro di sodio (PM = 58) contiene la seguente quantità del sale:

A 0,58 moli
B 0,01 g
C 0,58 g
D 0,058 moli
E 5,8 g

67 Qual è la concentrazione, espressa in moli dm^{-3}, di una soluzione ottenuta sciogliendo 2,0 g di idrossido di sodio in 25,0 cm^3 d'acqua? [masse atomiche relative: Na = 23; O = 16; H = 1]

A 0,25 mol dm^{-3}
B 0,50 mol dm^{-3}
C 1,00 mol dm^{-3}
D 2,00 mol dm^{-3}
E 2,50 mol dm^{-3}

68 Il matraccio più adatto per sciogliere 10 g di NaOH (Massa molare = 40 g/mol) e ottenere una soluzione 5,0 M avrà un volume pari a:

A 10 mL
B 50 mL
C 100 mL
D 1 L
E 5 L

69 Indicare la normalità di una soluzione di H_3PO_4 0,5 M.

A 0,5 N
B 0,75 N
C 1 N
D 1,5 N
E 2 N

70 A quale volume bisogna diluire 10 mL di HCl 6 M per ottenere HCl 0,5 M?

A 200 mL
B 30 mL
C 300 mL
D 60 mL
E 120 mL

71 Quale dei seguenti composti è un elettrolita?

A Glucosio
B Esano
C Butano
D Fenolo
E Nitrato di potassio

CHIMICA

PARTE SECONDA

72 A 50 mL di una soluzione 0,06 M di HCl, viene aggiunto un volume pari al doppio di una soluzione identica di HCl 0,06 M. Come cambia la concentrazione della soluzione?

A Raddoppia
B Resta uguale
C Triplica
D Si dimezza
E Diventa un terzo

73 Qual è la concentrazione di ioni Ag^+ in una soluzione satura di AgCl, sapendo che il prodotto di solubilità di AgCl è $2,0 \times 10^{-10}$ mol^2/L^2?

A $2,0 \times 10^{-10}$ mol/L
B $1,4 \times 10^{-5}$ mol/L
C $1,0 \times 10^{-10}$ mol/L
D $4,0 \times 10^{-20}$ mol/L
E $1,0 \times 10^{-5}$ mol/L

74 Indicare quale/i affermazione è/sono corretta/e a proposito di una membrana semipermeabile.

1. Il solvente passa liberamente in entrambi i sensi
2. Il soluto passa liberamente in entrambi i sensi
3. Il solvente passa in un solo senso

A Solo 2
B Solo 3
C Solo 1 e 3
D Solo 1
E Solo 1 e 2

75 Per elettroliti forti, in soluzione sufficientemente diluita ($m < 10^{-2}$), la concentrazione attiva ai fini delle proprietà colligative è data dal prodotto della concentrazione analitica dell'elettrolita per l'indice di dislocazione ν; questo è definito come il numero di ioni in cui l'elettrolita si dissocia; così, per esempio, per NaCl si ha $\nu = 2$. L'abbassamento crioscopico Δt_c di una soluzione acquosa 0,002 m di NaCl può essere calcolato pertanto dall'espressione $\Delta t_c = K_{cr} \cdot 0,002 \cdot 2$, dove K_{cr} è la costante crioscopica dell'acqua, che ha il valore 1,86. Quindi l'abbassamento crioscopico di una soluzione acquosa 0,0001 m di solfato di alluminio è dato da:

A $\Delta t_c = 1,86 \cdot 10^{-4} \cdot 6$
B $\Delta t_c = 1,86 \cdot 10^{-3} \cdot 5$
C $\Delta t_c = 1,86 \cdot 10^{-4} \cdot 5$
D $\Delta t_c = 1,86 \cdot 10^{-4} \cdot 3$
E $\Delta t_c = 1,86 \cdot 10^{-4} \cdot 2$

76 Un sistema viene definito chiuso quando:

A contiene sostanze in un'unica fase
B al suo interno non avvengono reazioni chimiche
C non può scambiare né materia né energia con l'ambiente esterno
D può scambiare materia, ma non energia con l'ambiente esterno
E può scambiare energia, ma non materia con l'ambiente esterno

77 **L'equazione A + B → 2C è una reazione che avviene in più stadi successivi. Quale tra le seguenti scritture non può rappresentarne la legge di velocità?**

- A Velocità = $k[A][B]^2$
- B Velocità = $k[A][B]$
- C Velocità = $k[A]$
- D Velocità = $k[C]^2$
- E Velocità = $k[A]^{3/2}[B]$

78 **Quale delle seguenti affermazioni, riguardo alla prima e alla seconda affinità elettronica dell'ossigeno è corretta?**

- A Prima = leggermente esotermica; seconda = molto endotermica
- B Prima = leggermente esotermica; seconda = molto esotermica
- C Prima = leggermente endotermica; seconda = molto esotermica
- D Prima = leggermente endotermica; seconda = molto endotermica
- E Prima = molto esotermica; seconda = molto esotermica

79 **UNA sola delle seguenti affermazioni a proposito della costante di equilibrio è CORRETTA. Quale?**

- A È indipendente dalla temperatura, dalla pressione e dalle concentrazioni sia dei reagenti che dei prodotti
- B Cresce sempre al crescere della temperatura
- C Al crescere della temperatura può crescere o decrescere
- D Aumenta se si aumenta la concentrazione dei reagenti
- E Aumenta se si aumenta la concentrazione dei prodotti

80 **Data la seguente reazione chimica all'equilibrio: $C_{(s)} + 2\ H_{2(g)} \rightarrow CH_{4(g)}$ Qual è l'equazione che ne descrive l'equilibrio, secondo la legge dell'azione di massa?**

- A $K_c = [CH_4] / [H_2]^2$
- B $K_c = [CH_4]\ [H_2]\ [C]$
- C $K_p = [CH_4]\ [H_2]^2\ [C]$
- D $K_p = [CH_4] / [H_2]\ [C]$
- E $K_c = [H_2] / 2$

81 **L'unità di misura della costante di equilibrio di una reazione:**

- A dipende dalla temperatura
- B è sempre moli/litro
- C dipende dai valori dei coefficienti di reazione
- D è sempre un numero puro, cioè la costante è sempre adimensionale
- E è sempre litri/moli

CHIMICA

PARTE SECONDA

82 **La seguente reazione è esotermica:**

$$2\,T_{(g)} + 3\,X_{(g)} \rightarrow 5\,Z_{(g)}$$

Quale delle seguenti affermazioni è corretta?

A All'equilibrio, T e X producono Z alla stessa velocità con cui Z produce T e X
B Un catalizzatore aumenta la quantità di prodotto Z
C Un aumento di pressione causa un aumento della quantità di prodotto Z
D Un aumento di temperatura causa un aumento della quantità di prodotto Z
E L'aggiunta di Z sposta la posizione dell'equilibrio verso destra

83 **Solo una delle seguenti affermazioni è ERRATA. Quale?**

A L'acqua è la base coniugata dello ione idronio
B HCOOH è l'acido coniugato della base formiato
C Lo ione fluoruro è la base coniugata di HF
D Lo ione solfato è la base coniugata dell'acido solforico
E Lo ione carbonato è la base coniugata dello ione idrogenocarbonato

84 **L'ammoniaca NH_3 è in grado di accettare ioni H^+ formando NH_4^+, quindi è:**

A un acido di Lewis
B una base di Schiff
C una base secondo Arrhenius
D un composto anfotero
E una base secondo Brønsted e Lowry

85 **Quale delle seguenti equazioni chimiche non rappresenta una reazione acido/base?**

A $FeCl_3 + 6\,H_2O \rightarrow Fe(H_2O)_6^{3+} + 3\,Cl^-$
B $2\,NH_3 \rightarrow NH_2^- + NH_4^+$
C $Al(H_2O)_6^{3+} + H_2O \rightarrow Al(H_2O)_5(OH)^{2+} + H_3O^+$
D $CH_4 + H(SbF_6) \rightarrow CH_5^+ + SbF_6^-$
E $HNO_3 + HClO_4 \rightarrow H_2NO_3^+ + ClO_4^-$

86 **Indicare una coppia coniugata acido-base nella seguente reazione:**

$$CN^- + H_2O \rightarrow HCN + OH^-$$

A CN^-, H_2O
B H_2O, OH^-
C HCN, OH^-
D H_2O, HCN
E CN^-, OH^-

87 **La relazione pH + pOH = 14 è valida:**

A solo per soluzioni basiche
B per tutte le soluzioni, anche non acquose
C per tutte le soluzioni acquose
D solo per soluzioni acide
E solo per soluzioni acquose neutre

88 **Individuare, tra le seguenti sostanze, l'acido forte in acqua:**

- A acido cianidrico
- B acido carbonico
- C acido acetico
- D acido nitrico
- E acido lattico

89 **La soluzione di un acido forte:**

- A ha pH maggiore di pOH
- B ha pOH molto minore di 7
- C ha pOH poco minore di 7
- D ha pOH maggiore di quello di una soluzione di un acido debole a uguale concentrazione
- E ha pOH minore di quello di una soluzione di un acido debole a uguale concentrazione

90 **In una soluzione, la concentrazione di ioni H_3O^+ è $1{,}0 \cdot 10^{-8}$ mol dm^{-3}. Qual è la concentrazione di ioni OH^- nella soluzione espressa in mol dm^{-3}?**

- A $1{,}0 \cdot 10^{-2}$
- B $1{,}0 \cdot 10^{-4}$
- C $1{,}0 \cdot 10^{-6}$
- D $1{,}0 \cdot 10^{-8}$
- E $1{,}0 \cdot 10^{-10}$

91 **Una soluzione acquosa 0,0001 M di un acido debole presenta una concentrazione di ioni idronio:**

- A 10^{-3} M
- B 10^{-4} M
- C minore di 10^{-4} M
- D maggiore di 10^{-2} M
- E 10^{-2} M

92 **Il pH di una soluzione 10^{-8} M di HCl (acido forte) è:**

- A uguale a 7
- B inferiore a 7
- C uguale a 8
- D inferiore a 6
- E indeterminabile

93 **Volendo preparare 10 L di soluzione di NaOH (massa molare: 40 g/mol) a pH 12, in quale di questi modi si può procedere?**

- A Sciogliere 40 g di NaOH in 10 L di soluzione acquosa
- B Sciogliere 0,1 g di NaOH in 10 L di soluzione acquosa
- C Sciogliere 4 g di NaOH in 10 L di soluzione acquosa
- D Prelevare 10 mL da una soluzione di NaOH 1 M e diluirli fino a 10 L
- E Sciogliere 0,4 g di NaOH in 10 L di soluzione acquosa

94 **In una titolazione di 25 mL di una soluzione di HCl (acido cloridrico) sono stati utilizzati 11,5 mL di NaOH (idrossido di sodio) 0,2 M.**
Qual è la concentrazione della soluzione di HCl?

A 0,092 M
B 1 M
C 0,2 M
D 0,02 M
E 0,0092 M

95 **Se si aggiungono 500 mL di una soluzione di H_2SO_4 0,05 M a 500 mL di una soluzione di NaOH 0,08 M quale sarà il pH misurato a 25 °C?**

A 2,00
B 3,50
C 7,00
D 10,3
E 12,0

96 **Quale/i delle seguenti affermazioni relative a una soluzione tampone acida è/sono corretta/e?**

1. **Il pH non varia qualunque sia la quantità di acido o base aggiunta alla soluzione**
2. **È formata da un sale di un acido disciolto in una soluzione dello stesso acido**
3. **Le soluzioni tampone possono avere solo valori di pH compresi tra 3 e 6**

A Solo 1 B Solo 2 C Solo 3 D Solo 1 e 2 E Solo 2 e 3

97 **Quale di queste coppie di composti costituisce un efficace sistema tampone?**

A HCl/NaCl
B H_2SO_4/ $CaSO_4$
C KOH/KCl
D HCOOH/HCOONa
E CH_3COOH/HCl

98 **Se una soluzione tampone (1 litro) a pH = 4 viene diluita con acqua (a 10 litri), il pH della soluzione ottenuta è circa:**

A 9
B 8
C 4
D 5
E 0,4

99 **Un atomo di carbonio viene definito secondario quando:**

A è legato ad altri due atomi di carbonio
B è il secondo della catena carboniosa
C fa parte della molecola di una ammina secondaria
D è ibridato sp^2
E presenta due valenze invece di quattro

100 Quale delle seguenti affermazioni relative agli isomeri organici è corretta?

1. Hanno la stessa formula molecolare.

2. Le loro proprietà fisiche sono molto simili.

3. Hanno formula di struttura diversa.

A Solo la 2 e la 3

B 1, 2 e 3

C Solo la 1 e la 2

D Solo la 1 e la 3

E Solo la 1

101 Quale tra i seguenti composti è un isomero del pentano?

A 2-pentene

B 2-pentanone

C 2-metilpentano

D 2-metilbutano

E ciclopentano

102 Che tipo di reazione danno gli alcani?

A Sostituzione nucleofila

B Addizione elettrofila

C Sostituzione elettrofila

D Sostituzione radicalica

E Non danno nessuna reazione

103 Che cosa si verifica se nella catena di un idrocarburo saturo si sostituisce un atomo di idrogeno con un gruppo funzionale?

1. Cambia la massa della molecola

2. Cambiano le proprietà fisiche della sostanza

3. Cambiano le proprietà chimiche della sostanza

A Solo 3

B Solo1

C 1 e 2

D 1, 2 e 3

E 1 e 3

104 Per quanti atomi di idrogeno il benzene differisce dal cicloesano?

A 5

B 6

C 4

D 3

E 2

105 La disposizione degli atomi di carbonio del benzene nello spazio è:

A planare

B a sedia

C a barca (o tino)

D irregolare

E casuale

CHIMICA

106 Due atomi di carbonio asimmetrici sono entrambi:

A appartenenti alla serie stereochimica D

B ibridati sp^3

C ibridati *sp*

D non ibridati

E legati agli stessi raggruppamenti

107 Quale tra le seguenti serie di composti è formata solo da composti aromatici?

A Toluene, benzene, butano, pentano

B Toluene, naftalene, fenantrene, etilene

C Benzene, toluene, naftalene, fenantrene

D Acetilene, benzene, toluene, naftalene

E Butano, toluene, etilene, naftalene

108 Un alcol primario può essere ossidato a dare prima una aldeide e poi un acido carbossilico. Quale delle seguenti sequenze rappresenta l'ordine corretto di queste reazioni?

A $CH_3CH_2CH_2CH_2OH \rightarrow CH_3CH_2CH_2CHO \rightarrow CH_3CH_2CH_2COOH$

B $CH_3CH(OH)CH_3 \rightarrow CH_3COCH_3 \rightarrow CH_3CH_2COOH$

C $HCOOH \rightarrow HCHO \rightarrow CH_2OH$

D $CH_2 = CH_2 \rightarrow CH_3CHO \rightarrow CH_3COOH$

E $C_4H_9CH_2OH \rightarrow C_4H_9CHO \rightarrow C_4H_9COOCH_3$

109 In quale delle seguenti molecole è contenuto meno ossigeno?

A Diidrossiacetone

B 2,4 di-idrossi-pentanale

C Acetato di etile

D Acido butanoico

E Etere propil-esilico

110 Un estere può essere direttamente prodotto dalla reazione dell'acido propanoico con l'1 -butanolo. Qual è la formula dell'estere?

A $C_2H_5COOC_4H_9$

B $CH_3COOC_4H_9$

C $C_4H_9COOC_3H_7$

D $C_3H_7COOC_4H_9$

E $C_2H_5COOC_2H_5$

111 Gli eteri si ottengono dalla reazione tra:

A due alcoli, uguali o differenti, con eliminazione di acqua

B un acido ossigenato organico o inorganico e un alcol, con eliminazione di acqua

C un acido ossigenato organico o inorganico e un alcol, senza eliminazione di acqua

D un'aldeide e un alcol con eliminazione di acqua

E un'aldeide e un alcol senza eliminazione di acqua

112 **Quale delle seguenti affermazioni riguardanti chetoni e aldeidi è corretta?**

- **A** I chetoni hanno sempre un atomo di idrogeno legato al carbonio carbonilico
- **B** I chetoni contengono sempre doppi legami carbonio-carbonio
- **C** Le aldeidi hanno un atomo di ossigeno ed uno di idrogeno legati al carbonio carbonilico
- **D** Le aldeidi hanno due atomi di ossigeno legati al carbonio carbonilico
- **E** Le aldeidi hanno due atomi di carbonio legati al carbonio carbonilico

113 **Le ammine hanno carattere:**

- **A** sempre neutro
- **B** debolmente acido
- **C** fortemente acido
- **D** debolmente basico
- **E** fortemente basico

114 **Quale dei seguenti solventi è polare?**

- **A** Cloroformio
- **B** Eptano
- **C** Etere dimetilico
- **D** Metanolo
- **E** Tetracloruro di carbonio

115 **Quali delle seguenti specie atomiche sono sempre contenute nella molecola di un'ammide?**

1. C
2. N
3. O
4. S

A Tutte **B** 1, 2 e 3 **C** 1, 2 e 4 **D** 1, 3 e 4 **E** 1 e 2

116 **L'acetone può essere ossidato a:**

- **A** alogenuro alchilico
- **B** acido carbossilico
- **C** alcol secondario
- **D** alcano
- **E** alchene

117 **Quale/i delle seguenti sostanze è/sono omopolimeri?**

1. DNA
2. Cellulosa
3. Insulina
4. Amido

A 2 e 4 **B** Solo 2 **C** Solo 3 **D** Solo 4 **E** 1, 2 e 4

118 **Sia il D-glucosio che il D-fruttosio:**

- **A** contengono un gruppo aldeidico
- **B** contengono un gruppo chetonico
- **C** nella forma ciclica hanno anelli a sei atomi
- **D** contengono sei atomi di carbonio
- **E** sono dei disaccaridi

119 Quale tra le seguenti affermazioni riferite agli α-amminoacidi, è corretta?

- **A** La catena laterale dell'asparagina è aromatica
- **B** Due molecole di cisteina possono legarsi tra loro mediante formazione di un ponte disolfuro
- **C** Alcuni amminoacidi hanno catene laterali polari, ma nessun amminoacido ha una catena laterale elettricamente carica
- **D** Il carbonio α lega sempre quattro atomi o gruppi tutti diversi fra loro
- **E** Il legame peptidico unisce in modo covalente le catene laterali di due amminoacidi

120 Quale delle seguenti affermazioni NON è corretta riguardo agli enzimi?

- **A** Possono essere riutilizzati
- **B** Aumentano l'energia di attivazione di una reazione
- **C** La loro forma può essere modificata dal substrato
- **D** La loro struttura primaria è una sequenza di aminoacidi
- **E** L'alta temperatura può denaturarli

Soluzioni e commenti

CHIMICA

1 La legge di Lavoisier è nota come "legge di conservazione della massa", in quanto la somma delle masse dei reagenti è uguale alla somma delle masse dei prodotti. La risposta corretta è la **A**.

2 Il fatto che, dati quattro campioni di ossido di azoto, ottenuti con metodi diversi, questi contengano la stessa percentuale in peso di azoto, costituisce una prova della *legge delle proporzioni definite*. Secondo questa legge, gli elementi che costituiscono una sostanza pura sono combinati tra loro secondo un rapporto in peso definito e costante. La risposta corretta è la **D**.

3 Fra quelle proposte, la distillazione è l'unica tecnica di separazione che comporta dei passaggi di stato. Questa tecnica infatti permette di separare i componenti di una miscela di liquidi sfruttandone la diversa temperatura di ebollizione; risposta **B**.

4 L'argento (Ag), l'idrogeno (H), il mercurio (Hg) e il ferro (Fe) sono elementi, mentre l'ammoniaca, di formula NH_3, è un composto formato dagli elementi azoto (N) e idrogeno; risposta **A**.

5 Il bronzo è una lega di rame e stagno, l'acciaio e la ghisa sono leghe composte principalmente da ferro e carbonio (la ghisa ha una peggiore lavorabilità e una minor qualità rispetto all'acciaio), mentre l'ottone è una lega di rame e zinco. Il Rodio (simbolo Rh) è un metallo di transizione di numero atomico 45: la risposta corretta è la **A**.

6 Secondo quanto si legge l'atomo è formato da un nucleo in cui risiede la quasi totalità della massa, costituito da due tipi di particelle, di peso molto simile, dette *nucleoni*; questi comprendono i *neutroni*, privi di carica, e i *protoni*, a carica positiva unitaria. Le affermazioni **B** e **D** sono in sintonia con quanto appena visto e possono quindi essere scartate. Ogni atomo contiene inoltre elettroni dotati di carica equivalente a quella del protone, ma di segno opposto (carica unitaria negativa); anche le affermazioni **A** ed **E** possono essere scartate.

La risposta corretta è la **C**: il brano appena letto non fa infatti alcun riferimento al rapporto fra il numero dei protoni e quello dei neutroni presenti nel nucleo.

7 Il numero atomico indica quanti protoni sono presenti in un atomo, in questo caso 8; il numero di massa rappresenta invece la somma di protoni e neutroni, in questo caso 18. Il numero di neutroni presenti è quindi pari alla differenza fra il numero di massa e il numero atomico, in questo caso $18 - 8 = 10$. Sono presenti 10 neutroni, pertanto la risposta corretta è la **A**.

8 Il numero quantico secondario *l* descrive la forma dell'orbitale. Esso è sempre compreso tra 0 e $n - 1$, laddove *n* è il numero quantico principale. È pertanto errato dire che esso dipenda dal numero quantico magnetico *m*; è invece corretto l'esatto opposto: il numero quantico magnetico *m* dipende dal numero quantico secondario *l*, infatti *m* può assumere valori compresi tra $-l$ e $+l$. La risposta corretta è la **D**.

9 La regola o principio di Hund (principio della massima molteplicità) afferma che se più elettroni occupano orbitali degeneri (cioè orbitali con contenuti energetici uguali), essi si distribuiscono con spin paralleli, sul numero massimo possibile di tali orbitali. La risposta corretta è pertanto la **A**.

10 Il numero massimo di elettroni che possono essere contenuti in un dato livello energetico dipende dal numero di orbitali contenuti in tale livello, considerando che ogni orbitale può ospitare al massimo due elettroni. I primi tre livelli elettronici sono quelli con numero quantico principale $n = 1$, $n = 2$ e $n = 3$; per rispondere al quesito è necessario ricordare quanti orbitali comprende ognuno di questi livelli.

Con $n = 1$ il numero quantico secondario può essere solamente $l = 0$, cui corrisponde un solo orbitale, di tipo *s* (l'orbitale 1*s*); con $n = 2$ il numero quantico secondario può essere $l = 0$, cui corrisponde l'orbitale 2*s*, oppure $l = 1$, cui corrispondono i 3 orbitali 2*p*; con $n = 3$ infine il numero quantico secondario può essere $l = 0$, cui corrisponde l'orbitale 3*s*, $l = 1$, cui corrispondono i 3 orbitali 3*p* e $l = 2$, cui corrispondono i 5 orbitali 3*d*. Gli orbitali compresi nei primi tre livelli energetici sono $1 + 1 + 3 + 1 + 3 + 5 = 14$, e possono quindi contenere 28 elettroni; risposta **E**.

Per rispondere più rapidamente a quesiti di questo tipo è sufficiente ricordare che il numero massimo di elettroni che può occupare un dato livello energetico è uguale a $2n^2$: nel primo livello energetico ($n = 1$) possono essere contenuti fino a 2 elettroni, nel secondo ($n = 2$) 8, nel terzo ($n = 3$) 18; questo conferma che nei primi tre livelli possono essere contenuti in totale $2 + 8 + 18 = 28$ elettroni.

11 Ogni orbitale, definito come la regione dello spazio dove esiste un'alta probabilità di trovare un dato elettrone, viene indicato con numeri e lettere che specificano il livello e il sottolivello energetico. Un orbitale 3*p* appartiene al terzo livello energetico, ed è di tipo *p*. Questo significa che il suo *numero quantico principale* è $n = 3$ (l'affermazione 2 è corretta), mentre il *numero quantico secondario* corrispondente agli orbitali *p* è $l = 1$ (la 1 e la 3 sono errate).

Si conclude che la risposta corretta è la **E**.

12 Un elettrone è caratterizzato univocamente da 4 numeri quantici. Il primo, n, può assumere valori interi che vanno da 1 a 7. Il secondo, l, può assumere valori che vanno da 0 a (n–1). Il terzo, m, può assumere valori che vanno da –l a +l. Il quarto, m_s, può assumere solo due valori: –½ e +½. Guardando le proposte possiamo escludere la risposta **A** e la **D**, poiché il numero quantico m_s possiede un valore non consentito. Nella risposta **C** è il valore di l a non essere consentito, mentre nella risposta **E** non è consentito il valore di m. Ne consegue che l'unica risposta che può esser corretta è la **B** dove, infatti, tutti i numeri quantici assumono valori consentiti.

13 Due specie diverse (atomi, ioni o molecole) si dicono *isoelettroniche* quando contengono lo stesso numero di elettroni e presentano quindi la stessa configurazione elettronica esterna. Possiamo subito escludere Cl, Cl^- e Cl^+: lo stesso atomo neutro, sotto forma di anione e di catione non può avere lo stesso numero di elettroni, escludiamo l'opzione **B**. L'azoto (N) ha 5 elettroni di valenza, lo ione O^- ne ha 7, il fluoro è l'elemento più elettronegativo della tavola periodica e tende a formare un anione con una carica negativa (non un catione) e possiamo escludere anche la risposta **C**. Gli alogeni F^-, Cl^- e Br^- hanno tutti otto elettroni di valenza, ma trovandosi in periodi diversi è diversa anche la loro configurazione elettronica esterna, escludiamo anche l'opzione **E**. Solo la serie N^{3-},O^{2-} e F^- presenta la stessa configurazione elettronica esterna: $2s^22p^6$, la risposta corretta è la **A**.

14 Attualmente gli elementi della Tavola Periodica sono 118. Nel dicembre 2015, l'unione internazionale per la chimica pura e applicata (IUPAC) ha introdotto quattro nuovi elementi scoperti pochi anni prima, completando così le caselle mancanti del settimo Periodo della Tavola (numeri atomici 113, 115, 117 e 118). La risposta corretta è pertanto la **B**.

15 Il sodio (Na) e il potassio (K) appartengono al primo gruppo della tavola periodica; il cloro (Cl) appartiene al gruppo 17, mentre l'ossigeno (O) si trova nel gruppo 16. Calcio (Ca) e magnesio (Mg) invece si trovano nel secondo gruppo, quindi la risposta corretta è la **E**.

16 Il gadolinio, simbolo Gd, è un elemento con numero atomico 64 appartenente ai lantanidi e la configurazione elettronica dello ione Gd^{3+} è $[Xe]4f^7$. I mezzi di contrasto come il gadolinio, somministrati per via endovenosa ai pazienti, sono sostanze in grado di modificare temporaneamente le proprietà paramagnetiche delle zone del corpo in cui vanno a fissarsi. Il comportamento magnetico è ristretto ai composti dei metalli di transizione e dei lantanidi, la maggior parte dei quali possiede elettroni d o f spaiati. La risposta corretta è pertanto la **B**.

17 L'energia di prima ionizzazione è l'energia necessaria per allontanare un elettrone dall'atomo neutro in fase gassosa, questa proprietà periodica aumenta lungo un periodo e diminuisce lungo un gruppo: gli elementi con una elevata energia di ionizzazione si trovano in alto a destra della tavola periodica.

Possiamo subito escludere le opzioni **C** e **D**, in quanto l'energia necessaria per strappare un elettrone dipende dalla disposizione degli elettroni in livelli e sottolivelli, non dal numero di protoni e neutroni. Anche l'elettronegatività aumenta lungo un periodo e diminuisce lungo un gruppo, pertanto Al è più elettronegativo di Mg: scartiamo anche l'opzione **A**.

Il raggio atomico ha un andamento inverso rispetto all'energia di ionizzazione: gli elementi con maggior raggio atomico si trovano in basso a sinistra della tavola periodica, escludiamo dunque l'opzione **B**, visto che il magnesio ha raggio atomico maggiore dell'alluminio. Mg ha configurazione esterna $3s^2$, mentre quella di Al è $3s^2\ 3p^1$.

Confrontando le energie di prima ionizzazione di Mg e Al, si rileva che serve meno energia per togliere un elettrone dal sottolivello $3p^1$ dell'alluminio (ottenendo il sottolivello $3s^2$ pieno), in quanto questo elettrone è spaiato e da solo occupa un sottolivello *p*, mentre per rimuovere un elettrone dal Mg, lo si deve togliere dal sottolivello s che è invece completo e rende quindi necessaria più energia. La risposta corretta è la **E**.

18 La risposta esatta è la **B** e può essere ricavata per esclusione: l'affermazione 1 è sbagliata perché il sodio precede il potassio quindi è più piccolo (la dimensione atomica decresce lungo i periodi da sinistra a destra e aumenta nei gruppi, dall'alto verso il basso); l'affermazione 3 è sbagliata perché appartenendo al gruppo 1 danno solo ioni con un'unica carica positiva; infine la 4 è sbagliata perché tutti i metalli del gruppo 1 (metalli alcalini) hanno configurazione elettronica esterna ns^1.

19 Osservando come variano i valori dell'energia di ionizzazione, si nota immediatamente che la differenza di energia esistente tra il secondo e il terzo valore è molto più grande rispetto a quella esistente tra il primo e il secondo.

Questo significa che l'elemento in questione può perdere più facilmente il primo e il secondo elettrone, mentre per perdere il terzo occorre fornire molta più energia. Quindi l'elemento in questione è un elemento che appartiene al secondo gruppo, cioè ai metalli alcalino terrosi e possiede pertanto due elettroni di valenza. Una volta che ha perduto i suoi due elettroni di valenza, raggiungendo così una configurazione elettronica stabile, tipica di un gas nobile, la sottrazione di ulteriori elettroni richiede molta più energia. L'affermazione 1 è pertanto corretta. Passiamo ora a verificare l'affermazione 2. Il primo valore dell'energia di ionizzazione, $738\ kJ \cdot mol^{-1}$, corrisponde al processo $X_{(g)} - e^- \rightarrow X^+_{(g)}$, il secondo valore, $1450\ kJ \cdot mol^{-1}$, corrisponde al processo $X^+_{(g)} - e^- \rightarrow X^{2+}_{(g)}$ e il terzo valore, $7730\ kJ \cdot mol^{-1}$ corrisponde al processo $X^{2+}_{(g)} - e^- \rightarrow X^{3+}_{(g)}$. L'affermazione 2 è quindi errata.

Infine, poiché dai dati forniti dal quesito non si può dedurre il periodo a cui appartiene l'elemento in questione, si conclude che la risposta corretta è la **A**.

20 Scendendo lungo un gruppo della tavola periodica, il raggio atomico aumenta: a un maggior raggio atomico corrisponde una maggior lontananza degli elettroni esterni dal nucleo. L'elettronegatività è la capacità di un atomo di attrarre a sé gli elettroni di legame: la diminuzione della forza di attrazione tra nucleo ed elettroni, dovuta all'aumento del raggio atomico, è la causa della diminuzione dell'elettronegatività. La risposta esatta è la **C**.

PARTE SECONDA

21 Possiamo subito escludere l'opzione **D** infatti con "massa di una mole di atomi dell'elemento in esame" si definisce la massa molare. L'opzione **B** va esclusa perché la massa di un atomo espressa in grammi rappresenta la massa assoluta di un atomo (non quindi quella relativa). Si definisce unità di massa atomica relativa la quantità di materia pari ad 1/12 della massa dell'isotopo 12 del carbonio (1 u.m.a = $1{,}67 \cdot 10^{-24}$ g). Questo ci consente di escludere la risposta **C**, nella quale la definizione è erroneamente riferita all'isotopo 16 dell'ossigeno. La massa atomica relativa di un elemento è pari al rapporto fra la massa assoluta dell'atomo (il cui ordine di grandezza è compreso tra 10^{-22} g e 10^{-24} g) e l'unità di massa atomica; in questo modo si riesce a ovviare al difficile uso di numeri così piccoli. La risposta corretta è pertanto la **A**.

22 Secondo la legge di Avogadro, volumi uguali di gas differenti, nelle stesse condizioni di temperatura e di pressione, contengono lo stesso numero di moli. Quindi, poiché una mole corrisponde a $6{,}02 \cdot 10^{23}$ unità (molecole, atomi, ioni ecc.) di qualsiasi sostanza, a parità di temperatura e di pressione, volumi uguali di CO e di CO_2 contengono lo stesso numero di molecole; risposta **E**.

23 Per rispondere al quesito occorre calcolare la massa molare della formula minima (formula empirica):

$$\text{Massa Molare } C_2H_5O = (2 \times 12) + (5 \times 1) + (1 \times 16) = 45 \text{ g/mol}$$

Calcoliamo quindi il rapporto tra massa molare del composto e massa molare della formula minima:

$$\frac{\text{Massa Molare composto}}{\text{Massa Molare formula minima}} = \frac{135 \text{ g/mol}}{45 \text{ g/mol}} = 3$$

Per determinare la formula molecolare dobbiamo moltiplicare per 3 il numero di atomi presenti nella formula minima:

$$C_{2\times3}H_{5\times3}O_{1\times3}$$

La formula molecolare risulta:

$$C_6H_{15}O_3$$

la risposta corretta è pertanto la **D**.

24 Il peso di una mole di qualsiasi sostanza corrisponde al peso atomico (o al peso molecolare) espresso in grammi. Per rispondere al quesito è quindi necessario innanzitutto calcolare il peso formula (PF) del cloruro di sodio:

$$PF_{NaCl} = PA_{Na} + PA_{Cl} = 22{,}99 + 35{,}45 = 58{,}44$$

Se il peso formula di NaCl è 58,44, una mole di NaCl pesa 58,44 g, e per ricavare il peso di 1,5 moli è sufficiente utilizzare la formula: $m = n \cdot PF$
dove: n (numero di moli) = 1,5 e PF = 58,44
Avremo quindi: $m = 1{,}5 \text{ mol} \cdot 58{,}44 \text{ g/mol} = 87{,}66$ g
La risposta corretta è la **D**.

25 Una millimole corrisponde a 10^{-3} (0,001) moli, mentre una micromole corrisponde a 10^{-6} moli; quindi, se una mole di atomi contiene $6{,}023 \cdot 10^{23}$ atomi, una micromole ne contiene $6{,}023 \cdot 10^{17}$. Risposta esatta **B**.

26 Si inizia verificando l'ipotesi 2. La massa molecolare relativa delle molecole contenute in una miscela costituita al 100% da $CH_2{}^{35}Cl^{37}Cl$ è:

$$PM = PA_C + 2 \cdot PA_H + PA_{^{35}Cl} + PA_{^{37}Cl} = 12u + 2u + 35u + 37u = 86u$$

L'ipotesi 2 risponde ai criteri richiesti dal quesito, quindi si possono escludere subito le risposte **A**, **C** ed **E** che non la prevedono.

La massa molecolare relativa delle molecole contenute in una miscela costituita da 50% di $CH_2(^{35}Cl)_2$ e 50% di $CH_2(^{37}Cl)_2$ è pari alla media ponderale delle masse molari dei due composti:

$$\overline{PM} = PM_{CH_2(^{35}Cl)_2} \cdot \frac{50}{100} + PM_{CH_2(^{37}Cl)_2} =$$
$$= (12u + 2u + 2 \cdot 35u) \cdot \frac{1}{2} + (12u + 2u + 2 \cdot 37u) \cdot \frac{1}{2} = 86u$$

Anche l'ipotesi 1 è in accordo con quanto richiesto, quindi si può escludere la risposta **B** e stabilire che la risposta corretta è la **D**.

CHIMICA

---

27 Una particella α ha la stessa natura di un nucleo di elio: $\alpha = {}^4_2He^{2+}$.

Poiché l'atomo di elio ha numero atomico Z = 2, il suo nucleo è composto da due protoni e ha pertanto 2 cariche positive. Dal numero di massa A = 4 si ricava che la sua massa è pari a 4 volte quella del protone (migliaia di volte quella dell'elettrone). La risposta esatta è quindi la **C**.

---

28 Accanto alla scrittura dell'elemento nel testo troviamo due numeri: il 3 in basso, che si riferisce al numero atomico dell'elemento, e il 4 in alto, che si riferisce al numero di massa (dato dalla somma del numero di protoni e neutroni nel nucleo). Questo significa che l'isotopo proposto dall'esercizio possiede 3 protoni e 4 – 3 = 1 neutrone. Il decadimento causa la perdita di un protone: il nuovo atomo possiederà 2 protoni (il che lo rende un atomo di elio) e il neutrone rimane invariato. Il nuovo atomo formato sarà dunque un atomo di elio con numero di massa pari a 3. La risposta corretta sarà dunque la **D**.

---

29 Tutti i composti sono caratterizzati dalla presenza di legami chimici, i quali sono classificati in legami intramolecolari (legame ionico, covalente puro, covalente polare, metallico) e legami intermolecolari (legame a idrogeno e altre deboli interazioni di natura elettrostatica). I legami chimici possono formarsi tra atomi di carbonio (la chimica organica è la chimica dei composti del carbonio), e anche tra atomi diversi tra loro. Dato che i legami chimici possono formarsi tra sostanze presenti in diversi stati di aggregazione della materia (non necessariamente tra sostanze allo stato liquido), l'unica affermazione falsa è la **B** che rappresenta anche la risposta corretta al quesito.

---

30 La regola dell'ottetto stabilisce che un atomo tende a cedere/acquistare/mettere in comune gli elettroni con lo scopo di raggiungere la condizione di massima stabilità data da 8 elettroni di valenza. Esistono però delle eccezioni alla regola dell'ottetto:

- composti in cui un atomo ha meno di 8 elettroni di valenza (come il boro). La risposta **A** è pertanto errata in quanto nella molecola BF_3 il boro non raggiunge l'ottetto.
- composti in cui un atomo ha più di 8 elettroni di valenza (l'espansione dell'ottetto può avvenire solo per gli atomi centrali che appartengono ad un periodo superiore al secondo, esempio P, S, Br, Cl, Si). Questo è il caso delle molecole PF_5 e BrO_2. Le risposte **B** ed **D** sono pertanto errate.
- molecole con numero dispari di elettroni (radicali liberi), questo è il caso della molecola NO dove rimane un elettrone spaiato nell'azoto. N è un elemento del gruppo VA con 5 elettroni di valenza; O appartiene al gruppo VIA con 6 elettroni di valenza; ossigeno e azoto mettono ciascuno in comune due elettroni formando un doppio legame N=O e rimane un altro elettrone spaiato sull'atomo di N. Anche la risposta **C** è errata.

L'unica molecola che rispetta la regola dell'ottetto è NF_3: ogni atomo di fluoro mette in comune un elettrone con l'atomo di N raggiungendo l'ottetto e l'azoto raggiunge anch'esso l'ottetto poiché è presente un doppietto elettronico non condiviso e tre coppie di elettroni di legame, quindi in totale 8 elettroni). La risposta corretta è la **E**.

31 Il composto $HONO_2$, indicato comunemente con la formula HNO_3, è l'acido nitrico. Per stabilire quanti elettroni impegni l'azoto nei legami chimici di questo composto è utile calcolare il numero di ossidazione (N.O.) di questo elemento. Il numero di ossidazione dell'ossigeno (elemento più elettronegativo) in questo composto è –2, mentre quello dell'idrogeno (elemento meno elettronegativo) è +1. Dato che la somma dei numeri di ossidazione degli atomi che formano una molecola neutra deve essere pari a 0, possiamo dire che:

$$N.O._N + N.O._H + 3 \cdot N.O._O = 0$$

da cui si ricava:

$$N.O._N = -N.O._H - 3 \cdot N.O._O = -1 - 3 \cdot -2 = +5$$

Il numero di ossidazione dell'azoto è +5 e questo significa che nella formazione dei legami tale atomo impegna 5 elettroni, come si può comprendere anche osservando la formula di struttura riportata qui sotto.

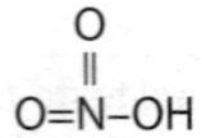

La risposta corretta è la D.

32 Secondo la teoria VSEPR per la determinazione della geometria delle molecole occorre tener conto di tutte le coppie di elettroni presenti nel guscio di valenza, sia quelli coinvolti nella formazione dei legami covalenti (doppietti condivisi) sia quelli che si trovano sull'atomo centrale ma non partecipano alla formazione di alcun legame (doppietti solitari). Tra le molecole presenti nel quesito compare C_2H_2, un alchino, che possiede geometria lineare (risposta D errata). Le restanti molecole possono essere rappresentate con la formula generica AX_mE_n, dove A rappresenta l'atomo centrale, X il numero di atomi legati all'atomo centrale ed E le coppie di elettroni solitarie presenti sull'atomo centrale. Il Numero Sterico (NS) corrisponde a (n + m) e se NS = 2 la geometria della molecola è lineare. CaH_2, CO_2, HCN hanno NS = 2, formula generica AX_2 e geometria lineare poiché gli elettroni di valenza dell'atomo centrale sono tutti impegnati in doppietti condivisi (risposte E, C e B errate). Per quanto riguarda invece l'anidride solforosa (SO_2), lo zolfo e l'ossigeno sono entrambe atomi del gruppo VI A con 6 elettroni di valenza, per raggiungere l'ottetto ogni atomo di O è impegnato in un legame covalente doppio con S (O=S=O), attorno ad S rimane però un doppietto solitario e pertanto: NS = 3, formula generica AX_2E, geometria trigonale planare. L'unica molecola tra quelle proposte che non presenta geometria lineare è pertanto l'opzione A.

33 Il fosforo (P) è un elemento del gruppo VA, pertanto vi sono 5 elettroni di valenza e la configurazione elettronica esterna è s^2p^3. Nella fosfina, il fosforo raggiunge l'ottetto mettendo in comune i tre elettroni del sottolivello *p* con tre atomi di idrogeno (H). Il fosforo, quindi, condivide 3 elettroni con 3 atomi di idrogeno formando 3 legami covalenti semplici, mentre i due elettroni nel sottolivello *s* rimangono come doppietto elettronico solitario attorno a P. Possiamo rappresentare PH_3 utilizzando la formula generica AX_mE_n (A: l'atomo centrale, X: il numero di atomi legati all'atomo centrale; E: doppietti solitari presenti sull'atomo centrale) e la somma $n + m$ è il Numero Sterico (NS). Se NS = 2 la geometria della molecola è lineare, se NS = 3 la geometria è trigonale planare, se NS = 4 la geometria varia a seconda della presenza di doppietti solitari: le repulsioni elettroniche derivanti influenzano la geometria della molecola. Per NS = 4, vi sono tre casi:

- AX_4 geometria tetraedrica;
- AX_3E geometria piramidale trigonale;
- AX_2E_2 geometria angolata.

La fosfina, formula generica AX_3E, presenta pertanto una geometria piramidale trigonale: la risposta corretta è la A.

34 Gli orbitali ibridi sp^2 sono tre e si formano in seguito alla fusione di due orbitali *p* e un orbitale *s* di uno stesso atomo. Sono disposti a 120° gli uni dagli altri, diretti lungo i vertici di un triangolo equilatero; risposta **D**. Questo tipo di ibridazione è presente, per esempio, nel carbonio quando forma tre legami, di cui uno è un doppio legame.

35 L'energia e la forza del legame covalente aumentano al crescere dell'ordine di legame, quindi l'energia di legame è minima nel legame semplice, più alta nel legame doppio e ancora maggiore nel legame triplo; poiché l'affermazione 1 è corretta, possiamo escludere le risposte **B**, **D** ed **E**.

Nel legame C=C i due atomi condividono 4 elettroni: anche l'affermazione 3 è quindi corretta.

L'unica risposta possibile è dunque la **A** perché ambedue le affermazioni indicate nella risposta sono vere. L'affermazione 2 è infine sbagliata: il legame semplice fra atomi di C ha lunghezza 1,54 Å, il legame doppio 1,34 Å mentre il legame triplo 1,20 Å.

36 Nel legame metallico, gli atomi metallici mettono in comune gli elettroni di valenza che vengono condivisi tra più nuclei. Gli ioni positivi (cationi) sono circondati da elettroni di valenza delocalizzati su un orbitale esteso a tutto il metallo e questo spiega la conduttività elettrica e termica elevata, tipica dei metalli. La risposta corretta è pertanto la **C**.

37 Affinché possa avvenire esclusivamente un'interazione dipolo istantaneo - dipolo istantaneo indotto, la molecola non deve avere momenti di dipolo permanenti. Le molecole che hanno momento di dipolo permanente in questo elenco sono CO ed SO: la differenza di elettronegatività di circa 1 tra gli atomi che compongono sia CO che SO, nel CO il carbonio ha una parziale carica positiva, mentre l'ossigeno una parziale carica negativa (il monossido di carbonio si comporta quindi da dipolo); nel monossido di zolfo (SO) lo zolfo ha una parziale carica positiva e l'ossigeno una parziale carica negativa. Questa unica considerazione ci permette di escludere tutte le risposte ad eccezione della risposta **C** che invece risulta corretta. Infatti, né Li_2 né I_2 possiedono momenti di dipolo permanenti e, quindi, per queste due molecole sarà presente esclusivamente l'interazione dipolo istantaneo – dipolo istantaneo indotto.

38 Il legame a idrogeno si forma fra l'idrogeno, quando si trova legato a un elemento molto elettronegativo, e un altro atomo molto elettronegativo. Gli atomi di carbonio che formano gli idrocarburi sono legati fra loro da legami covalenti, ed è di questo tipo anche il legame che si forma fra carbonio e idrogeno; le risposte **C** ed **E** sono dunque errate. Fra le alternative proposte, l'unico esempio di legame a idrogeno è quello fra l'atomo di idrogeno di una molecola d'acqua e l'atomo di ossigeno di un'altra; risposta **B**. È importante ricordare che gli atomi di ossigeno e di idrogeno che formano una molecola d'acqua sono legati da legami covalenti polari (risposta **D** è errata).

39 Il cloro, elemento appartenente al gruppo VII A (o 17) della tavola periodica, può avere numero di ossidazione −1, +1, +3, +5 e +7. Il più alto numero di ossidazione è +7; risposta **D**.

40 Partendo dal numero di ossidazione dell'ossigeno (−2), ricaviamo il numero di ossidazione dell'azoto, che sarà:

$$2x \cdot 4(-2) = 0 \rightarrow x = 4$$

Eliminiamo quindi le opzioni **A**, **B** e **C**.

L'ibridazione dell'azoto varia a seconda dei tipi di composti e come anche il carbonio, può formare orbitali ibridi sp^3, sp^2 e *sp*. Nella molecola N_2O_4, ogni atomo di N forma un legame semplice N–N, un legame doppio N=O e un legame semplice N–O con una geometria trigonale planare, ogni azoto presenta un'ibridazione sp^2. La risposta corretta è la **D**.

CHIMICA

PARTE SECONDA

41 Per rispondere al quesito è necessario ricordare alcune regole che, data la formula di un composto, permettono di calcolare il numero di ossidazione (N.O.) degli atomi che compaiono nella formula stessa:

- tutte le sostanze allo stato elementare hanno numero di ossidazione nullo;
- il numero di ossidazione di uno ione monoatomico è uguale alla carica dello ione;
- la somma dei numeri di ossidazione di tutti gli atomi presenti in una molecola neutra è pari a 0, mentre in uno ione poliatomico è pari alla carica dello ione;
- il N.O. dell'idrogeno è + 1, tranne che nei composti con i metalli (idruri) in cui è – 1;
- nella maggior parte dei composti il N.O. dell'ossigeno è – 2 (tranne nei perossidi, come H_2O_2, in cui è –1 e in OF_2, in cui è +2);
- il N.O. degli elementi del gruppo I A è + 1, il N.O. degli elementi del gruppo II A è + 2, il N.O. di Al è +3.

Dalle regole appena viste si deduce che la risposta corretta è la **B**.

42 Considerando il solfato di alluminio, $Al_2(SO_4)_3$, poiché la somma dei numeri di ossidazione degli elementi che formano questo composto deve essere pari a zero, e poiché $N.O._O = -2$, e $N.O._{Al} = +3$, sarà:

$$3\ N.O._S + 2 \cdot N.O._{Al} + 12 \cdot N.O._O = 0$$

quindi:

$$N.O._S = \frac{-(12 \cdot N.O._O)-(2 \cdot N.O._{Al})}{3} = \frac{-(12 \cdot -2)-(2 \cdot 3)}{3} = \frac{24-6}{3} = +6$$

Il numero di ossidazione dello zolfo in $Al_2(SO_4)_3$ è +6.
La risposta esatta è quindi la **B**.

43 Gli idruri sono composti binari con l'idrogeno e si suddividono in idruri metallici (l'idrogeno si lega con un metallo fortemente elettropositivo, come elementi dei gruppi IA e IIA) e idruri covalenti (l'idrogeno si lega con non metalli e semimetalli appartenenti a gruppi intermedi, quali ad esempio il Carbonio del gruppo IVA, Azoto e Fosforo del gruppo VA, Ossigeno del gruppo VIA).
Gli idracidi sono composti binari dell'idrogeno con elementi dei gruppi VIA (escluso l'ossigeno) e VIIA, oppure con un gruppo cianidrico –CN. Tra i composti elencati: $CuSO_4$ (solfato di rame) è un sale, $Mg(OH)_2$ (idrossido di magnesio) è un idrossido, HCN (acido cianidrico) e HBr (acido bromidrico) sono degli idracidi, mentre CaH_2 (idruro di calcio) è appunto un idruro.
La risposta corretta è pertanto la **B**.

44 Il potassio, appartenente al primo gruppo, è un metallo alcalino; l'ossido di potassio, K_2O, è quindi un ossido basico e reagendo con l'acqua forma l'idrossido corrispondente, KOH. Questo è un composto ionico, fortemente basico, che in acqua si dissocia completamente secondo la reazione:

$$KOH \rightarrow K^+ + OH^-$$

La risposta esatta è quindi la **B**.

45 Il composto formato dagli ioni Fe^{3+} e SO_4^{2-} è un sale costituito dai due ioni proposti in un rapporto numerico tale da neutralizzare il numero delle cariche positive con altrettante cariche negative. Dato che Fe^{3+} ha 3 cariche positive e SO_4^{2-} due cariche negative, occorrono 2 ioni Fe^{3+} ogni 3 ioni SO_4^{2-}, come indica la formula $Fe_2(SO_4)_3$, che è la formula del solfato ferrico. La risposta esatta è quindi la **A**.

46 Abbiamo composti del calcio e del sodio. Considerando che sono rispettivamente un metallo alcalino terroso e un metallo alcalino, nei loro composti saranno presenti come Ca^{2+} e Na^+. Tra quelli proposti quindi, l'unico composto con formula chimica coerente alla carica dei controioni (per il cloro – 1 e per l'ossigeno – 2), è l'ossido di calcio, CaO. Quindi la risposta esatta è la **A**.

47 Il bromo (Br) è un alogeno appartenente al gruppo VIIA e può avere diversi stati di ossidazione:

Stato di ossidazione di Br	Ione
−1	Br^-, bromuro
+1	BrO^-, ipobromito
+3	BrO_2^-, bromito
+5	BrO_3^-, bromato
+7	BrO_4^-, perbromato

La formula dello ione bromato è pertanto BrO_3^- e la risposta corretta è pertanto la **B**.

48 I sali sono composti ionici formalmente derivati dagli acidi per sostituzione totale o parziale degli atomi di idrogeno con uno o più cationi metallici, tanti quanti ne occorrono per neutralizzare la carica dell'anione. Secondo questa definizione un sale è formato da un catione metallico e da un anione contenente un non metallo, derivante da un acido.

La più tipica reazione che porta alla formazione di un sale è quella fra un idrossido e un acido; gli idrossidi possono formare sali anche reagendo con un'anidride (ossido di un non metallo), non però reagendo con acqua, ammoniaca, ossigeno o idrogeno molecolare: si possono quindi scartare le alternative **A**, **B**, **C** e **D**. La risposta corretta è la **E**, infatti l'idrossido di sodio (NaOH) reagendo con l'acido bromidrico (HBr) forma il sale bromuro di sodio (NaBr) e acqua.

49 Quando l'acqua reagisce con un ossidante forte si osserva una perdita di elettroni da parte dell'ossigeno che porta il suo n.o. da −2 a 0 (quindi abbiamo la produzione di ossigeno molecolare, O_2). Non possiamo dire però che si formi anche H_2: l'ossigeno perde elettroni (si ossida) e si comporta da riducente nei confronti della sostanza "ossidante forte" (che si riduce) indicata dal quesito. La risposta esatta è la **A**.

50 La reazione bilanciata è la seguente:

$$MnO_2 + 4HCl \rightarrow MnCl_2 + Cl_2 + 2H_2O$$

Il manganese (Mn) passa da N.O. (numero di ossidazione) +4 in MnO_2 a +2 in $MnCl_2$, pertanto Mn si riduce ed è l'agente ossidante. Il cloro (Cl) passa da N.O. −1 in HCl a N.O. zero in Cl_2, il cloro si ossida. Escludiamo in questo modo le opzioni **A**, **B**, **C**.

Per ogni mole di MnO_2 sono necessarie 4 moli di HCl e si formano una mole di Cl_2, una mole di $MnCl_2$ e 2 moli di H_2O. La risposta corretta è quindi la **D**.

51 Poiché il cloro è presente solo in 2 composti, Cl^- nei reagenti e ICl_2^- nei prodotti, vale la relazione $c = d/2$ poiché in ogni anione ICl_2^- sono contenuti due atomi di cloro. Questa relazione non è rispettata dall'opzione **D** che scartiamo. Analogamente, lo iodio è presente solo nei reagenti in HIO_3 e nei prodotti in ICl_2^-, dunque $b = d$ e quindi la risposta **C** è errata. Anche le opzioni **A** ed **E** non sono corrette in quanto l'ossigeno non risulta bilanciato: 6 atomi di ossigeno a destra nei reagenti (3 atomi in H_2AsO_3 + 3 atomi in HIO_3) e 5 atomi di ossigeno a sinistra nei prodotti(4 atomi di ossigeno in H_3AsO_4 e 1 atomo in OH^-). L'unica opzione corretta dove tutti gli atomi di idrogeno, arsenico, iodio, ossigeno e cloro risultano correttamente bilanciati è pertanto la **B**.

52 Le ossidoriduzioni sono reazioni che comportano uno scambio di elettroni tra due reagenti, uno dei quali acquista gli elettroni ceduti dall'altro. L'elemento che cede gli elettroni si ossida e viene detto riducente, mentre quello che accetta gli elettroni si riduce ed è detto ossidante. Spesso, ma non sempre, i reagenti sono un metallo e un non metallo, la risposta corretta è quindi la **B**.

53 Nella reazione proposta, il numero di ossidazione del rame aumenta, passando da 0 (in Cu) a +2 (in $Cu(NO_3)_2$); quello dell'azoto invece diminuisce, passando da +5 (in HNO_3) a +2 (in NO). Il rame pertanto si ossida ed è perciò l'agente riducente, mentre l'azoto si riduce ed è quindi l'agente ossidante. La risposta esatta è la **B**.

54 Nella reazione 1 il Cl_2 si riduce passando da numero di ossidazione (N.O.) 0 a N.O. = – 1 mentre il Br^- passa da N.O. = – 1 a N.O. = 0 nel bromo elementare. La reazione è, quindi, una redox, o ossidoriduzione, e così si possono escludere le alternative **B**, **C** ed **E**.

La reazione 2 è un caso particolare di redox, chiamato disproporzionamento (o dismutazione), nel quale la stessa specie chimica, in questo caso il cloro elementare, si ossida e si riduce assumendo N.O. = – 1 nell'acido cloridrico (HCl) e N.O. = +1 nell'acido ipocloroso (HOCl).

La reazione 3 non è una redox, ma una reazione acido-base, dove il N.O. degli atomi non varia. La risposta corretta è quindi la **A**.

55 In una pila elettrica, il ponte salino, costituito da un tubo a U contenente un elettrolita e chiuso alle estremità da due setti porosi, ha la funzione di garantire la chiusura del circuito mediante una corrente di ioni, senza che le soluzioni presenti nelle due semicelle si mescolino. La risposta corretta è la **D**.

56 L'acido solforico, H_2SO_4 è un acido forte diprotico (una mole di acido libera in soluzione due moli di ioni H^+). Pertanto, $4H^+$ saranno liberati da $2H_2SO_4$ e il rapporto stechiometrico tra H_2SO_4 e HPO_4^{2-} sarà 2:3. Impostando la proporzione:

coefficiente stechiometrico H_2SO_4	:	coefficiente stechiometrico HPO_4^{2}	=	moli di H_2SO_4	:	moli di HPO_4^{2-}
2	:	3		x		0,3

Si ricava che la risposta corretta è la **B**:

$$x = \frac{2 \cdot 0{,}3}{3} = 0{,}2$$

57 Nella reazione di combustione riportata nel quesito, il rapporto stechiometrico tra le moli di acido solfidrico (H_2S) e ossigeno molecolare (O_2) è 2:3. Pertanto, risolvendo la proporzione:

$$10 \text{ mol } H_2S : x \text{ mol } O_2 = 2:3 \rightarrow x = 15 \text{ mol } O_2$$

si ottiene che 10 mol di H_2S (reagente limitante) reagiranno con 15 mol di O_2 (reagente in eccesso: 30 mol – 15 mol = 15 mol di O_2 che non reagiscono) per dare 10 mol di SO_2 e 10 mol di H_2O. Considerando che il recipiente è chiuso, a combustione completa saranno presenti:

- 10 mol di SO_2
- 10 mol di H_2O
- 15 mol di O_2 (moli del reagente in eccesso che non hanno reagito)

ovvero in tutto 35 mol. La risposta corretta è la **B**.

58 L'equazione chimica bilanciata della reazione proposta è la seguente:

$$4K + O_2 \rightarrow 2\,K_2O$$

Da questa si vede che 4 moli di potassio metallico (K) reagiscono con 1 mole di ossigeno (O_2) per formare 2 moli di ossido di potassio (K_2O). Dato che il peso di una mole di qualsiasi sostanza corrisponde al peso molecolare (o al peso atomico) espresso in grammi, si deduce che 39 grammi di potassio metallico corrispondono a 1 mole di questo elemento. Dalla reazione bilanciata si ricava che il rapporto molare fra potassio metallico e ossido di potassio è 2:1, quindi da 1 mole di potassio si otterranno 0,5 moli di ossido di potassio; risposta **A**.

59 La reazione considerata è la seguente:

$$Ca + 2\,H_2O \rightarrow Ca(OH)_2 + H_2$$

per ogni mole di calcio che reagisce si produce una mole di idrogeno molecolare.

Nel caso proposto dal quesito, il numero di moli di calcio che reagiscono si può ricavare dividendo il peso del calcio posto a reagire per il peso di una mole:

$$2{,}5\ g : 40 g/mol = 0{,}0625\ mol$$

dato che una mole di gas, nelle condizioni dell'esperimento, occupa un volume di 24 litri (V_m), il volume (V) di gas prodotto sarà:

$$V = V_m \cdot mol = 24\ L/mol \cdot 0{,}0625\ mol = 1{,}5\ L = 1500\ mL$$

La reazione di 2,5 g di calcio con acqua produce 1500 mL di idrogeno; risposta esatta: C.

60 La reazione che avviene nella camera di scoppio è la seguente:

$$2\,H_2 + O_2 \rightarrow 2\,H_2O$$

Il rapporto stechiometrico tra H_2 e O_2 è 2:1, pertanto 10 moli di H_2 (reagente limitante) reagiranno con 5 moli di O_2 (reagente in eccesso in quanto rimangono 2 moli di ossigeno che non hanno reagito) per dare 10 moli di H_2O. A queste 10 moli di acqua si devono aggiungere le 2 moli di ossigeno che non hanno reagito, quindi alla fine della reazione ottengo in tutto 12 moli.

La risposta corretta è la D.

61 Per rispondere correttamente al quesito occorre individuare la risposta che NON può essere dedotta dalla lettura del brano proposto. In esso si legge che, per quanto riguarda i metalli alcalini (Li, Na, K), i carbonati (con formula generale M_2CO_3) sono più solubili degli idrogenocarbonati (o bicarbonati, con formula generale $MHCO_3$); mentre per gli alcalino-terrosi (Ca, Ba, Mg), sono gli idrogenocarbonati ($M(HCO_3)_2$) a essere più solubili dei rispettivi carbonati (MCO_3). Quindi si ha:

- solubilità M_2CO_3 > solubilità $MHCO_3$ con M = Li, Na, K in accordo con le alternative C ed E, che vanno quindi scartate;
- solubilità $M(HCO_3)_2$ > solubilità MCO_3 con M = Ca, Ba, Mg in accordo con le alternative B e D, che vanno quindi scartate.

Il testo proposto non fa alcun riferimento all'andamento della solubilità all'interno dello stesso gruppo, pertanto la risposta corretta è la A.

62 Le sostanze in cui le particelle sono unite da forze intermolecolari simili tendono a essere solubili le une nelle altre. In generale, si può affermare che le sostanze non polari sono solubili in solventi non polari, mentre le sostanze ioniche e quelle molecolari polari sono solubili nei solventi polari. L'acetato di potassio, l'idrossido di sodio e l'idrossido di potassio sono sali, quindi composti ionici che non si sciolgono in un solvente apolare; le risposte B, D ed E possono quindi essere scartate. L'acido solforico è un composto molecolare polare, che in acqua si dissocia liberando ioni H^+, neppure questo composto sarà quindi solubile in un solvente apolare. Si deduce che la risposta A è errata e che la risposta corretta è la C: lo zolfo elementare si trova in natura come S_8 e non è certamente una sostanza polare.

63 A pressione e temperatura ambiente diazoto (N_2) e diossigeno (O_2) si trovano allo stato gassoso, sono miscibili tra loro e formano pertanto una miscela omogenea. La risposta esatta è la B.

64 Il quesito ci chiede di ragionare sulle varie soluzioni proposte per trovare quella che produce una soluzione acquosa di nitrato di sodio con concentrazione 0,2 M. Unendo volumi diversi di soluzioni con molarità inferiore rispetto a 0,2 M (rispettivamente 0,15 M e 0,05 M), la concentrazione finale non potrà mai arrivare a 0,2 M e pertanto escludiamo l'opzione A. La molarità di una soluzione ottenuta sciogliendo 8,5 g di sale in 250 mL di acqua è la seguente:

$$n\,[mol] = 8{,}5\,[g] / 85\,[g\ mol^{-1}] = 0{,}1\ mol \quad \rightarrow \quad M = 0{,}1\ mol / 0{,}250\ L = 0{,}4\ M$$

Sciogliendo il doppio della massa del sale, ovvero il doppio delle moli (17 g di sale contenenti 0,2 moli) nello stesso volume di acqua (0,250 L), la molarità risulta doppia (M = 0,2 mol / 0,250 L = 0,8 M) e possiamo escludere le opzioni **B** e **C**.

Analizziamo le diluizioni applicando la formula (dove C_i e C_f *indicano* concentrazione iniziale e finale, V_i e V_f volume iniziale e finale)

$$C_i \cdot V_i = C_f \cdot V_f$$

Nell'opzione **D** la concentrazione finale (C_f) risulta 0,5 M:

$$2\text{M} \cdot 50\ \text{mL} = C_f \cdot 200\ \text{mL} \rightarrow C_f = 0{,}5\ \text{M}$$

nell'opzione **E**, Cf risulta invece 0,2 M:

$$0{,}8\ \text{M} \cdot 250\ \text{mL} = C_f \cdot 1000\ \text{mL} \rightarrow C_f = 0{,}2\ \text{M}$$

Pertanto la risposta corretta è la **E**.

---

65 Le alternative proposte fanno riferimento alla concentrazione in grammi per litro (g/L) o alla concentrazione molare (M). Dato che non si conoscono né formula né massa molare del soluto, dovremo considerare le alternative espresse in grammi/litro.

Data una soluzione che contiene 5 grammi di soluto in 50 litri di solvente, la concentrazione in grammi/litro si ricava nel modo seguente:

$$5\ \text{g}/50\ \text{L} = 0{,}1\ \text{g/L}$$

La concentrazione della soluzione data è pari a 0,1 g/L e la risposta corretta è la **A**.

---

66 Dalla formula M = n/V ricaviamo le moli:

$$n = M \times V \rightarrow n = 0{,}1\ \text{mol/L} \times 0{,}1\ \text{L} = 0{,}01\ \text{mol}$$

Dalla formula n = m/PM ricaviamo la massa:

$$m = n \times PM \rightarrow m = 0{,}01 \times 58\ \text{g/mol} = 0{,}58\ \text{g}$$

La risposta corretta è la **C**.

---

67 Il quesito proposto richiede di indicare la concentrazione in mol/dm^3 di una soluzione acquosa di idrossido di sodio. Per trovare il numero di moli di soluto si calcola innanzitutto il peso molare dell'unità formula NaOH come somma delle masse atomiche:

$$PM = (23 + 16 + 1)\ \text{g/mol} = 40\ \text{g/mol}$$

Il numero n di moli si calcola dividendo la massa data (2,0 g) per la massa molare:

$$n = \frac{2{,}0\ \text{g}}{40\ \text{g/mol}} = 5 \cdot 10^{-2}\ \text{mol}$$

La concentrazione C si ottiene dividendo il numero di moli per il volume espresso in dm^3:

$$C = \frac{5 \cdot 10^{-2}\ \text{mol}}{25 \cdot 10^{-3}\ \text{dm}^3} = 2{,}0\ \text{mol dm}^{-3}$$

La risposta corretta al quesito è la **D**.

---

68 Dai grammi di NaOH calcolo subito il numero n di moli:

$$n = \text{g}/\text{MM} = 0{,}25\ \text{mol}$$

La formula della Molarità è:

$$M = n/V$$

dove V indica il volume della soluzione espresso in litri. Applicando la formula inversa ottengo:

$$V = n/M = 0{,}05\ \text{litri} = 50\ \text{mL}.$$

Il matraccio più indicato risulta quindi quello di 50 mL, la risposta corretta è la **B**.

69 Per ricavare la normalità (N) di una soluzione di un acido, di cui sia nota la molarità (M), si applica la seguente formula:

$$N = n \cdot M$$

dove *n* rappresenta il numero di moli di ioni H^+ che una mole di acido può cedere dissociandosi. Nel caso proposto, $n = 3$: infatti, H_3PO_4 è un acido triprotico, contenente tre ioni H^+ dissociabili. Si ha quindi:

$$N = 3 \cdot 0{,}5 = 1{,}5$$

La risposta corretta è la **D**.

70 Per risolvere questo esercizio, è importante innanzitutto notare che quando una soluzione viene diluita il numero di moli totali di soluto (*n*) non cambia; *n* si ricava dal prodotto fra la concentrazione molare della soluzione (M) e il volume (*V*) in litri:

$$n = M \cdot V$$

Poiché *n* ha lo stesso valore nella soluzione concentrata e in quella diluita, sarà:

$$M_{conc} \cdot V_{conc} = M_{dil} \cdot V_{dil}$$

dove:
- M_{conc} = molarità della soluzione concentrata
- M_{dil} = molarità della soluzione diluita
- V_{conc} = volume della soluzione concentrata
- V_{dil} = volume della soluzione diluita

Nel nostro caso: $M_{conc} = 6$ mol/L $\quad V_{conc} = 0{,}01$ L $\quad M_{dil} = 0{,}5$ mol/L

quindi:

$$V_{dil} = \frac{M_{conc} \cdot V_{conc}}{M_{dil}} = \frac{6 \text{ mol/L} \cdot 0{,}01 \text{ L}}{0{,}5 \text{ mol/L}} = 0{,}12 \text{ L} = 120 \text{ mL}$$

Per ottenere HCl 0,5 M, partendo da 10 mL di HCl 6 M, è necessario quindi diluire la soluzione fino al volume di 120 mL; risposta **E**.

71 Gli elettroliti sono composti che sciolti in acqua liberano ioni, rendendo la soluzione conduttrice di elettricità. Una condizione necessaria affinché un composto possa comportarsi da elettrolita è quella di essere solubile in acqua, pertanto possiamo escludere i composti organici apolari: gli idrocarburi esano e butano (opzioni **B** e **C**) e il fenolo (opzione **D**). Il glucosio è un composto organico solubile in acqua, ma non forma ioni in soluzione acquosa, dunque escludiamo anche l'opzione **A**. Sono invece elettroliti gli acidi, le basi e i sali: il sale nitrato di potassio (KNO_3) in soluzione acquosa si scinde infatti negli ioni nitrato (NO_3^-) e potassio (K^+) ed è un elettrolita. La risposta corretta è la **E**.

72 Aggiungendo a 50 mL di una soluzione di HCl 0,06 M 100 mL di una soluzione identica, la concentrazione della soluzione non cambia; risposta **B**.

73 Il cloruro d'argento è un sale poco solubile che in soluzione acquosa si scinde in ioni secondo la reazione:

$$AgCl \rightarrow Ag^+ + Cl^-$$

Il valore di Kps indica la tendenza del sale a sciogliersi ed è un valore costante per un determinato composto a una data temperatura, minore è Kps e minore è la solubilità del sale:

$$Kps = [Ag^+] \cdot [Cl^-] = 2 \cdot 10^{-10} \text{ mol}^2/\text{L}^2$$

CHIMICA

Data la reazione di dissociazione del sale, in soluzione acquosa avrò pertanto x moli/litro di $[Ag^+]$ e x moli/litro di $[Cl^-]$, il prodotto di queste due concentrazioni è il valore del Kps. Imposto l'equazione:

$$x^2 = 2 \cdot 10^{-10}\ mol^2/L^2 \quad \rightarrow \quad x = \sqrt{2 \cdot 10^{-10}}\ mol/L \approx 1{,}4 \cdot 10^{-5}\ mol/L$$

la concentrazione degli ioni Ag^+ (che è uguale alla concentrazione degli ioni Cl^-), in una soluzione satura di AgCl è $1{,}4 \cdot 10^{-5}$ mol/L. La risposta corretta è la **B**.

74 Una membrana semipermeabile è una membrana con pori di diametro calibrato, che può essere attraversata solamente da alcune sostanze e non da altre. Tipicamente una membrana di questo tipo, posta a contatto con una soluzione, permette il libero passaggio delle molecole di solvente mentre impedisce completamente il passaggio del soluto. Fra le affermazioni proposte, è corretta solo la 1; la risposta esatta è quindi la **D**.

75 Secondo quanto si legge nel testo del quesito, l'abbassamento crioscopico (Δt_c) si ottiene moltiplicando la costante crioscopica (K_{cr}), caratteristica di ogni solvente, per la concentrazione molale (m) e per il coefficiente ν, definito come il numero di ioni in cui l'elettrolita si dissocia.
Il solfato di alluminio $Al_2(SO_4)_3$ si dissocia nel modo seguente:

$$Al_2(SO_4)_3 \rightarrow 2\ Al^{2+} + 3\ SO_4^{2-}$$

Data una soluzione acquosa di solfato di alluminio 0,0001 m, sarà:

- $K_{cr} = 1{,}86$
- $m = 0{,}0001 = 10^{-4}$
- $\nu = 5$

L'abbassamento crioscopico si ricaverà quindi nel modo seguente:

$$K_{cr} = 1{,}86 \cdot 10^{-4} \cdot 5$$

La risposta corretta è la **C**.

76 I sistemi termodinamici possono essere classificati in tre tipi: sistemi aperti, sistemi chiusi, sistemi isolati. I sistemi aperti scambiano sia materia che energia con l'ambiente esterno; i sistemi chiusi scambiano solo energia, ma non materia con l'ambiente esterno; i sistemi isolati infine non scambiano né materia, né energia con l'esterno. La risposta corretta è pertanto la **E**.

77 La velocità di una reazione chimica è la velocità con cui varia la concentrazione di un reagente/dei reagenti nel tempo. Data una generica reazione

$$A \rightarrow C$$

sperimentalmente si riscontra che

$$v = k\,[A]^m$$

con k=costante di velocità e m=ordine di reazione.
Nel quesito è specificato che la reazione avviene in più stadi, questo porta all'accumulo di intermedi di reazione che andranno a modificare la velocità di reazione sopra descritta (gli intermedi di reazione non compaiono nell'equazione globale poiché vengono prodotti in uno stadio e consumati in un altro).Inoltre, la reazione del quesito ha più di un reagente ed è

$$A + B \rightarrow 2C$$

Quindi le equazioni corrette sono quelle in cui compaiono i reagenti:
$v = k\,[A][B]$
$v = k\,[A]$
$v = k\,[A]^{3/2}[B]$
$v = k\,[A][B]^2$
Nella risposta **A** compare il prodotto C ed è quindi errata. La risposta al quesito è quindi la **D**.

PARTE SECONDA

78 L'ossigeno ha un'elevata affinità elettronica, cioè una forte tendenza ad accettare un elettrone, quindi l'aggiunta di un elettrone all'ossigeno è lievemente esotermica. Se invece vogliamo aggiungere un secondo elettrone, è necessario vincere la repulsione con il primo elettrone, di conseguenza andrà fornita energia per consentire la formazione di un anione con due cariche negative. Si tratta quindi di un processo endotermico. La risposta corretta è dunque la **A**.

79 Qualunque sia la concentrazione di partenza delle diverse specie chimiche coinvolte in una reazione reversibile, a una certa temperatura le concentrazioni all'equilibrio si trovano in un rapporto costante descritto dalla costante di equilibrio della reazione. Data una reazione generica:

$$\alpha\, A + \beta\, B \rightleftarrows \gamma\, C + \delta\, D$$

la costante di equilibrio è:

$$K_{eq} = \frac{[C]^{\gamma} \cdot [D]^{\delta}}{[A]^{\alpha} \cdot [B]^{\beta}}$$

Quando si aumentano le concentrazioni di reagenti o prodotti, il sistema si sposta (a destra o a sinistra) per raggiungere una nuova posizione di equilibrio, in accordo col valore della costante di equilibrio, quindi le risposte **D** ed **E** sono errate.

È importante ricordare che la costante di equilibrio dipende dalla termodinamica della reazione e varia in funzione della temperatura (risposta **A** errata) crescendo o decrescendo al variare di questa, a seconda che la reazione sia rispettivamente endotermica o esotermica (risposta **B** errata). L'unica risposta corretta è quindi la **C**.

80 L'equazione che descrive l'equilibrio di una reazione reversibile è data dal rapporto fra i prodotti delle concentrazioni dei prodotti e i prodotti delle concentrazioni dei reagenti, ciascuna elevata a una potenza corrispondente al rispettivo coefficiente stechiometrico, secondo l'espressione:

$$K_{eq} = \frac{[C]^{\gamma} \cdot [D]^{\delta}}{[A]^{\alpha} \cdot [B]^{\beta}}$$

La reazione considerata, $C_{(s)} + 2\, H_{2(g)} \rightarrow CH_{4(g)}$, è una reazione eterogenea, in cui il carbonio, solido, reagisce con idrogeno gassoso per produrre metano, gassoso.

Dato che si considera che i reagenti in fase solida abbiano attività costante, questi non compaiono nell'equazione dell'equilibrio (perché si possono "inglobare" nel valore della costante), che nel nostro caso sarà quindi:

$$K_{eq} = \frac{[CH_4]}{[H_2]^2}$$

Per gli equilibri in fase gassosa, spesso piuttosto che di concentrazioni si parla di pressioni parziali; per questo motivo, mentre la notazione K_{eq} è quella con il significato più ampio, nello specifico si utilizza la notazione K_c quando si fa riferimento alle concentrazioni dei reagenti e la notazione K_p quando si fa riferimento alle pressioni parziali.

La risposta esatta è quindi la **A**.

81 K_{eq}, costante di equilibrio di una reazione generica $\alpha\, A + \beta\, B \rightleftarrows \gamma\, C + \delta\, D$, esprime il rapporto fra le concentrazioni dei reagenti e dei prodotti presenti all'equilibrio secondo l'espressione:

$$K_{eq} = \frac{[C]^{\gamma} \cdot [D]^{\delta}}{[A]^{\alpha} \cdot [B]^{\beta}}$$

dove le concentrazioni dei reagenti e dei prodotti sono elevate a potenze corrispondenti ai coefficienti stechiometrici della reazione.

L'unità di misura di K_{eq} può essere un numero puro oppure avere dimensioni diverse a seconda delle unità di misura presenti al numeratore e al denominatore, e quindi dei coefficienti stechiometrici. Si deduce che la risposta esatta è la **C**; si ricordi che al variare della temperatura varia il valore di K_{eq}, ma non la sua unità di misura.

---

82 Il principio di Le Châtelier stabilisce che, quando si modifica un sistema all'equilibrio, le condizioni di equilibrio si spostano in modo da controbilanciare tale variazione. In base a questo principio, per esempio, un aumento della concentrazione dei reagenti sposta l'equilibrio verso destra (con un aumento dei prodotti), mentre un aumento della concentrazione dei prodotti sposta l'equilibrio verso sinistra (aumentano i reagenti). L'affermazione **E** si può quindi escludere.

Data una reazione esotermica, possiamo considerare il calore come un prodotto della reazione, quindi un aumento di temperatura sposta la reazione verso sinistra; anche la **D** è quindi errata.

Una variazione di pressione sposta l'equilibrio solo quando la reazione è in fase gassosa e il numero di moli dei reagenti è diverso dal numero di moli dei prodotti. Nel caso proposto sono presenti 5 moli di gas a sinistra e 5 a destra, quindi una variazione di pressione non ha effetti sulla posizione dell'equilibrio e anche la **C** è da scartare.

Anche la **B** si può escludere perché un catalizzatore non modifica l'equilibrio della reazione chimica, quindi la sua presenza non può aumentare la quantità di prodotto Z.

L'equilibrio chimico è un equilibrio dinamico in cui la velocità della reazione diretta è uguale alla velocità della reazione inversa; la risposta corretta è quindi la **A**.

---

83 Secondo il modello di Brønsted-Lowry, un acido è una sostanza in grado di cedere uno o più ioni H^+ a una base, mentre una base è una sostanza in grado di accettare uno o più ioni H^+ ceduti da un acido. Durante una reazione acido-base, l'acido cede ioni H^+ e si trasforma nella propria base coniugata, mentre la base accetta questi ioni e si trasforma nel proprio acido coniugato. L'acqua può comportarsi sia da acido che da base, per questo motivo generalmente un composto viene definito acido oppure basico a seconda del tipo di reazione che dà con H_2O.

Per individuare l'affermazione ERRATA, è necessario analizzare le diverse coppie acido/base nelle reazioni con H_2O delle sostanze proposte dal quesito.

L'acqua può essere definita come la base coniugata dello ione idronio, H_3O^+, infatti quando questo reagisce con H_2O cede uno ione H^+ trasformandosi in H_2O, secondo la reazione:

$$\underset{\text{acido}}{H_3O^+} + H_2O \rightarrow \underset{\text{base coniugata}}{H_2O} + H_3O^+$$

L'affermazione **A** è corretta, quindi non rappresenta la risposta esatta al quesito.

Lo ione formiato, $HCOO^-$, si comporta da base, accettando uno ione H^+ ceduto da H_2O e trasformandosi nell'acido coniugato, l'acido formico, HCOOH:

$$\underset{\text{base}}{HCOO^-} + H_2O \rightarrow \underset{\text{acido coniugato}}{HCOOH} + OH^-$$

L'acido formico è l'acido coniugato della base formiato, si può quindi escludere anche l'alternativa **B**.

L'acido fluoridrico, HF, può cedere uno ione H^+ ad H_2O trasformandosi nella base coniugata, lo ione fluoruro, F^-:

$$\underset{\text{acido}}{HF} + H_2O \rightarrow \underset{\text{base coniugata}}{F^-} + H_3O^+$$

È corretto dire che lo ione è fluoruro è la base coniugata dell'acido fluoridrico, quindi l'alternativa **C** può essere scartata.

Lo ione carbonato, CO_3^{2-}, può essere definito come la base coniugata dello ione idrogenocarbonato, HCO_3^-, quest'ultimo infatti può cedere uno ione H^+ ad H_2O trasformandosi nello ione CO_3^{2-}:

$$\underset{\text{acido}}{HCO_3^-} + H_2O \rightarrow \underset{\text{base coniugata}}{CO_3^{2-}} + H_3O^+$$

Anche l'alternativa **E** deve essere scartata.

PARTE SECONDA

La risposta corretta è la **D**: infatti, lo ione solfato, SO_4^{2-}, non rappresenta la base coniugata dell'acido solforico, H_2SO_4. La molecola di questo acido contiene due atomi di H che in soluzione acquosa possono essere ceduti come ioni H^+, in due passaggi successivi:

$$\underset{\text{acido}}{H_2SO_4} + H_2O \rightarrow \underset{\text{base coniugata}}{HSO_4^-} + H_3O^+ \qquad \text{e} \qquad \underset{\text{acido}}{HSO_4^-} + H_2O \rightarrow \underset{\text{base coniugata}}{SO_4^{2-}} + H_3O^+$$

Lo ione idrogenosolfato (HSO_4^-) è la base coniugata dell'acido solforico (H_2SO_4), mentre lo ione solfato (SO_4^{2-}) è la base coniugata dello ione idrogenosolfato.

---

84 L'ammoniaca è una base debole. Nell'esempio proposto, NH_3 non si comporta da base di Arrhenius, in quanto queste, per definizione, liberano ioni OH^-. Secondo la Teoria di Brønsted-Lowry, si comporta da acido la specie chimica in grado di cedere a una base uno o più ioni H^+, mentre si comporta da base la specie chimica in grado di accettare da un acido uno o più ioni H^+. L'ammoniaca accetta uno ione H^+ comportandosi da base secondo Brønsted - Lowry; risposta corretta: **E**.

---

85 In una reazione acido-base secondo Brønsted-Lowry si possono riconoscere coppie in cui l'acido e la sua base coniugata (o la base e il suo acido coniugato) differiscono solo per uno ione H^+. Nelle risposte **B**, **C**, **D** e **E** si individuano agevolmente tali coppie:

B $$\underset{\text{acido}}{NH_3} + \underset{\text{base}}{NH_3} \rightarrow \underset{\text{base coniugata}}{NH_2^-} + \underset{\text{acido coniugato}}{NH_4^+}$$

C $$\underset{\text{acido}}{Al(H_2O)_6^{3+}} + \underset{\text{base}}{H_2O} \rightarrow \underset{\text{base coniugata}}{Al(H_2O)_5(OH)^{2+}} + \underset{\text{acido coniugato}}{H_3O^+}$$

D $$\underset{\text{acido}}{CH_4} + \underset{\text{base}}{H(SbF_6)} \rightarrow \underset{\text{base coniugata}}{CH_5^+} + \underset{\text{acido coniugato}}{SbF_6^-}$$

E $$\underset{\text{acido}}{HNO_3} + \underset{\text{base}}{HClO_4} \rightarrow \underset{\text{base coniugata}}{H_2NO_3} + \underset{\text{acido coniugato}}{ClO_4}$$

Queste risposte possono quindi essere scartate. La risposta esatta è la **A** infatti in questa reazione non si individuano le coppie acido-base coniugata e base-acido coniugato.

---

86 Nella reazione $CN^- + H_2O \rightarrow HCN + OH^-$ lo ione cianuro, CN^-, si comporta da base e accetta uno ione H^+ dalla molecola H_2O, che si comporta da acido, trasformandosi nella base coniugata OH^-; allo stesso tempo la base CN^- si trasforma nell'acido coniugato HCN. Le coppie coniugate acido-base sono CN^-/HCN e H_2O/OH^-. La risposta corretta è quindi la **B**.

---

87 Il pH è una notazione usata per esprimere la concentrazione di ioni H^+ (o H_3O^+) in una soluzione e il pOH in modo analogo esprime la concentrazione di ioni OH^-.

La relazione pH + pOH = 14 è valida in tutte le soluzioni acquose, a 25 °C, ed è conseguenza del fatto che, a una certa temperatura, in una soluzione acquosa, il prodotto della concentrazione degli ioni H^+ per la concentrazione degli ioni OH^- è costante; in particolare a 25 °C, si ha:

$$[H^+] \cdot [OH^-] = 10^{-14}$$

La risposta corretta è quindi la **C**.

---

88 Nei composti che si comportano come acidi l'idrogeno è legato a un atomo (o un gruppo di atomi) molto elettronegativo, che attrae fortemente l'elettrone dell'idrogeno. La forza di un acido, cioè la facilità con cui cede lo ione H^+, è correlata all'elettronegatività del gruppo cui H è legato.

L'acido acetico e l'acido lattico sono acidi carbossilici (acidi organici contenenti il gruppo carbossilico –COOH) e, come la grande maggioranza degli acidi appartenenti a questa classe, sono acidi deboli; le risposte **C** ed **E** possono quindi essere scartate.

Per individuare l'acido forte fra l'acido cianidrico (HCN), l'acido carbonico (H_2CO_3) e l'acido nitrico (HNO_3) è utile considerare i gruppi di atomi cui è legato H in ognuno dei tre composti. L'elettronegatività del carbonio è 2,5, quella dell'azoto è 3,0 e quella dell'ossigeno è 3,5; si deduce che il gruppo di atomi più fortemente elettronegativo è quello formato da $-NO_3$, cui è legato l'idrogeno nell'acido nitrico. L'acido carbonico e l'acido cianidrico infatti sono acidi deboli, mentre l'acido nitrico è un acido forte, risposta **D**.

89 Per rispondere al quesito è necessario ricordare che il pH è definito come $-Log[H^+]$, mentre il pOH è $-Log[OH^-]$. Poiché il prodotto della concentrazione degli ioni H^+ e degli ioni OH^- presenti in una soluzione acquosa è costante ed è pari a $[H^+]\cdot[OH^-] = 10^{-14}$, ne deriva che anche la somma pH + pOH ha valore costante ed è pari a 14.

In base ai i valori di pH e di pOH si possono individuare 3 situazioni diverse:

- nell'acqua pura e nelle soluzioni neutre $[H^+] = [OH^-] = 10^{-7}$, quindi pH = pOH = 7;
- nelle soluzioni acide $[H^+] > [OH^-] > 10^{-7}$, quindi e pH < 7 e pOH > 7;
- nelle soluzioni basiche $[H^+] < [OH^-] < 10^{-7}$, quindi pH > 7 e pOH < 7.

Si possono quindi già escludere le alternative **A**, **B** e **C**.

Un acido forte (HA) in soluzione acquosa si dissocia completamente quindi, se si considera un acido monoprotico, il pH dipende dalla concentrazione iniziale dell'acido e corrisponde a $-Log[HA]$. Diversamente, un acido debole si dissocia solo in parte, quindi una soluzione di acido debole ha pH maggiore e pOH minore di una soluzione di acido forte alla stessa concentrazione. La risposta esatta è la **D**.

90 Nell'acqua pura e nelle soluzioni acquose diluite vale la relazione fondamentale:

$$[H_3O^+]\,[OH^-] = 10^{-14}$$

che permette di calcolare la concentrazione degli ioni ossidrile coi dati forniti dal problema:

$$[OH^-] = 10^{-14} / [H_3O^+] = 10^{-14} / 1{,}0 \cdot 10^{-8} = 1{,}0 \cdot 10^{-6}$$

La risposta corretta è la **C**.

91 Un acido forte in soluzione acquosa si dissocia completamente e la concentrazione di ioni idronio (H_3O^+) è pari alla concentrazione iniziale dell'acido, un acido debole invece reagisce solo in parte con H_2O, quindi per conoscere la concentrazione di ioni H_3O^+ all'equilibrio è necessario conoscere il valore della costante di dissociazione acida (K_a), che indica in che misura un dato acido tende a dissociarsi. In ogni caso la concentrazione di ioni H_3O^+ in una soluzione di un acido debole è inferiore alla concentrazione iniziale dell'acido. Nel caso proposto dal quesito, una soluzione acquosa di un acido debole 0,0001 M, cioè 10^{-4} M, presenterà quindi una concentrazione di ioni idronio minore di 10^{-4} e la risposta corretta è pertanto la **C**.

92 Applicando la relazione $pH = -Log[H_3O^+] = -Log\,C_A = -Log\,10^{-8}$ e ricavando quindi pH = 8 si commette un grossolano errore. In ogni soluzione acida, infatti, $[H_3O^+] > 10^{-7}$ M e si ha quindi pH < 7.

Per comprendere questa apparente "eccezione" è importante notare che in soluzioni molto diluite, come quella citata, gli ioni provenienti dall'autodissociazione dell'acqua contribuiscono in modo significativo alla concentrazione totale degli ioni H_3O^+. La concentrazione degli ioni H_3O^+ provenienti dalla dissociazione dell'acqua è pari a 10^{-7} M.

La concentrazione totale degli ioni H_3O^+, nel caso proposto dal quesito, è quindi uguale a $(10^{-7} + 10^{-8})$ M, ovvero $1{,}1 \cdot 10^{-7}$ M. Si ha quindi $pH = -Log\,1{,}1 \cdot 10^{-7} = 6{,}9$.

La risposta corretta è la **B**.

93 L'idrossido di sodio è una base forte, pertanto si ragiona sul $pOH = -Log[OH^-]$. Visto che:

$$pH + pOH = 14 \rightarrow pOH = 14 - 12 = 2$$

Avendo quindi un pOH= 2, ricaviamo la $[OH^-]$, che coincide anche con la concentrazione della base forte NaOH:

$$[OH^-] = 10^{-pOH} = 10^{-2} = 0{,}01 \text{ M}$$

Dalla formula inversa della Molarità, è possibile calcolare il numero di moli di NaOH per preparare 10 L di soluzione:

$$n = M \cdot V = 0{,}01 \cdot 10 = 0{,}1 \text{ moli}$$

Passiamo quindi dalle moli ai grammi di NaOH:

$$m = n \cdot MM = 0{,}1 \text{ mol} \cdot 40 \text{ g/mol} = 4 \text{ g}$$

Per preparare 10 L di soluzione di NaOH a pH = 12 servono quindi 4 g di NaOH, risposta **C**.

94 La titolazione di un acido è il procedimento che permette di stabilire la concentrazione (ignota) di una soluzione di acido aggiungendo gradualmente una soluzione di base la cui concentrazione è nota. Durante la titolazione, gli ioni OH^- prodotti dalla base vanno a neutralizzare gli ioni H^+ prodotti dall'acido, quindi il pH via via aumenta, prima gradualmente poi bruscamente. Il momento in cui l'aumento di pH si verifica più rapidamente è quello in cui sono stati aggiunti tanti equivalenti di ioni OH^- quanti erano gli equivalenti di ioni H^+, ed è detto "punto equivalente".

Al punto equivalente il numero di equivalenti di base è pari al numero di equivalenti di acido; dato che il numero di equivalenti di sostanza presenti in una soluzione si ricava dal prodotto della normalità per il volume, ponendo:

volume della base = V_B normalità della base = N_B

volume dell'acido = V_A normalità dell'acido = N_A

avremo:

$$N_B \cdot V_B = N_A \cdot V_A$$

Dato che ogni mole di base libera 1 equivalente di base allora una soluzione 0,2 M contiene 0,2 equivalenti per litro e sarà $N_B = 0{,}2$ eq/L.

Poiché:

$$V_B = 11{,}5 \text{ mL},\ \ N_B = 0{,}2 \text{ eq/L} \ \text{ e } \ V_A = 25 \text{ mL}$$

sarà:

$$N_A = \frac{N_B \cdot V_B}{V_A} = \frac{0{,}2 \text{ eq/L} \cdot 11{,}5 \text{ mL}}{25 \text{ mL}} = 0{,}092 \text{ eq/L}$$

Dato che HCl è monoprotico la concentrazione normale dell'acido corrisponde alla sua concentrazione molare, quindi 0,092 è il numero di moli per litro di soluzione.

La soluzione di HCl titolata è una soluzione 0,092 M, o $9{,}2 \cdot 10^{-2}$ M; risposta **A**.

95 Per rispondere al quesito occorre innanzitutto calcolare il numero di moli di ioni H^+ liberati dall'acido solforico e il numero di moli di ioni OH^- liberati dall'idrossido di sodio (base forte).

$$n_{H^+} = M \cdot V = 0{,}05 \text{ mol/L} \cdot 0{,}5 \text{ L} = 0{,}025 \text{ moli di ioni } H^+$$

L'acido solforico (H_2SO_4) è un acido diprotico (ovvero per una mole di acido vengono liberati il doppio delle moli di ioni H^+), quindi si moltiplicano le moli ottenute per 2.

$$n_{H^+} = \mathbf{2} \cdot 0{,}025 = 0{,}05 \text{ mol}$$

$$n_{OH^-} = M \cdot V = 0{,}08 \text{ mol/L} \cdot 0{,}5 \text{ L} = 0{,}04 \text{ moli di ioni } OH^-$$

In soluzione si ha quindi 0,05 moli di ioni H^+ e 0,04 moli di ioni OH^-. Nella soluzione descritta nel quesito c'è un eccesso di ioni H^+, pertanto la soluzione è acida e posso scartare le opzioni **C**, **D** ed **E**. L'eccesso di ioni H^+ ammonta a 0,01 mol/L (0,05 – 0,04 = 0.01 moli di H^+ in 1 litro di soluzione) ed è possibile calcolare il pH:

$$pH = -\text{Log}\,(10^{-2}) = 2.$$

La risposta corretta è la **A**.

CHIMICA

96 Le soluzioni tampone sono soluzioni che si oppongono alla variazione del pH per moderate aggiunte di acido o di base, quindi il pH varia se aggiungiamo elevate quantità di acidi o basi forti (l'opzione 1 è errata). Possono essere formate da un sale di un acido disciolto in una soluzione dello stesso acido; un esempio è dato dal sale acetato di sodio (CH_3COONa) e dall'acido acetico (CH_3COOH). Per quanto riguarda il pH delle soluzioni tampone, vi sono sia tamponi acidi che basici, e quindi anche l'affermazione 3 è errata e l'unica corretta è la numero 2. La risposta corretta al quesito è la **B**.

97 Esistono diversi tipi di sistemi tampone:

- tampone contenente una base debole e il suo acido coniugato, esempio NH_3 / NH_4Cl
- tampone contenente un acido debole e la sua base coniugata, esempio CH_3COOH / CH_3COONa
- tampone contenente due sali di acido poliprotico, esempio KH_2PO_4 / K_2HPO_4

I sistemi tampone non possono pertanto essere costituiti né da acidi forti come ad esempio H_2SO_4 e HCl (risposte **A**, **B** ed **E** errate), né da basi forti come KOH (risposta **C** errata).

L'unico sistema tampone è quello costituito dall'acido formico (HCOOH) e dal formiato di sodio (HCOONa): HCOOH è un acido debole e HCOONa è il sale contenente la base coniugata $HCOO^-$. La risposta corretta è pertanto la **D**.

98 Una caratteristica delle soluzioni tampone è che quando vengono diluite il loro pH non cambia, la risposta corretta sarà quindi la **C**.

99 Un atomo di carbonio viene definito secondario quando è legato ad altri due atomi di carbonio; risposta **A**.

100 I composti organici si presentano spesso con diversi isomeri, cioè composti che hanno la stessa formula bruta ma diversa formula di struttura (formano legami diversi), o diversa disposizione nello spazio degli atomi. Composti di questo tipo hanno la stessa formula molecolare, però hanno formula di struttura diversa e differenti proprietà fisiche. La risposta corretta è quindi la **D**.

101 Si definiscono isomeri molecole aventi la stessa formula bruta ma una diversa formula di struttura. Tra le molecole riportate, l'unica a rispettare questa caratteristica è il 2-metilbutano, che ha la stessa formula bruta del pentano, C_5H_{12}:

$CH_3\text{-}CH_2\text{-}CH_2\text{-}CH_2\text{-}CH_3$

pentano

$CH_3\text{-}CH(CH_3)\text{-}CH_2\text{-}CH_3$

2-metilbutano

La risposta corretta è la **D**.

102 Le reazioni tipiche degli alcani (composti caratterizzati da una bassissima reattività chimica) sono reazioni di sostituzione radicalica in cui uno degli atomi di H viene sostituito da un altro elemento (per esempio un alogeno nelle reazioni di alogenazione). Il meccanismo di queste reazioni passa attraverso la formazione di un radicale libero, cioè un gruppo chimico con un elettrone spaiato, altamente reattivo. la risposta corretta è la **D**.

103 Se in un idrocarburo saturo un atomo di idrogeno viene sostituito da un gruppo funzionale, cambia il peso molecolare del composto, ma non solo, perché la presenza di un gruppo chimico diverso dall'atomo H modifica sia la reattività chimica sia le proprietà fisiche dell'idrocarburo considerato. Risposta esatta **D**.

104 Il benzene e il cicloesano sono due idrocarburi ciclici a 6 atomi di carbonio. Nel cicloesano, però, sono presenti solo legami semplici fra gli atomi di C, mentre l'anello carbonioso del benzene è una struttura aromatica in cui una parte degli elettroni di legame sono delocalizzati su tutta la molecola. La formula bruta del cicloesano è C_6H_{12}, mentre quella del benzene è C_6H_6, i due composti differiscono quindi per 6 atomi di idrogeno; risposta **B**.

105 Il benzene è un idrocarburo ciclico avente formula bruta C_6H_6; i sei atomi di carbonio sono ibridati sp^2 e si trovano sullo stesso piano, ai vertici di un esagono. La molecola è dunque planare; risposta **A**.

CHIMICA

106 Un atomo di carbonio è detto asimmetrico quando è legato a quattro gruppi diversi, quindi la risposta **E** deve essere scartata, come pure la **C**, infatti l'ibridazione *sp* è presente quando l'atomo di carbonio lega solamente altri due gruppi. L'alternativa **D** non può essere vera, perché il carbonio utilizza sempre orbitali ibridi per formare legami nei composti organici. La risposta esatta è la **B**, infatti per formare quattro legami questo elemento utilizza orbitali ibridi di tipo sp^3.

Si ricordi che le sostanze contenenti un C asimmetrico esistono in due forme dette *enantiomeri*, o *isomeri ottici*. Dato che i composti di questo tipo sono molto frequenti nei sistemi biologici, e che i due enantiomeri mostrano proprietà biochimiche differenti, è utile distinguerli. Per questo motivo vengono classificati nelle due serie stereochimiche D ed L; i composti appartenenti alla stessa serie stereochimica hanno i sostituenti disposti nello stesso modo. È evidente che il fatto di essere asimmetrici non implica che due atomi di carbonio appartengano alla stessa serie stereochimica, quindi anche la risposta **A** è errata.

107 La classe dei composti aromatici (chiamati anche areni) comprende il benzene e i suoi derivati. Possiamo quindi escludere le opzioni che comprendono gli alcani butano e pentano. Sono da scartare anche le alternative che prevedono acetilene (altro nome dell'alchino etino) ed etilene (o etene, il più semplice alchene). L'unica opzione corretta è pertanto la **C**: benzene, toluene, naftalene e fenantrene sono tutti composti aromatici.

108 Tra le opzioni proposte scartiamo subito la risposta **B** in quanto l'alcol proposto non è primario, bensì secondario, e la sua ossidazione porta alla formazione di un chetone (R-CO-R'). La risposta **C** rappresenta invece la riduzione di un acido carbossilico prima ad aldeide e poi ad alcol primario, quindi si può escludere. La risposta **D** è sbagliata perché il composto che viene ossidato non è un alcol primario ma un alchene. La **E** infine è da scartare perché il composto messo a reagire è un alcol primario ma il prodotto della sua ossidazione è un estere (R-COOR') anziché un acido carbossilico. La risposta corretta è quindi la **A** nella quale un alcol primario (R-OH) viene ossidato a dare una aldeide (R-CHO) e poi un acido carbossilico (R-COOH).

109 Il diidrossiacetone è un chetone con due gruppi ossidrilici, contenente tre atomi di ossigeno (si veda la formula); il 2,4 diidrossipentanale è un'aldeide a 5 atomi di C, contenente due gruppi ossidrilici, quindi anche in questo caso sono presenti tre atomi di ossigeno. L'acetato di etile è un estere formato dalla condensazione fra acido acetico ed etanolo, e, come si può vedere dalla formula, contiene due atomi di ossigeno. L'acido butanoico è un acido carbossilico a cinque atomi di C e contiene i due atomi di ossigeno del gruppo –COOH; l'etere propil-esilico, infine, formato dalla condensazione fra alcol propilico e alcol esilico, contiene un solo atomo di ossigeno.

Il composto che contiene meno ossigeno è dunque l'etere propil-esilico: la risposta corretta è quindi la **E**.

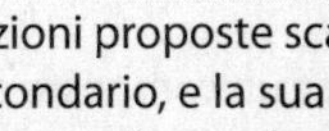

dididrossiacetone

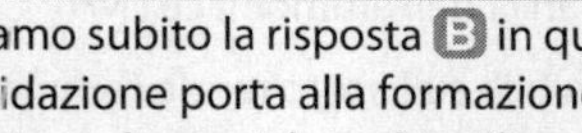

2,4 dididrossipentanale

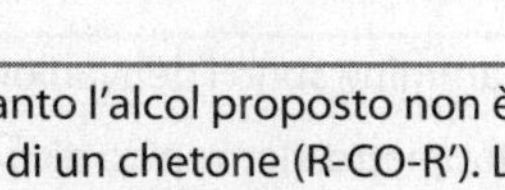

acetato di etile

$CH_3—CH_2—CH_2—COOH$

acido butanoico

$CH_3—CH_2—CH_2—O—CH_2—CH_2—CH_2—CH_2—CH_2—CH_2$

etere propil-esilico

110 Per condensazione di un acido con un alcol si ottiene un estere con uscita di una molecola d'acqua. L'acido propanoico ha formula C_2H_5COOH mentre l'1-butanolo C_4H_9OH. L'estere che si forma è il propionato di butile con formula bruta $C_2H_5COOC_4H_9$. Risposta A.

111 Un etere è un composto organico di formula generica R–O–R′, che si può pensare come il derivato di un alcol (R–OH) in cui l'idrogeno dell'ossidrile è sostituito con un gruppo alchilico: può essere ottenuto per condensazione intermolecolare tra due molecole di alcol. La reazione procede con eliminazione di acqua secondo lo schema sotto riportato:

$$R-O\boxed{H + OH}-R' \longrightarrow R-O-R' + H_2O$$

dove R può essere uguale o diverso da R′. La risposta corretta è quindi la A.

Riguardo alle altre reazioni citate nel quesito si ricorda che:

- la reazione di condensazione tra un acido e un alcol (risposte B e C) si chiama esterificazione, procede con eliminazione di acqua e porta alla formazione degli esteri;
- la reazione di condensazione di un alcol con l'aldeide (risposte D ed E) porta alla formazione di emi-acetali (aldeide + 1 molecola di alcol) o acetali (aldeide + 2 molecole di alcol) e in entrambi i casi procede senza eliminazione di acqua.

112 I chetoni, formula generale R–CO–R′ contengono il gruppo carbonilico C=O a cui si legano due gruppi –R. Nei gruppi R le catene carboniose possono essere di diversa lunghezza e contenere o meno doppi e/o tripli legami carbonio-carbonio, pertanto le opzioni A ed B sono errate. Le aldeidi, formula generale R–CHO, contengono un carbonio carbonilico a cui si lega un atomo di ossigeno formando il gruppo carbonilico C=O: al carbonio carbonilico si legano un gruppo –R e un idrogeno. La risposta corretta è la C.

113 Le ammine sono i derivati organici dell'ammoniaca (NH_3).

Il doppietto elettronico disponibile sull'azoto rende l'ammoniaca un composto a debole carattere basico (secondo la definizione di Lewis), con una costante di dissociazione basica $K_b \approx 10^{-5}$.

Nelle ammine uno o più idrogeni dell'ammoniaca sono sostituiti con gruppi alchilici (ammine alifatiche) o gruppi arilici (ammine aromatiche). Mentre queste ultime sono basi molto più deboli di NH_3, a causa dell'effetto di risonanza sull'anello che rende meno disponibile il doppietto elettronico sull'atomo di azoto, le ammine alifatiche sono leggermente più basiche di NH_3, per l'effetto induttivo dei gruppi alchilici sull'atomo di azoto. L'effetto è comunque molto piccolo e per le ammine alifatiche si hanno solo piccole variazioni del valore della costante di basicità. La risposta esatta è quindi la D.

114 Il quesito chiede di individuare il solvente polare in una lista di solventi organici. L'eptano (C_7H_{16}), come tutti gli idrocarburi non sostituiti, con desinenza *-ano*, appartiene alla famiglia degli alcani, idrocarburi contenenti carbonio e idrogeno uniti da legami semplici. La loro polarità è molto bassa data la scarsa differenza di elettronegatività tra carbonio e idrogeno, dunque la risposta B è da scartare.

Il cloroformio ($CHCl_3$) e il tetracloruro di carbonio (CCl_4) derivano dal metano (CH_4) per sostituzione rispettivamente di 3 o 4 idrogeni con atomi di cloro. Sebbene il cloro sia molto più elettronegativo del carbonio, la forma tetraedrica delle molecole rende minima (in $CHCl_3$) o nulla (in CCl_4) la somma vettoriale dei dipoli relativi a ogni singolo legame C–Cl. Pertanto anche la A e la E si possono eliminare. Tra il metanolo, che è un alcol (CH_3OH), e l'etere dimetilico (etere simmetrico con formula CH_3–O–CH_3), il composto più polare è senz'altro il primo, poiché il legame O–H è più polarizzato del legame O–CH_3, data la maggiore differenza di elettronegatività della coppia ossigeno/idrogeno rispetto alla coppia ossigeno/carbonio. La risposta corretta è quindi la D.

115 Un ammide è un composto organico che si può considerare derivato da un acido carbossilico per sostituzione del gruppo –OH del –COOH con il gruppo $–NH_2$ (gruppo amminico). Nel caso più semplice, quello delle ammidi primarie, la formula generale è $R–CO–NH_2$; si tratta quindi di composti che contengono sempre carbonio, idrogeno, ossigeno e azoto. La risposta esatta è la **B**.

116 Dato che gli alcani, gli alcheni e gli alogenuri alchilici non contengono ossigeno, possiamo subito escludere che questi siano i prodotti dell'ossidazione dell'acetone. Questo composto è un chetone, pertanto contiene un gruppo C=O e ha formula generale R-CO-R'. L'ossidazione di un alcol secondario (R-OH) produce un chetone (R-CO-R') e non il contrario, come proposto dal quesito. Un chetone invece può essere ossidato in condizioni estremamente drastiche con la formazione di un acido carbossilico (R-COOH). L'opzione corretta è pertanto la **B**.

CHIMICA

117 I polimeri si distinguono in *omopolimeri*, formati da monomeri uguali e *copolimeri* (o *eteropolimeri*), formati da monomeri diversi. Il quesito chiede di individuare quale delle sostanze proposte è un omopolimero. L'insulina (alternativa 3) può essere scartata perché è un polipeptide di peso molecolare non molto elevato, costituito (come tutte le proteine) da venti diversi amminoacidi disposti secondo una specifica sequenza. Il DNA è un polimero formato dall'alternarsi di quattro diversi nucleotidi, quindi anche l'alternativa 1 può essere esclusa.

La cellulosa e l'amido invece sono polisaccaridi costituiti da un gran numero unità di glucosio. La risposta corretta è la **A**.

118 Il glucosio è un monosaccaride composto da sei atomi di carbonio; in particolare, è un'aldeide in grado di ciclizzare in un anello a sei atomi. Il fruttosio è un monosaccaride composto da sei atomi di carbonio; in particolare, è un chetone in grado di ciclizzare in un anello a cinque atomi. L'unica affermazione corretta del quesito è quindi la **D**.

119 Gli amminoacidi sono formati da un carbonio (chiamato α) al quale sono legati un gruppo carbossilico (COOH), un gruppo amminico (NH_2), un idrogeno e una catena laterale diversa per ogni amminoacido, genericamente indicata con R. L'amminoacido più semplice (glicina) come sostituente R ha solo un atomo di idrogeno (risposta **D** errata); gli altri amminoacidi possiedono catene laterali con caratteristiche diverse: alcuni sono polari, altri apolari, alcuni sono carichi negativamente (glutammato), altri carichi positivamente (asparagina), altri aromatici (tirosina; risposte **A** e **C** errate). L'unione di due amminoacidi avviene tramite il legame peptidico, un legame covalente che si forma tra il gruppo carbossilico di un amminoacido e il gruppo amminico dell'altro (risposta **E** errata). Il ponte disolfuro è un legame che si forma tra i due atomi di zolfo presenti nella catena laterale dell'amminoacido cisteina, quindi la risposta esatta è la **B**.

120 Gli enzimi sono proteine (quindi polimeri di amminoacidi, e la **D** si può escludere) con funzione catalitica: accelerano le reazioni biologiche abbassandone l'energia di attivazione. Ogni enzima ha una specifica struttura tridimensionale (struttura terziaria e quaternaria) e il substrato si lega alla regione detta "sito attivo" in modo analogo a una chiave che si incastra nella propria serratura. Spesso il legame fra enzima e substrato ne modifica la conformazione spaziale (la **C** può essere scartata), ma questa viene recuperata al termine della reazione, quando il prodotto della reazione si stacca e l'enzima diventa disponibile per una nuova reazione. È vero che le temperature elevate possono causare la denaturazione di un enzima, cioè la perdita della specifica conformazione spaziale, ed è vero anche che gli enzimi, al termine di una reazione, possono essere riutilizzati; si possono quindi escludere anche le affermazioni **A** ed **E**, corrette. La risposta che cerchiamo è la **B**: gli enzimi non aumentano l'energia di attivazione, bensì l'abbassano.

parte terza

FISICA

Quesiti

1 **Il prefisso "milli", indicato con la lettera "m" (per esempio 2,2 mg), indica che l'unità di misura che segue la "m" (nell'esempio il grammo) deve essere moltiplicata per:**

A 10^{-3} B 10^{-2} C 10^{-1} D 10^{-6} E 10^{3}

2 **Sui quotidiani è apparsa la notizia di un hotel in cui i clienti possono pagare il conto producendo energia pedalando su apposite biciclette. Sapendo che il prezzo di 1 kWh di elettricità è di 0,20 euro, e che la potenza muscolare sviluppata durante una pedalata aerobica da un cliente con una massa di 80 kg è circa 1000 W, per quanto tempo il cliente deve pedalare per pagare una colazione dal costo di 2 euro?**

A 10 s B 1 m C 10 m D 1 h E 10 h

3 **Due grandezze fisiche si dicono omogenee se:**

A si possono moltiplicare tra loro
B si possono dividere tra loro
C si possono sommare tra loro
D sono divisibili per uno stesso numero
E nessuna delle risposte è corretta

4 **Nel 1926 Perrin ottenne il premio Nobel per i suoi studi sulle dimensioni di atomi o molecole. Un suo famoso esperimento prevede di lasciar cadere una goccia di acido oleico sulla superficie dell'acqua in un catino. L'acido resterà a galla formando una chiazza circolare che (per le speciali proprietà dell'acido stesso) avrà spessore pari alle dimensioni tipiche di una sola molecola (strato monomolecolare). Conoscendo il volume di acido oleico contenuto nella goccia che viene lasciata cadere (10^{-4} cm^3) e misurando il diametro della chiazza (circa 28 cm) che produce nell'acqua, si risale alle dimensioni dello strato molecolare: $d = 1{,}6 \cdot 10^{-7}$ cm. Dare una stima del numero di molecole di acido oleico contenute nella goccia.**

A $3 \cdot 10^{7}$ B $28 \cdot 10^{7}$ C $2{,}8 \cdot 10^{7}$ D 300 milioni E $3 \cdot 10^{16}$

5 **La differenza tra due vettori di uguale intensità è un vettore di intensità nulla. Vero o falso?**

A Vero, se i vettori hanno la stessa direzione e lo stesso verso
B Vero, se i vettori sono tra loro perpendicolari
C Falso: i vettori non possono sottrarsi
D Sempre vero
E Sempre falso

6 **Il prodotto tra una grandezza scalare e una grandezza vettoriale è:**

A una grandezza sia scalare sia vettoriale

B una grandezza scalare

C una grandezza vettoriale

D la costante di Planck

E una quantità adimensionale

7 **Quattro forze complanari, tre di intensità *F* e una di intensità 2*F*, sono applicate nello stesso punto P come in figura.**
L'intensità della forza risultante è:

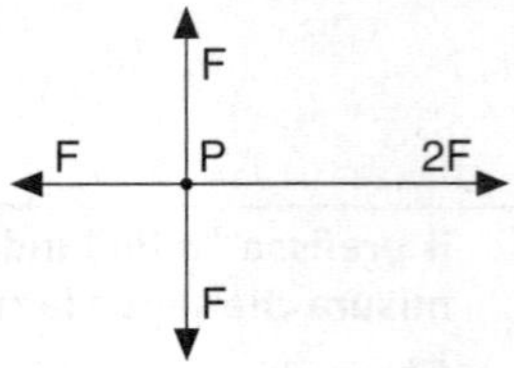

A F

B 0

C 5*F*

D 3*F*

E 4*F*

PARTE TERZA

8 **Due ricercatori, adoperando un cronometro che permette di apprezzare 1/5 di secondo, trovano come misura del periodo di un pendolo i valori: 2,6 s e 2,618 s rispettivamente. Delle due misure:**

A entrambe sono attendibili

B nessuna è attendibile

C la seconda è attendibile

D la prima è attendibile

E la domanda non ha senso

9 **Quale nome prende la grandezza fisica che esprime con quale rapidità varia, o può variare, una velocità?**

A Accelerazione

B Quantità di moto

C Velocità angolare

D Coefficiente d'attrito

E Energia cinetica

10 **In auto percorriamo un primo tratto in leggera discesa di 100 km alla velocità costante di 100 km/h, e un secondo tratto in salita di 100 km alla velocità costante di 50 km/h. Possiamo affermare che:**

A il modulo del vettore velocità media può essere anche superiore a 100 km/h, dato che non ci muoviamo lungo una retta

B dato che abbiamo tratti in discesa, è impossibile che la velocità possa rimanere costante

C la media delle velocità indicate dal tachimetro durante il moto è circa 75 km/h

D la media delle velocità indicate dal tachimetro durante il moto è circa 66,7 km/h

E nessuna delle altre risposte proposte è corretta, visto che non abbiamo tenuto conto della natura vettoriale della velocità

11 **Si consideri un'automobile, la cui velocità è indicata in chilometri all'ora (km/h). Durante un moto uniformemente accelerato l'auto passa da 100 km/h a 120 km/h in 36 secondi. La sua accelerazione vale:**

A) 2000 km/h^2
B) circa 3,7 km/h^2
C) 20 m/s^2
D) circa 3700 m/s^2
E) $10^5/3600$ m/s^2

12 **In un piano cartesiano in cui l'ascissa è il tempo e l'ordinata è l'accelerazione, il grafico che rappresenta l'andamento in funzione del tempo dell'accelerazione di un corpo che si muove di moto uniformemente accelerato è:**

A) una parabola con il vertice nell'origine e concavità verso l'alto
B) una parabola con il vertice nell'origine e concavità verso il basso
C) una retta parallela all'asse delle ascisse
D) una retta parallela all'asse delle ordinate
E) una retta passante per l'origine, inclinata di 45 gradi rispetto all'asse delle ascisse

FISICA

13 **Una pecora si allontana dal gregge lungo un sentiero rettilineo, muovendosi alla velocità costante di 1 m/s. Il cane pastore se ne accorge quando la pecora dista 90 m.**
Sapendo che il cane corre alla velocità costante di 36 km/h, quanti secondi impiegherà il cane a raggiungere la pecora?

A) 12 s B) 24 s C) 36 s D) 8 s E) 10 s

14 **Se un corpo puntiforme di massa *M* si muove con moto circolare uniforme, allora si verifica che varia:**

A) il modulo della velocità
B) il modulo dell'accelerazione
C) la velocità angolare
D) il modulo dell'accelerazione centripeta
E) la direzione dell'accelerazione centripeta

15 **Un corpo costretto a percorrere un'orbita circolare di raggio 10 metri, alla velocità di 10 metri al secondo, percorrerà in un secondo un arco di circonferenza corrispondente a un angolo pari a:**

A) un radiante
B) 10 radianti
C) 0,1 radianti
D) tutto l'angolo giro
E) metà angolo giro

16 **Un satellite impiega 100 giorni per descrivere un'orbita circolare attorno a un pianeta. Quale/i delle seguenti affermazioni relative al suo moto è corretta?**
1) Mantiene una velocità scalare costante
2) Accelera in direzione del pianeta
3) Nell'arco temporale di 100 giorni la sua velocità vettoriale media è pari a zero

A) 2 B) 1 e 2 C) 1 e 3 D) 2 e 3 E) Tutte

17 **Un disco con diametro pari a 40 cm è in rotazione attorno all'asse ortogonale al disco e passante per il suo centro. Se un punto posizionato sul bordo si muove alla velocità di 28,8 km/h, quale sarà la sua velocità angolare?**

- **A** 3,2 rad/s
- **B** 11,52 rad/s
- **C** 20 rad/s
- **D** 40 rad/s
- **E** 72 rad/s

18 **Un aereo viaggia, in assenza di vento, da A a B in direzione nord, poi ritorna indietro. Sapendo che la distanza tra A e B vale L e la velocità dell'aereo è v_0, il tempo impiegato per realizzare l'intero percorso sarà $t = 2L/v_0$. Quando lungo il percorso soffia un vento diretto verso est (o ovest) con velocità u costante, il tempo di percorrenza:**

- **A** aumenta se il vento spira da est
- **B** aumenta se il vento spira da ovest
- **C** aumenta sia se il vento spira da est sia se spira da ovest
- **D** diminuisce sia se il vento spira da est sia se spira da ovest
- **E** resta lo stesso

19 **Una bottiglia di plastica contiene, sul fondo, delle biglie di acciaio. Lasciamo cadere la bottiglia da una grande altezza, con una velocità iniziale nulla. Quale affermazione tra le seguenti si ritiene corretta, nell'ipotesi di poter trascurare l'attrito tra bottiglia e aria?**

- **A** Le sfere rimangono sul fondo, come conseguenza del fatto che la forza peso è proporzionale alla massa
- **B** Nei primi istanti del moto le sfere si portano dalle parti del collo della bottiglia, a causa dell'inerzia
- **C** Le sfere sono accelerate verso il collo della bottiglia, a causa della spinta di Archimede
- **D** Le sfere rimangono sul fondo, come conseguenza del fatto che l'acciaio ha una densità maggiore della plastica
- **E** Le sfere lentamente ruotano all'interno della bottiglia, a causa della forza di Coriolis

20 **Una cassa di 10 kg, trascinata su un piano orizzontale privo di attrito con una forza costante parallela al piano di 50 N, è sottoposta a un'accelerazione di:**

- **A** 50 N/kg
- **B** $5\ m/s^2$
- **C** $5\ cm/s^2$
- **D** 500 J
- **E** 50 N

21 **Un ragazzo è seduto su un seggiolino-gabbia sospeso con una catena a una giostra ferma. In tale condizione il seggiolino applica alla catena una forza F che diventerà F' quando, nel movimento, la catena formerà con la verticale un angolo di 45°. Possiamo dire che:**

- **A** $F/F' = \sqrt{2}$
- **B** $F/F' = \sqrt{3}$
- **C** $F'/F = \sqrt{2}$
- **D** $F'/F = \sqrt{3}$
- **E** $F'/F = 1$

PARTE TERZA

22 **Considerate due masse isolate $M_1 = m$ e $M_2 = 2m$, se F è il modulo della forza gravitazionale agente sulla massa M_1, qual è il modulo della forza gravitazionale agente sulla massa M_2?**

A $-2F$

B $-F$

C F

D $1{,}5F$

E $2F$

23 **Una palla da biliardo del peso di 0,15 kg si muove a una velocità di 1,6 m / s. Colpisce perpendicolarmente la sponda e rimbalza indietro nella stessa direzione di provenienza a una velocità di 1,4 m / s. Se la media aritmetica della forza esercitata sulla sponda è di 30 N, per quanto tempo la palla è rimasta a contatto con la sponda?**

A 0,001 s

B 0,015 s

C 0,15 s

D 1,0 s

E 15 s

24 **Un satellite che percorre a velocità costante v_0 un'orbita stabile a distanza R dal centro della Terra viene fatto frenare più volte e immesso in un'orbita circolare stabile a distanza inferiore pari a $0{,}8 \cdot R$. Della velocità con cui percorre la nuova orbita possiamo dire che:**

A è più grande di v_0 perché la forza centripeta (e quindi centrifuga) è maggiore

B è rimasta la stessa perché l'energia cinetica si conserva

C è rimasta la stessa perché l'energia potenziale si conserva

D è sicuramente inferiore a v_0 a causa delle frenate

E è nulla

25 **Su un pianeta che abbia una densità pari a quella della Terra, ma raggio pari solo alla metà di quello terrestre, un corpo che sulla superficie terrestre ha un peso P avrà un peso:**

A pari a un quarto di P

B pari alla metà di P

C uguale a P

D pari al doppio di P

E pari a quattro volte P

26 **Una persona è in piedi su una bilancia a molla posta su di un ascensore. Prima che l'ascensore cominci a salire la bilancia segna 637 newton. Quando l'ascensore accelererà verso l'alto, la bilancia segnerà:**

A un valore maggiore a causa dell'accelerazione verso l'alto

B un valore minore a causa dell'accelerazione verso l'alto

C lo stesso valore perché la massa non varia

D lo stesso valore perché l'accelerazione è costante

E lo stesso valore perché la superficie a contatto col corpo non varia

27 Due mattoni identici sono collegati tra loro con uno spago sottilissimo, di massa trascurabile e inestensibile. Lo spago viene appoggiato delicatamente su una carrucola ben lubrificata nella posizione indicata in figura.

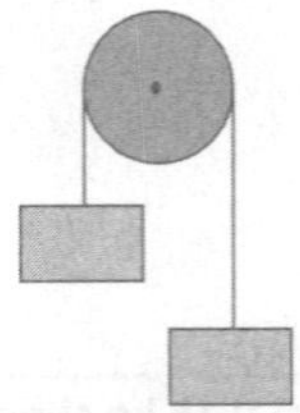

Il sistema è inizialmente fermo. Determinare se, una volta lasciati liberi di muoversi, i mattoni:

A si muoveranno fino a raggiungere la stessa altezza
B resteranno fermi nella posizione in cui sono stati lasciati
C si muoveranno finché il più basso arriva al suolo o il più alto tocca la carrucola
D si muoveranno e continueranno a oscillare intorno alla posizione in cui si trovano alla stessa altezza
E si muoveranno fino a raggiungere una posizione simmetrica rispetto a quella di partenza

PARTE TERZA

28 Facciamo compiere piccole oscillazioni a un pendolo, costituito da un peso sostenuto da un filo di massa trascurabile. Quando il pendolo si trova alla massima ampiezza di oscillazione tagliamo il filo. Cosa succede al peso?

A Descrive una parabola, partendo con una velocità iniziale verso l'alto, tangente alla traiettoria del pendolo quando il filo viene tagliato
B Descrive una parabola, partendo con una velocità iniziale in direzione orizzontale
C Cade lungo una traiettoria che per i primi istanti coincide con quella che seguirebbe se il filo fosse integro
D Cade in verticale, partendo con velocità iniziale nulla
E Sale in verticale per un breve tratto sino a fermarsi, per poi iniziare a cadere

29 Una scala, lunga 2 metri e appoggiata al muro, sostiene un uomo che è salito fino al secondo gradino. Una condizione di maggiore sicurezza nell'evitare che la scala scivoli sul pavimento si raggiunge:

A aumentando l'attrito tra scala e pavimento
B diminuendo l'attrito tra scala e muro
C diminuendo l'attrito tra scala e pavimento
D sagomando opportunamente i gradini
E facendo eseguire il lavoro a operai dal peso corporeo ridotto

30 Foucault nel 1851 sospese con un filo di 67 m una sfera di 28 kg al soffitto della cupola del Panthéon di Parigi e la fece oscillare per una famosa dimostrazione. Trovate fra le seguenti l'affermazione sicuramente ERRATA.

A Il moto era periodico
B Il piano di oscillazione mutava rispetto al pavimento
C L'ampiezza di oscillazione si riduceva con le ore
D La frequenza di oscillazione si riduceva con le ore
E Il periodo sarebbe stato lo stesso usando un'altra massa

31 **Quale delle seguenti affermazioni rappresenta la prima legge di Keplero?**

- **A** Un oggetto attrae un altro oggetto con una forza centrale proporzionale al prodotto delle masse dei due oggetti
- **B** Un oggetto attrae un altro oggetto con una forza centrale proporzionale alla somma delle masse dei due oggetti
- **C** Un oggetto attrae un altro oggetto con una forza centrale proporzionale alla differenza delle masse dei due oggetti
- **D** I pianeti percorrono orbite ellittiche intorno al sole, che occupa uno dei due fuochi
- **E** I pianeti percorrono orbite circolari

32 **Calcolare la potenza meccanica media necessaria per sollevare di 2 m in 2 s la massa di 1,53 kg.**

- **A** 6,12 watt
- **B** 15 joule · secondo
- **C** 1,53 joule
- **D** 15 watt
- **E** 1,53 joule/secondo

33 **1 chilowattora equivale a:**

- **A** 3600 N
- **B** 360 kcal
- **C** 3600 MeV
- **D** 3600 kJ
- **E** 3600 J

34 **Marco lancia verso l'alto una biglia, che cade al suolo descrivendo una parabola. Enrico lascia cadere un'altra biglia, identica alla prima, direttamente a terra, con traiettoria verticale. Trascurando la resistenza dell'aria, e supponendo che le biglie lascino le mani dei ragazzi alla stessa altezza, si può ragionevolmente affermare che, quando le biglie sono a 1 mm dal suolo:**

- **A** la velocità della biglia di Marco è uguale a quella della biglia di Enrico
- **B** la variazione di energia potenziale della biglia di Marco, rispetto al momento del lancio, è maggiore di quella della biglia di Enrico
- **C** l'energia meccanica totale della biglia di Marco è uguale a quella della biglia di Enrico
- **D** la forza alla quale è sottoposta la biglia di Marco durante il moto è maggiore di quella che subisce la biglia di Enrico
- **E** la variazione di energia cinetica rispetto al momento del lancio è uguale per entrambe le biglie

35 **Una pallina di gomma viene lasciata cadere, da ferma, da una altezza di 1 m, e rimbalza sul pavimento. Si osserva che l'energia cinetica della pallina, tra l'istante subito prima e l'istante subito dopo ogni rimbalzo, diminuisce del 20%. Dopo il terzo rimbalzo, trascurando l'attrito con l'aria, a quale altezza massima ci aspettiamo che possa arrivare la pallina?**

- **A** Meno di 10 cm
- **B** Circa 20 cm
- **C** Circa 33 cm
- **D** Circa 40 cm
- **E** Circa 51 cm

36 **Un'automobile avente una massa $m = 1000$ kg si muove su un rettilineo con velocità $v = 20$ m/s. Determinare la forza costante capace di frenare l'automobile arrestandola in uno spazio $s = 200$ m.**

A 400.000 N
B 20.000 N
C 1000 N
D 20.000 J
E 10.000 N

37 **Due corpi uguali A e B scivolano senza attrito lungo due piani inclinati che formano con il piano orizzontale rispettivamente un angolo di 30°, per il corpo A, e un angolo di 60°, per il corpo B, fino ad arrivare a terra. Nell'ipotesi che partano dalla stessa altezza, allora:**

A A impiega meno tempo di B
B la velocità finale di A è minore di quella di B
C A e B toccano terra con la stessa velocità
D A e B impiegano lo stesso tempo a toccare terra
E B impiega più tempo di A

PARTE TERZA

38 **Alcune pietre aventi ciascuna massa uguale a un chilo sono poggiate sul pavimento. Con una quantità di energia pari a 4,2 kJ, quante di queste pietre possono all'incirca essere trasportate su un tavolo alto un metro?**

A 43
B 4.300
C 43.000
D 4
E 430

39 **Quale/i dei seguenti prodotti tra grandezze ha/hanno le stesse unità di misura di un lavoro?**

1. **Pressione × volume**
2. **Massa × variazione di altezza**
3. **Carica × differenza di potenziale**

A Solo 1 B Solo 2 C Solo 3 D Solo 1 e 3 E Solo 2 e 3

40 **Che differenza c'è tra un gas reale e uno ideale?**

A Il gas reale occupa sempre un volume ben definito, quello ideale no
B Il gas reale esercita pressione maggiore di quello ideale
C Il gas reale può liquefarsi a determinate temperature e pressioni
D Il gas ideale può andare sotto lo 0 K
E Il gas reale non segue alcuna legge

41 **Secondo l'equazione di stato dei gas perfetti (dove appaiono *V*, *p*, *T*, R, *n*):**

A R è parametro mentre *n* è costante fisica
B R e *n* sono variabili, mentre *V*, *p*, *T* sono parametri
C R è adimensionale
D volume, pressione e temperatura possono variare liberamente
E i valori di volume, pressione, temperatura sono vincolati su una superficie nello spazio delle variabili elencate

42 **Una data quantità di gas perfetto, a partire da uno stato di equilibrio, subisce una trasformazione sino a raggiungere un nuovo stato di equilibrio in cui sia il volume che la temperatura sono il doppio di quelli iniziali. Quale delle seguenti affermazioni è corretta?**

A Dato che il volume del gas è aumentato, la pressione finale è diminuita, ma sono necessari ulteriori dati sulla trasformazione per quantificare la diminuzione

B Dato che il volume è raddoppiato, la pressione finale è la metà di quella iniziale

C Dato che la temperatura del gas è raddoppiata, la pressione finale è il doppio di quella iniziale

D Dato che la temperatura del gas è aumentata, la pressione finale è aumentata, ma sono necessari ulteriori dati sulla trasformazione per quantificare l'aumento

E Nessuna delle altre affermazioni è corretta

43 **In un cilindro di volume pari a 1 dm^3, chiuso da uno stantuffo e mantenuto a 20 °C, è contenuto un gas perfetto. Si abbassa lo stantuffo isotermicamente fino a ridurre il volume del cilindro a 0,5 dm^3. Si chiede la pressione interna del cilindro a stantuffo abbassato.**

A Nulla

B Uguale a quella iniziale

C Doppia di quella iniziale

D La metà di quella iniziale

E Il testo non contiene tutti i dati necessari per formulare una risposta

44 **Se si sottopone un gas perfetto a una trasformazione isobara:**

A pressione e volume variano entrambi secondo proporzionalità inversa

B volume e temperatura variano entrambi secondo proporzionalità diretta

C volume e temperatura variano entrambi secondo proporzionalità inversa

D pressione e temperatura variano entrambi secondo proporzionalità diretta

E pressione e temperatura variano entrambi secondo proporzionalità inversa

45 **Il passaggio di fase, per esempio da solido a liquido, è un esempio di trasformazione:**

A isoterma B isobara C isocora D adiabatica E isodensa

46 **Un gas perfetto compie una trasformazione reversibile durante la quale non viene compiuto alcun lavoro verso l'esterno. La trasformazione è:**

A ciclica B isoterma C adiabatica D isocora E isobara

47 **A partire da uno stato di equilibrio, una data quantità di gas perfetto compie una serie di trasformazioni, alcune anche irreversibili, sino a raggiungere un nuovo stato di equilibrio, ma senza mai scambiare calore con l'esterno. Si osserva che il volume finale è maggiore del volume iniziale. Quale delle seguenti deduzioni è corretta?**

A La pressione finale è sicuramente uguale a quella iniziale

B La temperatura finale è sicuramente maggiore di quella iniziale, visto che abbiamo anche trasformazioni irreversibili

C Non è possibile determinare univocamente i valori finali di temperatura e pressione

D Non avendo scambiato calore, la temperatura finale è sicuramente uguale a quella iniziale

E Non avendo scambiato calore ma avendo anche trasformazioni irreversibili, la temperatura finale sarà sicuramente maggiore o uguale a quella iniziale

48 Nel Sistema internazionale il calore latente di fusione è espresso in:

A joule/kg B K C joule D joule/K E °C

49 La temperatura di ebollizione di un liquido:

A è una costante caratteristica di ogni sostanza
B è sempre superiore a 0 °C
C dipende dal volume del liquido
D dipende dalla pressione esterna
E è sempre inferiore a 100 °C

50 È data una colonna di un liquido di densità assoluta ρ. Sia *h* l'altezza della colonna e sia *g* l'accelerazione di gravità. Il termine ρhg è:

A una pressione
B una forza
C un peso specifico
D una potenza
E un'accelerazione elevata al quadrato

PARTE TERZA

51 La pressione a 30 metri di profondità nel mare è circa:

A 3 atmosfere
B $30 \cdot 10^5$ newton/m^2
C 30 pascal
D 30 mmHg
E 300 cmHg

52 Sono dati due recipienti di forma e volume diversi, riempiti con lo stesso liquido. Sulla superficie libera dei due recipienti si esercita la stessa pressione atmosferica. Se nei due recipienti si raggiunge la stessa altezza di liquido rispetto alle rispettive superfici di fondo (piane e orizzontali), in quale di essi le pressione sul fondo sarà maggiore?

A In quello che ha la maggiore superficie libera
B In quello che ha la minore superficie libera
C Nei due recipienti la pressione sul fondo sarà uguale
D In quello che contiene il maggior volume di liquido
E In quello che ha la maggiore superficie di fondo

53 Due cilindri graduati identici sono riempiti fino all'altezza *h* con 0,3 litri di due fluidi diversi: acqua e benzina. Sapendo che la densità della benzina $d_{benzina}$ è minore di quella dell'acqua d_{acqua}, cosa si può dire a proposito della pressione esercitata dai due fluidi sul fondo dei recipienti?

A La pressione sul fondo del cilindro contenente benzina è minore rispetto alla pressione sul fondo del cilindro contenente acqua
B La pressione sul fondo del cilindro contenente benzina è maggiore rispetto alla pressione sul fondo del cilindro contenente acqua
C La pressione sul fondo dei due recipienti è identica
D La pressione sul fondo per i due diversi fluidi sarà data dalla formula $p = 0{,}3\ h \cdot d_{fluido} \cdot g$
E La pressione sul fondo per i due diversi fluidi sarà data dalla formula $p = 0{,}3\ h \cdot g$

54 Il ghiaccio galleggia nell'acqua perché:

- **A** il peso specifico del ghiaccio è uguale a quello dell'acqua
- **B** a 0 °C la densità del ghiaccio è minore di quella dell'acqua
- **C** il ghiaccio, passando da 0 °C a 4 °C, aumenta di volume
- **D** il peso specifico del ghiaccio è maggiore di quello dell'acqua
- **E** l'unità di massa del ghiaccio pesa meno dell'unità di massa dell'acqua

55 Per misurare la densità del sangue relativa all'acqua si può usare una miscela di xilene (densità relativa 0,87) e di bromobenzene (densità relativa 1,50). Quale delle seguenti tecniche sperimentali utilizzereste per la misura?

- **A** Si cambia la proporzione nella miscela sino a che abbia lo stesso colore del sangue
- **B** Si cambia la miscela sino a che abbia lo stesso pH del sangue
- **C** Si cambia la proporzione nella miscela sino a che le gocce di sangue immerse nella stessa rimangano in sospensione
- **D** Si calcola il rapporto tra i pesi di pari volumi di sangue e miscela al 50% di xilene e bromobenzene
- **E** Si cambia la proporzione nella miscela sino a che in due capillari uguali miscela e sangue salgano della stessa quantità

56 Che cosa è il calore?

- **A** Una proprietà caratteristica di ogni corpo, che è inversamente proporzionale alla temperatura
- **B** Una forma di energia
- **C** L'energia interna del corpo
- **D** L'energia potenziale gravitazionale del corpo
- **E** Una proprietà caratteristica di ogni corpo, che dipende solo dal volume del corpo

57 La propagazione del calore per conduzione è legata:

- **A** alla circolazione di un liquido
- **B** a una differenza di calore
- **C** a una differenza di temperatura
- **D** a una differenza di concentrazione
- **E** a una differenza di pressione

58 Qual è la temperatura dell'acqua che si ottiene mescolandone 1 litro a 0 °C con 0,5 litri a 60 °C?

A 10 °C **B** 20 °C **C** 30 °C **D** 40 °C **E** 50 °C

59 Il calore specifico dell'acqua è 1 kcal/kg °C. Pertanto la quantità di calore necessaria per aumentare di 10 °C la temperatura di 10 kg d'acqua è pari a:

A 1 kcal **B** 10 kcal **C** 100 cal **D** 100 kcal **E** 1000 cal

60 A due corpi inizialmente alla stessa temperatura viene fornita la stessa quantità di calore. Se, dopo la somministrazione di calore, i due corpi hanno ancora temperature uguali, si può affermare che i due corpi:

- **A** hanno la stessa capacità termica
- **B** hanno la stessa forma
- **C** hanno la stessa massa
- **D** sono fatti con materiali di uguale densità
- **E** sono fatti con materiali di uguale calore specifico

61 **In un esperimento immaginario, un blocco di 1 kg di ghiaccio a 0 °C è lasciato cadere da un'altezza *h* tale che il calore prodotto dall'impatto con il suolo lo fa fondere completamente. Da quale altezza dovrebbe cadere un blocco di ghiaccio di 25 kg per fondere completamente? (Si supponga che, in entrambi i casi, tutto il calore prodotto nell'urto venga utilizzato per fondere il ghiaccio).**

A Da un'altezza 25 volte più piccola di *h*
B Da un'altezza 625 volte più grande di *h*
C Dalla stessa altezza *h*
D Da un'altezza 5 volte più grande di *h*
E Da un'altezza 25 volte più grande di *h*

62 **Sapendo che calore e lavoro sono misurati utilizzando la stessa unità di misura, il rendimento di una macchina termica è definito come:**

A (lavoro ottenuto)/(calore speso)
B (temperatura iniziale)/(temperatura finale)
C (quantità di calore ottenuta)/(temperatura iniziale)
D (quantità di calore speso)/(lavoro ottenuto)
E (quantità di calore speso)/(temperatura finale)

63 **Perché un raggio di luce proveniente dal Sole e fatto passare attraverso un prisma ne emerge mostrando tutti i colori dell'arcobaleno?**

A Perché l'indice di rifrazione varia a seconda del colore
B Perché riceve energia dal prisma a causa della sua forma
C Perché deve cedere energia al prisma a causa della sua forma
D Perché il prisma costringe la luce a fare molti giri al suo interno
E È solo un effetto ottico, la luce è ancora bianca

64 **Due cariche elettriche puntiformi, a 1 m di distanza, si attraggono con la forza di 1 N. Se vengono poste a 2 m di distanza, la forza sarà:**

A 0,25 N
B 0,5 N
C 2 N
D 4 N
E costante

65 **La maggior presenza di ossigeno in camera operatoria rende pericolosa la formazione di scintille. Al *solo* fine di scongiurare il rischio di produzione di scintille per via elettrostatica, gli operatori sanitari dovrebbero:**

A evitare di strofinare con un panno bagnato gli aghi metallici, che potrebbero disperdere cariche per effetto della dispersione delle punte
B tenere bassa l'umidità dell'aria perché l'aria secca non disperde le cariche
C indossare guanti di materiale isolante per ostacolare il passaggio delle cariche
D indossare scarpe isolanti per impedire pericolose scariche a terra
E indossare scarpe in grado di condurre, per scaricare a terra qualsiasi carica

PARTE TERZA

66 **Qual è la corretta definizione (o valore) della differenza di potenziale elettrico tra due punti A e B di un campo elettrico?**

- **A** È il rapporto tra il lavoro del campo elettrico per trasportare una carica elettrica Q da A a B, e il valore di Q
- **B** È il prodotto tra il lavoro del campo elettrico per trasportare una carica elettrica Q da A a B, e il valore di Q
- **C** È il rapporto tra il valore della carica elettrica Q trasportata da A a B e il lavoro del campo elettrico per trasportarla da A a B
- **D** È il prodotto tra il valore E del campo elettrico tra A e B, e il valore della carica elettrica Q trasportata
- **E** È il rapporto tra il valore E del campo elettrico tra A e B, e il valore della carica elettrica Q trasportata

67 **Due cariche elettriche uguali e opposte si trovano a una distanza *D*. Quanto vale il potenziale elettrico nel punto di mezzo tra le due cariche?**

- **A** Il doppio del potenziale dovuto a ogni singola carica
- **B** Tende all'infinito
- **C** Zero
- **D** Non è definito
- **E** La metà del potenziale dovuto a ogni singola carica

68 **Un condensatore piano viene realizzato con due armature piane infinite e parallele separate dal vuoto. All'interno del condensatore, a eguale distanza dalle due armature, viene posto un elettrone fermo. Indicare se l'elettrone:**

- **A** si muove verso l'armatura negativa fino a raggiungere gli altri elettroni
- **B** si muove verso l'armatura positiva fino a raggiungerla
- **C** resta fermo al centro del condensatore
- **D** si muove con moto oscillatorio fra le due armature
- **E** nessuna delle altre risposte è corretta

69 **Un defibrillatore interrompe momentaneamente il battito cardiaco scaricando sul cuore, attraverso due elettrodi, l'energia accumulata in un condensatore. Se il condensatore ha una capacità di 50 μF ed è caricato ad una tensione di 4 kV, qual è l'energia associata a tale scarica?**

- **A** 100 J
- **B** 200 mJ
- **C** 400 J
- **D** 800 J
- **E** 100 mJ

70 **All'interno di una sfera conduttrice di raggio *r* uniformemente carica (positivamente) viene posta una carica negativa *q* a distanza $\frac{r}{2}$ dal centro. Come si muove, se si muove, la carica *q*?**

- **A** Si muove lungo il diametro verso la superficie della sfera allontanandosi dal centro
- **B** Si muove lungo il diametro verso la superficie della sfera passando dal centro
- **C** Si muove lungo il diametro per spostarsi al centro della sfera
- **D** Rimane ferma
- **E** Non è possibile rispondere in quanto non è nota l'intensità della carica sulla sfera

71 **Un filo di alluminio ha una sezione di $1{,}0 \times 10^{-6}$ m². Il filo è lungo 16,0 cm ed ha una resistenza pari a $4{,}0 \times 10^{-3}$ Ω. Qual è la resistività dell'alluminio di cui è fatto questo filo?**

- **A** $2{,}5 \times 10^{-8}$ Ωm
- **B** $2{,}5 \times 10^{-6}$ Ωm
- **C** $2{,}5 \times 10^{-5}$ Ωm
- **D** $6{,}4 \times 10^{4}$ Ωm
- **E** $6{,}4 \times 10^{6}$ Ωm

72 **Quale tra le seguenti relazioni è esatta?**

- **A** 1 ohm = $1{,}6 \times 10^{-12}$ V / A
- **B** 1 atm = 1 torr
- **C** 3,14 rad = 360°
- **D** 1 N = 10^{5} dyn
- **E** 1 Pa = 100 N / m²

73 **Quali resistenze sono in parallelo nel circuito rappresentato nella figura?**

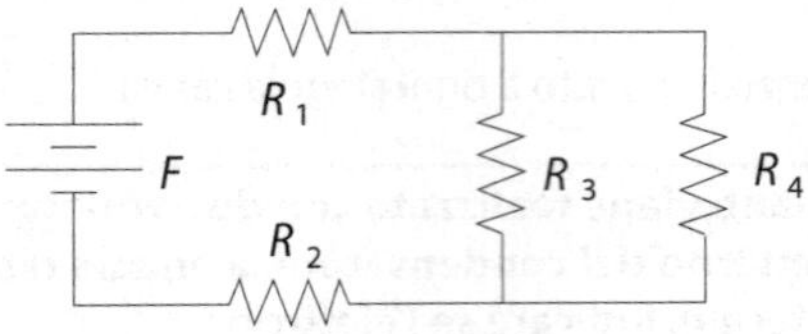

- **A** R_1 e R_2
- **B** R_3 e R_4
- **C** R_1 e R_2; R_3 e R_4
- **D** Tutte e quattro
- **E** Non ci sono resistenze in parallelo

74 **Un addobbo natalizio è costituito da 12 lampadine a incandescenza uguali, tra loro in serie, collegate alla rete di alimentazione domestica. Una delle lampadine si rompe: per utilizzare l'addobbo, togliamo la lampadina rotta e ricolleghiamo i due spezzoni di filo, in modo che le 11 lampadine rimaste siano ancora in serie. Il risultato sarà:**

- **A** si produce la stessa intensità luminosa, visto che abbiamo rimosso una lampadina ma la corrente che scorre nell'addobbo aumenta
- **B** si produce circa 1 / 11 di intensità luminosa in più, dato che la resistenza elettrica totale è diminuita
- **C** si produce meno intensità luminosa a causa dell'interferenza, dato che nel punto in cui il filo è stato tagliato la distanza tra le lampadine è cambiata
- **D** si produce circa 1 / 12 di intensità luminosa in meno, visto che abbiamo tolto una lampadina
- **E** non possiamo dire nulla a priori, il risultato dipende dalla resistenza elettrica delle lampadine, che non è nota

75 **Matteo acquista un nuovo trapano da collegare alla rete domestica (220 V). L'etichetta, che segnala la potenza assorbita dall'utilizzatore, riporta "0,66 kW".**
Quale sarà la corrente che circola nel trapano?

A 3 mA **B** 0,33 A **C** 3 A **D** 66 A **E** 333 A

76 **A una batteria da automobile da 12 V vengono collegati in serie 2 elementi resistivi così costituiti:**

1) due resistenze da 60 e 120 ohm collegate tra loro in parallelo;

2) una resistenza da 40 ohm.

Trascurando la resistenza dei conduttori, qual è il valore più probabile della corrente circolante nel circuito?

- A 54,5 mA
- B 66,6 mA
- C 150,0 mA
- D 600,0 mA
- E 960,0 mA

77 **Un pannello fotovoltaico è un generatore di corrente elettrica continua. Supponiamo che la potenza della radiazione luminosa solare incidente sia di circa 500 W / m^2 e che, dopo opportune trasformazioni mediante apparati elettronici, sia disponibile una corrente incognita, alla tensione continua di 200 V, e che globalmente si abbia un rendimento energetico del 20%.**

Possiamo dedurre che:

- A la resistenza elettrica di un metro quadro di pannello è circa 80 ohm
- B la resistenza elettrica di un metro quadro di pannello è circa 320 ohm
- C la corrente ottenibile da 1 metro quadro di pannello è circa 2,5 A
- D la corrente ottenibile da 1 metro quadro di pannello è circa 0,5 A
- E i dati forniti non consentono di calcolare la corrente disponibile

78 **Tre lampade da 50 watt, 50 watt e 100 watt, rispettivamente, sono connesse in parallelo e alimentate in corrente continua da una batteria che fornisce una tensione costante di 25 volt.**

Quanto vale la corrente erogata dalla batteria?

- A 8 coulomb
- B 4 ampere
- C Dipende dalle dimensioni della batteria
- D 8 ampere
- E 5 coulomb al secondo

79 **Due conduttori disposti in parallelo hanno resistenza rispettivamente 10 ohm e 100 ohm.**

La resistenza totale è:

- A calcolabile solo se si conosce la differenza di potenziale applicata
- B circa 11 ohm
- C 110 ohm
- D circa 9 ohm
- E 0,11 ohm

80 **Una carica elettrica si muove con velocità *v* all'interno di un campo magnetico. Il lavoro della forza di Lorentz è:**

- A negativo
- B positivo
- C nullo solo se il campo è uniforme
- D nullo solo se il campo varia da punto a punto
- E nullo qualunque sia il campo magnetico

PARTE TERZA

81 **L'intensità di un campo magnetico generato da un filo rettilineo percorso da una corrente *i*, indicando con *r* la distanza dal filo, è:**

A direttamente proporzionale a *i*
B direttamente proporzionale a *r*
C direttamente proporzionale a *i* e a *r*
D inversamente proporzionale a *i* e a *r*
E direttamente proporzionale a *r*, inversamente proporzionale a *i*

82 **Un cavo percorso da corrente in un campo magnetico può subire una forza dovuta al campo.**
Perché tale forza non sia nulla quale condizione ulteriore deve essere soddisfatta?

A L'angolo tra il cavo e il campo magnetico non deve essere zero
B L'angolo tra il cavo e il campo magnetico deve essere di 90 gradi
C Il campo magnetico non deve cambiare
D Il cavo deve essere dritto
E La corrente deve alternarsi

83 **Un condensatore da 0,001 μF e uno da 3000 pF vengono collegati in serie. Quale dei seguenti valori rappresenta la capacità equivalente dei due condensatori?**

A 0,004 μF
B 0,00075 μF
C 0,00099 μF
D 3,001 μF
E 3001 μF

84 **Un campo magnetico stazionario è prodotto da:**

A una carica elettrica ferma
B un campo di forze elettrostatiche
C una carica elettrica in moto in una spira con velocità costante
D un campo elettrico variabile nel tempo
E un campo di forze elastiche

85 **Come è possibile produrre un campo magnetico costante e uniforme, in aria, in una zona limitata dello spazio?**

A Con un solenoide e un generatore in continua
B Con una spira circolare e una pila
C Con una spira circolare e un trasformatore
D Con un magnete a barretta
E Con un solenoide e un trasformatore

Soluzioni e commenti

1 La risposta esatta è la **A**, quindi 2,2 mg corrispondono a 0,0022 g.

2 Il cliente deve produrre 10 kWh in quanto:

$$\frac{2 \text{ euro}}{0{,}20 \text{ euro/kWh}} = 10 \text{ kWh}$$

Poiché il cliente sviluppa 1000 W (ossia 1 kWh) ogni ora, saranno necessarie 10 ore (risposta **E**) per pagare la colazione.

3 In fisica le grandezze si dividono in fondamentali e derivate. A ciascuna grandezza fondamentale è associata una lettera che, racchiusa tra parentesi quadre, ne indica la *dimensione*. Le dimensioni delle grandezze derivate si ricavano dalle fondamentali. Se due grandezze hanno la stessa dimensione, si dicono *omogenee* (sono omogenee per esempio il calore e l'energia, mentre non lo sono la lunghezza e il peso). L'addizione di due grandezze non omogenee è priva di significato (non ha senso per esempio sommare 2 metri con 5 chilogrammi). Se invece due grandezze sono omogenee è sempre possibile sommarle e il risultato ha la stessa dimensione degli addendi. Viceversa, se due grandezze si possono sommare tra loro, sono omogenee.
La risposta corretta è quindi la **C**.

4 Ipotizzando che ciascuna molecola abbia forma sferica, poiché lo strato è alto $d = 1{,}6 \cdot 10^{-7}$ questo valore rappresenta anche il diametro della sferetta-molecola, in quanto lo strato è monomolecolare. Dato che la chiazza ha la forma di un cerchio di diametro $D = 28$ cm, si può pensare di dividere l'area A di questa chiazza per la sezione S di una sferetta, per trovare il numero di molecole contenute nella chiazza di acido oleico:

$$N = \frac{A}{S} = \frac{\pi D^2/4}{\pi d^2/4} = \left(\frac{D}{d}\right)^2$$

Sostituendo i dati e semplificando (senza calcolatrice!):

$$N = \left(\frac{28}{1{,}6 \cdot 10^{-7}}\right)^2 = \left(\frac{7 \cdot 10^7}{0{,}4}\right)^2 = \frac{49 \cdot 10^{14}}{(0{,}4)^2} \cong \frac{50 \cdot 10^{14}}{(1/2)^2} = 4 \cdot 50 \cdot 10^{14} = 2 \cdot 10^{16}$$

In base a questo risultato approssimato si possono così escludere tutte le alternative tranne la **E**, che è la risposta esatta.

5 La differenza tra due vettori si ottiene sommando al primo l'opposto del secondo (l'opposto di un vettore è un vettore avente stessa intensità, stessa direzione e verso contrario). Affinché la differenza tra due vettori sia nulla, è necessario che la somma del primo con l'opposto del secondo sia nulla. Una somma tra due vettori è nulla quando i due vettori hanno stessa intensità, stessa direzione e verso opposto. Quindi, affinché la differenza sia nulla, i due vettori devono avere stessa intensità, direzione e verso (risposta **A**).

6 La risposta corretta è la **C**; basta infatti pensare alla seconda legge della dinamica ($\mathbf{F} = m \cdot \mathbf{a}$) dove $\mathbf{F}$ e $\mathbf{a}$ sono vettori mentre m è uno scalare.

7 Le due forze verticali, essendo opposte, hanno risultante (somma delle forze) nulla e quindi non influiscono sulla forza risultante totale. Il modulo della risultante delle due forze con direzione orizzontale si ottiene dalla differenza (versi opposti) dei moduli delle due forze (risposta **A**).

8 Nel primo caso la misura trovata è pari a 2 secondi più 3/5 di secondo, cioè un multiplo intero della minima grandezza temporale misurabile dallo strumento. Nel secondo caso la precisione della misura trovata è decisamente maggiore della stessa sensibilità dello strumento di misura utilizzato. Sarebbe come pesarsi su una comune bilancia e leggere una misura del proprio peso pari a 75,3258 chilogrammi peso. Delle due misure solo la prima è attendibile (risposta **D**).

9 Tale grandezza fisica è detta *accelerazione* (risposta **A**).

10 La risposta corretta è la **D**. Per calcolare la velocità media occorre dividere lo spazio (totale) percorso per il tempo (totale) impiegato. Lo spazio percorso è pari alla somma del primo tratto in discesa e del secondo in salita:

$$s_{tot} = s_1 + s_2 = 100 \text{ km} + 100 \text{ km} = 200 \text{ km}$$

mentre il tempo impiegato risulta pari a:

$$t_{tot} = t_1 + t_2 = \frac{s_1}{v_1} + \frac{s_2}{v_2} = \frac{100 \text{ km}}{100 \text{ km/h}} + \frac{100 \text{ km}}{50 \text{ km/h}} = 1 \text{ h} + 2 \text{ h} = 3 \text{ h}$$

quindi la velocità media è:

$$v_{media} = \frac{s_{tot}}{t_{tot}} = \frac{200 \text{ km}}{3 \text{ h}} = \frac{200}{3} \text{ km/h} \approx 66{,}7 \text{ km/h}$$

11 Secondo la definizione di accelerazione media:

$$a = \frac{\Delta v}{\Delta t} = \frac{(120 - 100) \text{ km/h}}{36 \text{ s}} = \frac{20 \text{ km}}{10^{-2} \text{ h}^2} = 2000 \frac{\text{km}}{\text{h}^2}$$

La risposta corretta è la **A**.

12 Nel moto uniformemente accelerato, il modulo dell'accelerazione è sempre costante. Riportando nel grafico l'andamento dell'accelerazione in funzione del tempo, si ottiene una retta orizzontale la cui distanza dall'asse dei tempi è pari al modulo dell'accelerazione.
La risposta esatta è quindi la **C**.

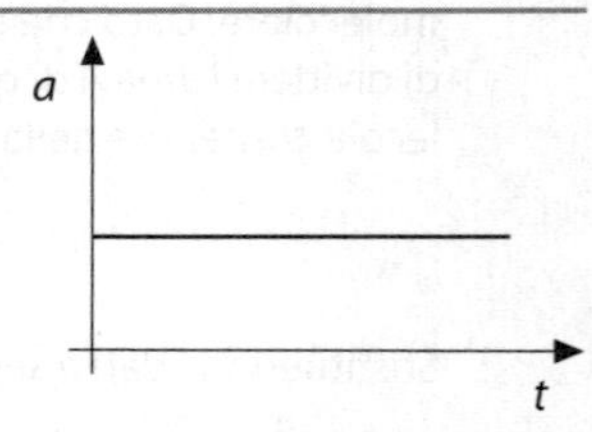

13 In primo luogo occorre convertire la velocità del cane pastore in metri al secondo:

$$36 \text{ km/h} = \frac{36}{3{,}6} \text{ m/s} = 10 \text{ m/s}$$

Dal punto di vista della pecora, il cane si sta quindi avvicinando con una velocità pari alla differenza fra le due velocità, ossia:

$$10 \text{ m/s} - 1 \text{ m/s} = 9 \text{ m/s}$$

e per coprire i 90 metri che li separano il cane impiegherà un tempo t dato da:

$$t = \frac{s}{v} = \frac{90 \text{ m}}{9 \text{ m/s}} = 10 \text{ s}$$

La risposta corretta è quindi la **E**.

14 Nel moto circolare uniforme anche l'accelerazione centripeta è costante in modulo, ma è sempre diretta verso il centro della curva, quindi la sua direzione cambia man mano che il corpo puntiforme percorre la traiettoria circolare (risposta **E**).

15 La velocità lineare del corpo ha modulo $v = 10\ m/s$, mentre la velocità angolare media vale $\omega = \frac{v}{r} = \frac{10\ m/s}{10\ m} = 1\frac{rad}{s}$, il che implica che il corpo percorre in 1 secondo un arco di circonferenza pari a 1 radiante. La risposta corretta è la **A**.

16 Il moto di un satellite in orbita attorno a un pianeta è circolare uniforme in quanto la velocità lineare del satellite varia in direzione, ma è costante in modulo: l'affermazione 1 è pertanto corretta.

Inoltre il satellite è soggetto alla sola forza gravitazionale, diretta verso il centro del pianeta. Per la seconda legge della dinamica ($\mathbf{F} = m \cdot \mathbf{a}$), l'accelerazione del satellite è pertanto anch'essa diretta verso il centro del pianeta (accelerazione centripeta): anche l'affermazione 2 è quindi corretta.

Infine dopo 100 giorni il satellite si ritrova nella stessa posizione e con la medesima velocità vettoriale dell'istante iniziale (poiché il tempo impiegato a compiere una rotazione intorno al pianeta è pari proprio a 100 giorni). Lo spazio percorso dal satellite in 100 giorni è pertanto nullo e anche la velocità vettoriale media su tale intervallo di tempo è quindi nulla: l'affermazione 3 è anch'essa corretta. La risposta esatta al quesito è pertanto la **E**.

17 Il punto posizionato sul bordo del disco si muove di moto circolare uniforme. La sua velocità angolare media ω è legata alla velocità lineare v dalla relazione:

$$\omega = \frac{v}{r}$$

dover r è il raggio del disco. Poiché il diametro del disco è 40 cm, il raggio misura:

$$r = \frac{40\ cm}{2} = 20\ cm = 0{,}2\ m$$

mentre la velocità v, espressa in metri/secondo, vale:

$$v = 28{,}8\ km/h = \frac{28{,}8}{3{,}6}\ m/s = 8\ m/s$$

quindi la velocità angolare sarà:

$$\omega = \frac{v}{r} = \frac{8\ m/s}{0{,}2\ m} = 40\ rad/s$$

La risposta corretta è quindi la **D**.

18 L'aereo è capace di viaggiare rispetto all'aria a una velocità di modulo fissato v_0; al contrario, la direzione del vettore velocità dell'aereo, $\mathbf{v_0}$, è determinata a parità di rotta in base all'intensità e alla direzione del vento, che ha velocità $\mathbf{u}$. In assenza di vento, è chiaro che il vettore $\mathbf{v_0}$ si dispone lungo la congiungente i due punti A e B (cioè in direzione nord). Tuttavia, in presenza di vento, la velocità effettiva dell'aereo (cioè la velocità rispetto al suolo) non è più $\mathbf{v_0}$, ma la somma vettoriale di $\mathbf{v_0}$ e della velocità del vento $\mathbf{u}$ (detta velocità *di trascinamento*). Chiamando $\mathbf{V}$ la velocità risultante dell'aereo così definita, ciò che si vuole è che adesso $\mathbf{V}$ sia disposta lungo la congiungente $\overline{AB}$. Graficamente, se per esempio il vento soffia da est (l'altro caso è simmetrico), si ha:

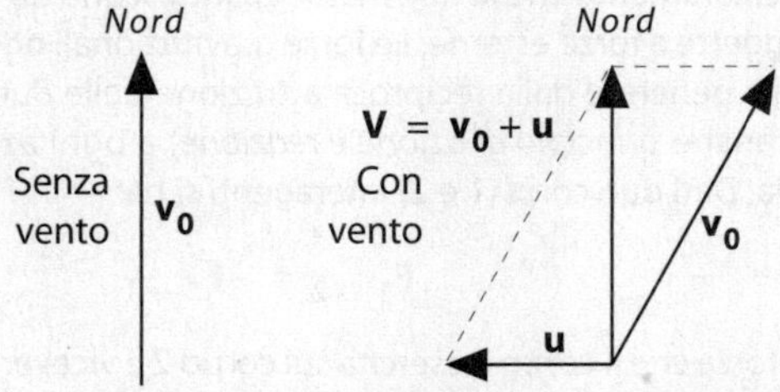

da cui si può vedere che in presenza di vento laterale il modulo di $\mathbf{V}$ è senz'altro minore di v_0. Perciò, a parità di distanza $\overline{AB}$, con il vento il tempo necessario per percorrerla aumenta: la risposta corretta è la **C**. Anche le risposte **A** e **B** contengono affermazioni vere, sebbene parziali: dovendo sceglierne una sola tra quelle proposte, la **C** è quella da preferire tra le tre.

FISICA

19 La risposta corretta è la **A** in quanto sia la bottiglia di plastica che le biglie di acciaio sono unicamente soggette alla forza peso, pari a $m \cdot \mathbf{g}$, e di conseguenza sia la bottiglia che le biglie, ferme una rispetto alle altre, cadono in moto rettilineo uniformemente accelerato con accelerazione **g**.

20 Per la seconda legge della dinamica, se su un corpo di massa *m* si applica una forza **F**, il corpo accelera con un'accelerazione **a** data da:

$$\mathbf{a} = \frac{\mathbf{F}}{m}$$

Sostituendo i valori, si ottiene:

$$a = \frac{F}{m} = \frac{50\ \text{N}}{10\ \text{kg}} = \frac{50\ \text{kg} \cdot \text{m/s}^2}{10\ \text{kg}} = 5\ \frac{\text{m}}{\text{s}^2}$$

Si noti che tra le risposte, sia la **B** che la **C** contengono il valore numerico corretto dell'accelerazione, ma solo la **B** contiene le unità di misura esatte.

21 Quando la catena forma con la verticale un angolo di 45°, le forze in gioco sono quelle rappresentate in figura e scomposte lungo la direzione orizzontale e quella verticale.

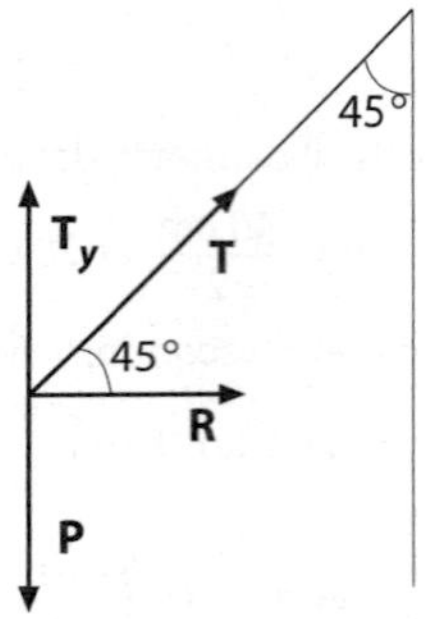

Mentre nello stato di quiete la risultante della forza peso **P** e della tensione **T** devono annullarsi, nel secondo caso la risultante **R** di queste due forze deve essere la forza centripeta che dà luogo al moto circolare del seggiolino intorno all'asse della giostra. Stavolta dunque la tensione applicata alla corda (la forza **F´** cercata) sarà la somma vettoriale della forza centripeta **R** e di una componente $\mathbf{T_y}$ che bilancia la forza peso sull'asse verticale.
In definitiva:

$$F = P; \quad F' = P\sqrt{2}$$

Dunque $F'/F = \sqrt{2}$ (risposta **C**).

22 Il problema dice chiaramente che le due masse costituiscono un sistema isolato. Questo significa che non sono soggette a forze esterne. Le forze gravitazionali oggetto del problema sono quindi unicamente quelle generate dalla reciproca attrazione delle due masse. Per la terza legge della dinamica (detta anche *principio di azione e reazione*) a ogni azione corrisponde una reazione uguale e contraria. Dati due corpi (1 e 2) interagenti si ha:

$$\mathbf{F}_{1 \to 2} = -\mathbf{F}_{2 \to 1}$$

dove $\mathbf{F}_{1 \to 2}$ è la forza che il corpo 1 esercita sul corpo 2 e viceversa. Le due forze agiscono quindi lungo la stessa direzione, con versi opposti, ma possiedono lo **stesso** modulo:

$$F_{1 \to 2} = F_{2 \to 1}$$

La risposta corretta è la **C**.

23 Scegliamo come sistema di riferimento un diagramma cartesiano centrato nel punto di contatto tra la palla da biliardo e la sponda e avente semiasse delle ascisse positivo rivolto nella direzione della velocità finale. Per il teorema dell'impulso, una forza che agisce per un certo intervallo di tempo su un corpo provoca una variazione della quantità di moto pari al prodotto della forza per il tempo:

$$F \cdot \Delta t = \Delta P$$

Invertendo tale relazione si ricava l'intervallo di tempo durante il quale la forza ha agito sulla sponda:

$$\Delta t = \frac{m(v_f - v_i)}{F} = \frac{0{,}15 \cdot (1{,}4 - (-1{,}6))}{30} = 0{,}15 \cdot \frac{3}{30} = 0{,}015 \text{ s}$$

La risposta corretta è quindi la **B**.

24 Per un satellite in orbita stazionaria intorno alla Terra, vale la relazione:

$$F = ma = m\frac{v^2}{r} = \frac{GmM}{r^2}$$

dove la prima uguaglianza è dovuta alla seconda legge di Newton; la seconda uguaglianza deriva dall'espressione dell'accelerazione centripeta in termini di velocità e raggio dell'orbita; la terza uguaglianza deriva dal fatto che la forza che mantiene il satellite sull'orbita è quella di gravitazione universale. Semplificando a partire da quest'ultima uguaglianza:

$$m\frac{v^2}{r} = \frac{GmM}{r^2} \quad \rightarrow \quad v^2 = \frac{GM}{r}$$

Questo è sufficiente a concludere che, diminuendo il raggio, aumenta la velocità. La risposta esatta è la **A**.

25 Il peso P del corpo che si trova sulla superficie di un pianeta è pari alla forza di attrazione definita dalla legge di gravitazione universale (legge di Newton):

$$P = G \cdot \frac{m \cdot M}{r^2}$$

dove G è la costante di gravitazione universale, m è la massa del corpo, M la massa del pianeta e r la distanza fra i baricentri delle due masse. Poiché il corpo si trova sulla superficie del pianeta, r coincide con il raggio del pianeta stesso.
Riscrivendo la formula in funzione del raggio r e della densità ρ, pari al rapporto M/r^3, si trova:

$$P = G \cdot m \cdot \rho \cdot r$$

Se passando dalla Terra al pianeta il raggio si dimezza, anche il peso dell'oggetto risulterà dimezzato: risposta **B**.

26 La bilancia a molla non misura la massa, bensì la forza peso che la Terra esercita sul corpo attirandolo verso il proprio centro. La forza peso è diretta sempre verso il basso ed è proporzionale all'accelerazione di gravità **g**. Non appena l'ascensore inizia il suo spostamento verso l'alto, acquista un'accelerazione **a** diretta verso l'alto, opposta in verso a **g**. Ma l'ascensore accelerato non è più un sistema di riferimento inerziale! Dunque qualsiasi corpo che si trova al suo interno sente una forza, detta "fittizia" o "non inerziale", pari al prodotto tra la sua massa m e l'opposto **−a** dell'accelerazione dell'ascensore.

Sulla persona che si trova in piedi sulla bilancia a molla agiscono allora due forze concordi, entrambe dirette come la verticale, e rivolte verso il basso: la forza peso $\mathbf{P} = m\mathbf{g}$ e la forza fittizia $\mathbf{f} = m\mathbf{a}$, che si sommano dando luogo a un valore maggiore rispetto al precedente misurato dalla bilancia. La risposta esatta è la **A**.

27 Ciascuno dei due mattoni è soggetto alla forza peso diretta verso il basso. Le due forze tendono a far ruotare la carrucola l'una in senso orario e l'altra in senso antiorario; la carrucola gira se il momento di una delle due forze rispetto al centro della carrucola è maggiore di quello dell'altra. Il modulo del momento di una forza rispetto a un polo è dato dal prodotto tra il modulo della forza e il braccio (distanza tra la direzione della forza e il polo). Nel caso in esame, il braccio è il raggio della carrucola per entrambe le forze, le forze peso sono di uguale intensità dato che i due mattoni sono identici, e quindi i momenti delle due forze peso hanno la stessa intensità, la stessa direzione ma verso opposto: dunque si annullano a vicenda e non si ha alcuna rotazione della carrucola. La risposta esatta è la **B**.

28 Quando il peso si trova nella posizione di massima ampiezza di oscillazione, tutta la sua energia è sotto forma di energia potenziale, mentre l'energia cinetica è nulla: in altre parole il peso è fermo. Una volta tagliato il filo, il peso si trova soggetto esclusivamente alla forza peso e quindi cade in verticale: risposta **D**.

29 È intuitivo che la risposta esatta sia la **A**.

Quando l'uomo sale sulla scala nel punto A, il baricentro del sistema si sposta dal centro C della scala a un punto B intermedio tra C e A. Vediamo quali sono le forze che determinano l'eventuale traslazione del baricentro facendo riferimento alla figura (le forze non sono in scala).

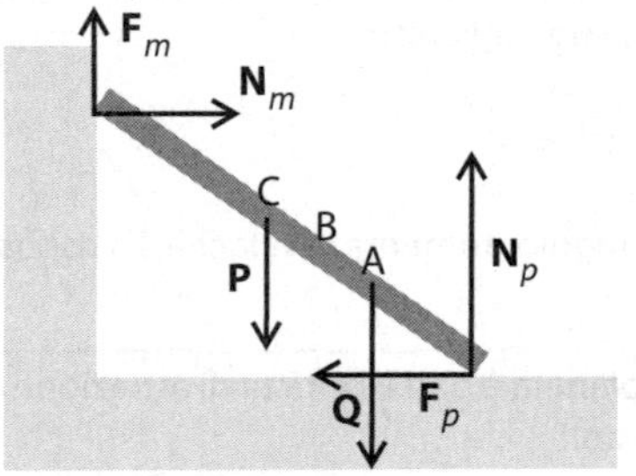

Lungo la verticale, oltre al peso **P** della scala (applicato in C) e al peso **Q** dell'uomo (applicato in A), diretti verso il basso, abbiamo la reazione vincolare del pavimento $\mathbf{N}_p$. Se c'è attrito tra il muro e la scala, abbiamo anche una forza di attrito $\mathbf{F}_m$ che si oppone allo scivolamento della scala lungo il muro, e dunque diretta verso l'alto.

Lungo l'orizzontale c'è la reazione vincolare del muro $\mathbf{N}_m$, diretta dal muro verso l'esterno. Inoltre, se c'è attrito tra il pavimento e la scala, abbiamo anche una forza di attrito $\mathbf{F}_p$ che si oppone allo scivolamento della scala lungo il pavimento, diretta verso il muro. A parità di tutti gli altri parametri del sistema, è evidente che aumentare l'attrito tra scala e pavimento contrasta lo scivolamento della scala, e dunque ne rafforza la staticità (mentre diminuire l'attrito tra scala e muro mina la staticità). Per quanto riguarda il peso dell'uomo, finché non si raggiunge il carico di rottura della scala, si può dimostrare quanto segue: se l'uomo si trova nella prima metà della scala (come nel nostro caso, poiché si parla del secondo gradino di una scala di 2 m), aumentarne il peso aumenta la stabilità del sistema. Si conclude che far lavorare un operaio più leggero, come indicato nella risposta **E**, non determina una maggiore stabilità della scala.

30 Scopo dell'esperimento di Foucault era la dimostrazione della rotazione terrestre, sfruttando la proprietà dei pendoli secondo cui il loro piano di oscillazione non varia. Poiché la Terra ruota, nell'esperimento il Panthéon ruotò solidalmente a essa, e dunque anche il suo pavimento: da qui l'apparente rotazione del piano di oscillazione del pendolo. L'ampiezza di oscillazione viene ridotta nel tempo a causa della resistenza dell'aria (affermazione **C** corretta). Per piccole oscillazioni del pendolo di Foucault, il suo moto è periodico (affermazione **A** corretta), con periodo indipendente dalla massa (affermazione **E** corretta). Da questo si deduce che la frequenza dell'oscillazione è costante. L'affermazione errata è dunque la **D**.

Si osserva che una rapida lettura delle alternative consentiva di isolarne due in contraddizione tra loro, tra cui scegliere l'affermazione errata: infatti, essendo il periodo l'inverso della frequenza, in un moto periodico la frequenza è costante.

31 Le tre leggi di Keplero **non** riguardano la gravitazione universale, cui si riferiscono le risposte A, B e C (errate), ma ne sono una conseguenza. In particolare la prima legge afferma che le orbite dei pianeti non sono circolari (risposta E errata) bensì ellittiche (risposta D corretta).

Benché non sia necessario per rispondere al quesito, è utile ricordare le tre leggi di Keplero, la base della meccanica dei sistemi planetari:

1. l'orbita dei pianeti è un'ellisse e il Sole occupa uno dei fuochi;
2. la *velocità areolare* è costante: il raggio vettore che dal Sole va al pianeta spazza aree uguali in tempi uguali;
3. $\frac{a^3}{T^2}$ = costante con a = semiasse maggiore e T = periodo di rivoluzione.

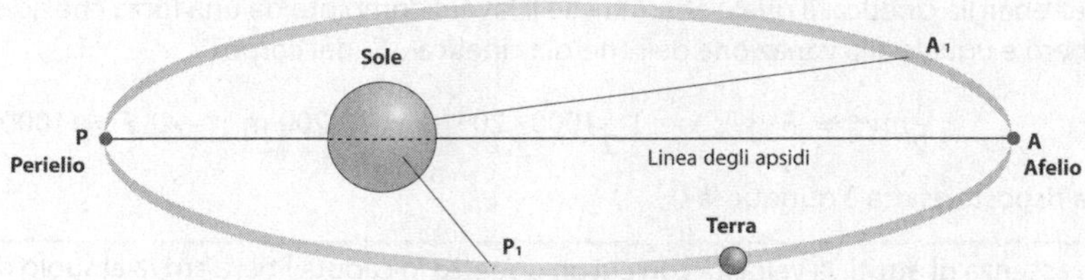

L'*eclittica* è l'orbita della Terra intorno al Sole: si tratta di un'ellisse, come vuole la prima legge di Keplero. Quando la Terra è più vicina al Sole (nel perielio), la sua velocità di rivoluzione è maggiore di quando si trova più lontana (nell'afelio). Se le aree dei settori PP_1S e AA_1S sono uguali, il tempo impiegato dalla Terra per compiere il tratto PP_1 è lo stesso di quello impiegato per compiere il tratto AA_1, in accordo con la seconda legge di Keplero.

32 La potenza di una forza è definita come il rapporto tra il lavoro compiuto dalla forza e il tempo impiegato a produrre il lavoro. Il lavoro fatto nel sollevare una massa di 1,53 kg a un'altezza di 2 m vale $1{,}53\ \text{kg} \cdot 9{,}8\ \text{m/s}^2 \cdot 2\ \text{m} \approx 30\ \text{J}$. La potenza media sviluppata si ottiene dividendo il lavoro per il tempo impiegato per compierlo: si ottengono 15 W (risposta D).

33 Il chilowattora (kWh) è il lavoro compiuto in 1 ora da una macchina avente la potenza di 1000 W. Quindi si ha: $1\ \text{kWh} = 1000\ \text{W} \cdot 3600\ \text{s} = 3{,}6 \cdot 10^6\ \text{J}$. La risposta esatta è la D.

34 Trascurando l'attrito con l'aria, il sistema in cui si trovano le due biglie è conservativo: l'energia meccanica totale (cinetica + potenziale) delle biglie soggette alla sola forza di gravità si conserva. Questo vale dall'istante iniziale appena successivo al lancio delle biglie fino a quando le due biglie si trovano a 1 mm dal suolo (istante finale).

Se l'energia meccanica totale è costante, significa che la variazione di energia cinetica di ciascuna biglia tra l'istante iniziale e finale è uguale e opposta alla variazione di energia potenziale della stessa biglia. Ma l'energia potenziale di ciascuna biglia nel campo gravitazionale dipende solo dalla distanza *h* della biglia dal suolo ($E_p = mgh$). Di conseguenza le due biglie possiedono la stessa energia potenziale all'istante iniziale e la stessa energia potenziale all'istante finale, così la variazione di energia potenziale delle due biglie è identica; tale valore è pari alla variazione di energia cinetica di ciascuna biglia dal momento del lancio a quando stanno per toccare il suolo. La risposta corretta è pertanto la E.

Si noti che le due biglie non avranno all'istante finale la stessa energia cinetica: la biglia di Marco, cadendo da un'altezza massima maggiore, acquisirà più velocità e quindi maggiore energia cinetica della biglia di Enrico. Ma la biglia di Marco, lanciata verso l'alto, possedeva maggiore energia cinetica fin dall'istante iniziale. Ciò che le accomuna non è quindi il valore dell'energia cinetica finale, ma la variazione di tale energia tra l'istante iniziale e quello finale.

35 Quando la pallina viene lasciata la sua energia potenziale si trasforma integralmente in energia cinetica fino a quando tocca terra. Nell'urto la pallina rimbalza e l'energia cinetica ancora posseduta (80% di quella iniziale) si riconverte in energia potenziale durante la risalita. Dato che l'energia potenziale è proporzionale all'altezza della pallina, dopo il primo rimbalzo la pallina raggiungerà un'altezza più bassa del 20% rispetto all'altezza da cui è stata lasciata, quindi 80 cm. Il tutto si ripete al secondo ciclo con la differenza che la pallina parte ora da un'altezza di 80 cm e non più di 1 m. Dopo il secondo rimbalzo perderemo un altro 20% di energia e quindi l'altezza massima alla fine del secondo ciclo sarà pari all'80% di 80 cm, cioè circa 64 cm. Alla fine del terzo ciclo avremo così un'altezza massima pari all'80% di 64 cm, ossia circa 51 cm.

La risposta corretta è pertanto la **E**.

36 La risposta **D** può essere scartata perché presenta una energia e non una forza come richiesto dal quesito. Il metodo più rapido per risolvere il problema consiste nell'applicare il teorema dell'energia cinetica, il quale afferma che il lavoro compiuto da una forza che agisce su un corpo libero è uguale alla variazione dell'energia cinetica ΔE_k del corpo.

$$\frac{1}{2}mv^2 = F \cdot s \quad \rightarrow \quad \left(\frac{1}{2}1000 \cdot 20^2\right)\ \text{J} = F \cdot 200\ \text{m} \quad \rightarrow \quad F = 1000\ \text{N}$$

La risposta esatta è dunque la **C**.

37 In assenza di attriti, la velocità con cui un oggetto in caduta libera arriva al suolo dipende esclusivamente dall'altezza h da cui parte ed è uguale a $v = \sqrt{2gh}$. Tale relazione si ricava mediante il principio di conservazione dell'energia meccanica totale, ed è valida anche nel caso in cui la caduta avvenga lungo un piano inclinato e non lungo la verticale: quindi i due corpi arrivano a terra con la stessa velocità (risposta **C**). Si noti che nel testo del quesito si specifica che i due corpi sono uguali; se anche non lo fossero, la velocità finale sarebbe comunque la stessa.

38 Il lavoro (contro la forza peso) per sollevare di un metro ogni singola pietra da 1 kg, è pari a:

$$L = m \cdot g \cdot h = 1 \cdot 9{,}8 \cdot 1\ \text{J} = 9{,}8\ \text{J}$$

L'energia a disposizione è $E = 4{,}2\ \text{kJ} = 4200\ \text{J}$ quindi si possono sollevare un numero di pietre dato dal rapporto:

$$\frac{4200\ \text{J}}{9{,}8\ \text{J}} \approx 430$$

La risposta esatta è la **E**.

39 Il prodotto pressione × volume ha le dimensioni di un lavoro. La pressione infatti è pari al rapporto tra una forza normale alla superficie e la superficie stessa, quindi ha dimensioni $[F]\,[L]^{-2}$, mentre il volume ha le dimensioni di una lunghezza al cubo $[L]^3$; pertanto il loro prodotto ha proprio le dimensioni di un lavoro $[F]\,[L]^{-2}\,[L]^3 = [F]\,[L]$. Si possono quindi escludere le risposte **B**, **C** ed **E** ed esaminare direttamente il terzo prodotto carica × differenza di potenziale.

Il potenziale elettrico è pari al rapporto tra l'energia potenziale elettrostatica E_p e la carica elettrica q, pertanto le dimensioni della differenza di potenziale sono pari al rapporto tra un'energia (quindi un lavoro) e la carica elettrica $[F]\,[L]\,[Q]^{-1}$, per cui anche il prodotto carica × differenza di potenziale ha le dimensioni di un lavoro: $[F]\,[L]\,[Q]^{-1}\,[Q] = [F]\,[L]$.

La risposta **A** si può escludere quindi la risposta corretta è la **D**.

40 Un gas reale è per definizione un gas composto da particelle, atomi o molecole che hanno un volume proprio (covolume) diverso da zero e che interagiscono a distanza. Con tali caratteristiche è possibile che, a determinate temperature, aumentando la pressione del sistema, il gas si liquefaccia. In un gas ideale, dove si suppone che le interazioni a distanza tra le particelle siano uguali a zero e il loro volume sia nullo, non è possibile liquefare il gas per sola compressione. La risposta esatta è quindi la **C**. È utile ricordare che anche un gas reale che si trova a temperatura superiore alla *temperatura critica* T_c non può essere liquefatto per sola compressione.

41 Nell'equazione di stato dei gas perfetti, R è una costante fisica detta dei gas perfetti e vale, a seconda delle unità di misura adottate:

$$R = 8{,}138 \frac{J}{K \cdot mol} = 0{,}082 \frac{litri \cdot atm}{K \cdot mol}$$

Come si vede, non si tratta di una grandezza adimensionale (risposta **C** errata). La grandezza n sta a indicare il numero di moli di gas, perciò non è una costante fisica: dipende dal problema trattato (risposta **A** errata). V, p, T sono funzioni di stato del gas e possono variare in una trasformazione termodinamica (risposta **B** errata) secondo la legge dei gas perfetti (risposta **D** errata). Si può scegliere la risposta **E** per esclusione.

È in effetti possibile trovare un'interpretazione geometrica alla legge dei gas perfetti: se si dà a ogni funzione di stato il ruolo di una variabile nello spazio tridimensionale, la legge dei gas perfetti determina il luogo geometrico, ovvero la superficie, determinata da tutte le terne di punti dello spazio per cui vale $pV = nRT$, ovvero, con ovvi abbinamenti, $xy = Kz$, con K costante. Questo particolare tipo di superficie dello spazio tridimensionale si chiama *sella*.

42 La situazione iniziale del gas viene descritta dall'equazione di stato dei gas perfetti:

$$p_1 \cdot V_1 = n \cdot R \cdot T_1 \qquad p_1 = \frac{n \cdot R \cdot T_1}{V_1}$$

Similmente per la situazione finale è possibile scrivere:

$$p_2 V_2 = n \cdot R \cdot T_2 \qquad p_2 = \frac{n \cdot R \cdot T_2}{V_2}$$

dove chiaramente il numero di moli n non è cambiato. Il testo del quesito specifica che sia il volume sia la temperatura finali sono il doppio di quelli iniziali, quindi:

$$V_2 = 2 \cdot V_1 \quad \text{e} \quad T_2 = 2 \cdot T_1$$

Si ricava:

$$p_2 = \frac{n \cdot R \cdot T_2}{V_2} = \frac{n \cdot R \cdot 2 \cdot T_1}{2 \cdot V_1} = \frac{n \cdot R \cdot T_1}{V_1} = p_1$$

In altre parole la pressione non è cambiata passando dalla situazione iniziale a quella finale: l'unica risposta corretta è quindi la **E**.

43 L'equazione dei gas perfetti afferma che:

$$P \cdot V = n \cdot R \cdot T$$

Nel caso in esame la temperatura T è costante, e quindi la pressione e il volume sono inversamente proporzionali: a un dimezzamento del volume corrisponde un raddoppiamento della pressione (risposta **C**).

44 Trasformazione *isobara* significa trasformazione *a pressione costante*. L'equazione di stato dei gas perfetti (o legge di Clapeyron) $P \cdot V = n \cdot R \cdot T$ nel caso di pressione costante può essere riscritta come:

$$V = \frac{n \cdot R}{P} \cdot T$$

dove il fattore $\frac{n \cdot R}{P}$ è costante (poiché il numero n di moli non varia e la pressione è costante per ipotesi) e può essere sostituito da una generica lettera K:

$$V = K \cdot T$$

In altre parole volume e temperatura (assoluta) sono in un rapporto di proporzionalità diretta (risposta **B**).

FISICA

45 Durante i cambiamenti di stato la temperatura del sistema rimane costante: durante la fusione di un solido il calore fornito al sistema è interamente dedicato alla rottura dei legami chimici del solido e non comporta un aumento dell'agitazione termica delle molecole. La trasformazione è dunque isoterma (risposta **A**).

46 Il lavoro compiuto da un gas in una trasformazione reversibile è direttamente proporzionale alla variazione di volume subita dal gas: se non viene scambiato lavoro con l'esterno, la trasformazione del gas deve avvenire a volume costante (risposta **D**).

47 Per il primo principio della termodinamica, la variazione di energia interna è data dalla somma algebrica tra il calore assorbito dal sistema e il lavoro compiuto sul sistema. In questo caso il calore scambiato è nullo, ma non si può dire niente per quanto riguarda il lavoro: potrebbero essersi verificate espansioni (lavoro compiuto dal sistema sull'ambiente) o compressioni (lavoro compiuto dall'ambiente sul sistema), dando luogo a variazioni negative o positive dell'energia interna e dunque della temperatura, che in un gas perfetto è solo funzione dell'energia interna. Si conclude che non si possono stabilire univocamente i valori finali di temperatura e quindi di pressione del gas (risposta **C**).

48 Per calore latente di fusione di una sostanza si intende l'energia necessaria a fondere l'unità di massa della sostanza: si misura in joule/kg (risposta **A**).

49 Un liquido bolle quando la sua tensione di vapore coincide con la pressione esterna. Se la pressione esterna aumenta, aumenta anche la temperatura necessaria perché abbia inizio il processo di ebollizione. La risposta esatta è la **D**.

50 Per la legge di Stevino, ρhg è la pressione sul fondo della colonna (risposta **A**).

51 Nell'acqua di mare la pressione idrostatica aumenta di 1 atm (~ 10^5 Pa) ogni 10 m di profondità. A 30 m di profondità la pressione è 4 atm (di cui 1 atm è dovuta alla pressione atmosferica). Vale l'equivalenza 1 atm = 760 smmHg = 76 cmHg da cui si ricava 4 atm ≈ 300 cmHg (risposta **E**).

52 A parità di fluido, la pressione idrostatica non dipende dalla forma del recipiente che contiene il fluido, ma solo dalla profondità: poiché le superfici di fondo dei due recipienti si trovano alla stessa profondità rispetto alle superfici libere, la pressione sul fondo dei due recipienti sarà uguale. La risposta corretta è quindi la **C**.

53 La pressione idrostatica in un punto P (per esempio il fondo del cilindro graduato) all'interno di un fluido in un campo gravitazionale dipende dalla profondità di P nel fluido e dall'accelerazione di gravità: queste grandezze chiaramente coincidono per i due cilindri graduati identici. Tale pressione è anche direttamente proporzionale alla densità del fluido. Più precisamente si ha che:

$$P = d_{\text{fluido}} \cdot g \cdot h$$

La **A** è quindi la risposta esatta.

54 Un corpo omogeneo galleggia nell'acqua se la sua densità è minore di quella dell'acqua. Il volume dell'acqua aumenta quando il suo stato di aggregazione passa da liquido a solido. A un aumento di volume segue necessariamente una diminuzione di densità. Quindi a zero gradi la densità del ghiaccio è minore di quella dell'acqua e il ghiaccio galleggia nell'acqua (risposta **B**).

55 Poiché il sangue è immiscibile in idrocarburi come xilene e bromobenzene (così come l'acqua è immiscibile in olio), per misurare la sua densità si può modulare la proporzione di una miscela di xilene e di bromobenzene (le cui densità relative sono note) finché abbia la medesima densità del sangue. Per il principio di Archimede, le gocce di sangue resteranno in sospensione in questa miscela senza affondare né salire in superficie. La risposta corretta è quindi la **C**.

56 Il calore (come il lavoro) è una forma di energia: la risposta corretta è la **B**.

57 La propagazione del calore per conduzione è caratteristica dei corpi solidi e non è accompagnata da spostamento di materia. Se si mettono a contatto due corpi A e B aventi temperature differenti (rispettivamente T_A e T_B, con $T_A > T_B$), si ha passaggio di calore per conduzione dal corpo A al corpo B. La velocità con cui il calore passa dal corpo A al corpo B è direttamente proporzionale alla differenza di temperatura tra A e B ($T_A - T_B$). La risposta esatta è la **C**.

58 La relazione da applicare per la determinazione della temperatura T_f di una miscela composta da due sostanze di masse m_1 e m_2 e temperature T_1 e T_2 rispettivamente è la seguente:

$$T_f = \frac{T_1 \cdot m_1 \cdot c_1 + T_2 \cdot m_2 \cdot c_2}{m_1 \cdot c_1 + m_2 \cdot c_2}$$

ove c_1 e c_2 sono i calori specifici delle due sostanze che compongono la miscela.

Nel caso in questione il miscuglio è costituito da una miscela di acqua con acqua $c_1 = c_2 = c_{H_2O}$ e la relazione diventa:

$$T_f = \frac{T_1 \cdot m_1 \cdot c_{H_2O} + T_2 \cdot m_2 \cdot c_{H_2O}}{m_1 \cdot c_{H_2O} + m_2 \cdot c_{H_2O}} = \frac{T_1 \cdot m_1 + T_2 \cdot m_2}{m_1 + m_2}$$

$$= \frac{1\ \text{kg} \cdot 0\ °\text{C} + 0{,}5\ \text{kg} \cdot 60\ °\text{C}}{1{,}5\ \text{kg}} = 20\ °\text{C}$$

La risposta corretta è pertanto la **B**.

59 Se 1 kcal è l'energia necessaria per innalzare di un grado la temperatura di 1 kg di acqua, per innalzare di 10 °C la temperatura di 10 kg di acqua occorre una quantità di energia 100 volte superiore (risposta **D**).

60 Sia dato un corpo al quale viene fornita una quantità ΔQ di calore; la sua temperatura si alza passando da un valore T_1 a un valore T_2 tale che:

$$\Delta Q = C \cdot \Delta T$$

dove C è la capacità termica del corpo e $\Delta T = T_2 - T_1$.

Poiché i due corpi del quesito sono tali che alla stessa quantità di calore somministrata ΔQ corrisponde la stessa variazione di temperatura ΔT, si deduce che essi debbano avere anche la stessa capacità termica. La risposta esatta è quindi la **A**.

61 Il passaggio di stato da solido a liquido del blocco di ghiaccio avviene grazie alla trasformazione della sua energia potenziale (mgh) in energia interna dell'acqua. Per fondere il blocco di ghiaccio da 25 kg occorre un'energia venticinque volte superiore a quella richiesta dal blocco da 1 kg. Affinché l'energia potenziale del blocco da 25 kg sia venticinque volte quella del blocco da 1 kg è necessario che i due vengano lasciati cadere dalla stessa altezza (l'energia potenziale è infatti direttamente proporzionale alla massa). La risposta cercata è la **C**.

62 Si definisce rendimento η di una macchina termica il rapporto fra il lavoro L prodotto (ossia ottenuto) dalla macchina e il calore Q assorbito (ossia speso):

$$\eta = \frac{L}{Q}$$

Si conclude che la risposta esatta è la **A**.

FISICA

PARTE TERZA

63 Tutte le onde elettromagnetiche, dalle onde radio ai raggi γ, si propagano *nel vuoto* con velocità costante $c = 3 \cdot 10^8$ m/s. Invece, *in un mezzo materiale*, la velocità v di propagazione di un'onda elettromagnetica, così come la lunghezza d'onda λ, dipendono dalle proprietà fisiche del mezzo stesso. Ricordiamo che le due grandezze sono legate dalla relazione $v/\lambda = \nu$, dove ν è la frequenza, caratteristica intrinseca dell'onda, che non varia nel passaggio dal vuoto a un mezzo materiale. Le proprietà ottiche di un mezzo attraversato da un'onda sono "riassunte" dal suo *indice di rifrazione* n, che dipende dalle caratteristiche del mezzo materiale e dalla frequenza dell'onda. L'indice di rifrazione determina, per esempio, l'angolo di rifrazione di un raggio incidente all'interfaccia tra due mezzi: di conseguenza, onde di frequenza diversa saranno rifratte ad angoli diversi (risposta **A**). La luce visibile proveniente dal Sole è una piccola porzione dell'intero spettro elettromagnetico. Il nostro occhio, infatti, è in grado di percepire onde elettromagnetiche di lunghezza d'onda compresa all'incirca tra 0,39 μm e 0,78 μm, distinguendo sette "colori" (o *componenti monocromatiche*): violetto, indaco, blu, verde, giallo, arancio e rosso. Normalmente la luce del Sole è percepita come bianca per via della sovrapposizione incoerente delle varie componenti monocromatiche. Tuttavia, facendo passare luce bianca attraverso un prisma, emergono sette colori distinti proprio perché, come detto, a seconda della frequenza, cioè del colore della componente, varia l'angolo di rifrazione.

64 Se la distanza fra le cariche raddoppia, la forza elettrostatica (data dalla legge di Coulomb) diventa quattro volte più piccola. La risposta esatta è dunque la **A**.

65 Il rischio di incendio in camera operatoria è oggi alquanto remoto, grazie ai sofisticati impianti di ventilazione e controllo dell'umidità presenti nelle moderne sale operatorie. Tuttavia, l'esperienza insegna che anche scariche elettrostatiche di modesta entità, normalmente non avvertibili dal corpo umano, sono sufficienti a produrre scintille potenzialmente pericolose in un ambiente ricco di ossigeno.

Le scintille generate da scariche elettriche si possono presentare quando si crea una differenza di potenziale elettrostatico tra corpi o oggetti vicini. Per evitare il fenomeno è quindi sufficiente collegare i corpi a terra con un conduttore elettrico che impedisce gli accumuli di carica elettrica e li mantiene allo stesso potenziale elettrostatico. Per questo motivo è opportuno che i pavimenti delle sale operatorie siano conduttivi e le calzature degli operatori dovrebbero consentire il passaggio di carica elettrica al pavimento. Le scarpe devono soddisfare anche molti altri requisiti, tra cui quelli antinfortunistici, di comodità ecc., pertanto non sempre vengono usate calzature con il requisito di conducibilità elettrica sopra menzionato. La risposta esatta è comunque la **E** in quanto viene esplicitamente detto di tener conto *solo* del rischio di produzione di scintille.

66 La differenza di potenziale elettrico (o tensione) tra due punti di un campo elettrico è il rapporto tra il lavoro svolto dalle forze del campo elettrico per trasportare una carica elettrica da un punto all'altro e il valore della carica stessa. La risposta esatta è quindi la **A**.

67 Il potenziale elettrico nel punto medio tra le due cariche si può calcolare, per il principio di sovrapposizione, sommando i potenziali dovuti alle singole cariche.

Poiché il potenziale dovuto a una singola carica isolata q in un punto generico P dello spazio che dista r dalla posizione occupata dalla carica vale $V(r) = \frac{1}{4\pi\varepsilon_0} \cdot \frac{q}{r}$, il potenziale elettrico nel punto medio M distante $D/2$ da entrambe le cariche è:

$$V(\mathrm{M}) = \frac{1}{4\pi\varepsilon_0}\left(\frac{q}{D/2} + \frac{-q}{D/2}\right) = 0 \qquad \text{(risposta C)}$$

68 Un condensatore formato da due armature piane infinite viene detto *condensatore piano*. Una volta caricato, il suo interno è sede di un campo elettrico uniforme le cui linee di campo sono parallele tra loro e dirette dalla piastra positiva a quella negativa. Se si pone un elettrone al suo interno, le forze del campo lo spingono verso l'armatura positiva, fino ad arrivare a contatto. La risposta esatta è la **B**.

69 L'energia immagazzinata in un condensatore carico (spesso chiamata lavoro di carica del condensatore) viene espressa in funzione della capacità C e della differenza di potenziale tra le piastre del condensatore attraverso la relazione:

$$L = \frac{1}{2} \cdot C \cdot \Delta V^2$$

Nel caso in questione si ha:

$$L = \frac{1}{2} \cdot 50\ \mu F \cdot (4\ kV)^2 = \frac{1}{2} \cdot 50 \cdot 10^{-6} \cdot (4 \cdot 10^3)^2 = 25 \cdot 16\ J = 400\ J$$

la risposta esatta è quindi la **C**.

70 Per il teorema di Gauss la carica (positiva) della sfera si distribuisce uniformemente sulla sua superficie e, di conseguenza, all'interno della sfera il campo elettrico è nullo: non è quindi presente alcuna forza di Coulomb agente sulla carica q (che può essere positiva o negativa, non importa) e, per la prima legge della dinamica, in assenza di forze la carica rimane quindi ferma.
La risposta corretta è la **D**.

71 La resistenza elettrica (R) di un conduttore dipende dalla sua lunghezza (l), dalla sezione (S) dello stesso e dalla resistività (ρ) del materiale, secondo la formula $R = \rho \cdot l/S$.
La resistività dell'alluminio è quindi ricavabile invertendo la formula:

$$\rho = R \cdot \frac{S}{l} = 4 \times 10^{-3}\ \Omega \cdot \frac{1{,}0 \times 10^{-6}\ m^2}{16{,}0 \times 10^{-2}\ m} = 2{,}5 \times 10^{-8}\ \Omega\ m$$

La risposta corretta è la **A**.

72 Delle relazioni fra unità di misura proposte nelle alternative, l'unica corretta è la **D**.
Si noti che la dina (dyn) è l'unità di misura della forza nel sistema CGS.

73 La disposizione spaziale di due resistenze non ha alcun legame con il fatto che le due resistenze siano in parallelo o meno. Due resistenze sono disposte in parallelo se hanno origine nello stesso nodo e si chiudono nello stesso nodo: ai capi di due resistenze in parallelo si ha la stessa differenza di potenziale. L'unica coppia di resistenze in figura che soddisfa queste condizioni è quella formata da R_3 ed R_4 (risposta **B**).

74 Le 12 lampadine uguali collegate in serie generano una resistenza equivalente pari 12 volte la resistenza di una singola lampadina:

$$R_{eq} = R + R + \ldots + R = 12R$$

La configurazione iniziale, collegata alla rete domestica ($\Delta V = 220\ V$) dissipa per effetto Joule una potenza pari a:

$$P_1 = \frac{(\Delta V)^2}{R_{eq}} = \frac{(\Delta V)^2}{12R}$$

Nella configurazione con 11 lampadine, con resistenza equivalente pari a $11R$, viene dissipata per effetto Joule una potenza pari a:

$$P_2 = \frac{(\Delta V)^2}{R_{eq}} = \frac{(\Delta V)^2}{11R} = P_1 \cdot \frac{12}{11}$$

La potenza dissipata (e quindi l'intensità luminosa generata) risulta aumentata di 1 / 11 e la risposta corretta è la **B**.

---

75 La potenza assorbita dal trapano è:

$$0{,}66 \text{ kW} = 660 \text{ W}$$

Dal momento che tale potenza è pari al prodotto fra differenza di potenziale e intensità di corrente si ricava:

$$P = \Delta V \cdot i \quad \rightarrow \quad i = \frac{P}{\Delta V} = \frac{660 \text{ W}}{220 \text{ V}} = 3 \text{ A}$$

La risposta corretta è quindi la **C**.

---

76 In primo luogo occorre trovare la resistenza equivalente alle due resistenze da 60 e 120 ohm collegate tra loro in parallelo (punto 1 del quesito). Ricordando la formula per le resistenze in parallelo si ha:

$$\frac{1}{R_{eq}} = \frac{1}{R_1} + \frac{1}{R_2} = \frac{1}{60} + \frac{1}{120} = \frac{2+1}{120} = \frac{3}{120} = \frac{1}{40} \text{ ohm}^{-1}$$

Quindi le due resistenze da 60 e 120 ohm collegate tra loro in parallelo equivalgono a una sola da 40 ohm, collegata in serie all'altra resistenza da 40 ohm (punto 2 del quesito). Ricordando la formula per le resistenze in serie si ha:

$$R_{eq} = R_1 + R_2 = 40 + 40 = 80 \text{ ohm}$$

Si conclude quindi che il sistema costituito dalle tre resistenze (le due in parallelo e la terza in serie) equivale a una sola resistenza da 80 ohm.

Ricordando che l'intensità di corrente è pari al rapporto fra differenza di potenziale e resistenza si ottiene:

$$i = \frac{\Delta V}{R_{eq}} = \frac{12 \text{ V}}{80 \; \Omega} = 0{,}15 \text{ A} = 150 \text{ mA}$$

Per cui la risposta corretta è la **C**.

---

77 Il pannello ha un'efficienza energetica del 20%; questo significa che converte in energia elettrica il 20% dell'energia luminosa solare che lo colpisce. Un pannello di superficie pari a 1 m^2 che riceve energia solare con la potenza di 500 W produce quindi energia elettrica con potenza P pari a 100 W. Sapendo che la tensione ai capi del pannello è pari a 200 V, possiamo quindi ricavare l'intensità della corrente elettrica prodotta grazie alla relazione $P = \Delta V \cdot i$.

Sostituendo i valori noti si ottiene $i = 0{,}5$ A (risposta **D**).

78 Si noti che l'alternativa **A** riporta l'unità di misura della quantità di carica (coulomb) anziché quella della corrente (ampere = coulomb / secondo), e dunque può essere esclusa a priori.

La potenza dissipata da una lampadina vale: $P = V \cdot i$. Essendo V costante e identica ai capi del parallelo, invertendo la relazione è possibile ricavare per ciascuno dei tre rami del parallelo la corrente circolante.

$$i_1 = P_1/V = 50\ \text{W}/25\ \text{V} = 2\ \text{A}$$

$$i_2 = P_2/V = 50\ \text{W}/25\ \text{V} = 2\ \text{A}$$

$$i_3 = P_3/V = 100\ \text{W}/25\ \text{V} = 4\ \text{A}$$

La corrente totale erogata dalla batteria è data dalla *legge dei nodi* (la somma delle correnti entranti in un nodo è pari alla somma delle correnti uscenti): la corrente totale è dunque 8 A, e la risposta esatta è la **D**.

79 Date due resistenze in parallelo, la resistenza totale (o equivalente) è data dalla relazione seguente:

$$\frac{1}{R_{eq}} = \frac{1}{R_1} + \frac{1}{R_2}$$

Sostituendo i valori si ottiene:

$$\frac{1}{R_{eq}} = \frac{1}{10\ \Omega} + \frac{1}{100\ \Omega} = \frac{11}{100\ \Omega} \quad \Rightarrow \quad R_{eq} = \frac{100}{11}\ \Omega \approx 9\ \Omega \quad \text{(risposta D)}$$

80 La forza di Lorentz agente su una carica q che si muove con velocità $\mathbf{v}$ in un campo magnetico $\mathbf{B}$ è pari a:

$$\mathbf{F} = q \cdot \mathbf{v} \wedge \mathbf{B}$$

Poiché il risultato di un prodotto vettoriale tra due vettori è un vettore ortogonale al piano individuato dai due vettori, la forza di Lorentz è sempre perpendicolare alla velocità e quindi allo spostamento.

Se forza e spostamento sono ortogonali tra loro, il lavoro della forza è nullo e quindi il lavoro della forza di Lorentz è sempre nullo (risposta **E**).

81 La risposta corretta è la **A**. Infatti un filo *rettilineo* percorso da corrente genera intorno a sé un campo magnetico le cui linee di forza sono *circonferenze concentriche* e la cui intensità è data dalla legge di Biot e Savart:

$$|\mathbf{B}| = \frac{\mu_0 \mu_r}{2\pi} \cdot \frac{i}{r}$$

82 Poiché il cavo è percorso da corrente, al suo interno le cariche si muovono con una velocità $\mathbf{v}$ e sono inoltre sottoposte all'azione di un campo magnetico $\mathbf{B}$. Ciascuna di esse è quindi soggetta a una forza di Lorentz data da:

$$\mathbf{F} = q \cdot \mathbf{v} \wedge \mathbf{B}$$

Affinché la forza subita dal cavo (data dalla risultante delle forze subite dalle singole cariche) non sia nulla, l'angolo formato dalla velocità delle cariche (e quindi dal cavo stesso) e dal campo magnetico non deve essere pari a zero gradi (risposta **A**): in tal caso infatti si annullerebbe il prodotto vettoriale (sen 0° = 0).

83 La capacità equivalente di due condensatori collegati in serie è pari a:

$$C_{eq} = \frac{C_1 C_2}{C_1 + C_2}$$

Poiché le alternative proposte riportano tutte come unità di misura i μF (pari a 10^{-6} farad), conviene convertire la capacità del secondo condensatore utilizzando tale unità di misura:

$$3000 \text{ pF} = 3 \cdot 10^3 \cdot 10^{-12} \text{ F} = 3 \cdot 10^{-9} \text{ F} = 3 \cdot 10^{-3} \ \mu\text{F}$$

Si ricava quindi:

$$C_{eq} = \frac{C_1 C_2}{C_1 + C_2} = \frac{1 \cdot 3 \cdot 10^{-3}}{1 + 3} \ \mu\text{F} = 0,75 \cdot 10^{-3} \ \mu\text{F}$$

La risposta corretta è pertanto la **B**.

84 Per campo magnetico *stazionario* si intende un campo magnetico non variabile nel tempo. Le risposte **A** e **B** sono sbagliate perché un campo elettrostatico, generato cioè da cariche elettriche ferme, non può generare un campo magnetico di alcun tipo. La risposta **E** è sbagliata perché tra forze elastiche e campi magnetici non vi è alcun legame. Anche la **D** è errata perché un campo elettrico variabile genera un campo magnetico variabile.

Una carica elettrica in moto in una spira con velocità costante è invece in grado di generare un campo magnetico stazionario. La risposta esatta è la **C**.

85 L'interno di un solenoide percorso da corrente è sede di un campo magnetico uniforme; perché il campo sia costante è sufficiente che l'intensità della corrente sia costante. Con un solenoide e un generatore di corrente continua si riesce a creare un campo magnetico uniforme e costante in una zona limitata. La risposta esatta è la **A**.

parte quarta

MATEMATICA

Quesiti

1 Digitando l'importo, arrotondato all'euro, di uno degli assegni incassati in un certo giorno, un cassiere ha involontariamente invertito tra loro due cifre, causando a fine giornata una differenza positiva tra la somma di tutti i numeri digitati e la somma degli importi dei corrispondenti assegni arrotondati all'euro. Tale differenza è sempre divisibile per:

- A 2
- B 4
- C 5
- D 9
- E 10

2 Se *n* è un quadrato perfetto, qual è il minimo quadrato perfetto strettamente maggiore di *n*?

- A $n + 1$
- B $n + 2\sqrt{n} + 1$
- C $n^2 + 1$
- D $n^2 + n$
- E $n^2 + 2n + 1$

3 Rientrato in Italia da un viaggio negli USA, alle 11 e 30 ore italiane, Carlo afferma di aver fotografato la Statua della Libertà 27 ore e un quarto prima. Ricordando che la differenza di fuso orario tra New York e l'Italia è di 6 ore in avanti, che ora era a New York al momento della foto?

- A 1 e 15
- B 2 e 15
- C 14 e 15
- D 1 e 45
- E 14 e 45

4 Calcolare il M.C.D. e il m.c.m. di 45, 135 e 315.

- A 5 e 315
- B 15 e 315
- C 45 e 315
- D 45 e 945
- E 15 e 945

5 Quale dei valori sotto riportati costituisce la migliore approssimazione della radice quadrata di 814.420?

- A 81.442
- B 407.210
- C 9.000
- D 90
- E 900

MATEMATICA

6 **Tre quantità x, y e z sono legate dalla relazione $z = 2x - 3y + 5$. Se x diminuisce di 1 unità e y aumenta di 2 unità, come varia z?**

- A aumenta di 1 unità
- B aumenta di 6 unità
- C diminuisce di 3 unità
- D resta invariata
- E diminuisce di 8 unità

7 **Quanti sono i numeri naturali diversi da zero che soddisfano la condizione «il loro triplo diminuito della loro metà è un numero razionale minore di due»?**

- A Nessuno
- B Tutti
- C Uno
- D Quattro
- E Cinque

8 **Quale delle seguenti frazioni è uguale al numero decimale periodico $5{,}3\bar{6}$?**

- A 59/11
- B 531/90
- C 483/99
- D 161/30
- E 531/99

9 **Siano a, b, c numeri naturali diversi da zero. Se a è il doppio di b e c è la metà di b, qual è il quoziente fra a e il quadruplo di c?**

- A 4
- B $\frac{1}{4}$
- C $\frac{1}{2}$
- D 2
- E 1

10 **Diminuendo del 10% la lunghezza del lato di un quadrato, l'area del quadrato che si ottiene diminuisce del ......**

- A 10%
- B 11%
- C 19%
- D 20%
- E 40%

11 **Quanto vale la millesima parte di 10^{-21} ?**

- A 10^{21}
- B 10^{-18}
- C 10^{-24}
- D 10^{-63}
- E Nessuna delle alternative proposte è corretta

12 **Il quadrato del trinomio $(a - b + c)^2$ è uguale a:**

A $(a + b + c)(a - b - c)$

B $a^2 - b^2 - c^2 + 2ab + 2bc + 2ac$

C $a^2 + b^2 + c^2 - 2ab - 2bc + 2ac$

D $a^2 + b^2 + c^2 + 2ab - 2bc + 2ac$

E $a^2 + b^2 + c^2 + 2ab - 2bc - 2ac$

13 **La differenza fra due potenze con uguale esponente $(x^n - a^n)$ è divisibile per la somma delle basi $(x + a)$ se e solo se:**

A a è multiplo di n

B n è pari

C n è dispari

D a è un numero positivo intero

E n è multiplo di a

14 **Calcolare il M.C.D. fra i seguenti monomi:**

$$3x^2y^2z \qquad -5x^3z^2 \qquad 7y^2z^3 \qquad 15xy^4$$

A $105x^3y^4z^3$

B xyz

C xy^2z

D 1

E xyz^2

15 **Semplificare la seguente espressione:**

$$\frac{x}{x+2} - \frac{x-2}{x}$$

A $\frac{4}{x+2}$ B $\frac{4}{x(x+2)}$ C $-\frac{4}{x(x+2)}$ D $\frac{x-2}{x+2}$ E $\frac{2x^2-4}{x(x+2)}$

16 **Semplificare la seguente frazione algebrica:**

$$\frac{4a^2 - 4ab + b^2}{2ab + 2a - b^2 - b}$$

A $\frac{2-2a}{b}$ B $\frac{4a+2b}{b-1}$ C $\frac{2a-b}{b+1}$ D $\frac{b-2a}{b-1}$ E $\frac{2a-b}{b-1}$

17 ***x* e *y* sono due numeri reali il cui prodotto dà un numero *a* e *x* è il successivo di *y*. Quanto vale $x^2 + y^2$?**

A $2a + 1$ B $2a - 1$ C $1 - 2a$ D $a + 1$ E $2a^2 + 1$

MATEMATICA

18 **L'espressione $\sqrt{x}$, essendo x positivo e minore di 1, è:**

A minore di x
B maggiore di x^2
C maggiore di 1
D negativo
E minore di x^2

19 **Qual è la relazione tra le radici quadrate dei numeri sotto riportati?**

$$a = (30/31)^{15} \quad b = (30/31)^{16} \quad c = (31/30)^{15} \quad d = (31/30)^{16}$$

A $a < b < c < d$
B $c < a < b < d$
C $b < a < c < d$
D $a < c < b < d$
E Nessuna delle risposte riportate

20 **Quanto vale l'espressione $1 + (-8)^{2/3}$?**

A 19/3
B 5
C – 13/3
D – 15/3
E Non è definita

PARTE QUARTA

21 **Il radicale $\sqrt{3}$ è uguale a:**

A $\sqrt[4]{6}$
B $\sqrt[6]{27}$
C $\sqrt[8]{12}$
D $\sqrt[10]{32}$
E $\sqrt[12]{6561}$

22 **Se il discriminante di un'equazione di 2° grado (a coefficienti reali) è negativo, le radici dell'equazione sono:**

A una reale, una immaginaria
B reali
C coincidenti
D non reali
E reali, uguali in valore assoluto e di segno opposto

23 **Il 1° Gennaio un orologio indica correttamente le ore 15:06. Alla stessa ora del giorno successivo indica invece le ore 14:54; qual è l'errore in percentuale nella misura del tempo da parte dell'orologio, calcolato in questo intervallo di 24 ore?**

A 0,83%
B 1,20%
C 1,67%
D 10,0%
E 20,0%

24 **L'equazione di secondo grado $kx^2 - 3kx + (k+1) = 0$, con $k \neq 0$, ha una soluzione uguale a -1 per:**

A $k = -1$

B $k = 1$

C $k = 3$

D $k = -1/5$

E nessun valore di k

25 **Il sistema $\begin{cases} x + y = a \\ xy = 1 \end{cases}$ con *a* numero reale:**

A per ogni valore di *a* non ha soluzione

B ha due soluzioni per ogni valore di *a*

C ha soluzioni solo se *a* è positivo

D ha soluzioni solo se *a* è negativo

E ha due soluzioni distinte se $a > 2$ oppure $a < -2$

26 **La somma, la differenza e il prodotto di due numeri stanno tra loro come 7, 3 e 40. Quali sono questi due numeri?**

A 15 e 6

B 2 e 5

C 4 e 10

D 20 e 8

E 15 e 30

27 **Dei seguenti sistemi lineari UNO SOLO è indeterminato (ha infinite soluzioni). Quale?**

A $\begin{cases} x + y = 1 \\ \frac{1}{2}x = 2 - \frac{1}{2}y \end{cases}$

B $\begin{cases} y = 2x + 1 \\ y = 2x + 3 \end{cases}$

C $\begin{cases} y = 2x - 1 \\ x - \frac{1}{2}y = \frac{1}{2} \end{cases}$

D $\begin{cases} 2x - y - 9 = 0 \\ -x + 2y + 6 = 0 \end{cases}$

E $\begin{cases} x = 2y - 1 \\ 2x = 2y - 1 \end{cases}$

MATEMATICA

28 **Quale fra le seguenti equazioni ha soluzioni nell'insieme dei numeri reali?**

A $\frac{1}{a-x} = a - x$ con a numero reale

B $\frac{1}{a-x} = 0$ con a numero reale

C $(3x-2)^2 = b$ con b numero reale negativo

D $2\text{sen}^2 x - 3 = 0$

E $\frac{\log^2 x + \sqrt{2}}{x^2 + \sqrt{2}} = 0$

29 **L'equazione $(x-2) \cdot (x-3) = 0$ ha come radici:**

A $x = 2, x = 3$

B $x = 3, x = 0$

C $x = -1/2, x = -1/3$

D $x = -2, x = -3$

E $x = 3, x = -2$

30 **Qual è il più grande numero reale x che soddisfa la disuguaglianza $x^2 - 3 \leq 33$?**

A 6

B 30

C 11

D 0

E $\sqrt{11}$

31 **La soluzione della disequazione $15 - 7x - 2x^2 > 0$ è:**

A $-1{,}5 < x < 5$

B $x < -1{,}5$ o $x > 5$

C $x > 1{,}5$

D $-5 < x < 1{,}5$

E $x < -5$ o $x > 1{,}5$

32 **Qual è l'insieme delle soluzioni reali della disequazione:**

$$\frac{1}{x^2} + \frac{1}{x+2} > 0$$

A Ogni x reale

B $x \geq -2$

C $x > 2$

D $x > -2$ e $x \neq 0$

E $-2 < x < 0$

33 **Quali sono le soluzioni reali della disequazione $|x - 1| < |x|$?**

A $x < \frac{1}{2}$ B $x > \frac{1}{2}$ C $x > 0$ D $x \neq 0$ E $x < 0$ o $x > \frac{1}{2}$

PARTE QUARTA

34 **L'insieme di tutte le soluzioni dell'equazione $2\log x = \log 5$ è:**

A $\{3\}$

B $\{\sqrt{5}\}$

C $\{-3; +3\}$

D $\{\log(5/2)\}$

E $\{-\sqrt{5}; +\sqrt{5}\}$

35 **L'equazione $\sqrt{\log_{10} x + k} = 0$ nell'incognita *x*, con *k* parametro reale, ha soluzione:**

A solo per valori di *k* non negativi

B solo per valori positivi di *k*

C per ogni valore di *k*

D solo per *k* uguale a dieci

E solo per *k* uguale a zero

36 **Qual è l'ordine per valore crescente delle quantità elencate?**

$$a = \ln(9/2) \quad b = \ln(15/4) \quad c = \ln(36/7) \quad d = \ln(8)$$

A $c < a < b < d$

B $b < a < c < d$

C $c < a < d < b$

D $a < c < b < d$

E Nessuno degli ordini qui riportati

37 **Se:**

$$\log(x) = 1{,}25 \text{ e } \log(y) = 2{,}5$$

(la base del logaritmo è 10), qual è il valore del rapporto y/x?

A $10^{1,25}$

B 1,25

C 2

D 10^2

E log(1,25)

38 **Qual è l'insieme delle soluzioni della disequazione $3e^x - 5e^{-x} - 2 > 0$?**

A Ogni *x* reale

B Nessun valore di *x* reale

C $\left\{x \in \mathbb{R} : x > \ln\left(\frac{5}{3}\right)\right\}$

D $\left\{x \in \mathbb{R} : x < -1, x > \frac{5}{3}\right\}$

E $\left\{x \in \mathbb{R} : -1 < x \leq \ln\left(\frac{5}{3}\right)\right\}$

39 **In quale intervallo il grafico della funzione $f(x) = \frac{e^x \cdot (x^2 - x - 6)}{x^2 + 25}$ si trova nel semipiano positivo delle *y*?**

- A $-5 < x < -2 \ \cup \ 2 < x < 5$
- B $-2 < x < 3$
- C $x < -3 \ \cup \ x > 2$
- D $x < -5 \ \cup \ x > 5$
- E $x < -2 \ \cup \ x > 3$

40 **Determinare quale tra le seguenti affermazioni è corretta:**

- A la funzione $f(x) = x^3 + 3x^2 + 2x$ ha tre intersezioni con l'asse delle ordinate
- B la funzione $g(x) = \frac{x^2 - 3}{x + 1}$ ha due intersezioni negative con l'asse delle *x*
- C la funzione $f(x) = x^3 + 3x^2 + 2x$ ha tre intersezioni con l'asse delle ascisse
- D la funzione $g(x) = \frac{x^2 - 3}{x + 1}$ ha due intersezioni positive con l'asse delle *x*
- E nessuna delle precedenti affermazioni è corretta

PARTE QUARTA

41 **La retta passante per i punti di coordinate A(–5; 2) e B(1; –2) ha pendenza *m* pari a:**

- A –3/2
- B –1
- C –2/3
- D 0
- E 1

42 **Qual è l'equazione della parabola che ha per vertice l'origine degli assi cartesiani, asse di simmetria coincidente con l'asse delle ordinate e fuoco $F = \left(0; \frac{1}{10}\right)$?**

A $y = 10x^2$ B $y = \frac{1}{10}x^2$ C $y = -\frac{1}{10}x^2$ D $y = -\frac{2}{5}x^2$ E $y = \frac{5}{2}x^2$

43 **Per quali valori del parametro reale *k*, l'equazione $x^2 + y^2 - 4x + 2y + k = 0$ rappresenta l'equazione di una circonferenza reale non degenere?**

- A Per ogni valore reale di *k*
- B $k < 5$
- C $k \leq 5$
- D $k < 20$
- E $k \leq 20$

44 **Sul piano cartesiano (O*xy*), le due rette di equazioni $y = 2x$ e $y = 2x + 2$:**

- A non sono parallele tra loro
- B sono entrambe parallele all'asse delle *y*
- C sono coincidenti
- D sono parallele tra loro
- E si incontrano nell'origine

45 **L'equazione $2x^2 + 3y^2 - 8x + 6y - 7 = 0$ rappresenta una curva del piano. Si tratta di:**

A una circonferenza di centro (1; 1) e raggio 2
B un'ellisse
C un'iperbole
D un'iperbole equilatera
E una parabola

46 **Il punto $T(-k; k^2 + 1)$:**

A appartiene all'asse delle ascisse per il valore del parametro uguale a zero
B appartiene al semipiano negativo delle *x* per ogni valore di *k*
C appartiene al secondo quadrante per ogni valore del parametro *k*
D appartiene al semipiano positivo delle *y* per ogni valore del parametro *k*
E appartiene al semipiano positivo delle *y* solo se *k* è positivo

47 **Due rette di equazioni $x - y = 0$ e $2x - 1 = 0$ hanno in comune il punto di coordinate:**

A (1; 1)
B (2; 2)
C (0; 1)
D (1/2; 1/2)
E (0; 0)

48 **Dati i punti $M = (-1; 0)$ e $N = (3; -1/2)$, l'equazione della retta per l'origine perpendicolare alla retta MN è:**

A $y = 8x + 2$
B $y = -1/8x$
C $y = 8x$
D $y = 1/8x$
E $y = 8x + 8$

49 **Consideriamo, nel piano cartesiano, la parabola di equazione $y = x^2$, e la retta di equazione $y = x + a$, dove *a* è un parametro reale. La retta e la parabola NON hanno punti di intersezione se e solo se:**

A $a \geq 0$
B $a < 0$
C $1 + 4a < 0$
D $a + 1 > 0$
E $a > 0$

50 **Rispetto ad un sistema di riferimento cartesiano ortonormale nel piano le coordinate dei punti P e Q sono (1; 1) e (3; 2). Quale dei seguenti punti è allineato con P e Q?**

A (–1; 0)
B (1; 3)
C (2; 1)
D (2; 3)
E (3; 3)

MATEMATICA

51 **Uno solo fra i seguenti settori circolari costituisce l'insieme dei punti del piano per i quali risulta $\begin{cases} |y| \geq x \\ x^2 + y^2 \leq 1 \end{cases}$. Di quale settore si tratta?**

A
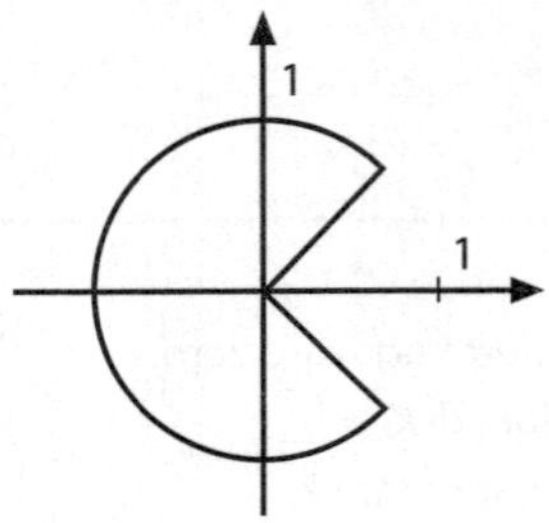

B
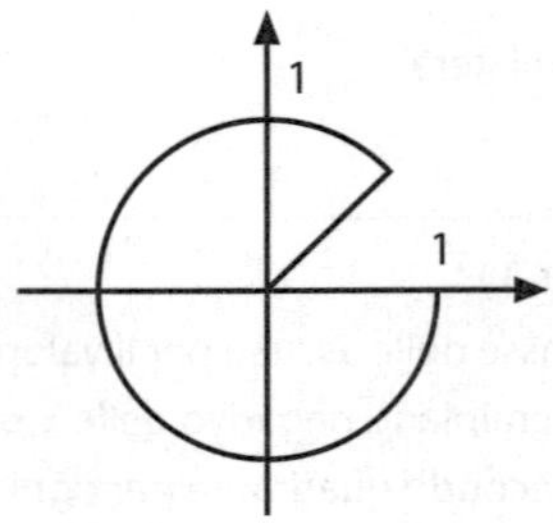

C
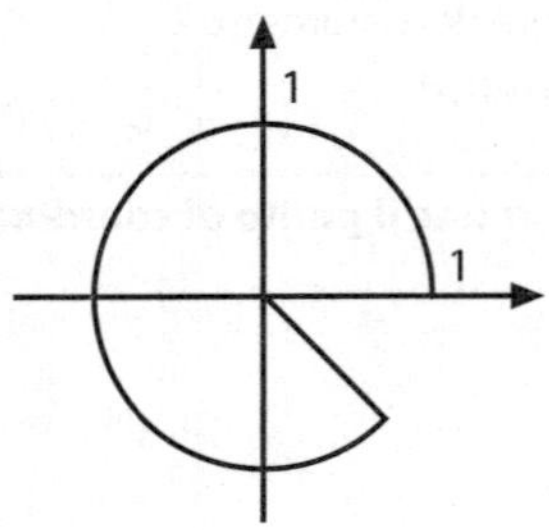

D
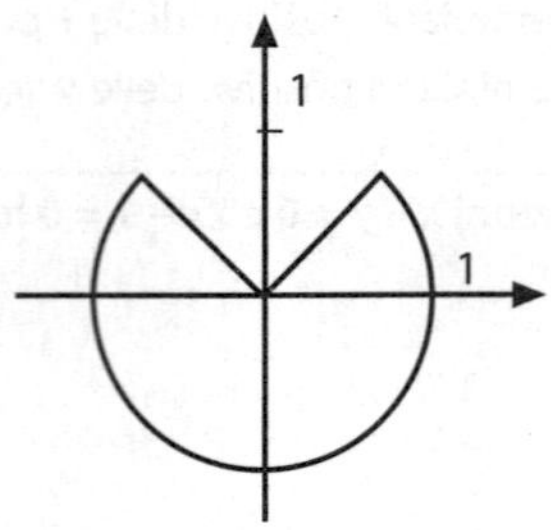

E
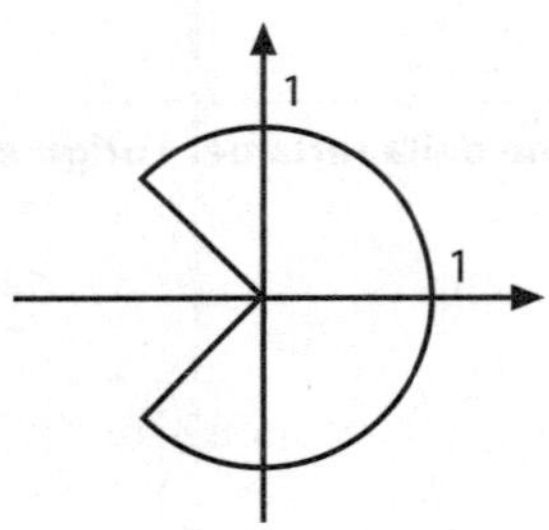

52 **Sapendo che la distanza fra due punti $A = (8; 1)$ e $B = (0; x)$ è pari a 7, quanti valori può assumere x?**

A Uno
B Nessuno
C Due
D Tre
E Infiniti

53 **La grandezza Q è proporzionale alla grandezza P (ossia $Q = K \cdot P$). Se $P = 4{,}5$ e $Q = 18$, qual è il valore della costante di proporzionalità K?**

A $K = 0{,}25$
B $K = 10{,}5$
C $K = 4$
D $K = 13{,}5$
E $K = 18$

54 **Siano *x*, *y* e *a* numeri reali positivi diversi da 1. Sia $x \leq y$. Quale delle seguenti affermazioni è vera?**

A $\log_a x \leq \log_a y$

B $\log_x a \leq \log_y a$

C $a^x \leq a^y$

D $y^a \leq x^a$

E $\log_{a+1} x \leq \log_{a+1} y$

55 **La funzione reale di variabile reale $f(x) = 1/(x^2 + 1)$ è definita:**

A per tutti i valori reali di *x*

B per tutti i valori reali di *x* diversi da 0

C per tutti i valori reali di *x* diversi da 1

D per tutti i valori reali di *x* diversi da – 1

E per nessuno di questi valori

56 **Determinare il campo di esistenza T della funzione:**

$$f(x) = \frac{1}{\sqrt{1-3x}}$$

A $T = (-\infty, 0)$

B $T = (-\infty, 0]$

C $T = [0, +\infty)$

D $T = (-\infty, 1/3)$

E $T = (0, +\infty)$

57 **Data la funzione $f(x) = 3x - 6$, quale delle seguenti risposte rappresenta la sua funzione inversa?**

A $f^{-1}(x) = 2 - \frac{x}{3}$

B $f^{-1}(x) = \frac{x}{3} - 2$

C $f^{-1}(x) = \frac{x}{3} + 2$

D $f^{-1}(x) = \frac{x}{3} - 6$

E $f^{-1}(x) = \frac{x}{3} + 6$

58 **Quale tra le seguenti espressioni di K rende vera l'identità $\text{sen}^4\alpha - \cos^4\alpha = K$?**

A $K = \cos 2\alpha$

B $K = -\cos 2\alpha$

C $K = \text{sen} 4\alpha$

D $K = \cos 4\alpha$

E $K = -\cos 4\alpha$

MATEMATICA

59 **L'equazione x^2 + sen$x$ + 1 = 0 :**

- **A** ha infinite soluzioni perché sen$x$ è una funzione periodica
- **B** è un'equazione di 2° grado nell'incognita x
- **C** ha soluzioni appartenenti all'intervallo $\left[-\frac{\pi}{2}, \frac{\pi}{2}\right]$
- **D** ha una sola soluzione
- **E** non ha soluzioni

60 **Nel piano riferito a coordinate cartesiane sia p l'angolo HÔA . La misura "orientata" del segmento HP, rappresentato nella seguente figura, è:**

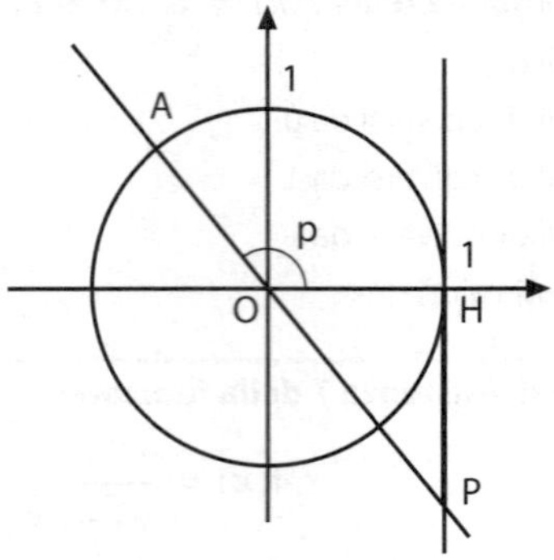

- **A** la secante dell'angolo p ed è positiva
- **B** la tangente dell'angolo p ed è negativa
- **C** la cotangente dell'angolo p ed è negativa
- **D** la tangente dell'angolo p ed è positiva
- **E** la cotangente dell'angolo p ed è positiva

61 **Se si lanciano due dadi, è più probabile che escano due numeri dispari, due numeri pari oppure un numero pari e uno dispari?**

- **A** È più probabile che escano due numeri pari
- **B** È più probabile che escano due numeri dispari
- **C** È più probabile che escano un numero pari e uno dispari
- **D** Le tre probabilità sono uguali
- **E** Dipende dal caso

62 **Alan lancia contemporaneamente due dadi non truccati con le facce numerate da 1 a 6. Qual è la probabilità che esca lo stesso numero su entrambi i dadi?**

- **A** 1/2
- **B** 1/3
- **C** 1/6
- **D** 1/18
- **E** 1/36

63 **Un'urna contiene 100 palline numerate da 1 a 100. Qual è la probabilità di estrarre una pallina con un numero maggiore di 95 o minore 6?**

A 95% **B** 6% **C** 101% **D** 10% **E** 12%

64 **Un'urna contiene 10 palline: 6 rosse e 4 bianche. Qual è la probabilità che estraendo due palline dall'urna queste siano entrambe rosse?**

A 9/25
B 3/10
C 1/3
D 1/4
E 1/6

65 **Un dado truccato a sei facce, con i numeri da 1 a 6, presenta con probabilità 1/3 la faccia con il 6 e le altre facce tutte con la stessa probabilità. Lanciando questo dado, qual è la probabilità che esca un numero pari?**

A 1/2
B 2/3
C 5/6
D 3/5
E 4/15

66 **Determinare la moda della seguente serie di dati:**

2, 5, 8, 9, 6, 4, 2, 3, 3, 5, 6, 7, 1, 5

A 2
B 3
C 4,7
D 5
E 14

67 **Uno studente universitario, dopo aver superato tre esami, ha la media di 28. Nell'esame successivo lo studente prende 20. Qual è la sua media dopo il quarto esame?**

A 27
B 26
C 25
D 24
E 23

68 **Determinare quante sono le parole di 7 lettere (anche senza senso) che si possono scrivere utilizzando solo le 4 lettere A, C, G, T (si intende che non bisogna necessariamente utilizzare tutte le 4 lettere, per cui per esempio anche la parola AGGTATA va bene).**

A 7^4
B 4^7
C $(7 \cdot 6 \cdot 5 \cdot 4)/(4 \cdot 3 \cdot 2)$
D $7 \cdot 6 \cdot 5 \cdot 4$
E $7 \cdot 4$

69 **Dati 4 segmenti, di lunghezza 10 cm, 15 cm, 20 cm e 25 cm, quanti triangoli non degeneri si possono costruire con tali segmenti (usando i segmenti anche più di una volta)?**

A 4
B 20
C 13
D 17
E 6

MATEMATICA

70 **Nel triangolo isoscele ABC la mediana AM misura 5 cm e la tangente dell'angolo ACB è 5/13. Qual è la misura, in cm, della base BC?**

A 5
B 10
C 13
D 18
E 26

71 **Date due sfere di centro O e O′ e raggi R e R′ con R > R′, se la distanza OO′ è uguale a R + R′ le due superfici sferiche sono:**

A esterne una all'altra
B secanti
C tangenti esternamente
D tangenti internamente
E i dati non sono sufficienti per rispondere

72 **Un cane è legato, mediante una catena lunga 13 m, a un palo che dista 5 m da un sentiero rettilineo. Determinare la lunghezza del tratto di sentiero accessibile al cane.**

A 16 m
B 18 m
C 20 m
D 24 m
E 26 m

73 **Si consideri un triangolo rettangolo isoscele con l'ipotenusa di lunghezza *h* cm e area di *S* cm². Quale tra le seguenti esprime la corretta relazione tra *h* ed *S*?**

A $h = 2\sqrt{2} \times S$
B $h = 2\sqrt{S}$
C $h = \frac{\sqrt{S}}{2}$
D $h = \sqrt{2S}$
E $h = \sqrt{\frac{S}{2}}$

74 **L'area di un triangolo rettangolo, con uno degli angoli acuti pari a 30° e inscritto in una circonferenza di raggio 4 cm, è uguale a:**

A $4\sqrt{3}$ cm² B $8\sqrt{3}$ cm² C $16\sqrt{3}$ cm² D $32\sqrt{3}$ cm² E $64\sqrt{3}$ cm²

75 **La formula di Erone permette di calcolare direttamente l'area di un triangolo conoscendo:**

A base e altezza
B bisettrici
C i tre lati
D due lati e l'angolo compreso
E un lato e due angoli

76 **Una circonferenza passa per i quattro vertici di un rettangolo che ha lati di lunghezza 6 e 12. Qual è l'area del cerchio delimitato da questa circonferenza?**

A 45π
B 90π
C $\sqrt{180}\,\pi$
D 18π
E 36π

77 **L'area della superficie totale di un parallelepipedo vale S. Allora l'area della superficie totale del parallelepipedo ottenuto dal precedente raddoppiandone le dimensioni è uguale a:**

A $8\,S^3$
B $2\,S$
C $4\,S$
D $8\,S$
E S^2

78 **In un quadrato *Q* si consideri il quadrato inscritto che ha come vertici i punti medi dei lati di *Q*. A partire da questo secondo quadrato se ne costruisca un terzo con lo stesso procedimento, e così via. Quante volte bisogna ripetere il procedimento descritto per ottenere alla fine un quadrato la cui area sia circa la millesima parte di quella di *Q*?**

A 10
B 100
C 500
D 1000
E Più di 1000

79 **Da un punto P esterno alla circonferenza di centro O e raggio *r* sono tracciate le tangenti alla circonferenza nei punti A e B. L'angolo AOB misura 120°. Calcolare il valore dell'area racchiusa tra le tangenti e l'arco di circonferenza AB.**

A $\frac{r^2}{3}(3\sqrt{3}-\pi)$
B $\frac{r^2}{3}\left(\frac{3\sqrt{3}}{2}-\pi\right)$
C $\frac{r^2}{3}(6\sqrt{3}-\pi)$
D $\frac{r^2}{3}(\sqrt{3}-\pi)$
E $\frac{r^2}{\sqrt{3}}(\sqrt{3}\pi-1)$

80 **Un quadrato ed un triangolo equilatero hanno lo stesso perimetro. Qual è il rapporto tra il lato del quadrato e il lato del triangolo?**

A 1/2
B 2/3
C 1
D 4/3
E 3/4

MATEMATICA

81 **Quanto vale il rapporto fra l'area di un cerchio di raggio unitario e l'area di un quadrato inscritto nel cerchio?**

A π B π^2 C $\pi/2$ D $\pi - 2$ E $\pi - 4$

82 **Un semicerchio e un quadrato hanno la stessa area. Determinare il rapporto tra il lato del quadrato ed il raggio del semicerchio.**

A $\pi^2/4$

B $\pi/2$

C $2/\pi$

D $\sqrt{\pi}/\sqrt{2}$

E $\sqrt{2}$

83 **Il solido rappresentato in figura è un parallelepipedo retto di altezza 2*a* e base quadrata di lato *a*. N è il punto medio di EF ed M è il punto medio di BF. Per andare dal vertice A al vertice G qual è il percorso più breve tra quelli indicati?**

A ANG

B AFG

C AEG

D AMG

E ABFG

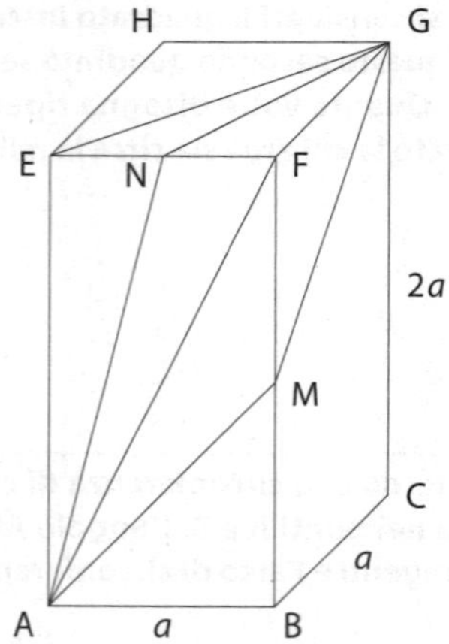

84 **Quale delle seguenti espressioni È VERA per ogni triangolo ABC, rettangolo in A e con altezza relativa all'ipotenusa AH?**

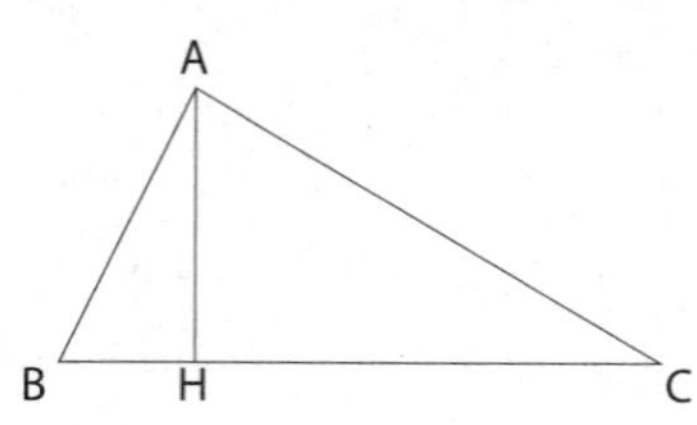

A $\overline{AB}^2 = \overline{BH} \cdot \overline{HC}$

B $\overline{AB}^2 = \overline{AC}^2 - \overline{HC}^2$

C $\overline{AB}^2 = \overline{BC} \cdot \overline{AH}$

D $\overline{AB}^2 = \overline{BC} \cdot \overline{BH}$

E $\overline{AB}^2 = \overline{BC}^2 + \overline{AC}^2$

85 **Divisa una circonferenza, mediante due punti A e B, in due archi "a" e "b", si scelgono due punti a piacere, C su "a" e D su "b". Gli angoli $A\hat{C}B$ e $A\hat{D}B$ sono:**

- **A** uguali
- **B** supplementari
- **C** complementari
- **D** esplementari
- **E** per rispondere occorre conoscere la posizione di A e B

MATEMATICA

Soluzioni e commenti

1 Per rispondere rapidamente al quesito è sufficiente ragionare su un esempio concreto: si immagini che il cassiere abbia digitato "21 euro" quando l'importo reale dell'assegno è di 12 euro. In questo modo si crea una differenza positiva fra il valore digitato (errato) e quello reale pari a 9 euro e tale differenza si mantiene inalterata anche quando si sommano gli importi (corretti) degli altri assegni della giornata. Il valore 9, trovato empiricamente, consente di scartare le 4 alternative sbagliate: la risposta corretta è quindi la **D**.

Alla stessa conclusione si perviene anche considerando altri importi, per esempio di tre cifre: se il cassiere avesse digitato "152 euro" quando l'importo reale dell'assegno era di 125 euro la differenza sarebbe stata di 27 euro, ossia ancora un multiplo di 9.

La differenza rimane sempre divisibile per 9 anche scambiando fra loro, negli importi proposti come esempio, le cifre delle centinaia e delle unità. In quest'ultimo caso si avrebbe infatti:

$$251 - 125 = 126$$

ancora divisibile per 9 in quanto la somma delle cifre del numero 126 è divisibile per 9.

2 Se n è un quadrato perfetto, la sua radice quadrata, $\sqrt{n}$, è un numero intero. Il quadrato perfetto immediatamente successivo a n ammetterà come radice quadrata il numero intero successivo a $\sqrt{n}$, cioè $\sqrt{n}+1$, dunque sarà $m = (\sqrt{n}+1)^2$. Svolgendo il quadrato indicato si ottiene:

$$(\sqrt{n}+1)^2 = (\sqrt{n})^2 + 2 \cdot \sqrt{n} \cdot 1 + 1^2 = n + 2\sqrt{n} + 1$$

quindi la risposta esatta è la **B**.

3 Carlo ha scattato la foto 27 ore e 15 minuti (ossia un giorno intero più 3 ore e 15 minuti) prima delle 11:30 italiane, quindi la foto è stata scattata il giorno prima alle 8:15 italiane. Infatti:

$$11{:}30 - 3{:}15 = 8{:}15$$

Tenendo conto del fuso orario, dobbiamo ora sottrarre 6 ore (quando in Italia è mattina, negli USA è ancora notte) ottenendo:

$$8{:}15 - 6{:}00 = 2{:}15$$

La risposta corretta è quindi la **B**.

4 Il primo passo consiste nella scomposizione in fattori primi dei numeri dati:

$$45 = 3^2 \cdot 5 \qquad 135 = 3^3 \cdot 5 \qquad 315 = 3^2 \cdot 5 \cdot 7$$

per cui risulta:

$$\text{M.C.D.} = 3^2 \cdot 5 = 45 \qquad \text{m.c.m.} = 3^3 \cdot 5 \cdot 7 = 945$$

La risposta corretta è dunque la **D**.

5 È facile osservare che le risposte proposte si differenziano per almeno un ordine di grandezza: in altre parole, hanno tutte un numero di cifre differente. Per rispondere alla domanda è quindi sufficiente un ragionamento approssimativo: il numero di cui si deve trovare la radice quadrata è 814.420, ossia circa 10^6 (in quanto $10^6 = 1.000.000$). Poiché la radice quadrata di 10^6 è 10^3 (ossia 1000), la radice quadrata di 814.420 dovrà essere un numero vicino a 1000: l'unico valore plausibile è quindi 900, ed effettivamente $900^2 = 810.000$. La risposta corretta è quindi la **E**.

MATEMATICA

6 Seguendo le istruzioni del testo $z_1 = 2x - 3y + 5$ diventa:

$$z_2 = 2(x-1) - 3(y-2) + 5 = 2x - 3y + 5 - 2 - 6 = 2x - 3y + 5 - 8 = z_1 - 8$$

e facendo la differenza tra la quantità z_1 iniziale e la z_2 di cui sopra, si ricava che z diminuisce di 8 unità (risposta **E**).

7 La condizione data nel testo, indicando con x un generico numero naturale diverso da zero, equivale alla disequazione $3x - \frac{x}{2} < 2$, con $3x - \frac{x}{2} \in \mathbb{Q}$. Risolvendola si ottiene:

$$3x - \frac{x}{2} < 2 \quad \Rightarrow \quad \frac{5}{2}x < 2 \quad \Rightarrow \quad x < \frac{4}{5}$$

ma, essendo $0 < \frac{4}{5} < 1$, non esiste alcun numero naturale diverso da zero che sia minore di $4/5$, quindi la risposta esatta è la **A**.

8 La frazione generatrice di un numero periodico ha per numeratore il numero costituito dalla parte intera seguita dall'antiperiodo (le eventuali cifre fra la virgola e il primo periodo) e dal periodo (preso una sola volta) meno il numero composto dalla parte intera e dall'eventuale antiperiodo. Il denominatore della frazione generatrice è invece un numero composto da tanti 9 quante sono le cifre del periodo seguito da tante cifre 0 quante sono quelle dell'eventuale antiperiodo.
Nel caso del numero periodico $5{,}3\overline{6}$ si ottiene:

$$\frac{536-53}{90} = \frac{483}{90} = \frac{161}{30}$$

La risposta corretta è quindi la **D**.

9 Le relazioni enunciate nel quesito equivalgono a:

$$a = 2b \quad \text{e} \quad c = b/2$$

Per calcolare il valore del quoziente $\frac{a}{4c}$ è sufficiente esprimere numeratore e denominatore in funzione del parametro b:

$$\frac{a}{4c} = \frac{2b}{4 \cdot (b/2)} = \frac{2b}{2b} = 1 \text{ (risposta E)}$$

10 Sia L la lunghezza "iniziale" del lato del quadrato; dopo la riduzione del 10% la lunghezza "finale" del lato diventa:

$$L - \frac{10}{100}L = L - \frac{1}{10}L = \frac{9}{10}L$$

dato che 10% significa 10/100. La diminuzione della superficie è pari alla differenza fra l'area del quadrato iniziale e l'area del quadrato con il lato ridotto, ossia:

$$L^2 - \left(\frac{9}{10}L\right)^2 = L^2 - \frac{81}{100}L^2 = \frac{100-81}{100}L^2 = \frac{19}{100}L^2$$

L'area del quadrato diminuisce perciò del 19% (19/100 = 19%) e la risposta corretta è pertanto la **C**.

11 La millesima parte di un numero si ottiene dividendo per mille il numero dato. Dato che $1000 = 10^3$ e che il quoziente di due potenze aventi la stessa base è una potenza avente per base la stessa base e per esponente la differenza degli esponenti, si ha:

$$\frac{10^{-21}}{1000} = \frac{10^{-21}}{10^3} = 10^{-21-3} = 10^{-24} \text{ (risposta C)}$$

PARTE QUARTA

12 Dal prodotto notevole "quadrato di un trinomio" si ricava che la risposta corretta è la **C**.

13 Per i criteri di divisibilità, la risposta corretta è la **B**.

14 La risposta corretta è la **D** in quanto i coefficienti numerici hanno massimo comune divisore unitario e non vi sono lettere comuni ai quattro monomi (infatti la x manca nel 3° monomio, la y nel 2° e la z nel 4°).

15 Semplificare una frazione algebrica significa eliminare i fattori comuni a numeratore e denominatore. Poiché viene proposta una somma algebrica tra frazioni, è necessario innanzi tutto trovare il minimo comune multiplo tra i due denominatori e quindi procedere alla somma tra le due frazioni nel modo seguente:

$$\frac{x}{x+2}-\frac{x-2}{x}=\frac{x\cdot x-(x-2)\cdot(x+2)}{x(x+2)}=\frac{x^2-(x^2-4)}{x(x+2)}=\frac{4}{x(x+2)}$$

La frazione ottenuta non è ulteriormente semplificabile e quindi la risposta corretta è la **B**.

16 Per semplificare la frazione algebrica proposta occorre osservare che il numeratore è il quadrato di un binomio, mentre a denominatore occorre effettuare un raccoglimento a fattore parziale:

$$\frac{4a^2-4ab+b^2}{2ab+2a-b^2-b}=\frac{(2a-b)^2}{2a\cdot(b+1)-b\cdot(b+1)}=\frac{(2a-b)^2}{(2a-b)\cdot(b+1)}=\frac{2a-b}{b+1}$$

La risposta corretta è dunque la **C**.

17 Le informazioni contenute nel testo equivalgono al sistema:

$$\begin{cases} xy = a \\ x = y+1 \end{cases}$$

Poiché il binomio x^2+y^2 può essere scritto nella forma:

$$x^2+y^2=(x-y)^2+2xy$$

e poiché dal sistema precedente si ricava:

$$\begin{cases} xy = a \\ x-y = 1 \end{cases}$$

si ottiene:

$$x^2+y^2 = (x-y)^2+2xy = (1)^2+2a = 1+2a$$

quindi la risposta esatta è la **A**.

18 Estraendo la radice quadrata di un numero compreso fra zero e uno si ottiene un numero ancora compreso fra zero e uno, ma **più grande del numero di partenza** (per esempio $\sqrt{0,04}=0,2$), mentre elevando al quadrato un numero compreso fra zero e uno si ottiene un numero più piccolo (per esempio $(0,1)^2=0,01$).

Più in generale, per un numero x compreso fra zero e uno si ha:

$$0<\ldots<x^4<x^3<x^2<x<\sqrt[2]{x}<\sqrt[3]{x}<\sqrt[4]{x}<\ldots<1$$

La risposta corretta è la **B**.

MATEMATICA

Chi avesse familiarità con la rappresentazione cartesiana delle funzioni, può anche procedere attraverso il confronto grafico tra le tre funzioni $y = \sqrt{x}$, $y = x$ e $y = x^2$:

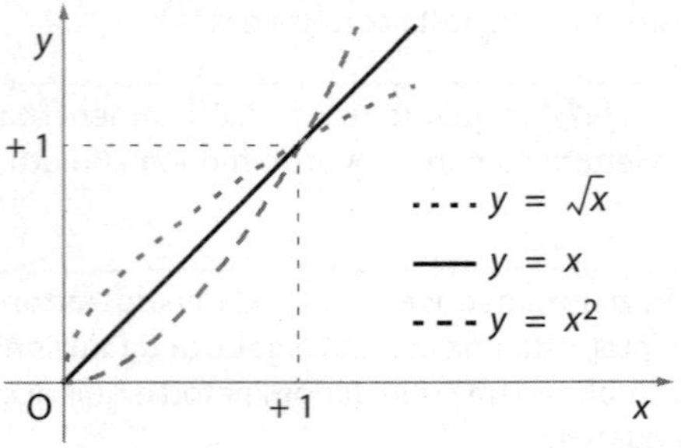

Dal grafico risulta evidente che $y = \sqrt{x}$ è maggiore di $y = x^2$ per $0 < x < 1$.

---

19 La frazione 30/31 è un numero positivo minore di uno, per cui, elevandolo a potenze via via crescenti, si ottengono numeri via via più piccoli. Viceversa, la frazione 31/30 è un numero positivo maggiore di uno, per cui elevandolo a potenze via via crescenti si ottengono numeri via via più grandi. Il corretto ordinamento crescente è quindi $b < a < c < d$.

Il quesito richiede però di indicare la relazione esistente fra le *radici* delle quattro quantità: ricordando che la funzione radice quadrata è crescente, si ricava che l'ordinamento non cambia se si considerano le quattro quantità oppure le corrispondenti quattro radici quadrate. La risposta corretta è dunque la **C**.

PARTE QUARTA

---

20 Occorre ricordare la definizione di potenza con esponente frazionario:

$$a^{m/n} = \sqrt[n]{a^m}$$

che, applicata al quesito proposto, porta a scrivere:

$$1 + (-8)^{2/3} = 1 + \sqrt[3]{(-8)^2} = 1 + \sqrt[3]{64} = 1 + 4 = 5$$

per cui la risposta corretta è la **B**.

---

21 È possibile scartare subito le alternative **A**, **C** e **D** in quanto i relativi radicandi non sono potenze di 3 dunque, anche applicando la proprietà invariantiva dei radicali aritmetici, le radici indicate non possono trasformarsi in $\sqrt{3}$.

Applicando invece tale proprietà alle alternative **B** ed **E** si ottiene:

- $\sqrt[6]{27} = \sqrt[6]{3^3} = \sqrt[6/3]{3^{3/3}} = \sqrt{3}$
- $\sqrt[12]{6561} = \sqrt[12]{3^8} = \sqrt[12/4]{3^{8/4}} = \sqrt[3]{3^2}$

quindi la risposta esatta è la **B**.

---

22 Se il discriminante di un'equazione di 2° grado è negativo, le radici dell'equazione sono complesse coniugate e dunque non sono reali. La risposta esatta è la **D**.

---

23 In base ai dati forniti dal quesito si può dedurre che l'orologio riporta un errore pari a 12 minuti in un intervallo di 24 ore. Il testo chiede semplicemente di individuare quale percentuale dell'intero intervallo di tempo rappresentano tali 12 minuti di ritardo. Si tratta quindi di svolgere il seguente calcolo:

$$\frac{12 \text{ minuti}}{24 \text{ ore}} = \frac{12 \text{ minuti}}{24 \cdot 60 \text{ minuti}} = \frac{1}{120}$$

La frazione ottenuta può essere trasformata in una percentuale moltiplicandola per il valore 100%, in quanto 100% = 100/100 = 1.

Poiché vale:

$$\frac{1}{120} \cdot 100\% = \frac{5}{6}\% \approx 0,83\%$$

la risposta corretta è la **A**.

---

24 L'equazione parametrica $kx^2 - 3kx + (k+1) = 0$ ha una soluzione uguale a –1: questo significa che sostituendo $x = -1$ nell'equazione, l'uguaglianza deve essere verificata:

$$\begin{cases} kx^2 - 3kx + k + 1 = 0 \\ x = -1 \end{cases} \rightarrow \quad k(-1)^2 - 3k(-1) + k + 1 = 0 \quad \rightarrow \quad k + 3k + k + 1 = 0$$

$$\rightarrow \quad 5k + 1 = 0 \quad \rightarrow \quad k = -\frac{1}{5}$$

La risposta corretta è pertanto la **D**.

---

25 È possibile arrivare alla soluzione del quesito sia per via geometrica, sia per via algebrica.
Via geometrica: si osservi che le equazioni che formano il sistema rappresentano, rispettivamente, una retta parallela alla bisettrice del secondo e del quarto quadrante e un'iperbole equilatera che giace nel primo e nel terzo quadrante. Al variare del parametro $a \in \mathbb{R}$, la retta individuata dall'equazione $x + y = a$ interseca l'iperbole in un punto, due punti o in nessun punto, quindi il sistema ammette una soluzione, due soluzioni o nessuna soluzione.
Le risposte **A** e **B** sono quindi da escludere a priori.

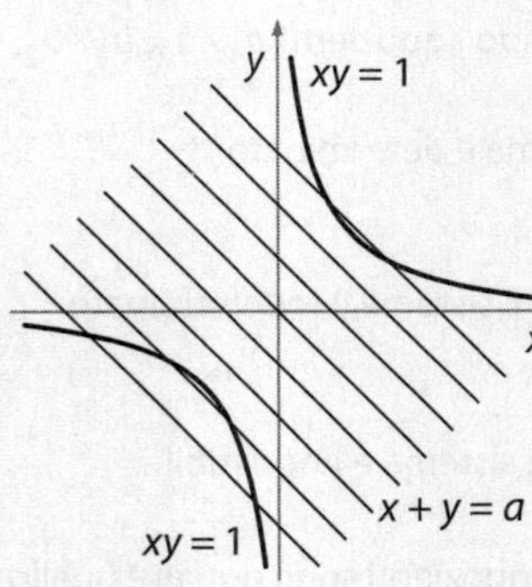

Si osservi inoltre che si possono avere intersezioni tra le due curve considerate sia per $a > 0$, sia per $a < 0$, quindi anche le risposte **C** e **D** sono da eliminare. Per esclusione si ottiene che la risposta esatta è la **E**.
Via algebrica: l'equazione $xy = 1$, per $x \neq 0$, può essere scritta nella forma:

$$y = \frac{1}{x}$$

Il sistema diventa quindi:

$$\begin{cases} x + y = a \\ y = \frac{1}{x} \end{cases} \rightarrow \begin{cases} x + \frac{1}{x} = a \\ y = \frac{1}{x} \end{cases} \rightarrow \begin{cases} x^2 - ax + 1 = 0 \\ y = \frac{1}{x} \end{cases}$$

Le soluzioni della prima equazione sono:

$$x_{1,2} = \frac{a \pm \sqrt{a^2 - 4}}{2}$$

Tali soluzioni sono reali e distinte per $a^2 - 4 > 0$, cioè per $a < -2$ oppure $a > 2$. Il sistema considerato ammette quindi due soluzioni distinte per $a < -2$ oppure $a > 2$. La risposta corretta è la **E**.

26 Dire che la somma, la differenza e il prodotto di due numeri x e y stanno tra loro come 7, 3 e 40 equivale a proporre il seguente sistema:

$$\begin{cases} x+y = k\cdot 7 \\ x-y = k\cdot 3 \\ x\cdot y = k\cdot 40 \end{cases}$$

dove k è la costante di proporzionalità. Si tratta di un sistema di tre equazioni in tre incognite (x, y e k) che può essere risolto con il metodo della verifica (ossia provando a sostituire i valori numerici proposti dalle diverse alternative alle lettere x e y per vedere se si ricava un unico valore numerico per k) oppure con il metodo classico della sostituzione (che però risulta più laborioso trattandosi di un sistema di secondo grado). In entrambi i casi la risposta corretta è la **D**.

27 Tutti i sistemi proposti sono lineari e composti da due equazioni in due incognite, quindi si può utilizzare la seguente regola: è possibile determinare il carattere di un sistema lineare di due equazioni in due incognite, scritto nella forma:

$$\begin{cases} a_1x+b_1y = c_1 \\ a_2x+b_2y = c_2 \end{cases}$$

semplicemente confrontando i quozienti a_1/a_2, b_1/b_2, c_1/c_2. Più precisamente:

- se $\frac{a_1}{a_2} \neq \frac{b_1}{b_2} \Rightarrow$ il sistema è determinato
- se $\frac{a_1}{a_2} = \frac{b_1}{b_2} = \frac{c_1}{c_2} \Rightarrow$ il sistema è indeterminato
- se $\frac{a_1}{a_2} = \frac{b_1}{b_2} \neq \frac{c_1}{c_2} \Rightarrow$ il sistema è impossibile

L'unico sistema per cui i tre quozienti sono uguali è quello proposto dall'alternativa **C**, che quindi è la risposta corretta:

$$\begin{cases} y = 2x-1 \\ x-\frac{1}{2}y = \frac{1}{2} \end{cases} \rightarrow \begin{cases} 2x-y = 1 \\ x-\frac{1}{2}y = \frac{1}{2} \end{cases} \rightarrow \frac{a_1}{a_2} = \frac{2}{1} = 2,\ \frac{b_1}{b_2} = \frac{-1}{-1/2} = 2,\ \frac{c_1}{c_2} = \frac{1}{1/2} = 2$$

28 Le equazioni proposte nelle ultime quattro alternative non hanno soluzioni reali.

B: una frazione si annulla quando il numeratore si annulla (posto il denominatore diverso da zero); $\forall x \in \mathbb{R}$ risulta $1 \neq 0$;

C: il primo membro, essendo un quadrato, è un numero positivo o nullo, quindi non può essere uguale a un numero negativo;

D: risolvendo l'equazione si ottiene: $\text{sen}^2 x = 3/2$, ma la funzione seno può assumere solo valori appartenenti all'intervallo $[-1, 1]$, quindi il suo quadrato solo valori appartenenti all'intervallo $[0, 1]$;

E: una frazione si annulla quando il numeratore si annulla (posto il denominatore diverso da zero), ma il numeratore della frazione considerata è un numero strettamente positivo, essendo somma di un numero non negativo ($\log^2 x$) e di uno positivo ($\sqrt{2}$).

Per esclusione, la risposta esatta è la **A**.

PARTE QUARTA

È possibile arrivare alla soluzione anche per via diretta:

$$\frac{1}{a-x} = a - x \overset{x \neq a}{\rightarrow} (a-x)^2 = 1 \rightarrow a^2 + x^2 - 2ax = 1 \rightarrow$$

$$\rightarrow x^2 - 2ax + (a^2 - 1) = 0 \rightarrow x_{1,2} = a \pm \sqrt{a^2 - (a^2 - 1)} \rightarrow x_{1,2} = a \pm 1$$

Poiché $a \in \mathbb{R}$, anche $a \pm 1 \in \mathbb{R}$.

---

29 È possibile rispondere al quesito sfruttando la legge dell'annullamento del prodotto: il primo membro (costituito dal prodotto fra due fattori di primo grado) si annulla se e solo se almeno uno dei due fattori è nullo. Il valore di x per cui si annulla il primo fattore è $x = 2$, mentre il valore in corrispondenza del quale si annulla il secondo è $x = 3$. La risposta corretta è quindi la **A**.

---

30 La risposta corretta è data dall'alternativa **A** poiché:

$$6^2 - 3 = 36 - 3 = 33$$

Sostituendo invece i numeri 11 e 30 (che sono maggiori di 6) all'incognita x si trova che la disuguaglianza non è verificata.

---

31 Applicando i principi di equivalenza è possibile ricondursi a studiare le soluzioni di:

$$2x^2 + 7x - 15 < 0$$

Per determinare i valori che soddisfano tale disequazione si studia l'equazione a essa associata:

$$2x^2 + 7x - 15 = 0 \rightarrow x_{1,2} = \frac{-7 \pm \sqrt{7^2 - 4 \cdot 2 \cdot (-15)}}{2 \cdot 2} = \frac{-7 \pm 13}{4}$$

e poiché le radici dell'equazione sono –5 e 3/2 = 1,5, la disequazione iniziale è verificata per i valori interni all'intervallo delimitato dalle due soluzioni ovvero per $-5 < x < 1{,}5$ (risposta **D**).

---

32 Una volta poste le condizioni di esistenza:

$$\text{C.E.: } x \neq 0; x \neq -2$$

si svolge la somma calcolando il denominatore comune:

$$\frac{1}{x^2} + \frac{1}{x+2} > 0 \rightarrow \frac{x + 2 + x^2}{x^2(x+2)} > 0 \rightarrow \frac{x^2 + x + 2}{x^2(x+2)} > 0$$

Si tratta di una disequazione frazionaria dove il segno del numeratore è sempre positivo (il trinomio $x^2 + x + 2$ non si annulla mai in quanto $\Delta = b^2 - 4ac = 1 - 8 = -7 < 0$) mentre il segno del denominatore è dato dal prodotto di due fattori (ossia x^2 e $x + 2$):

$x^2 > 0$ per $x \neq 0$

$x + 2 > 0$ per $x > -2$

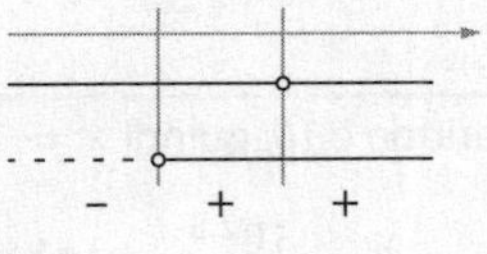

La risposta corretta è dunque la **D**: $x > -2$ e $x \neq 0$.

MATEMATICA

33 Se $x < 0$ la disequazione è equivalente al sistema:

$$\begin{cases} x < 0 \\ 1 - x < -x \end{cases} \rightarrow \begin{cases} x < 0 \\ 1 < 0 \end{cases} \rightarrow \text{impossibile}$$

Se $0 \leq x < 1$ si ha:

$$\begin{cases} 0 < x < 1 \\ 1 - x < x \end{cases} \rightarrow \begin{cases} 0 < x < 1 \\ 1 < 2x \end{cases} \rightarrow \frac{1}{2} < x < 1$$

Se infine $x \geq 1$ il sistema diventa:

$$\begin{cases} x \geq 1 \\ x - 1 < x \end{cases} \rightarrow \begin{cases} x \geq 1 \\ -1 < 0 \end{cases} \rightarrow x \geq 1$$

Unendo gli intervalli trovati, si conclude che la risposta esatta è la **B**: $x > \frac{1}{2}$.

34 Applicando il teorema sul logaritmo di una potenza:

$$\log_a b^m = m \log_a b$$

l'equazione data diventa:

$$2\log x = \log 5 \rightarrow \log x^2 = \log 5$$

Poiché due logaritmi aventi la stessa base sono uguali quando lo sono i rispettivi argomenti, deve risultare:

$$x^2 = 5 \rightarrow x = \pm\sqrt{5}$$

Ricordando che *x*, argomento di un logaritmo, deve necessariamente essere maggiore di zero, si deduce che l'unica soluzione dell'equazione di partenza è $x = \sqrt{5}$, quindi la risposta corretta è la **B**.

35 La risposta esatta è la **C**. L'equazione data è infatti irrazionale; contenendo una radice di indice pari ammette soluzioni solo se il radicando è non negativo:

$$\log_{10} x + k \geq 0 \rightarrow \log_{10} x \geq -k$$

Ma, per ogni valore reale di *k*, esiste $x \in \mathbb{R}$ tale che:

$$\log_{10} x \geq -k \rightarrow 10^{\log_{10} x} \geq 10^{-k} \rightarrow x \geq 10^{-k}$$

36 Ricordando che la funzione logaritmica è crescente se la base del logaritmo è maggiore di uno, per ordinare i logaritmi naturali (ossia in base $e \approx 2{,}71828$) è sufficiente ordinarne gli argomenti. La risposta corretta è la **B** essendo:

$$\frac{15}{4} < \frac{9}{2} < \frac{36}{7} < 8$$

37 La base del logaritmo è 10, quindi $x = 10^{1,25}$ e $y = 10^{2,5}$. Il rapporto y/x vale quindi:

$$\frac{y}{x} = \frac{10^{2,5}}{10^{1,25}} = 10^{2,5-1,25} = 10^{1,25} \text{ (risposta A)}$$

38 Ponendo $e^x = t$ si ottiene la seguente disequazione:

$$3t - \frac{5}{t} - 2 > 0$$

Dato che $e^x > 0$ per ogni x, si può moltiplicare tutto per t ottenendo una disequazione dello stesso verso ed equivalente a quella data:

$$3t - \frac{5}{t} - 2 > 0 \ \rightarrow \ 3t^2 - 5 - 2t > 0 \ \rightarrow \ 3t^2 - 2t - 5 > 0$$

La precedente disequazione di secondo grado avrebbe come soluzione $t < -1$ e $t > \frac{5}{3}$, ma come detto t non può assumere valori negativi, pertanto è da prendere come soluzione unicamente $t > \frac{5}{3}$. Facendo la sostituzione inversa per tornare a x si trova:

$$t > \frac{5}{3} \ \rightarrow \ e^x > \frac{5}{3} \ \rightarrow \ x > \ln\left(\frac{5}{3}\right)$$

La risposta corretta è pertanto la **C**.

---

39 Per risolvere il quesito è sufficiente risolvere la disequazione $\frac{e^x \cdot (x^2 - x - 6)}{x^2 + 25} > 0$. Osservando che il fattore e^x e il denominatore $x^2 + 25$ sono sempre positivi (in quanto, rispettivamente, esponenziale e somma di un termine positivo e di uno non negativo) è dunque possibile risolvere la più semplice disequazione:

$$x^2 - x - 6 > 0$$

L'equazione a essa associata ammette soluzioni $x_1 = -2$, $x_2 = 3$ quindi la disequazione considerata è soddisfatta per $x < -2 \ \cup \ x > 3$ e il grafico della funzione $f(x) = \frac{e^x \cdot (x^2 - x - 6)}{x^2 + 25}$ giace nel semipiano positivo delle y in tale intervallo. La risposta esatta è pertanto la **E**.

---

40 Nel quesito compaiono due funzioni: $f(x) = x^3 + 3x^2 + 2x$ e $g(x) = \frac{x^2 - 3}{x + 1}$ e si chiede di verificare quale delle alternative, relative al numero di intersezioni di tali funzioni con gli assi, sia quella corretta. Per rispondere è quindi sufficiente risolvere i sistemi:

$$\begin{cases} y = x^3 + 3x^2 + 2x \\ x = 0 \end{cases} \quad \text{e} \quad \begin{cases} y = x^3 + 3x^2 + 2x \\ y = 0 \end{cases}$$

per la funzione $f(x)$ (poiché nell'alternativa **A** si parla di intersezioni con l'asse delle ordinate e nella **C** di intersezioni con l'asse delle ascisse) e

$$\begin{cases} y = \frac{x^2 - 3}{x + 1} \\ y = 0 \end{cases}$$

per la funzione $g(x)$ (poiché nelle alternative **B** e **D** si parla solo di intersezioni con l'asse delle ascisse).

MATEMATICA

Poiché i primi due sistemi ammettono rispettivamente una e tre soluzioni, mentre il terzo ammette le due soluzioni di segno opposto $x_1 = \sqrt{3}$ e $x_2 = -\sqrt{3}$, si deduce che:

- la funzione $f(x)$ ammette una sola intersezione con l'asse delle ordinate e tre con l'asse delle ascisse;
- la funzione $g(x)$ ammette due intersezioni di segno opposto con l'asse delle x.

La risposta esatta è quindi la C.

---

41 La risposta corretta è la C: infatti la pendenza, espressa dal coefficiente angolare *m*, di una retta passante per i due punti di coordinate A(–5; 2) e B(1; –2) è data dalla formula:

$$m = \frac{y_2 - y_1}{x_2 - x_1} = \frac{-2-2}{1-(-5)} = \frac{-4}{1+5} = -\frac{4}{6} = -\frac{2}{3}$$

---

42 Una parabola che ha asse di simmetria coincidente con l'asse delle ordinate ha retta direttrice orizzontale e quindi equazione generale $y = ax^2 + bx + c$. Poiché il vertice coincide con l'origine degli assi cartesiani, si ha $b = c = 0$, ma questo purtroppo non permette di escludere nessuna alternativa. Bisogna quindi utilizzare la formula delle coordinate del fuoco:

$$F = \left(-\frac{b}{2a}; -\frac{\Delta}{4a} + \frac{1}{4a}\right)$$

con $\Delta = b^2 - 4ac$. Essendo $b = c = 0$ si ottiene $\Delta = 0$.

Inoltre ponendo l'ordinata del fuoco uguale a $\frac{1}{10}$ si ottiene:

$$\frac{1}{4a} = \frac{1}{10} \quad \rightarrow \quad a = \frac{10}{4} = \frac{5}{2}$$

L'equazione della parabola cercata è pertanto $y = \frac{5}{2}x^2$ (risposta E).

---

43 Una circonferenza è non degenere quando il suo raggio è maggiore di zero. Data l'equazione normale della circonferenza:

$$x^2 + y^2 + ax + by + c = 0$$

per trovarne le coordinate del centro $C = (\alpha; \beta)$ e il raggio *r* si utilizzano le relazioni seguenti:

$$\alpha = -a/2; \qquad \beta = -b/2; \qquad r = \sqrt{\alpha^2 + \beta^2 - c}$$

Per trovare il centro e il raggio della circonferenza di equazione $x^2 + y^2 - 4x + 2y + k = 0$, si utilizzano le relazioni viste sopra e si ottiene:

$$C = (\alpha; \beta) \rightarrow \begin{cases} \alpha = -a/2 = 2 \\ \beta = -b/2 = -1 \end{cases} \rightarrow C = (2; -1) \quad r = \sqrt{\alpha^2 + \beta^2 - c} = \sqrt{4 + 1 - k} = \sqrt{5 - k}$$

Si tratta quindi ora di risolvere la disequazione $\sqrt{5-k} > 0$; ponendo $5 - k > 0$ si ottiene $k < 5$ (risposta B).

44 Si tratta di due rette parallele fra loro, in quanto presentano lo stesso coefficiente angolare (ossia m = 2 per entrambe le rette).

La risposta corretta è la **D**.

---

45 L'equazione data rappresenta una curva del 2° ordine, cioè una conica. Dallo studio del segno di $\Delta = B^2 - 4AC$, si ricava che per l'equazione in questione

$$0^2 - 4 \cdot 2 \cdot 3 = -24 < 0$$

e dunque essa rappresenta un'ellisse. La risposta esatta è la **B**.

---

46 Osservando che il segno dell'ascissa del punto T varia al variare del segno di *k*, mentre l'ordinata si mantiene sempre positiva (essendo la somma di un quadrato, positivo o nullo, e di una quantità positiva), è immediato dedurre che tale punto si trova nel semipiano positivo delle *y* per ogni valore di *k*. La risposta esatta è quindi la **D**.

---

47 Le coordinate del punto di intersezione tra due curve generiche sono la soluzione del sistema tra le equazioni delle curve. In particolare, il punto di intersezione di due rette si trova risolvendo il sistema lineare tra le equazioni delle due rette:

$$\begin{cases} x - y = 0 \\ 2x - 1 = 0 \end{cases} \rightarrow \begin{cases} x = y \\ x = 1/2 \end{cases} \rightarrow x = 1/2 \text{ e } y = 1/2$$

La risposta corretta è dunque la **D**.

---

48 La risoluzione del quesito richiede due passaggi: in primo luogo occorre calcolare il coefficiente angolare della retta passante per i due punti M ed N (non è necessario ricavare l'equazione):

$$m_1 = \frac{y_N - y_M}{x_N - x_M} = \frac{-1/2 - 0}{3 + 1} = -\frac{1}{8}$$

A questo punto si scrive l'equazione della retta passante per l'origine (ossia priva del termine noto q) avente il coefficiente angolare m_2 tale da soddisfare la condizione di perpendicolarità:

$$m_1 \cdot m_2 = -1 \quad \rightarrow \quad m_2 = -\frac{1}{m_1} = -(-8) = +8$$

L'equazione della retta cercata è dunque:

$$y = 8x$$

per cui la risposta corretta è la **C**.

---

49 Per individuare le eventuali intersezione fra due curve occorre risolvere il sistema delle corrispondenti equazioni:

$$\begin{cases} y = x^2 \\ y = x + a \end{cases} \rightarrow x^2 = x + a \rightarrow x^2 - x - a = 0$$

La precedente equazione è risolvibile (quindi esistono intersezioni) se e solo se il suo discriminante Δ è positivo o nullo. Dal momento che il quesito chiede di individuare i valori di *a* per i quali la retta e la parabola NON hanno punti di intersezione si impone che il discriminante Δ sia negativo:

$$\Delta = 1 + 4a < 0$$

La risposta corretta è quindi la **C**.

50 Ragionando graficamente si ottiene la seguente figura:

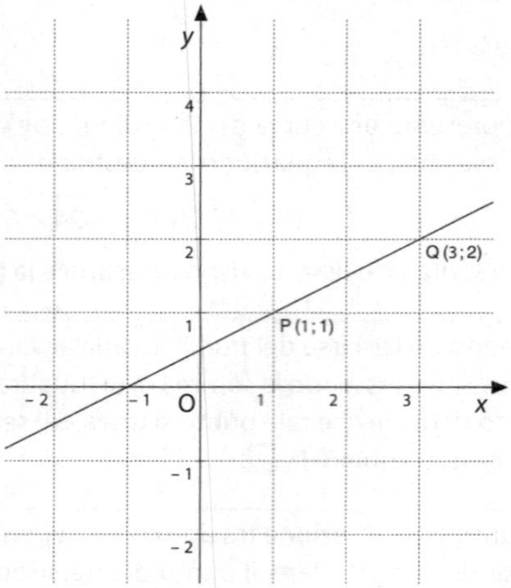

La figura può essere completata disegnando, oltre ai punti P e Q, anche quelli proposti dalle 5 alternative **A**, **B**, **C**, **D** ed **E**.

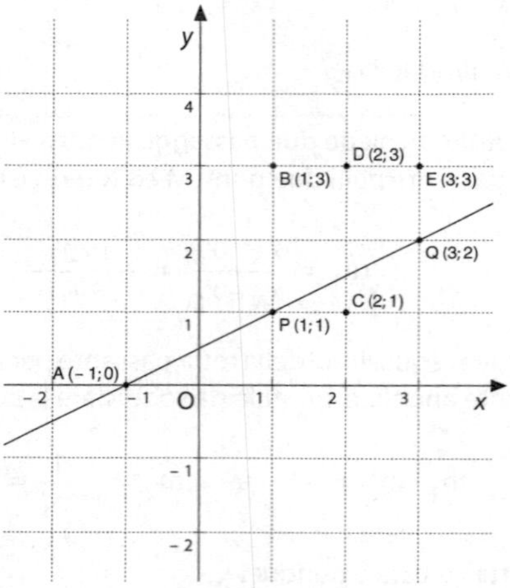

Risulta evidente che l'unico punto allineato con P e Q è quello individuato dall'alternativa **A**, ossia il punto di coordinate (– 1; 0).

Alla medesima conclusione si poteva pervenire anche per via algebrica: in questo caso occorre ricordare l'equazione della retta passante per due punti P e Q:

$$\frac{y - y_P}{y_Q - y_P} = \frac{x - x_P}{x_Q - x_P}$$

Ricordando che le coordinate di P e Q sono (1; 1) e (3; 2) rispettivamente si ottiene:

$$\frac{y-1}{2-1} = \frac{x-1}{3-1} \qquad \frac{y-1}{1} = \frac{x-1}{2} \qquad y - 1 = \frac{1}{2}x - \frac{1}{2} \qquad y = \frac{1}{2}x + \frac{1}{2}$$

applicando ora il metodo della verifica, ossia provando a sostituire nell'equazione *x* e *y* con i diversi valori proposti dalle alternative si ricava nuovamente che l'unico punto che soddisfa l'equazione (ossia che si trova sulla retta) è quello di coordinate (– 1; 0).

51 È possibile arrivare alla soluzione osservando che il punto di coordinate (1; 0), che appartiene ai settori proposti nelle ultime quattro alternative, non soddisfa la prima disequazione del sistema:

$$|y| \ge x \;\rightarrow\; |0| \ge 1 \;\rightarrow\; 0 \ge 1$$

quindi, per esclusione, si deduce che la risposta corretta è la **A**.
In alternativa, è possibile disegnare la porzione di piano individuata dal sistema proposto:

$$|y| \ge x \;\rightarrow\; \begin{cases} y \ge 0 \\ y \ge x \end{cases} \cup \left(\begin{cases} y < 0 \\ -y \ge x \end{cases} \;\rightarrow\; \begin{cases} y \ge 0 \\ y \ge x \end{cases} \cup \begin{cases} y < 0 \\ y \le -x \end{cases}\right)$$

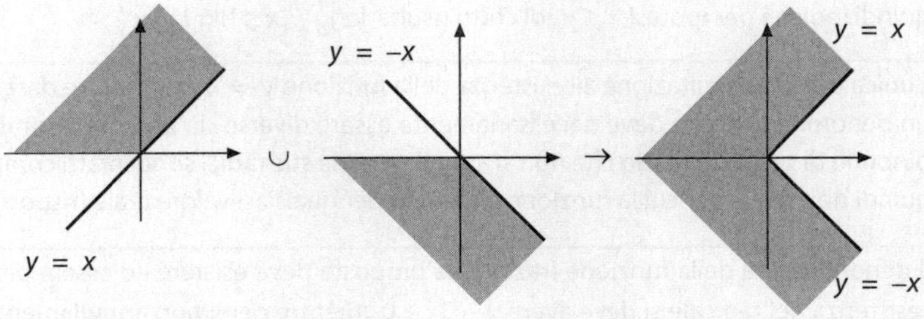

$x^2 + y^2 \le 1$ rappresenta tutti i punti appartenenti al cerchio centrato nell'origine e di raggio 1, circonferenza compresa:

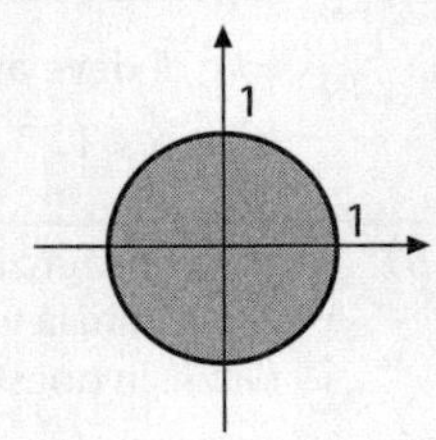

Poiché le due disequazioni considerate fanno parte di un sistema, è necessario fare l'intersezione delle soluzioni:

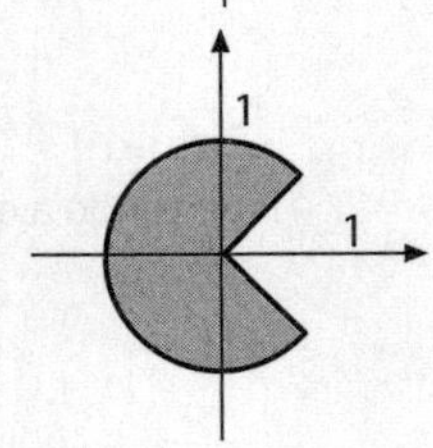

ottenendo nuovamente la figura proposta dall'alternativa **A**.

52 Il punto B si trova a distanza 7 dal punto A, per cui B giace sulla circonferenza con centro in A e raggio 7. Inoltre, il punto B ha ascissa nulla (ossia la prima coordinata pari a zero), per cui si trova sull'asse delle ordinate.
Un grafico anche approssimativo consente di rispondere correttamente al quesito.

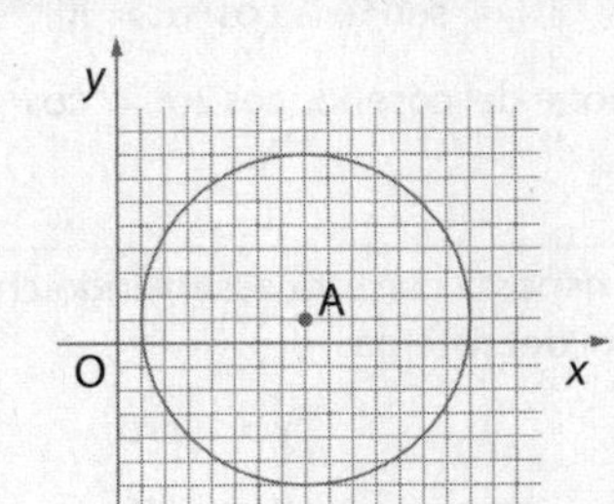

Dal momento che la circonferenza e l'asse delle ordinate non hanno alcuna intersezione, un punto B che soddisfi le condizioni poste dal quesito non esiste. La risposta corretta è pertanto la **B**.

MATEMATICA

53 Dalla relazione $Q = K \cdot P$, sostituendo i valori $P = 4{,}5$ e $Q = 18$, si ottiene $18 = K \cdot 4{,}5$, ossia $K = 18/4{,}5 = 4$ (risposta **C**).

54 Nel testo del quesito si afferma che x, y e a sono tre numeri positivi e diversi da 1, ma non si specifica se si tratta di valori minori o maggiori di 1: questa precisazione è importante perché le funzioni logaritmica ed esponenziale sono crescenti per valori della base maggiori di 1, decrescenti per valori della base compresi tra 0 e 1 (estremi esclusi).

Ricordando che le funzioni crescenti mantengono inalterato l'ordinamento dei rispettivi argomenti, è immediato dedurre che la risposta corretta è la **E**: in tale alternativa infatti la base della funzione logaritmo è maggiore di 1 (essendo $a + 1$ la somma di 1 e di una quantità positiva) quindi, poiché per ipotesi $x \leq y$, di certo risulta $\log_{a+1} x \leq \log_{a+1} y$.

55 L'unica possibile limitazione all'esistenza della funzione $y = 1/(x^2 + 1)$ è data dalla presenza di un denominatore che deve necessariamente essere diverso da zero. Il denominatore è però un binomio di secondo grado che non si annulla mai (le sue radici sono infatti complesse coniugate, quindi non reali), per cui la funzione è definita per qualsiasi valore reale (risposta **A**).

56 Il denominatore della funzione frazionaria proposta deve esistere ed essere diverso da zero. Per l'esistenza del radicale si deve avere $1 - 3x \geq 0$, mentre per il non annullamento del denominatore di deve avere $\sqrt{1 - 3x} \neq 0$, cioè $1 - 3x \neq 0$: combinando le due condizioni si ha $1 - 3x > 0$, ossia $x < 1/3$, per cui $T = (-\infty, 1/3)$.La risposta corretta è quindi la **D**.

57 Data una funzione $f(x)$, per determinare l'espressione analitica della sua funzione inversa si deve esplicitare la variabile indipendente x in funzione della variabile dipendente y e scambiare le variabili. In questo caso:

$$f(x) = 3x - 6 \rightarrow y = 3x - 6 \rightarrow \frac{y + 6}{3} = x \rightarrow x = \frac{y}{3} + 2$$

Invertendo a questo punto le due variabili si ricava che

$$f^{-1}(x) = \frac{x}{3} + 2 \text{ (risposta C)}$$

58 Sfruttando il prodotto notevole "somma per differenza" si può scrivere:

$$\text{sen}^4\alpha - \cos^4\alpha = (\text{sen}^2\alpha + \cos^2\alpha) \cdot (\text{sen}^2\alpha - \cos^2\alpha)$$

Il teorema fondamentale della trigonometria afferma che $\text{sen}^2\alpha + \cos^2\alpha = 1$ perciò l'identità proposta nel quesito diventa:

$$\text{sen}^2\alpha - \cos^2\alpha = K$$

Per la formula di duplicazione del coseno, $\cos 2\alpha = \cos^2\alpha - \text{sen}^2\alpha$ si trova che $K = -\cos 2\alpha$. La risposta corretta è la **B**.

59 È possibile individuare la risposta corretta osservando che le soluzioni dell'equazione proposta coincidono con le soluzioni del sistema:

$$\begin{cases} y = \text{sen}x \\ y = -x^2 - 1 \end{cases}$$

Le equazioni del sistema rappresentano, rispettivamente, la funzione seno e la parabola di vertice $V(0; -1)$, asse coincidente con l'asse y e concavità rivolta verso il basso.

Riportando sullo stesso piano cartesiano i grafici delle due funzioni, è immediato osservare che non si intersecano in alcun punto.

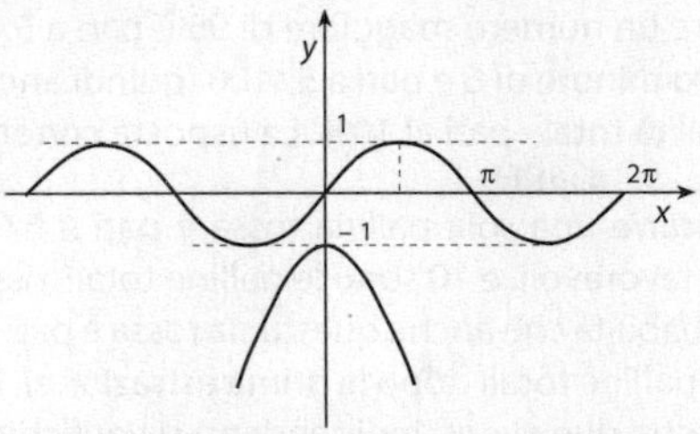

Poiché il sistema non ammette soluzioni, anche l'equazione $x^2 + \text{sen}x + 1 = 0$ non ammette soluzioni, quindi la risposta esatta è la **E**. Si osservi che la risposta **B** è errata poiché l'equazione considerata non è di secondo grado, per la presenza del termine sen$x$, che la rende un'equazione goniometrica.

---

60 La risposta esatta è la **B**: la tangente di un angolo orientato si misura sulla retta passante per il punto (1; 0) e perpendicolare all'asse delle x; il valore della tangente è positivo per angoli acuti o compresi tra 180° e 270°, negativo per angoli compresi tra 90° e 180° o tra 270° e 360°, nullo per gli angoli che misurano 0°, 180° e 360° mentre non è definito per gli angoli di 90° e 270°. Si ricordi che la cotangente di un angolo si misura invece lungo la retta perpendicolare all'asse delle y e passante per il punto di coordinate (0; 1), mentre la secante è la funzione reciproca del coseno di un angolo.

---

61 I possibili esiti del lancio dei due dadi sono soltanto quattro. Indicando con P l'uscita di un numero pari e con D l'uscita di un numero dispari, le quattro configurazioni (che, essendo equiprobabili, hanno ciascuna probabilità pari a 1/4) sono:

Primo dado	Secondo dado
P	P
P	D
D	P
D	D

L'evento "uscita di due numeri pari" ha quindi probabilità pari a 1/4 (un solo caso favorevole sui quattro possibili); anche l'evento "uscita di due numeri dispari" ha probabilità pari a 1/4. L'evento "uscita di un numero pari e uno dispari" ha invece probabilità pari a 1/2 (due casi favorevoli sui quattro possibili). La risposta corretta è quindi la **C**.

---

62 Per questo esercizio si propongono tre metodi risolutivi.

In primo luogo è possibile ricorrere alla definizione di probabilità, intesa come rapporto tra il numero dei casi favorevoli al manifestarsi di un evento e il numero dei casi possibili, considerati ugualmente probabili. I casi possibili, lanciando due dadi aventi 6 facce, sono 36; i casi favorevoli all'evento sono 6, corrispondenti all'uscita di due numeri identici sui due dadi (1 e 1, 2 e 2, 3 e 3, 4 e 4, 5 e 5, 6 e 6). La probabilità cercata è quindi pari a $P = 6/36 = 1/6$ (risposta **C**).

In alternativa, si sarebbe giunti alla stessa conclusione osservando che la probabilità dell'evento E "esce la coppia 1 e 1" è pari a $P(E) = 1/36 = 1/6 \cdot 1/6$ (teorema delle probabilità composte) e che vi sono sei configurazioni possibili di questo tipo. Per il teorema delle probabilità totali si ricava quindi $P = 6 \cdot 1/36 = 1/6$ (ancora risposta **C**).

Infine, considerando che la probabilità che esca lo stesso numero sui due dadi è la stessa indipendentemente che li si lanci contemporaneamente o uno dopo l'altro, basta trovare la probabilità che, una volta uscito il numero del primo dado lanciato, quello del secondo dado sia uguale al primo. Avendo il dado 6 facce, tale probabilità è pari a 1/6 (di nuovo risposta **C**).

63 Occorre applicare il teorema delle probabilità totali: se *E* ed *F* sono due eventi incompatibili, la probabilità che si verifichi *E* oppure *F* è uguale alla somma delle probabilità dei singoli eventi. La probabilità di estrarre un numero maggiore di 95 è pari a 5/100 (ossia 5%); anche la probabilità di estrarre un numero minore di 6 è pari a 5/100 (quindi ancora 5%). La somma di queste probabilità dà una probabilità totale pari al 10%. La risposta corretta è quindi la **D**.

---

64 La probabilità di estrarre una sola pallina rossa è pari a 6/10 (6 sono le palline rosse presenti nell'urna, ossia i casi favorevoli, e 10 sono le palline totali, ossia i casi possibili). Estraendo una seconda pallina, la probabilità che anche questa sia rossa è pari a 5/9 (5 sono le palline rosse rimaste nell'urna e 9 sono le palline totali dopo la prima estrazione). Per il teorema delle probabilità composte, la probabilità che due eventi indipendenti si verifichino contemporaneamente è data dal prodotto delle probabilità dei singoli eventi. La probabilità composta cercata è quindi pari a:

$$\frac{6}{10}\cdot\frac{5}{9}=\frac{30}{90}=\frac{1}{3}$$

per cui la risposta corretta è la **C**.

---

65 Lanciando il dado truccato la probabilità che esca il numero 6 è 1/3, quindi la probabilità che esca uno degli altri cinque numeri è 2/3. Possiamo ritenere gli altri cinque numeri equiprobabili, pertanto ognuno ha probabilità di uscire pari a 2/3 diviso 5, ossia 2/15.
La probabilità che esca un numero pari è quindi:

$$P(6)+P(4)+P(2)=\frac{1}{3}+\frac{2}{15}+\frac{2}{15}=\frac{5+2+2}{15}=\frac{9}{15}=\frac{3}{5}$$ (risposta **D**).

---

66 Si indica con il termine moda di una serie di dati quello che ha la frequenza maggiore, cioè che compare più volte all'interno della serie. Nel caso in esame il dato che ricorre più spesso è 5, con tre occorrenze, quindi la risposta esatta è la **D**.

---

67 Se la media dei primi tre esami è pari a 28, allora la somma delle tre votazioni è pari a $28\cdot 3=84$. Sommando anche la votazione conseguita nel quarto esame si ottiene $84+20=104$. Per ottenere la media dei quattro esami si divide la somma ottenuta per 4:

$$\frac{104}{4}=26$$

La risposta corretta è dunque la **B**.

---

68 È un problema di calcolo combinatorio e in particolare si tratta di **disposizioni con ripetizione** di 4 oggetti presi a gruppi di 7.

Ricordando la formula $D^{rip}_{n,k}=n^k$ e ponendo $n=4$ e $k=7$ si ottiene $D^{rip}_{4,7}=4^7$.

La risposta corretta è pertanto la **B**. Alla medesima conclusione si poteva pervenire anche senza ricordarsi la formula. Il quesito chiede di formare parole di 7 lettere: questa situazione può essere schematizzata tramite sette caselle per ognuna delle quali abbiamo 4 possibili scelte (ossia A, C, G e T).

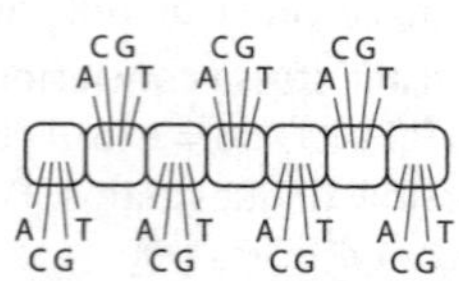

Chiaramente ciascuna delle 4 possibili scelte per la prima casella si combina con ciascuna delle 4 possibili scelte per la seconda casella e così via fino alla settima casella ottenendo:

$$4\cdot4\cdot4\cdot4\cdot4\cdot4\cdot4=4^7$$

69 Con 4 elementi distinti si possono formare 20 gruppi diversi di 3 elementi, considerando la possibilità di ripetere più volte uno stesso elemento: tale numero è esattamente quello delle combinazioni con ripetizione di 4 elementi presi a 3 a 3.

$$C_{n,k}^{rip} = \frac{(n+k-1)!}{(n-1)!\cdot k!} \Rightarrow C_{4,3}^{rip} = \frac{(4+3-1)!}{(4-1)!\cdot 3!} = \frac{6!}{3!\cdot 3!} = \frac{6\cdot 5\cdot 4\cdot 3!}{3!\cdot 3\cdot 2\cdot 1} = 20$$

quindi, con i quattro segmenti dati, si possono formare al più 20 gruppi di tre elementi.

In alternativa, è possibile elencare tutti i 20 gruppi possibili:

10, 10, 10	15, 15, 15	20, 20, 20	25, 25, 25	10, 15, 20
10, 10, 15	15, 15, 10	20, 20, 10	25, 25, 10	10, 15, 25
10, 10, 20	15, 15, 20	20, 20, 15	25, 25, 15	10, 20, 25
10, 10, 25	15, 15, 25	20, 20, 25	25, 25, 20	15, 20, 25

Non tutti questi gruppi però rappresentano i lati di un triangolo non degenere: perché ciò accada, ciascun lato deve essere minore della somma degli latri due e maggiore della loro differenza.

I gruppi che non rispettano questa condizione sono solo 3, e precisamente:

- 10, 10, 20, infatti $10 = 20 - 10$
- 10, 10, 25, infatti $10 < 25 - 10 = 15$
- 10, 15, 25, infatti $10 = 25 - 15 = 10$

quindi con i quattro segmenti dati si possono costruire $20 - 3 = 17$ triangoli non degeneri. La risposta esatta è la D.

70 Essendo il triangolo isoscele, la mediana AM coincide con l'altezza del triangolo.

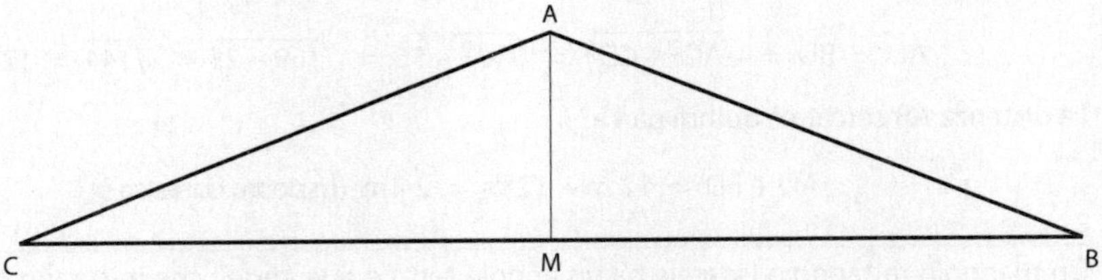

Ricordando che la tangente goniometrica è uguale a seno diviso coseno, si ricava che BM = CM = 13 cm. La base del triangolo isoscele è data dalla somma delle lunghezze di questi due segmenti e misura quindi 26 cm. La risposta corretta è quindi la E.

71 Dal momento che la distanza fra i due centri O e O′ è uguale alla somma dei raggi R e R′, le due sfere sono tangenti esternamente (risposta C).

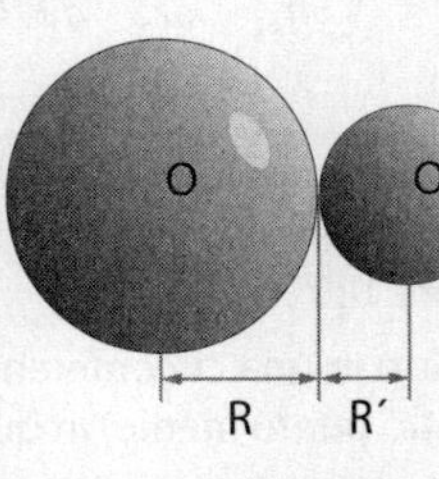

MATEMATICA

72 Il cane può allontanarsi al massimo di 13 metri dal palo: disegnando la circonferenza di raggio 13 metri centrata sul palo si individuano i 2 punti (A e B in figura) di intersezione fra la circonferenza e il sentiero rettilineo.

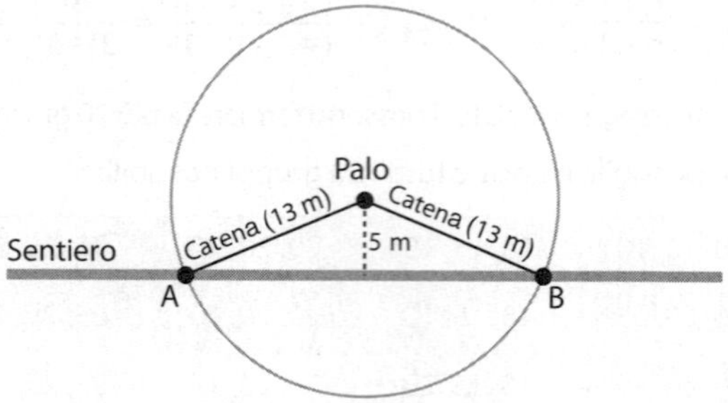

Tali punti A e B rappresentano quindi gli estremi del tratto di sentiero accessibile al cane. Per trovarne la lunghezza conviene ragionare sui triangoli ACD e BCD. In entrambi i casi si tratta di triangoli rettangoli con l'ipotenusa lunga 13 m e un cateto (quello verticale) lungo 5 m.

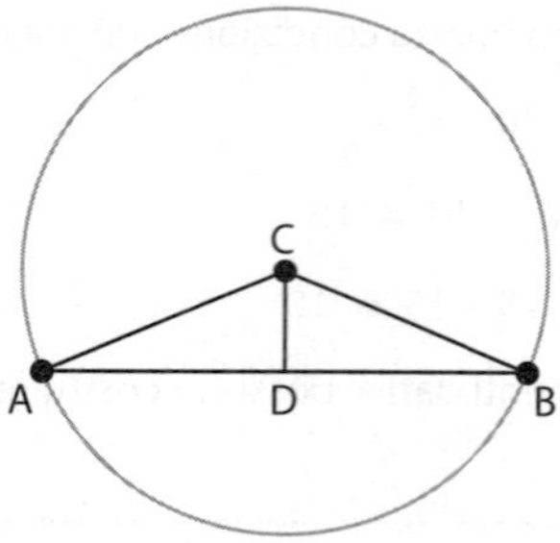

La lunghezza dell'altro cateto si ricava tramite il teorema di Pitagora:

$$AD = BD = \sqrt{AC^2 - CD^2} = \sqrt{13^2 - 5^2} = \sqrt{169 - 25} = \sqrt{144} = 12 \text{ m}$$

La distanza AB cercata è quindi pari a:

$$AD + BD = 12 \text{ m} + 12 \text{ m} = 24 \text{ m}$$ (risposta corretta **D**)

73 Un triangolo rettangolo isoscele ha un angolo retto e due angoli che misurano 45°: può quindi essere considerato come la metà di un quadrato tagliato lungo una diagonale.
Ponendo uguale a l il lato di questo quadrato si ha:

$$S = l^2/2$$

da cui $l = \sqrt{2S}$ e $h = l \cdot \sqrt{2}$. Quindi:

$$h = \sqrt{2S} \cdot \sqrt{2} = 2\sqrt{S}$$

La risposta esatta è la **B**.

74 Il triangolo ABC, rettangolo in C, ha uno degli angoli acuti, l'angolo in A nel disegno, pari a 30°: di conseguenza l'altro angolo acuto, l'angolo in B, misurerà 60° in quanto la somma degli angoli interni di un triangolo vale sempre 180°.

Il triangolo ABC è inoltre inscritto in una circonferenza: il centro D della circonferenza si troverà quindi sull'ipotenusa $\overline{AB}$ (nel suo punto medio) in quanto l'angolo alla circonferenza $B\hat{C}A$ (retto per costruzione) e l'angolo al centro $B\hat{D}A$ insistono sullo stesso arco $\overset{\frown}{AB}$.

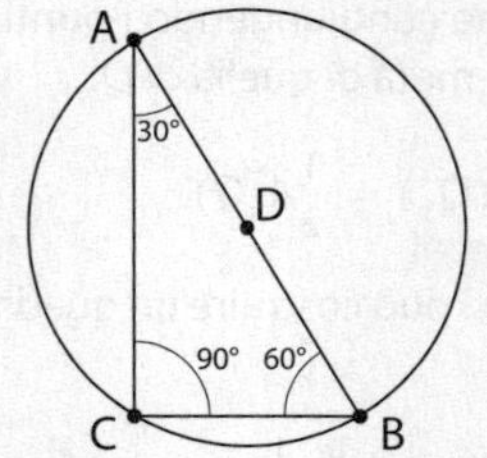

L'ipotenusa $\overline{AB}$ misura quindi 8 cm perché coincide con un diametro della circonferenza (di raggio 4 cm). Trattandosi di un triangolo 30°-60°-90°, ossia la metà di un triangolo equilatero, il cateto minore $\overline{BC}$ misura 4 cm (pari alla metà dell'ipotenusa AB), mentre il cateto maggiore $\overline{AC}$ misura $4\sqrt{3}$ cm (ossia $\overline{AB} \cdot \sqrt{3}/2$). L'area del triangolo sarà quindi pari al prodotto fra i cateti diviso 2:

$$A_{\text{triangolo}} = \frac{\overline{BC} \cdot \overline{AC}}{2} = \frac{4 \text{ cm} \cdot 4\sqrt{3} \text{ cm}}{2} = \frac{16\sqrt{3}}{2} \text{ cm}^2 = 8\sqrt{3} \text{ cm}^2$$

La risposta corretta è quindi la **B**.

---

75 Si ricorda che la formula di Erone è uguale a:

$$A = \sqrt{p \cdot (p-a) \cdot (p-b) \cdot (p-c)}$$

dove p è il semiperimetro e a, b e c sono i lati. Quindi la risposta corretta è la **C**.

---

76 La diagonale d del rettangolo corrisponde al diametro della circonferenza.

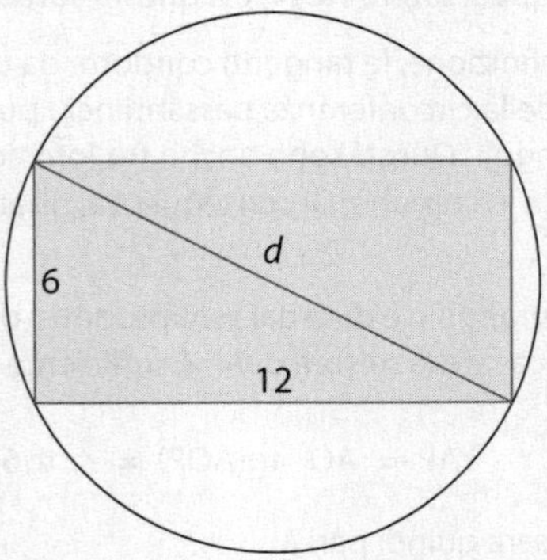

La lunghezza della diagonale si può quindi determinare facilmente col teorema di Pitagora:

$$d = \sqrt{12^2 + 6^2} = \sqrt{144 + 36} = \sqrt{180}$$

utilizzando la formula di estrazione di radice si ricava:

$$d = \sqrt{180} = \sqrt{36 \cdot 5} = 6\sqrt{5}$$

Ricordando che il raggio misura la metà del diametro:

$$r = \frac{d}{2} = \frac{6\sqrt{5}}{2} = 3\sqrt{5}$$

si trova che l'area del cerchio vale:

$$A = \pi \cdot r^2 = \pi \cdot (3\sqrt{5})^2 = \pi \cdot 9 \cdot 5 = 45\pi$$

pertanto la risposta esatta è la **A**.

---

77 La superficie di un solido qualsiasi è proporzionale al quadrato delle dimensioni lineari (così come il volume è proporzionale al cubo delle dimensioni lineari), per cui, raddoppiando le dimensioni lineari, la superficie aumenta di quattro volte. La risposta corretta è pertanto la **C**.

78 Il quadrato Q_1, che si ottiene congiungendo i punti medi dei lati del quadrato Q, ha area pari alla metà di quella di Q:

$$A(Q_1) = \frac{1}{2}A(Q)$$

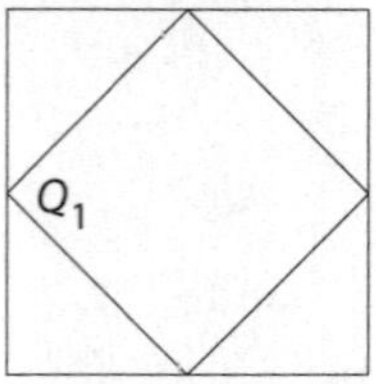

Ripetendo il ragionamento, si può costruire un quadrato Q_2 unendo i punti medi dei lati di Q_1:

$$A(Q_2) = \frac{1}{2}A(Q_1) = \frac{1}{2} \cdot \frac{1}{2}A(Q) = \frac{1}{2^2}A(Q)$$

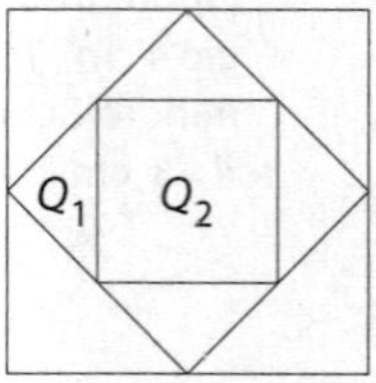

Iterando il ragionamento, al passo n-esimo si ottiene un quadrato Q_n la cui area è $A(Q_n) = \frac{1}{2^n}A(Q)$.

La domanda del quesito diventa allora: qual è il valore di n tale che 2^n valga circa 1000?

Tra i valori proposti dalle alternative, l'unico plausibile è 10. Infatti si ha:

$$2^{10} = 1024$$

quindi la risposta corretta è la **A**.

79 Per calcolare il valore dell'area racchiusa tra le tangenti e l'arco di circonferenza AB è necessario determinare l'area del quadrilatero AOBP e a questa sottrarre l'area del settore circolare AOB.

Ricordando che, per definizione, le tangenti condotte da un punto esterno alla circonferenza sono ortogonali ai raggi della circonferenza passanti per i punti di tangenza, si ricava che i triangoli AOP e BOP sono rettangoli. Questi sono anche tra loro congruenti in quanto hanno due cateti congruenti e l'ipotenusa in comune. Di conseguenza, gli angoli AOP e BOP sono congruenti e misurano $120^\circ \div 2 = 60^\circ$.

L'area di un triangolo rettangolo è data dal semiprodotto dei due cateti, ovvero l'area di AOP è pari a $(\mathrm{AP} \cdot \mathrm{AO})/2$. Per ricavare la misura di AP è sufficiente osservare che vale:

$$\mathrm{AP} = \mathrm{AO} \cdot \mathrm{tg(AOP)} = r \cdot \mathrm{tg}60^\circ = r\sqrt{3}$$

L'area del quadrilatero sarà quindi pari a:

$$A_{\mathrm{AOBP}} = A_{\mathrm{AOP}} + A_{\mathrm{BOP}} = 2 \cdot \frac{r \cdot r\sqrt{3}}{2} = r^2\sqrt{3}$$

L'area del settore circolare è facilmente ricavabile se si osserva che corrisponde a un terzo del cerchio di centro O e raggio r (infatti l'angolo che la individua è 120°, la terza parte dell'angolo giro):

$$A_{\mathrm{AOB_{sett}}} = \frac{\pi \cdot r^2}{3}$$

L'area finale richiesta dal quesito è dunque pari a:

$$A = A_{\mathrm{AOBP}} - A_{\mathrm{AOB_{sett}}} = r^2\sqrt{3} - \frac{\pi \cdot r^2}{3} = \frac{r^2}{3}(3\sqrt{3} - \pi)$$

La risposta corretta è quindi la **A**.

80 Indicando con P la lunghezza del perimetro comune ai due poligoni, il lato del quadrato L_Q e quello del triangolo L_T valgono rispettivamente:

$$L_Q = \frac{P}{4} \quad \text{e} \quad L_T = \frac{P}{3}$$

quindi il loro rapporto vale:

$$\frac{L_Q}{L_T} = \frac{\frac{P}{4}}{\frac{P}{3}} = \frac{P}{4} \div \frac{P}{3} = \frac{P}{4} \cdot \frac{3}{P} = \frac{3}{4}$$

Quindi la risposta corretta è la **E**.

81 L'area di un cerchio vale πr^2, dove r indica il raggio: nel caso di raggio unitario tale area vale π. Per il calcolo dell'area del quadrato inscritto conviene osservare che la diagonale d del quadrato coincide con il diametro del cerchio, quindi ha lunghezza 2.

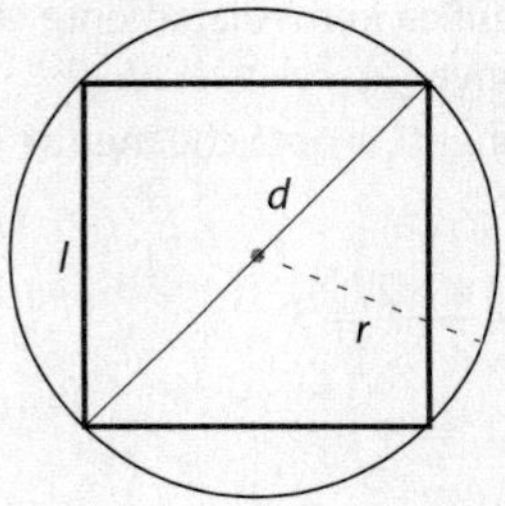

Essendo $d = \sqrt{2} \cdot l$ si ricava:

$$l = \frac{1}{\sqrt{2}} d = \frac{1}{\sqrt{2}} 2 = \frac{2}{\sqrt{2}}$$

L'area del quadrato risulta quindi essere:

$$l^2 = \left(\frac{2}{\sqrt{2}}\right)^2 = \frac{4}{2} = 2$$

Il rapporto fra l'area del cerchio e l'area del quadrato inscritto risulta quindi essere:

$$\frac{\text{area del cerchio}}{\text{area del quadrato inscritto}} = \frac{\pi}{2}$$

per cui la risposta corretta è la **C**.

82 Indicando con L il lato del quadrato, con R il raggio del semicerchio e uguagliando le aree del semicerchio e del quadrato si ha:

$$L^2 = \frac{\pi R^2}{2} \quad \rightarrow \quad \frac{L^2}{R^2} = \frac{\pi}{2} \quad \rightarrow \quad \frac{L}{R} = \sqrt{\frac{\pi}{2}} = \sqrt{\pi}/\sqrt{2}$$

Pertanto la risposta corretta è la **D**.

83 I vari segmenti rappresentati in figura hanno le seguenti lunghezze:

- $\overline{EG} = \overline{MG} = \overline{AM} = a\sqrt{2}$, in quanto diagonali di quadrati di lato a
- $\overline{NG} = \sqrt{\overline{NF}^2 + \overline{FG}^2} = \sqrt{\frac{a^2}{4} + a^2} = \frac{a}{2}\sqrt{5}$
- $\overline{AF} = \sqrt{\overline{AB}^2 + \overline{BF}^2} = \sqrt{a^2 + 4a^2} = a\sqrt{5}$
- $\overline{AN} = \sqrt{\overline{EN}^2 + \overline{EA}^2} = \sqrt{\frac{a^2}{4} + 4a^2} = \frac{a}{2}\sqrt{17}$

MATEMATICA

Quindi le lunghezze dei percorsi proposti sono:

A: $ANG = \overline{AN} + \overline{NG} = \frac{a}{2}\sqrt{17} + \frac{a}{2}\sqrt{5} = \frac{a}{2}(\sqrt{17} + \sqrt{5})$

B: $AFG = \overline{AF} + \overline{FG} = a\sqrt{5} + a = a(\sqrt{5} + 1)$

C: $AEG = \overline{AE} + \overline{EG} = 2a + a\sqrt{2} = a(2 + \sqrt{2})$

D: $AMG = \overline{AM} + \overline{MG} = a\sqrt{2} + a\sqrt{2} = 2a\sqrt{2}$

E: $ABFG = \overline{AB} + \overline{BF} + \overline{FG} = a + 2a + a = 4a$

Eliminando il parametro a, che compare in ogni risultato, il problema si riduce a determinare il valore minimo tra i cinque valori:

$$\frac{\sqrt{17} + \sqrt{5}}{2} \quad \sqrt{5} + 1 \quad 2 + \sqrt{2} \quad 2\sqrt{2} \quad 4$$

Poiché approssimando si verifica immediatamente che i primi quattro valori sono minori di 4, è possibile escludere l'alternativa **E**.
Prendendo in esame le rimanenti, si nota che mentre i primi tre valori sono maggiori di 3, l'ultimo risulta minore di tale numero:

A: $\frac{\sqrt{17} + \sqrt{5}}{2} > \frac{\sqrt{16} + \sqrt{4}}{2} = \frac{4 + 2}{2} = 3$

B: $\sqrt{5} + 1 > \sqrt{4} + 1 = 2 + 1 = 3$

C: $2 + \sqrt{2} > 2 + 1 = 3$

D: $2\sqrt{2} = \sqrt{4 \cdot 2} = \sqrt{8} < \sqrt{9} = 3$

quindi la risposta esatta è la **D**.

---

84 L'unica espressione valida per ogni triangolo ABC, rettangolo in A e con altezza relativa all'ipotenusa AH è la **D**, che rappresenta il primo teorema di Euclide: in qualsiasi triangolo rettangolo, un cateto è medio proporzionale tra l'ipotenusa e la sua proiezione sull'ipotenusa stessa.

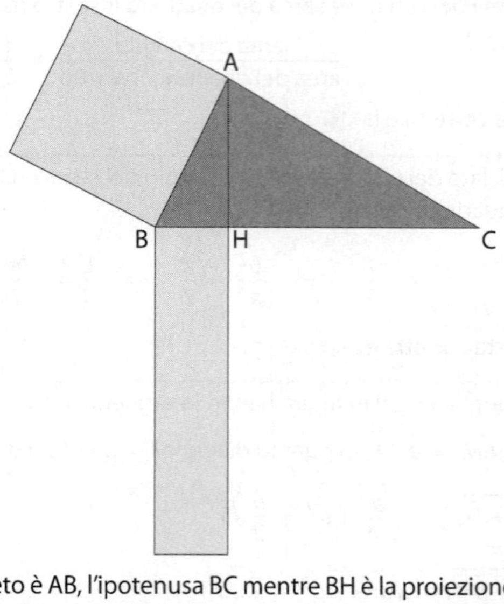

Nel caso in esame, il cateto è AB, l'ipotenusa BC mentre BH è la proiezione del cateto sull'ipotenusa, quindi si ottiene $\overline{BC} : \overline{AB} = \overline{AB} : \overline{BH}$ e, applicando la proprietà fondamentale delle proporzioni, $\overline{AB}^2 = \overline{BC} \cdot \overline{BH}$.

85 In una circonferenza un angolo al centro è il doppio del corrispondente angolo alla circonferenza che insiste sullo stesso arco.

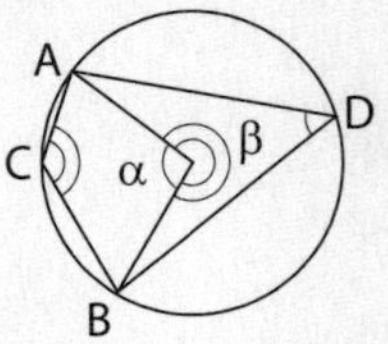

Nel quesito proposto quindi si ha che l'angolo al centro α è il doppio dell'angolo $A\hat{D}B$, mentre l'angolo al centro β è il doppio di $A\hat{C}B$. Appare chiaro che la somma dei due angoli α e β è pari all'angolo giro (ossia l'angolo di 360°), quindi la somma delle rispettive metà (ossia $A\hat{D}B$ e $A\hat{C}B$) è pari a 180°. Se ne ricava che $A\hat{C}B$ e $A\hat{D}B$ sono angoli supplementari.
La risposta corretta è dunque la **B**.

MATEMATICA

parte quinta

RAGIONAMENTO LOGICO E PROBLEMI

Logica matematica e numerica

1 **A giugno 2022 Franco ha speso per l'energia elettrica il 125% in più rispetto allo stesso mese dell'anno precedente. Qual è il rapporto tra la spesa che Franco ha sostenuto per l'energia elettrica nel giugno 2022 e quella nel giugno 2021?**

- A 5/4
- B 4/5
- C 3/2
- D 0,25
- E 9/4

2 **Giulia scrive su una lavagna una successione di numeri interi. Inizia con 3 nella prima posizione e poi costruisce ogni altro numero della successione da quello immediatamente precedente in questo modo: divide per 2 il numero precedente, se questo è pari, altrimenti aggiunge 5 al numero precedente. Quale numero scriverà Giulia nella ventesima posizione?**

- A 2
- B 3
- C 5
- D 8
- E Nessuno dei numeri indicati nelle altre opzioni di risposta

3 **In una città esattamente il 44% delle famiglie ha animali domestici. Qual è il rapporto tra il numero di famiglie della città con animali domestici e il numero di famiglie senza?**

- A 4/5
- B 5/4
- C 4/9
- D 11/14
- E 2/3

4 **I numeri a, b e c sono tre interi positivi consecutivi, ordinati dal minore al maggiore. Quale è il maggiore dei numeri proposti?**

- A 3a
- B a + 2b
- C 2a+c−1
- D 2c − 3
- E a+1

RAGIONAMENTO LOGICO

5 **Quanti numeri interi positivi di due cifre hanno la cifra delle decine maggiore di 7 e la cifra delle unità minore di 3?**

A 4

B 5

C 10

D 6

E 21

6 **Uscendo la mattina alle 7,15, Serena impiega 8 minuti per giungere alla fermata del treno che arriva alla fermata 3 minuti dopo l'arrivo di Serena e riparte dopo altri 3 minuti dall'arrivo. Per arrivare al termine del suo percorso, dove scende anche Serena, il treno effettua prima altre 4 fermate. Per raggiungere ognuna di queste e per andare dall'ultima di queste al capolinea, il treno impiega in media 8 minuti a fermata, stazionando poi sempre 3 minuti prima di ripartire. Se, una volta giunta al capolinea Serena impiega 7 minuti per giungere al lavoro, a che ora arriva?**

A 8,28

B 8,38

C 8,26

D 8,34

E 8.24

7 **Giovanni ha fabbricato 240 candele artigianali e per venderle affitta una bancarella al mercato per due giorni. Decide di vendere ogni candela a 12 euro, ma alla fine della prima giornata, avendone vendute meno di un quarto, ne abbassa il prezzo del 25%. Il secondo giorno ne vende il doppio rispetto al primo giorno, e guadagna 342 euro in più rispetto al giorno precedente, rimanendo però con meno di un terzo del prodotto originale. Quante candele ha dunque venduto Giovanni alla fine dei due giorni?**

A 177

B 168

C 174

D 171

E 162

8 **Lo scorso anno Enea aveva posizionato sul tavolino le sue monete da collezione in modo che il numero di monete in ogni riga fosse uguale al numero di monete in ogni colonna. Le monete erano posizionate in linee a distanze fisse. Quest'anno Enea ha 35 nuove monete da collezione e posiziona di nuovo tutte le monete possedute seguendo gli stessi criteri dell'anno precedente. Quante monete da collezione aveva Enea lo scorso anno?**

A 36

B 289

C 256

D 400

E 484

9 **La pasticceria Tommaso che vendeva pasticcini in confezioni da 12 pezzi al prezzo di 9 euro ciascuna, ha ridotto ora le confezioni a 10 pezzi, mantenendo il prezzo di 9 euro. Di quanto e aumentato in percentuale il prezzo di un pasticcino?**

A 12%
B 15%
C 20%
D 24%
E 18%

10 **Alice ha 17 pentole fra tegami, casseruole, teglie e wok. Sapendo che il numero di tegami supera di due il numero delle casseruole, che il numero di teglie supera di tre il numero di wok e che Alice possiede almeno un wok e che il numero di wok è inferiore al numero di casseruole, qual è il numero minimo di tegami che possiede Alice?**

A 5
B 4
C 3
D 6
E 7

11 **Enea e i suoi amici, in tutto meno di dieci persone, si recano ad un ristorante con menu a prezzi fissi: il prezzo per un secondo di carne è 11 € mentre per un secondo di pesce 13 €. Se Enea e i suoi amici hanno speso 107 € per i secondi, quanti secondi di pesce hanno ordinato?**

A 5
B 2
C 9
D 4
E 7

12 **Nel passaggio da stato liquido a stato solido il volume di una massa di acqua aumenta di 1/11. Di quanto diminuisce il volume della stessa massa di ghiaccio nel passaggio da stato solido a stato liquido?**

A 1/11
B 11/12
C 1/12
D 12/11
E 1/10

13 **Il supermercato frequentato da Alice e Giorgio offre un gadget per ogni 30 € di spesa. Sapendo che in totale i gadget offerti sono 24, che a Giorgio manca il doppio dei gadget rispetto ad Alice per completare la collezione, e che Alice ha 4 gadget più di Giorgio, quanti gadget ha Alice?**

A 16
B 18
C 20
D 21
E 22

14 Un numero (scritto in base 10) ha dodici cifre. Sommandole, otteniamo 11. Qual è il prodotto di queste cifre?

A 0

B Non è possibile stabilire con certezza il prodotto delle dodici cifre

C 11

D 1

E 12

15 Considerati due numeri *m* e *n* con $m > n$ si sottragga ad entrambi la meta del numero minore ottenendo rispettivamente i numeri m_1 e n_1. Se m_1 è cinque volte n_1, quante volte *m* è più grande di *n*?

A 2

B 3

C 4

D 5

E Non e possibile stabilirlo con i dati assegnati

16 Per il proprio matrimonio Guglielmo vuole far pranzare i 72 invitati in tavoli da 8. Facendo i gruppi, Guglielmo si accorge che qualunque sia la divisione c'è sempre almeno un tavolo di soli uomini. Se le informazioni precedenti sono vere, sappiamo per certo che gli uomini invitati al matrimonio sono almeno:

A 9

B 63

C 10

D 64

E 12

17 Una lega di ottone è costituita, in peso, da 3 parti di rame e 2 parti di zinco. Ponendo che rame e zinco abbiano lo stesso peso, qual è la quantità di rame contenuta in un blocco di ottone del peso di 75 kg?

A 45 kg

B 40 kg

C 48 kg

D 52 kg

E 42 kg

18 Il formato carta indica la dimensione (lunghezza e larghezza) di un foglio di carta. Lo standard internazionale del formato carta, l'ISO 216, prevede un rapporto pari a $\sqrt{2}$ fra lunghezza e larghezza del foglio. Il formato iniziale è denominato A0, i successivi formati (A1, A2, A3, ...) si ottengono sempre dividendo a metà il formato precedente lungo il lato più lungo. Riferendosi alla lunghezza iniziale *LU* e alla larghezza iniziale *LA* del formato A0 a quale delle seguenti frazioni corrisponde la lunghezza del formato A4?

A *LA*/2

B *LU*/4

C *LA*/4

D *LU*/8

E *LA*/8

PARTE QUINTA

19 **Assegnato un triangolo isoscele ABC si consideri il triangolo ABD avente la stessa base AB e il vertice sul prolungamento dell'altezza CH. Se l'altezza DH di ABD è doppia dell'altezza CH di ABC, a quale frazione dell'area di ABD corrisponde l'area del triangolo ABC?**

- A 1/2
- B 2
- C 1/4
- D I dati forniti non permettono di poter determinare quanto richiesto
- E 1

20 **Una scatola è suddivisa in cinque scomparti rettangolari uguali disposti in modo tale che un lato maggiore di un solo scomparto sia a contatto con il lato minore degli altri quattro. Il perimetro della scatola è di 144 cm.**
Quali sono, in centimetri, le dimensioni di uno scomparto?

- A 10 × 50
- B 7 × 28
- C 8 × 32
- D 6 × 24
- E 9 × 45

21 **Una galleria d'arte ospita la mostra di Jamie Singer. All'ingresso un filmato di 11 minuti viene proiettato continuativamente durante tutta la giornata, con un intervallo di 3 minuti tra una proiezione e l'altra. Le proiezioni iniziano alle ore 9.15 e terminano alle ore 18.00. La mattina, quando il filmato inizia a essere proiettato, parte sempre dall'inizio. Quante volte il filmato viene proiettato per intero nel corso di una giornata?**

- A 35
- B 36
- C 37
- D 38
- E 39

22 **Le piastrelle (quadrate) del pavimento (rettangolare) di un locale di dimensioni 2 × 3 = 6 metri quadrati sono costate complessivamente 600 euro. Sapendo che il costo unitario delle piastrelle è di 4 euro, quanto misura il lato della piastrella?**

- A 15 cm
- B 30 cm
- C 20 cm
- D 40 cm
- E 25 cm

23 **Nel laboratorio di Emma si producono e si vendono unicamente borse di paglia. Per produrre una borsa, fra materiali e mano d'opera Emma ha un costo di 30 € per pezzo prodotto e le borse vengono rivendute a un prezzo di 50 € ciascuna. Gestire il laboratorio ha dei costi fissi pari a 400 € mensili. Quante borse dovrebbe produrre e vendere Emma ogni mese per non andare in perdita?**

- A 40
- B 19
- C 80
- D 20
- E 60

24 **Il fan club di un famoso gruppo musicale mette in vendita varie tipologie di confezioni di poster tramite il proprio sito. I clienti possono scegliere i poster che desiderano ricevere. Sono a disposizione sia poster grandi dell'intero gruppo che poster di formato ridotto di ciascun membro del gruppo. Il costo di ciascuna confezione comprende un prezzo fisso diverso per ogni tipo di poster. Le spese di spedizione sono le stesse per ogni tipologia di confezione e sono incluse nei prezzi qui sotto riportati. Le tipologie di confezioni disponibili sono le seguenti:**

- **Confezione mini: 3 poster del gruppo completo e 4 poster di un singolo membro del gruppo $14**
- **Confezione media: 4 poster del gruppo completo e 3 poster di un singolo membro del gruppo $16**
- **Confezione maxi: 5 poster del gruppo completo e 3 poster di un singolo membro del gruppo $19**

Calcolare il costo delle spese di spedizione.

A $1
B $2
C $3
D $4
E $5

25 **Un primo elettricista chiede un compenso di 50 euro per ora di lavoro mentre un secondo chiede 300 euro di spese fisse più un compenso di 30 euro per ora di lavoro. A quale conviene affidare il lavoro?**

A Sempre al primo
B Al secondo, se le ore di lavoro sono meno di 5
C Al primo, se le ore di lavoro sono meno di 15
D Sempre al secondo
E Non è possibile stabilirlo in alcun caso

26 **Rosini editore ha appena pubblicato un cofanetto contenente due volumi, revisionati uno da Francesca e l'altro da Marina. Il volume revisionato da Marina contiene 60 pagine in più rispetto a quello revisionato da Francesca. Se la somma totale delle pagine complessive dei due volumi è 340, e se per ogni pagina revisionata il compenso è stato pari a 3,50 euro, quanti euro ha guadagnato Francesca?**

A 1400
B 490
C 980
D 700
E 840

27 **Se, per ogni 4 vasetti di marmellata alla pesca acquistati, il negoziante ve ne regala un altro dello stesso tipo e dimensione, che sconto vi sta applicando sul totale dei 5 vasetti?**

A Il 25%
B Il 20%
C Il 5%
D Il 30%
E Il 15%

28 **Assumendo che ogni pappagallo mangi la stessa quantità di cibo ogni giorno e che lo stesso avvenga per ogni canarino, ogni giorno con 14 grammi di becchime si sfamano 4 pappagalli e 3 canarini, mentre con 18 grammi dello stesso mangime si sfamano 4 pappagalli e 5 canarini. Quale delle seguenti affermazioni NON è vera?**

A Un canarino viene sfamato per 2 giorni con 4 grammi di becchime

B Cinque pappagalli e cinque canarini richiedono ogni giorno 20 grammi di becchime

C Un pappagallo ogni giorno mangia quanto un canarino

D Due pappagalli e sei canarini richiedono ogni giorno lo stesso becchime di cinque pappagalli

E Tre pappagalli e tre canarini richiedono ogni giorno 12 grammi di becchime

29 **Ogni giorno Luisa usa una confezione da 150 gr di prosciutto cotto per preparare dei panini ai suoi figli. Oggi è il 25 aprile e in frigo Luisa ha prosciutto cotto a sufficienza solo per l'indomani e per il giorno successivo. Quindi, si reca al supermercato per comprarne dell'altro e vede la seguente offerta speciale:**

PROSCIUTTO COTTO

SCONTO 25% su tutte le confezioni da 150 gr

Offerta valida fino al 25 aprile

Sugli scaffali del supermercato ci sono 5 confezioni di prosciutto cotto con data di scadenza 5 maggio e 11 confezioni con data di scadenza 9 maggio. Luisa non consuma mai prodotti che sono andati oltre la data di scadenza, ma vuole approfittare di questa offerta nel miglior modo possibile. Quante confezioni di prosciutto cotto dovrebbe quindi acquistare Luisa oggi?

A 10 B 11 C 12 D 13 E 14

30 **Robert, un ragazzo inglese in vacanza, viaggiando in automobile dall'Inghilterra alla Francia si è confuso riguardo alla conversione delle miglia in chilometri, pensando che l'equivalenza fosse 5 chilometri = 8 miglia, invece di 5 miglia = 8 chilometri. A metà della sua vacanza si è spostato da un hotel a un altro. Aveva previsto che per percorrere 200 chilometri avrebbe impiegato oltre 5 ore, viaggiando a una velocità media di 60 miglia all'ora. In effetti ha viaggiato a una velocità media di 60 miglia all'ora, ma si è stupito di quanto velocemente avesse raggiunto la sua destinazione. Quanto tempo prima del previsto Robert è arrivato a destinazione?**

A 1 ora e 40 minuti

B 2 ore e 0 minuti

C 2 ore e 5 minuti

D 2 ore e 55 minuti

E 3 ore e 15 minuti

31 **Per i membri di una popolazione non vaccinata la probabilità di contrarre il morbillo nel corso della vita è dell'80%, e la mortalità della malattia è di 3 casi su 10.000. Qual è la mortalità per morbillo attesa per una popolazione non vaccinata di 100.000 persone?**

A 30

B 3

C 27

D 24

E 33

RAGIONAMENTO LOGICO

32 **Dopo un lungo periodo di siccità, la cisterna d'acqua nel mio giardino conteneva solo il 28% della sua capacità complessiva. La pioggia della scorsa settimana ha tuttavia aumentato del 25% la quantità d'acqua presente nella cisterna e in base alle previsioni meteorologiche, la stessa quantità di pioggia è attesa questa settimana. Se, come dicono le previsioni, la cisterna questa settimana si riempirà della stessa quantità di acqua piovana ricevuta la scorsa settimana, in che percentuale della sua capacità sarà riempita?**

A 78,00%
B 66,25%
C 42,00%
D 43,75%
E 60,00%

33 **Il 25% degli atleti della società sportiva Lambda hanno meno di 14 anni. Di questi il 20% sono ragazze. Sapendo che i ragazzi sotto i 14 anni appartenenti alla società sportiva Lambda sono 40, quanti sono in tutto gli atleti della società sportiva?**

A 50
B 100
C 125
D 150
E 200

34 **Il preside del liceo scientifico "Leonardo da Vinci" ha recentemente pubblicato alcuni dati relativi ai diplomati degli ultimi anni:**

Anno	Totale diplomati	Percentuale di diplomati di sesso maschile
2016	400	60
2017	460	50
2018	480	40
2019	520	50

Sulla base dei dati forniti dal preside del liceo "Leonardo da Vinci", quale tra le seguenti deduzioni è logicamente corretta?

A La scuola "Leonardo da Vinci" si trova nel centro della città
B Nel 2020 vi saranno più di 520 diplomati
C Il numero di ragazze diplomate nel 2019 è inferiore al numero di ragazze diplomate nel 2017
D Negli ultimi anni il numero di diplomati è risultato sempre crescente
E Negli ultimi anni la percentuale di diplomati di sesso maschile è risultata sempre decrescente

35 **Un regolare servizio ferroviario unisce le località di Gianforte e Chiamone lungo un tragitto di 16 km che dura 19 minuti. Il treno viaggia alla velocità costante di 60 km all'ora in entrambe le direzioni eccetto che in galleria, dove vige il limite di 20 km all'ora. I treni che viaggiano in direzione di Chiamone entrano in galleria dopo aver percorso 4 km dalla stazione di partenza di Gianforte. Quanto è lunga la galleria?**

A 4,5 km
B 0,5 km
C 2,5 km
D 1,5 km
E 3,5 km

PARTE QUINTA

$$\begin{cases} x + y = 7k \\ x - y = 3k \\ x \cdot y = 40k \end{cases}$$

$2x = 10k$

$\log_{10} x = -k$

$5k - 8 = 3k$

$5k\,y = \frac{40k}{5k}$

$2k = 8 \quad k = 4$

$y = 8$

$m - \frac{n}{2} = m_1$

$n - \frac{n}{2} = n_1$

$m_1 = 5n_1$

$m - \frac{n}{2} = 5n_1$

$\frac{n}{2} = n_1$

$m - \frac{n}{2} = \frac{5}{2}n$

$m = 3n$

$50 \cdot 5 = 250$ €

$15 \quad 750$

$\frac{5}{75}$

$80 : x = 3 : 10\,000$

$x = \frac{80 \cdot 10\,000}{3}$

$\frac{80\,000 \cdot 3}{10\,000}$

36 **Nel grafico seguente sono riportate tre curve indicanti la percentuale di pazienti affetti dalla malattia cronica X i quali, nel tempo, manifestano complicazioni. I pazienti, aventi caratteristiche cliniche sovrapponibili, sono suddivisi in tre gruppi distinti in base alla terapia a cui sono sottoposti (1, 2 o 3).**

Individuare, tra le alternative proposte, l'unica considerazione che risulta logicamente corretta in base alle informazioni illustrate dal grafico.

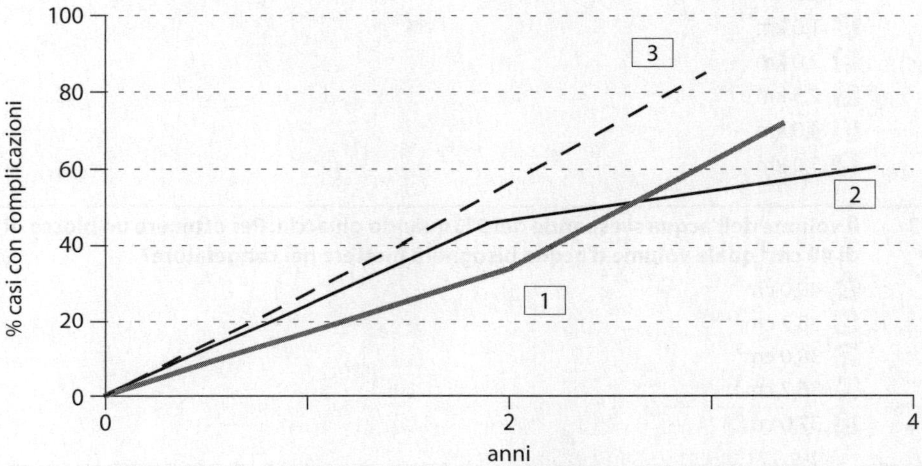

- **A** Le terapie 1, 2 e 3 sono tutte da abbandonare in quanto non consentono di evitare l'insorgenza di complicazioni in un'elevata percentuale di casi
- **B** In assenza di terapia, un numero inferiore di pazienti andrebbe incontro a complicazioni
- **C** Nei primi due anni di trattamento, la terapia 1 si associa a un minor rischio di complicazioni
- **D** L'insorgenza di complicazioni nella malattia X è indipendente dallo schema terapeutico scelto
- **E** Con il passare degli anni, tutti i pazienti affetti dalla malattia X sono destinati a manifestare complicazioni

37 **Giovanni ha acquistato una nuova automobile con la quale ha percorso 15.000 km il primo anno. Al momento dell'acquisto, l'automobile era dotata di quattro gomme più una di scorta. Ogni 3000 km Giovanni ha effettuato la rotazione di tutte le gomme, inclusa quella di scorta, di modo che tutte le gomme si consumassero in maniera uniforme. Tuttavia, dopo aver percorso 5000 km, una delle gomme risultava difettosa ed è stato necessario sostituirla; la sostituzione è stata effettuata mettendo una gomma nuova nella stessa ruota. In seguito, Giovanni ha continuato la rotazione di tutte le gomme come di norma dopo la rotazione effettuata a 6000 km. Alla fine dell'anno, quanti chilometri ha percorso ciascuna delle quattro gomme originariamente in dotazione?**

- **A** 3000 km
- **B** 2500 km
- **C** 10.000 km
- **D** 12.000 km
- **E** 15.000 km

RAGIONAMENTO LOGICO

38 **Maria va spesso ad allenarsi: ogni volta corre per 6 minuti, poi cammina per 3 minuti. Ripete questa sequenza quattro volte consecutive per poi finire l'allenamento con altri 6 minuti di corsa. Solitamente Maria corre su un percorso lungo la riva di un fiume e, dopo 21 minuti, torna indietro esattamente a metà dell'allenamento. Maria si prefigge il seguente obiettivo: 1 km in 7 minuti e 30 secondi quando corre e 1 km in 12 minuti quando cammina.**

A metà dell'allenamento, se raggiunge il suo obiettivo, quanti chilometri ha percorso Maria?

- A 1,0 km
- B 2,0 km
- C 2,5 km
- D 4,0 km
- E 5,0 km

39 **Il volume dell'acqua si espande del 9% quando ghiaccia. Per ottenere un blocco di ghiaccio di 40 cm^3 quale volume d'acqua bisognerà mettere nel congelatore?**

- A 40,0 cm^3
- B 38,2 cm^3
- C 38,0 cm^3
- D 36,7 cm^3
- E 37,0 cm^3

40 **Tre amici, Antonio, Davide e Susanna si dividono le biglie di vetro di un sacchetto. Per compiere l'operazione più velocemente, prendono a turno 10 biglie alla volta e ripetono l'operazione fino a quando il sacchetto è vuoto. All'ultimo turno, a Susanna mancano delle biglie per arrivare a 10. Allora, Antonio e Davide le danno 2 biglie ciascuno in modo tale che tutti abbiano lo stesso numero di biglie. Quante biglie ha preso Susanna all'ultimo turno?**

- A 6
- B 2
- C 3
- D 8
- E 4

41 **Sandra vende confezioni di salsicce. Alla fine dell'autunno a Sandra rimane della merce invenduta e quindi decide di metterla in offerta. Sandra considera tre possibili alternative:**

1. vendere tre confezioni al prezzo di due;
2. vendere la prima confezione a prezzo pieno e la seconda a metà prezzo;
3. fare uno sconto di 1/3 sul prezzo pieno di ciascuna confezione.

Quale delle seguenti affermazioni corrisponde al vero?

- A Si ricaverebbe lo stesso profitto per confezione nella prima e nella seconda alternativa, ma non nella terza
- B Si ricaverebbe lo stesso profitto per confezione nella seconda e nella terza alternativa, ma non nella prima
- C Si ricaverebbe lo stesso profitto per confezione nella prima e nella terza alternativa, ma non nella seconda
- D Si ricaverebbe un profitto diverso per ciascuna confezione
- E In tutti e tre i casi si ricaverebbe lo stesso profitto per confezione

42 **La compagnia di trasporti Acme paga i dividendi ai propri azionisti ogni sei mesi. La società per azioni Baldini li paga invece ogni otto mesi, mentre la Cristofori li paga ogni diciotto mesi. Nel gennaio 2018 tutte e tre le società hanno pagato simultaneamente i dividendi agli azionisti. In quale mese e anno il pagamento simultaneo agli azionisti coinciderà nuovamente?**

A Gennaio 2020
B Luglio 2023
C Gennaio 2024
D Luglio 2015
E Gennaio 2030

43 **Uno studente, per andare dalla propria abitazione all'università, percorre 1/5 del tragitto a piedi, 2/3 in autobus e i rimanenti 8 chilometri in bicicletta. Qual è la distanza, espressa in chilometri, tra l'abitazione dello studente e l'università?**

A 90
B 120
C 60
D 30
E 45

44 **Il nuovo commesso della cartoleria in via Cavour non è molto bravo a fare i conti e non sa neppure usare bene la calcolatrice. L'ultima volta che Gianni è entrato in negozio ha acquistato due articoli di cancelleria. Mentre il commesso calcolava il totale, Gianni ha notato che invece di schiacciare il tasto per l'addizione il commesso ha schiacciato quello per la moltiplicazione. Casualmente il totale calcolato per i due articoli era la somma giusta e quindi Gianni non si è lamentato. Se il prezzo di uno degli articoli ammontava a 6,00 euro, quanto ha pagato in totale Gianni?**

A Euro 7,20
B Euro 12,00
C Euro 13,00
D Euro 1,20
E Euro 6,00

45 **Due colleghi sono stati assunti nello stesso giorno: uno aveva il doppio dell'età dell'altro. Anni dopo la ditta fallisce: in quel momento il maggiore ha 20 anni più del minore. A quale età è stato assunto il minore?**

A 35 anni
B 30 anni
C 25 anni
D 15 anni
E 20 anni

46 **Quando il signor Bianchi aveva 60 anni, suo figlio Remo ne aveva 16. Quanti anni ha adesso Remo, tenendo conto che la sua età è ora la metà di quella del padre?**

A 44
B 42
C 45
D 43
E 41

47 **Tizio e Caio devono ricevere una certa quantità di farmaco, in maniera da avere una quantità di principio attivo proporzionale al proprio peso corporeo. Tizio pesa 50 kg, Caio pesa 60 kg. Due flaconi identici di farmaco contengono, complessivamente, la dose totale necessaria per il fabbisogno di entrambi.**

Qual è la dose esatta da somministrare a Caio?

A Un flacone intero e un quarto dell'altro flacone
B Un flacone intero e un quinto dell'altro flacone
C Un flacone intero e un sesto dell'altro flacone
D Un flacone intero e un decimo dell'altro flacone
E Un flacone intero e un undicesimo dell'altro flacone

48 **In un villaggio cinese vivono 33 famiglie, ognuna delle quali possiede almeno una bicicletta. È inoltre noto che al massimo ogni famiglia possiede tre biciclette. Sapendo che il numero di famiglie con una sola bicicletta è uguale al numero di famiglie che ne possiedono tre, quante sono in totale le biciclette nel villaggio?**

A 33
B 66
C 45
D 64
E 56

49 **Un plotone di soldati è costituito da 6 file con 6 soldati ognuna. Le prime due file vengono eliminate e i relativi soldati devono essere redistribuiti in modo che nelle file rimanenti il numero di soldati sia uguale; quanti soldati ci sono ora in ogni fila?**

A 8
B 9
C 10
D 11
E 12

50 **Arturo vuole piantare degli alberi attorno alla sua villa di campagna. Lasciando fra un albero e l'altro la distanza di 8 metri, sono necessari 50 alberi. Quanti ne occorrerebbero se la distanza tra 2 alberi consecutivi aumentasse di 2 metri?**

A 25
B 40
C 10
D 35
E 50

51 **La recinzione di un vigneto prevede che si piantino alberi di vite a distanza di 6 metri l'uno dall'altro.**

Quanti alberi di vite in più sono necessari per recintare un vigneto quadrato di area quadrupla rispetto a un altro vigneto quadrato che ha il perimetro pari a 120 metri?

A 20
B 120
C 80
D 60
E 40

PARTE QUINTA

52 **Il piccolo Federico gioca con 550 tessere quadrate di legno colorato, tutte delle stesse dimensioni. Ha costruito con esse il quadrato più grande possibile; quante tessere ha avanzato Federico?**

A 18 B 19 C 21 D 23 E 25

53 **Uno scultore vuole creare un enorme cubo composto da tanti piccoli cubetti di legno. Ha a disposizione 359 piccoli cubetti, tutti uguali. Quanti cubetti utilizzerà lo scultore per creare l'opera più grande possibile?**

A 216
B 256
C 316
D 343
E 359

54 **Si dispone di una bilancia a due piatti con il braccio sinistro che misura il triplo del braccio destro. Se nel piatto destro vengono posti 9 pesi tutti uguali fra loro, quanti pesi dello stesso tipo devono essere posizionati nel piatto sinistro affinché la bilancia risulti in equilibrio?**

A 3
B 6
C 9
D 12
E 27

55 **Se tre muratori, lavorando allo stesso ritmo, impiegano 40 minuti per demolire una parete, quanto impiegherebbe uno solo di essi a demolire la stessa parete?**

A 110 min
B 2 ore
C 100 min
D 25 min
E 125 min

56 **Un elettricista prepara un impianto in 15 giorni. Quanti elettricisti (che lavorano allo stesso ritmo del primo) devono lavorare per preparare 5 impianti in 5 giorni?**

A 5
B 10
C 15
D 20
E 25

57 **Se 5 pasticcieri preparano 200 bignè in 50 minuti, in quanto tempo 10 pasticcieri prepareranno 1000 bignè lavorando allo stesso ritmo?**

A 250 minuti
B 100 minuti
C 500 minuti
D 125 minuti
E 150 minuti

58 **Antonio, Roberto e Leonardo lavorano in un cantiere navale. Per effettuare il lavoro di messa a punto del motore di un'imbarcazione Antonio da solo impiega 8 ore, Roberto da solo impiega 24 ore e Leonardo da solo impiega 12 ore. Quanto tempo impiegherebbero i tre operai per effettuare il lavoro di messa a punto di un motore se lavorassero insieme?**

A 8 ore
B 4 ore
C 2 ore
D 3 ore
E 6 ore

59 **Completare correttamente la seguente successione numerica:**

3; 7; 10; 12; 17; 17; 24; 22; ?; ?

A 31; 28 B 32; 26 C 31; 27 D 26; 31 E 27; 31

60 **Individuare, l'alternativa che completa correttamente la seguente serie di numeri:**

5; 14; 41; 122; ?

A 364 B 365 C 244 D 366 E 362

61 **Completare correttamente la seguente successione numerica:**

10; 30; 19; 57; 46; 138; ?; ?

A 127; 381 B 127; 371 C 414; 403 D 126; 254 E 127; 281

62 **Individuare, l'alternativa che completa correttamente la seguente serie di numeri:**

15, 30, 45, 75, 120

A 150 B 195 C 155 D 205 E 215

63 **Se: @ + @ + @ + @ = μ + 20**

@ + @ = μ

allora @ è uguale a:

A 10
B 20
C non ci sono elementi sufficienti per rispondere
D 5
E – 10

64 **Se: © + £ – © = © – 10**

£ = 10

allora © è uguale a:

A 20 B – 10 C 10 D – 20 E 0

65 **Se @ + @ = # – ¿**

@ = 5

¿ = – 1

allora # è uguale a:

A – 5 B 9 C 11 D 10 E – 9

PARTE QUINTA

Soluzioni e commenti

1 Trattandosi di percentuali è buona regola risolvere l'esercizio utilizzando un esempio concreto che rispetti i dati forniti dal testo.

Immaginando un consumo nel giugno 2021 di 100 (numero più semplice da cui partire per sviluppare una variazione percentuale), un aumento del 125% significa aggiungere 125 al consumo dell'anno precedente, per un totale di 225.

La domanda è relativa al rapporto tra la spesa del giugno 2022 (pari a 225) e quella di giugno 2021 (pari a 100), si avrà quindi il rapporto 225/100. Semplificando questo rapporto, dividendo cioè per 25 numeratore e denominatore, si otterrà un rapporto di 9/4, risposta corretta **E**.

2 Partendo dal 3, numero dispari, il numero successivo prevede di aggiungere 5, avendo così 8 (sequenza: 3, 8). Essendo 8 un numero pari il successivo sarà diviso due, quindi 4 (sequenza: 3, 8, 4). Allo stesso modo anche 4 va diviso per due e si otterrà 2 (sequenza: 3, 8, 4, 2). Di nuovo 2 si divide per due, dando 1 (sequenza: 3, 8, 4, 2, 1). 1 è dispari per cui si dovrà aggiungere 5, ottenendo 6 (sequenza: 3, 8, 4, 2, 1, 6). La sequenza è composta da questi sei numeri, perché andando a dividere per due il numero pari 6 riotteniamo 3, per cui la sequenza 3, 8, 4, 2, 1, 6 si ripeterà. Dovendo individuare qual è il numero nella ventesima posizione di questa sequenza, si evince che, ripetendosi per tre volte la serie, il 6 sarà nella diciottesima posizione, il 3 nella diciannovesima e l'8 nella ventesima. Risposta esatta **D**.

3 Se il 44% delle famiglie possiede un animale, significa che il restante 56% non lo possiede. Il rapporto tra il numero (non fornito dall'esercizio) di famiglie con animali e famiglie senza animali sarà quindi uguale al rapporto delle loro percentuali. Se si immaginasse di analizzare 100 famiglie quindi il rapporto richiesto sarebbe dato da 44/56 che, semplificato dividendo sia al numeratore che al denominatore per 4, risulta 11/14. Soluzione del quesito **D**.

4 Il metodo più veloce per risolvere l'esercizio è assegnare il valore più semplice alle tre incognite, si immagini quindi che a = 1, b = 2 e c = 3. Escludendo le alternative **A** ed **E** che evidentemente non possono rappresentare il numero maggiore, sostituendo i valori ipotizzati nelle alternative rimaste si può notare che il valore maggiore è dato dall'alternativa **B**, soluzione del quesito.

5 Nei numeri interi positivi di due cifre la cifra delle decine può andare da 1 a 9 mentre quella delle unità da 0 a 9. La cifra delle decine che sia maggiore di 7 può quindi essere solo 8 o 9 mentre la cifra delle unità minore di 3 può essere soltanto 0, 1 e 2. Si avranno quindi 2 x 3 = 6 combinazioni totali date dai numeri 80, 81, 82 e 90, 91 e 92. Alternativa corretta **D**.

6 Serena giunge alla fermata del treno alle 7,23 e alle 7,29 riparte a bordo di questo. Per arrivare al capolinea il treno fa in tutto 5 tratti, impiegando per ognuno di questi 8 minuti. Tra una fermata e l'altra il treno però fa anche 4 soste di 3 minuti ciascuna. Serena arriva quindi al capolinea 52 minuti dopo essere partita dalla sua fermata (alle 7,29) e quindi alle 8,21. Poiché da quel momento impiega ancora 7 minuti per giungere a lavoro, Serena arriva alle 8,28, come correttamente indicato dall'alternativa **A** (soluzione del quesito).

7 Se si chiama X il numero di candele vendute il primo giorno allora 2X è il numero di candele vendute il secondo giorno. Se 12 è il prezzo di ognuna delle X candele vendute il primo giorno, allora 9 (cioè 12 – 3, dove 3 è il 25%, cioè 1/4 di 12) è il prezzo delle 2X candele vendute il secondo giorno. Poiché il secondo giorno Giovanni ha guadagnato 342 euro in più del primo, allora si può scrivere che:

$$9 \cdot (2X) - 12 \cdot X = 342$$

cioè sottraendo a quanto guadagnato il secondo giorno quanto Giovanni ha guadagnato il primo, il risultato deve essere pari a 342 euro.

Svolgendo l'equazione si ha:

$$18X - 12X = 342$$

da cui:

$$6X = 342$$

e quindi:

$$X = 57.$$

Poiché nei due giorni Giovanni ha venduto X + 2X = 3X candele, allora ne ha vendute 171 (57 · 3). L'alternativa **D** è, quindi, la soluzione del quesito.

---

8 Poiché Enea posizione le monete in modo che il numero di quelle presenti in ogni riga sia uguale al numero di quelle presenti in ogni colonna, il numero totale delle monete deve essere sempre un quadrato perfetto. Come si vede, infatti, tutte le alternative sono dei quadrati: 36 è il quadrato di 6, 289 di 17, 256 di 16, 400 di 20 e 484 di 22. Aggiungendo 35 monete alla sua collezione, quindi aumentando di un valore pari a 35 quelle possedute l'anno prima, Enea deve comunque avere un numero di monete che sia un quadrato perfetto. Aggiungendo alle alternative 35 si ottiene 71 (**A**), 324 (**B**), 291 (**C**), 435 (**D**) e 519 (**E**). Tra questi valori, solo 324 è il quadrato di un numero intero (18) e quindi la **B** è la soluzione cercata.

---

9 Poiché ogni confezione costava 9 euro e conteneva 12 pasticcini, ogni pasticcino costava 9/12, cioè 3/4 di euro, quindi 0,75 euro. Essendoci ora 10 pasticcini in ogni confezione, il costo del singolo pasticcino è pari a 9/10 di euro, cioè 0,90 euro. Come si vede l'aumento di prezzo è stato pari a 0.15 euro (0.90 – 0.75). Per calcolare l'aumento percentuale si deve capire questo aumento (0,15) che parte è del prezzo iniziale (0,75). Poiché 0,15 è pari a 1/5, cioè al 20% di 0,75, la **C** è la soluzione cercata.

Si poteva risolvere l'esercizio anche pensando che poiché il prezzo della scatola rimane costante, il numero dei pasticcini contenuti e il loro prezzo singolo sono due variabili inversamente proporzionali (se si dimezzasse il numero dei pasticcini il costo del singolo raddoppierebbe per mantenere costante il prezzo della scatola). Poiché i pasticcini sono diminuiti di 2 unità, quindi di 1/6 del valore iniziale, ora i 10 rimasti sono pari ai 5/6 dei 12 iniziali. Per mantenere il prezzo della scatola costante, allora, il prezzo deve diventare i 6/5 di quello iniziale, aumentando quindi di 1/5 cioè del 20%.

---

10 Alice ha acquistato tegami (TE), casseruole (C), teglie (TG) e wok (W) e si sa che:

$TE = C + 2;$

$TG = W + 3;$

$W \geq 1;$

$W < C.$

Per minimizzare il numero di tegami bisogna massimizzare il numero degli altri elementi. I wok sono la quantità più piccola di elementi posseduti e non possono comunque essere un valore pari o superiore a 3, infatti, se così fosse, si avrebbero almeno 6 teglie (pari al numero di wok più 3) e almeno 4 casseruole (essendo queste in numero maggiore rispetto ai wok) e quindi 6 tegami (pari al numero di casseruole più 2), per un totale di 19 pentole, che invece devono essere pari a 17. I wok, devono essere al massimo 2, in modo da avere 5 teglie e le restanti 10 pentole suddivise tra casseruole e tegami. Sapendo che il numero di questi supera di due il numero delle casseruole, si possono avere al massimo 4 casseruole e, quindi minimo 6 tegami: D soluzione del quesito.

Per risolvere il quesito si può anche partire dalle alternative: poiché l'esercizio chiede il numero minimo di tegami, si parta dal valore più piccolo proposto e cioè 3. Se i tegami fossero 3, allora si avrebbe una sola casseruola e quindi non si avrebbero wok, contraddicendo quanto affermato dal testo del quesito (C errata). Se invece i tegami fossero 4, allora si avrebbero 2 casseruole e quindi 1 solo wok e 4 teglie: in tutto quindi 11 elementi (e non 17, B errata). Se i tegami fossero 5, si avrebbero 3 casseruole e quindi al massimo 2 wok e 5 teglie, arrivando a un totale massimo di 15 elementi (A errata). Il numero minimo di tegami deve essere 6 (D soluzione del quesito): infatti in questo modo le casseruole sarebbero 4 e le restanti 7 pentole, per arrivare al totale di 17, potrebbero essere 2 wok e 5 teglie, rispettando così tutte le condizioni del quesito.

---

11 Il quesito chiede di trovare quel numero che moltiplicato per 13 (il prezzo in euro dei secondi piatti di pesce) e poi sommato al numero dei secondi piatti di carne (che costano 11 euro) proponga un valore pari a 107 euro. Tenendo però presente che il numero dei secondi di pesce sommato al numero dei secondi di carne non deve essere maggiore di 9 (il quesito infatti specifica che in tutto, Enea e i suoi amici sono meno di dieci persone). La strada più veloce per arrivare alla soluzione è procedere per tentativi: la risposta corretta è quella fornita dall'alternativa D, cioè 4 secondi di pesce: infatti, 4 x 13 = 52 che vanno sommati agli altri 5 (al massimo) secondi di carne, cioè 5 x 11 = 55. Il totale di questa somma (52 + 55) è proprio 107.

---

12 Passando dallo stato liquido a quello solido il volume della massa di acqua aumenta di 1/11, quindi il volume della massa di ghiaccio è ora pari a 12/11 della massa d'acqua. Poiché quest'ultima è quindi pari agli 11/12 della massa di ghiaccio, quest'ultima deve diminuire di 1/12 del suo valore per tornare allo stato liquido (C soluzione del quesito). Si può semplicemente risolvere il quesito anche pensando che la massa liquida ha una massa pari proprio a 11: aumentando di 1/11 la sua massa diventa 12. Poiché deve tornare a 11 dovrà diminuire di un valore pari a 1 che è però pari a 1/12 di 12.

---

13 Si può provare a risolvere il quesito matematicamente impostando un sistema di due equazioni in due incognite (A per i gadget posseduti da Alice e G per quelli di Giorgio).

Giorgio ha 4 gadget meno di Alice:

$$G = A - 4$$

I gadget che mancano a Giorgio per arrivare ai 24 sono il doppio di quelli che mancano ad Alice:

$$24 - G = 2 \cdot (24 - A)$$

Sostituendo la prima nella seconda si ha che:

$$24 - A + 4 = 48 - 2A;$$

da cui A = 20 (C soluzione del quesito).

Per risolvere il quesito è però possibile (e più immediato) partire dalle alternative. Si inizi da 20, che è il valore mediano tra quelli proposti dalle cinque alternative. Se Alice avesse 20 gadget, allora Giorgio ne avrebbe 16 (4 in meno): ad Alice mancherebbero 4 gadget per arrivare a 24 mentre a Giorgio ne mancherebbero 8 (esattamente il doppio, come chiede l'esercizio). Il numero 20 soddisfa le condizioni del quesito e la C è quindi la soluzione cercata.

---

14 Se la somma di 12 cifre è pari a 11, almeno una cifra deve essere pari a 0. Se, infatti, tra le 12 cifre non ci fosse nemmeno uno 0, la loro somma dovrebbe essere pari almeno a 12 (ipotizzando undici 1). Stabilito dunque che tra le 12 cifre abbiamo almeno uno 0, possiamo essere certi che il loro prodotto sarà pari a 0: un prodotto che abbia uno 0 tra i fattori è sempre pari a 0. Naturalmente, ciò vale anche nel caso che gli zeri siano più d'uno (vi sono moltissime combinazioni tra 12 cifre che danno come somma 11, se gli zeri sono uno o più). L'opzione corretta è dunque la A.

RAGIONAMENTO LOGICO

15 Se a un numero togliamo la sua metà vuol dire che ciò che resta è l'altra metà: n_1 è quindi la metà di n e il suo valore corrisponde anche a quanto abbiamo sottratto a n stesso per ottenerlo. Per risolvere velocemente il quesito si possono scegliere due numeri: m_1 e n_1 tali che il primo sia cinque volte il secondo: per esempio 5 e 1. Se quindi n_1 è pari a 1 allora n è pari a 2 (togliendo a questo la sua metà, ossia 1, si ottiene 1). Ma poiché per ottenere m_1 abbiamo tolto lo stesso valore pari a 1 a m allora quest'ultimo valeva 6 (m è quindi tre volte n). La **B** è la soluzione cercata. D'altra parte, una volta capito che n_1 corrisponde alla metà di n possiamo risolvere l'esercizio anche senza esempi numerici ma scrivendo che:

$$m - 1/2\, n = 5\,(1/2)\, n$$

da cui:

$$m = 6/2\, n$$

e quindi:

$$m = 3n$$

16 Se i tavoli sono da 8 posti, vuol dire che Guglielmo in tutto riempie 9 tavoli (72 : 8). Se ci fossero almeno 9 donne (e quindi 63 uomini) Guglielmo potrebbe metterne una per tavolo e quindi avere a ogni tavolo almeno una donna. Se invece c'è sempre almeno un tavolo con soli uomini vuol dire che le donne sono meno di 9 e cioè che gli uomini sono almeno 64 (**D** soluzione del quesito).

17 In un blocco di ottone il rame rappresenta i 3/5 del peso, lo zinco i 2/5. Su 75 kg di ottone, il rame sarà pari a (75 : 5) × 3 = 45 kg. La risposta esatta è la **A** soluzione del quesito).

18 Senza fare troppi ragionamenti, per arrivare alla soluzione si può ragionare sul fatto che, per passare da un formato al successivo, si dimezza sempre la dimensione più grande (quindi in modo alternato si dimezza prima una e poi l'altra dimensione). Per passare da A0 ad A4, perciò, ognuna delle due dimensioni si è dimezzata due volte. Poiché il quesito chiede come diventa LU, questa dimezzandosi due volte risulta pari a LU/4 (alternativa **B** soluzione del quesito).

19 L'esercizio chiede semplicemente di costruire due triangoli isosceli con la medesima base (AB) e con altezze differenti: una, quella del triangolo ABC, pari alla metà di quella del triangolo ABD.

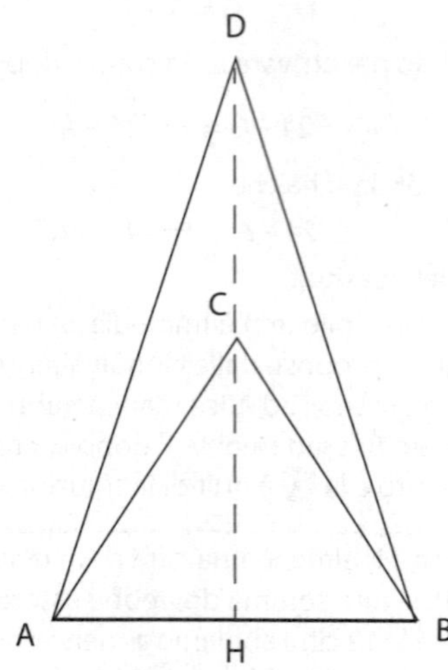

Avendo la stessa base del triangolo ABD, ma una altezza AC, pari alla metà di AD, l'area del triangolo ABC sarà esattamente la metà di quella del triangolo ABD (**A** soluzione del quesito).

PARTE QUINTA

20 Gli scomparti sono tutti uguali, quindi, se il lato maggiore di uno è a contatto con i quattro lati minori degli altri quattro, tale lato deve essere esattamente il quadruplo del lato minore di ogni scomparto.

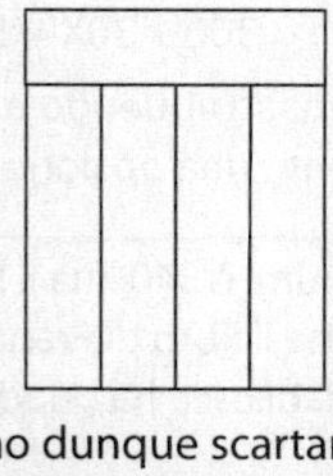

Osservando le alternative si possono dunque scartare la A e la E, in quanto non è rispettato il rapporto di 1 a 4 tra i due lati dello scomparto. Per risolvere il problema è ora possibile provare le alternative: se gli scomparti fossero 28 × 7, la scatola avrebbe due lati da 28 cm e due da 35 cm e quindi un perimetro da 126 cm (troppo piccolo rispetto a quello da 144 richiesto dall'esercizio). La soluzione è quindi la C, infatti, in tale modo la scatola avrebbe due lati da 32 cm e due da 40 cm e quindi un perimetro totale di 144 cm.

21 La proiezione del filmato dura 11 minuti, a cui segue una pausa di 3 minuti prima della proiezione successiva, per un totale di 14 minuti. Tra l'orario di inizio (9.15) e quello di fine (18.00) vi sono 8 ore e 45 minuti, per un totale di 480 + 45 = 525 minuti. Il numero di proiezioni che vengono effettuate nell'arco della giornata è dunque pari a 525/14 = 37,5 ossia 37 proiezioni complete.
La risposta corretta è quindi la C.

22 Sapendo che la spesa complessiva è stata 600 euro e che ogni piastrella è costata 4 euro, si può dedurre che sono state acquistate 150 piastrelle. Con le stesse si è piastrellato un pavimento di 6 metri quadrati, cioè 60.000 centimetri quadrati. Ogni piastrella quadrata, quindi, deve avere una superficie pari a 400 centimetri quadrati (60.000/150) e dunque un lato pari a 20 centimetri (C soluzione del quesito).

23 La differenza tra prezzo di vendita e costo di produzione per ogni singola borsa è 50 € – 30 € = 20 €. Emma ha quindi un ricavo di 20 € per ogni borsa venduta. Per non andare in perdita Emma deve avere un ricavo almeno di 400 €. Quindi Emma ogni mese deve produrre e vendere almeno 20 borse in modo da pareggiare i costi fissi mensili (20 × 20 €= 400 €). Risposta corretta D.

24 Ognuna delle tre confezioni disponibili ha un costo che dipende da tre elementi: il numero di poster del gruppo completo (*x*), il numero di poster di un singolo membro del gruppo (*y*) e le spese di spedizione (*z*). Conviene dunque riscrivere le informazioni fornite dal testo dell'esercizio utilizzando le tre incognite sopra indicate:

- confezione mini: $3x + 4y + z = 14$
- confezione media: $4x + 3y + z = 16$
- confezione maxi: $5x + 3y + z = 19$

Si tratta dunque di un semplice sistema di 3 equazioni di primo grado con 3 incognite, da cui si ricava $x = 3$, $y = 1$ e $z = 1$. Il costo delle spese di spedizione è dunque pari a 1 dollaro e la risposta corretta è quindi la A.

25 Per risolvere il quesito ci si chieda innanzi tutto quante ore di lavoro del primo elettricista servono per pareggiare il costo fisso applicato dal secondo. La risposta è 6 ore (50 × 6 = 300). Dopo le stesse 6 ore, affidando il lavoro al secondo elettricista, si pagherebbero 300 + (30 × 6) = 480 euro. Se il lavoro fosse di 6 ore, quindi, il primo elettricista costerebbe 180 euro meno del secondo. Da questo momento, però, per ogni ora che passa, il primo costa 20 euro in più rispetto al secondo. Dopo altre 9 ore, quindi, si azzererà il risparmio di 180 euro che si aveva dopo 6 ore. Questo vuol dire che se il lavoro fosse di 15 ore i due elettricisti costerebbero esattamente lo stesso, se fosse inferiore alle 15 ore converrebbe il primo (**C** soluzione del quesito), se fosse superiore il secondo. Volendo riscrivere matematicamente quanto visto, si può chiamare X il numero di ore che rende equivalente la spesa nelle due opzioni possibili e scrivere:

$$300 + 30X = 50X$$

da cui X = 15: si può quindi procedere attribuendo a X valori inferiori o superiori a 15 per capire quando risulta più o meno conveniente una opzione.

---

26 Se la somma delle pagine dei due volumi è 340, ma il libro di Marina ha 60 pagine in più rispetto a quello di Francesca, si può ricavare che il libro di Francesca ha (340 – 60)/2 = 140 pagine. Poiché il compenso è di 3,50 euro a pagina, Francesca ha guadagnato 140 × 3,50 = 490 euro (**B** soluzione del quesito).

---

27 Se pagando 4 vasetti ne ottieni 5, allora per 5 vasetti lo sconto coincide con 1/5 del totale, che è pari al 20%. La risposta corretta è quindi la **B**.

---

28 Siano *X* i grammi di mangime necessari a sfamare un pappagallo e *Y* quelli necessari a sfamare un canarino. Le informazioni fornite dal testo possono essere riscritte nel modo seguente:

$$14 = 4X + 3Y$$

$$18 = 4X + 5Y$$

Da tali relazioni si ricava velocemente che $2Y = 4$ ossia $Y = 2$ e, sostituendo in una delle due relazioni, si ricava $X = 2$.

Ciò significa che un pappagallo e un canarino richiedono ciascuno 2 grammi di becchime; tutte le affermazioni proposte dalle diverse alternative sono dunque vere, con l'unica eccezione della **D** che è dunque la risposta esatta.

---

29 Supponendo che le due confezioni di prosciutto nel frigorifero di Luisa *scadano prima del 9 maggio* (informazione, questa, lasciata sottintendere dall'esercizio), Luisa per approfittare al meglio dell'offerta dovrà acquistare tante confezioni quanti giorni mancano al 9 maggio meno due (il cui fabbisogno è coperto dalle confezioni già in suo possesso). Tra il 26 aprile e il 9 maggio compresi corrono 14 giorni, perciò le confezioni da acquistare sono 12.

Quante confezioni scadano al 5 o al 9 maggio è irrilevante: anche se Luisa acquistasse tutte e 5 quelle con scadenza al 5 maggio, e anche se dovesse usare prima del 5 maggio le due confezioni già in frigorifero, avrebbe comunque tempo di consumarle tutte entro la data (resterebbero 8 giorni per il loro utilizzo); se invece Luisa acquistasse le 11 confezioni con scadenza al 9 maggio, basterà aggiungere 1 sola confezione con scadenza al 5 maggio. La risposta esatta è dunque la **C**. Attenzione: se si supponesse invece che le due confezioni in frigorifero *scadano dopo il 9 maggio*, allora la risposta corretta sarebbe 14: cioè Luisa dovrebbe acquistare tante confezioni quanti sono i giorni che la separano dall'11 maggio.

---

30 Robert ha ragionato come se 5 chilometri valessero 8 miglia ossia 1 km = 8/5 miglia. In tale ipotesi la distanza di 200 chilometri corrisponderebbe a 320 miglia (200 × 8/5) e dunque il tempo stimato per percorrerla alla velocità di 60 miglia all'ora sarebbe pari a:

$$t = S/V = 320/60 \text{ ore} = 16/3 \text{ ore ossia } 15/3 + 1/3 = 5 \text{ ore e } 20 \text{ minuti}$$

Nella realtà 8 chilometri corrispondono a 5 miglia ossia 1 km = 5/8 di miglia; pertanto lo spazio che realmente deve essere percorso è pari a: 200 × 5/8 = 125 miglia. Viaggiando a una velocità media di 60 miglia all'ora tale spazio viene percorso in un tempo pari a:

$$t = S/V = 125/60 \text{ ore} = 25/12 \text{ ore ossia } 24/12 + 1/12 = 2 \text{ ore e } 5 \text{ minuti}$$

La differenza tra il tempo stimato e il tempo effettivo è dunque pari a 3 ore e 15 minuti (risposta **E**).

31 Su una popolazione di 100.000 persone non vaccinate, sono 80.000 (l'80%) le persone a rischio contrazione della malattia. Essendo la mortalità pari a 3 casi ogni 10.000 malati, ci si può attendere una mortalità complessiva pari a 24 casi (**D** soluzione del quesito).

32 La quantità d'acqua prima della pioggia è pari al 28% della capacità della cisterna. La prima settimana di pioggia la fa aumentare del 25%, ossia di un 1/4, cioè del 7% della capacità, portandola al 35%. Se nella settimana successiva si ha la stessa quantità di pioggia, la variazione, rispetto alla capacità della cisterna, sarà ancora del 7% e l'acqua nella cisterna avrà allora raggiunto il 42% della capacità (**C** soluzione del quesito).

33 I ragazzi sotto i 14 anni sono 40 e rappresentano l'80% degli atleti sotto i 14 anni (infatti il 20% minori di 14 anni sono ragazze). Si può dunque dedurre che il numero di atleti che ha meno di 14 anni è pari a 50 (basta risolvere l'equazione 40 = 80% *x*). Poiché gli atleti sotto i 14 anni sono 1/4 del totale (25% in forma di frazione è pari proprio a 1/4), il totale degli atleti della società sarà pari a 50 · 4 = 200. La soluzione al quesito è fornita dall'alternativa **E**.

34 Scartata subito la risposta **A**, non pertinente, per rispondere al quesito è sufficiente effettuare semplici ragionamenti sui dati presentati. La **B** non è corretta: è noto che negli ultimi quattro anni vi è stato un continuo aumento nel numero di diplomati, ma non vi sono elementi che implichino logicamente un aumento anche per l'anno successivo. La risposta **C** è errata perché nel 2019 il numero di ragazze diplomate è stato pari a 260 (la metà di 520), mentre nel 2017 è stato pari a 230 (la metà di 460). Anche la **E** è errata, in quanto la percentuale di studenti di sesso maschile nel 2019 è stata superiore a quella del 2018. La risposta esatta è dunque la **D**: dalla tabella fornita il numero di diplomati risulta infatti sempre crescente.

35 Si ponga la lunghezza della galleria pari a *x* (l'incognita). Il tempo impiegato dal treno a percorrere la lunghezza *x* della galleria (viaggiando a 20km/h) è pari a:

$$t = S/v = x/20 \text{ ore.}$$

Analogamente, all'esterno della galleria il treno viaggia a 60 km/h e percorre uno spazio pari a 16 – *x* (il tragitto totale meno il tratto in galleria) in un tempo

$$t = S/v = (16 - x)/60 \text{ ore.}$$

Ma il tempo totale impiegato dal treno è pari a 19 minuti (ossia 19/60 ore), dunque:

$$19/60 = x/20 + (16 - x)/60 \text{ da cui si ricava } x = 1{,}5 \text{ km.}$$

La risposta corretta è quindi la **D**.

36 Dal momento che non è nota la percentuale di casi che andrebbero incontro a complicazioni in assenza di terapia, non è possibile dedurre né l'affermazione **A** né l'affermazione **B**. Il grafico mostra invece un confronto tra la percentuale di complicazioni nei tre gruppi di pazienti, da cui risulta che l'insorgenza di complicazioni non è indipendente dalla terapia, come vorrebbe la risposta **D** (da escludere), bensì è minore, nei primi due anni, utilizzando il trattamento 1. La risposta esatta è dunque la **C**. Per ciò che riguarda infine la **E**, anch'essa è da scartare dal momento che, seppure la tendenza espressa dal grafico sia di un aumento della percentuale di complicazioni con il passare del tempo, non vi sono informazioni sufficienti per dedurre che, con il passare degli anni, *tutti* i pazienti manifestino complicazioni.

37 Per semplificare il problema, si supponga dapprima che Giovanni non abbia dovuto sostituire la ruota difettosa, ma si sia limitato a effettuare una rotazione delle gomme ogni 3000 km. Sotto questa ipotesi, ogni gomma viene utilizzata come ruota di scorta per un periodo di 3000 km e quindi, trascorsi 15.000 km, ogni ruota ha percorso 15.000 km – 3000 km ovvero 12.000 km.

Risulta ora chiaro che la sostituzione della gomma difettosa non modifica il numero di chilometri percorsi dalle restanti: se la ruota difettosa è la ruota inizialmente usata come ruota di scorta, le

RAGIONAMENTO LOGICO

ruote restanti percorrono 12.000 km (effettuando ciascuna un "turno di riposo" dopo i primi 3000 km); se invece la ruota difettosa è una di quelle impiegate all'inizio da Giovanni, le rimanenti, compresa la ruota di scorta iniziale, effettueranno comunque sempre un "turno di riposo" ciascuna. La risposta corretta è quindi la **D**.

---

38 Maria corre complessivamente per 30 minuti (4 ripetizioni da 6 minuti ciascuna più ulteriori 6 minuti di corsa finali) e cammina per 12 minuti (4 ripetizioni da 3 minuti ciascuna). Pertanto, a metà allenamento Maria ha corso per 15 minuti e ha camminato per 6 minuti. Durante la corsa tiene la velocità di 1 chilometro ogni 7 minuti e mezzo e dunque in 15 minuti percorre 2 chilometri; quando cammina percorre 1 chilometro in 12 minuti e pertanto in 6 minuti copre mezzo chilometro. Dopo 21 minuti Maria ha dunque percorso 2,5 chilometri e la risposta corretta è la **C**.

---

39 Anziché ragionare per via diretta (considerando 40 cm^3 come il 109% del volume di acqua iniziale e sottraendo il 9% pari a circa 3,3 cm^3) si può partire dalle alternative, cercando quale numero, tra quelli proposti, aumentato del suo 9% ha come risultato 40 cm^3. Si capisce subito che la **A** non può essere la soluzione perché il numero da cui partire deve essere inferiore a 40. Ricordando che il 9% di un certo valore è pari quasi 1/10 di quel valore, è possibile scartare anche la **B** e la **C** (il 10% di 38 è pari a 3,8 che sommato a 38 ha come risultato un valore ben più alto di 40). La soluzione al quesito è la **D**, infatti il 9% di 36,7 è pari a 3,3 che sommato a 36,7 ha come risultato 40.

---

40 All'ultimo turno sia Antonio sia Davide hanno inizialmente preso 10 biglie; poi ognuno ha dato 2 biglie a Susanna, quindi entrambi si ritrovano con 8 biglie a testa. Poiché dopo aver ricevuto da ciascuno 2 biglie anche Susanna ha 8 biglie (l'esercizio dice che tutti e tre hanno lo stesso numero di biglie), inizialmente Susanna ne aveva prese solo 4 (aggiungendone infatti altre 4 arriva a 8). La soluzione del quesito è quindi quella proposta dall'alternativa **E**.

---

41 La prima possibilità di offerta (tre confezioni al prezzo di due) comporta un risparmio di 1/3 a confezione, esattamente quanto indicato dall'alternativa 3. La seconda modalità di offerta (una confezione pagata a prezzo pieno e l'altra a metà prezzo) equivale a pagare i 3/4 del dovuto e pertanto il risparmio è pari a 1/4 del totale (25% di sconto). Il ricavo della commerciante è dunque il medesimo nel caso 1 e 3 mentre è differente nell'ipotesi 2. La risposta corretta è quindi la **C**.

---

42 Per trovare la soluzione al quesito è sufficiente trovare il minimo comune multiplo tra 6, 8 e 18, gli intervalli di tempo in cui vengono pagati i dividendi rispettivamente dalle società Acme, Baldini e Cristofori. Infatti, avendo pagato simultaneamente nel gennaio 2013 i dividendi, il primo momento in cui questo accadrà di nuovo sarà il primo multiplo comune a 6, 8 e 18 mesi. Il valore di questo minimo comune multiplo è pari a 72 mesi, che corrispondono esattamente a 6 anni. I dividendi verranno quindi pagati di nuovo nello stesso mese a gennaio del 2019 (**C** soluzione del quesito).

---

43 Lo studente percorre a piedi e in autobus $\frac{1}{5}+\frac{2}{3} = \frac{3+10}{15} = \frac{13}{15}$ dell'intero tragitto. La parte rimanente $(1-\frac{13}{15} = \frac{2}{15})$ viene percorsa in bicicletta. Poiché $\frac{2}{15}$ della distanza tra l'abitazione e l'università sono pari a 8 chilometri, la distanza cercata è pari a $\frac{15}{2} \cdot 8 = 60$ km. Pertanto la risposta corretta è la **C**.

---

44 Il testo afferma che il primo articolo costa 6 euro mentre il secondo articolo ha un prezzo non noto (si supponga x). Viene affermato che la somma tra i 2 prezzi è uguale al loro prodotto e pertanto: $6 + x = 6x$ da cui si ricava $x = 6/5$.

Il quesito chiede di determinare la somma complessiva spesa da Gianni e dunque: 6 euro + 6/5 di euro, che equivale a 1,20 euro. Quindi la spesa complessiva di Gianni è stata pari a 7,20 euro (risposta corretta **A**).

PARTE QUINTA

45 Non c'è bisogno di fare calcoli per risolvere il quesito. La differenza di età negli anni è rimasta la stessa, per cui se al momento in cui la ditta è fallita il maggiore aveva 20 anni in più rispetto al minore, aveva 20 anni di più anche nel momento in cui i due sono stati assunti. Se in quel momento il maggiore aveva anche il doppio dell'età del minore significa che quest'ultimo aveva proprio 20 anni (e il maggiore 40). L'alternativa **E** è la soluzione del quesito.

46 Quando una persona in un certo momento ha la metà degli anni di un'altra, allora la sua età coincide proprio con la differenza d'età tra quelle due persone. La differenza di età tra il signor Bianchi e suo figlio Remo è pari a 44 anni (60 – 16); dunque Remo ha oggi 44 anni (e suo padre 88) La **A** è pertanto la soluzione del quesito.

47 La proporzione dei pesi tra Tizio e Caio è 5 a 6 e, poiché il farmaco deve essere somministrato in proporzione al peso, è comodo suddividere idealmente entrambi i flaconi in 11 parti uguali tra loro: così facendo di ogni flacone verranno destinate 5 parti a Tizio e 6 parti a Caio.

Delle 22 parti complessive ne spettano quindi 12 a Caio e 10 a Tizio e dunque a Caio verrà somministrato un intero flacone (11 parti) più una delle 11 parti del secondo flacone (1/11). La risposta corretta è quindi la **E**.

48 Sulla base delle informazioni contenute nel testo dell'esercizio, a ogni famiglia che possiede 1 sola bici ne corrisponde una che ne possiede 3: in media, dunque, tali nuclei famigliari possiedono ciascuno 2 biciclette. Vi sono poi le restanti famiglie che – avendone almeno una, ma non una, né tre – non possono che averne 2. Poiché nel paese vi sono 33 famiglie che possiedono dunque in media 2 biciclette ciascuna, le biciclette presenti sono 2 per 33 ossia 66 e la risposta corretta è quindi la **B**.

49 I soldati che compongono il plotone sono in tutto 36 (6×6); eliminando le prime due file, i soldati che le componevano ($6 \times 2 = 12$), devono essere redistribuiti nelle 4 file rimanenti in modo omogeneo. Poiché i soldati del plotone restano comunque in totale 36, essendo 4 le file, risulta che il numero di soldati per ogni fila deve essere 9. Tra le alternative, la soluzione è pertanto **B**.

50 Per capire quanto è lungo il perimetro dell'area da piantumare è sufficiente moltiplicare il numero di alberi per la distanza che li separa: $50 \times 8 = 400$ metri. Se ora si vuole piantumare lo stesso perimetro portando la distanza tra un albero e l'altro a 10 metri, allora basteranno $400 : 10 = 40$ alberi (**B** soluzione del quesito).

51 Il primo vigneto è un quadrato con perimetro di 120 metri, per cui ogni lato è lungo 30 metri. Se gli alberi vengono piantati lungo il perimetro a distanza di 6 metri l'uno dall'altro, significa che serviranno in tutto 20 alberi. Infatti, come mostra il disegno, gli alberi d'angolo sono in comune tra due lati:

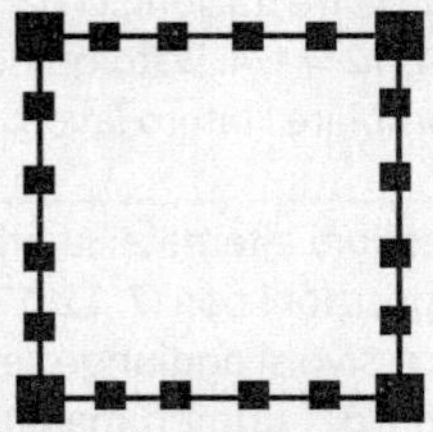

Questo vigneto ha un'area pari a 900 m^2. Un vigneto con area quadrupla, cioè pari a 3600 m^2, avrà un lato pari a 60 metri (e un perimetro di 240 metri). Per recintare un tale quadrato si avrà bisogno del doppio degli alberi necessari per il primo vigneto e cioè 40. Attenzione però, la soluzione al quesito non è la **E**, perché il testo chiede quanti alberi di vite *in più* rispetto al primo vigneto servono (e non quanti alberi in assoluto), per cui la soluzione al quesito è l'alternativa **A**: infatti sono necessari 20 alberi *in più*.

52 Il problema si risolve con approssimazioni successive, calcolando la lunghezza *massima* del lato che può avere un quadrato costruito con 550 tessere (ponendo 1 tessera come unità di misura). Sicuramente il lato sarà superiore a 20 tessere ($20 \times 20 = 400$) e inferiore a 25 ($25 \times 25 = 625$). Il quadrato non potrà avere neanche lato pari a 24, infatti in tal caso servirebbero 576 tessere per costruirlo. Il quadrato più grande che si può costruire con 550 tessere è quindi quello che ha lato pari a 23, necessitando in tal caso 529 tessere per costruirlo. Delle 550 tessere a disposizione, quindi, usandone 529 al massimo, ne avanzano 21 (C soluzione del quesito). Si può arrivare alla stessa soluzione partendo dalle alternative. Poiché si costruisce il quadrato più grande possibile, vuol dire che avanzano il numero più piccolo di tessere possibile. Si deve, quindi, iniziare a provare partendo dalle alternative più piccole. Togliendo 18 o 19 a 550 però non si ottiene un quadrato perfetto. Lo si ottiene, invece togliendo 21: infatti 529 è il quadrato di 23.

53 Calcolando la radice cubica di 359 (risultato 7,1) o più semplicemente procedendo per tentativi, possiamo determinare che Il cubo più grande possibile è costruito con 7 cubi di lato impiegando quindi $7 \times 7 \times 7 = 343$ cubi. La risposta esatta è quindi la D.

54 Affinché la bilancia sia in equilibrio è necessario produrre la stessa forza su entrambi i bracci; tale forza si ottiene moltiplicando il peso per la lunghezza del braccio (pari alla distanza di tale peso dal punto di sospensione): $f = p \times d$. Se quindi il braccio destro è, per esempio, pari a 1 e sulla sua estremità sono posti 9 pesi tutti uguali, allora si produrrà una forza pari a $1 \times 9 = 9$. Poiché nell'esercizio proposto il braccio sinistro è pari a 3 volte quello destro, allora, per avere una uguale forza pari a 9, è sufficiente porre 3 pesi sulla sua estremità. La A è, quindi, la soluzione del quesito.

55 I tre soggetti hanno lo stesso ritmo di lavoro, quindi per demolire la stessa parete un solo muratore impiega $40 \cdot 3 = 120$ minuti = 2 ore (risposta B).

56 Poiché un elettricista prepara un impianto in 15 giorni, per fare 5 impianti necessita di 75 giorni. Per fare gli stessi impianti in 5 giorni (cioè in 1/15 del tempo) sono quindi necessari 15 elettricisti (C soluzione del quesito).

57 Per fare 1000 bignè (cioè 5 volte 200) i 5 pasticceri hanno bisogno di 5 volte il tempo impiegato per farne 200, quindi 250 minuti. Raddoppiando il numero di pasticceri (passando quindi da 5 a 10) per fare gli stessi 1000 bignè è sufficiente la metà del tempo: 125 minuti (D soluzione del quesito).

58 Se Antonio impiega 8 ore per effettuare il lavoro, in 1 ora (unità di tempo) compie 1/8 del lavoro. Lo stesso ragionamento vale per Roberto, che in 1 ora compie 1/24 del lavoro, e per Leonardo, che in 1 ora compie 1/12 del lavoro. Conoscendo il lavoro svolto dai singoli operai nell'unità di tempo, è possibile individuare (sommando le tre frazioni) la parte di lavoro svolta dai tre insieme, sempre nell'unità di tempo: $1/8 + 1/24 + 1/12 = 1/4$. Dato quindi che in 1 ora i tre soggetti insieme svolgono un quarto del lavoro, per compiere l'intero lavoro basteranno 4 ore (risposta B).

59 La serie è composta da due successioni alternate: la prima formata dalle posizioni dispari (3, 10, 17, 24, ?), e l'altra composta dalle posizioni pari (7, 12, 17, 22, ?). Ci si accorge che nella prima serie per passare da un numero al successivo si aggiunge sempre un valore pari a 7, mentre nella seconda si aggiunge un valore pari a 5. I numeri mancanti sono quindi: in posizione dispari 31 ($24 + 7$), mentre in posizione pari 27 ($22 + 5$). La C è, dunque, la soluzione cercata.

60 Per passare da un numero al successivo si devono fare due operazioni consecutive e cioè moltiplicare il numero di partenza per 3 e sottrarre 1 al risultato. Così, per esempio, per passare dal primo al secondo numero si deve fare il seguente calcolo: $5 \times 3 = 15$ e $15 - 1 = 14$. Sottraendo 1 al triplo di 122 si ottiene 365 e quindi la B è la soluzione cercata.

PARTE QUINTA

61 Per passare da 10 a 30 si moltiplica il primo numero per 3. Per passare poi da 30 a 19 si sottrae al primo un valore pari a 11. Queste due operazioni si ripetono quindi ciclicamente andando avanti nella serie: il primo numero mancate è quindi 127 (138 – 11) e il secondo 381 (127 × 3). La soluzione al quesito è quindi la **A**.

62 In questa serie ogni numero è ottenuto sommando i due precedenti: 45 è quindi pari a 15 + 30, 75 è pari a 30 + 45 e 120 è pari a 45 + 75. La soluzione al quesito è quindi fornita dall'alternativa **B** essendo 195 pari a 75 +120.

63 Sostituendo nella prima equazione µ con la somma @ + @ si ottiene:

@ + @ + @ + @ = @ + @ + 20

da cui:

@ + @ = 20

e quindi:

@ = 10 (**A** soluzione del quesito).

64 Sostituendo a £ il suo valore pari a 10, la prima equazione si trasforma nel seguente modo:

© +10 – © = © – 10

da cui:

© = 20 (**A** soluzione del quesito).

65 Sostituendo a @ e a ¿ i rispettivi valori di 5 e –1, la prima equazione si trasforma nel seguente modo:

5 + 5 = # +1

da cui:

= 9 (**B** soluzione del quesito).

Deduzioni logiche

1 **La giunta del comune dove abita Alice ha deciso di aggiornare i numeri civici di via Roma dove abita Alice. Se nella via si devono numerare i 100 ingressi da 1 a 100, quanti 5 dovrà usare l'addetto alla numerazione?**

- A 12
- B 11
- C 19
- D 10
- E 20

2 **Considerata la proposizione: *"Le reclute della Guardia Svizzera Pontificia devono essere necessariamente cittadini svizzeri dalla nascita, cattolici, maschi fra i 19 e 30 anni e devono aver fatto un periodo di formazione presso l'esercito svizzero"*, quale delle seguenti affermazioni è certamente FALSA in merito agli arruolamenti dello scorso giugno?**

- A Giorgio, svizzero dalla nascita, nato nel 2000 di fede cattolica, con periodo di formazione nell'esercito svizzero, non è stato arruolato
- B Tommaso, svizzero dalla nascita, nato nel 1992 di fede cattolica, senza periodo di formazione nell'esercito svizzero, non è stato arruolato
- C Enea, svizzero dalla nascita, nato nel 1989 di fede cattolica, con periodo di formazione nell'esercito svizzero, è stato arruolato
- D Michele, svizzero dalla nascita, nato nel 1998 di fede cattolica, con periodo di formazione nell'esercito svizzero, è stato arruolato
- E Nicolò, nato a Parigi nel 1996, cittadino svizzero dal 2008, di fede cattolica, con periodo di formazione nell'esercito svizzero, non è stato arruolato

3 **In un sacchetto ci sono 80 fra biglie rosse, gialle e blu. Se ogni volta che dal sacchetto Tommaso prende 56 biglie trova sempre almeno una biglia rossa fra di esse, qual è il numero minimo di biglie rosse nel sacchetto?**

- A 24
- B 25
- C 26
- D 56
- E 55

RAGIONAMENTO LOGICO

4 **Dalle premesse "solo le persone in buona salute possono donare il sangue, Michele è un donatore di sangue mentre suo fratello Nicolò non lo è" quale delle seguenti deduzioni è vera?**

A Nicolò non gode di buona salute

B Michele gode di buona salute mentre Nicolò non gode di buona salute

C Michele gode di buona salute

D Michele e Nicolò non godono di buona salute

E Nicolò gode di buona salute

5 **Se: a ◊ b = ab e a ∇ b = a/b, quale delle seguenti operazioni ha lo stesso risultato di (a ◊ b) ∇ (a ◊ a)?**

A a ∇ b

B b ◊ a

C a ∇ a

D b ◊ b

E b ∇ a

6 **Se le tre affermazioni riportate di seguito sono vere, quale fra le alternative proposte è vera?**

1) Luca ama la pesca

2) Chi è pigro ama la pesca

3) Gino è pigro

A Luca è pigro

B Gino ama la pesca

C Chi ama la pesca è pigro

D Luca non è pigro

E Nessuna delle altre risposte è corretta

7 **Simona afferma: "In ogni corso di laurea in Medicina e Chirurgia c'è almeno uno studente che ha superato tutti gli esami del primo anno". Se tale affermazione è falsa, allora sicuramente:**

A in tutti i corsi di laurea in Medicina e Chirurgia nessuno studente ha superato tutti gli esami del primo anno

B in ogni corso di laurea in Medicina e Chirurgia c'è almeno uno studente che non ha superato alcun esame del primo anno

C c'è almeno un corso di laurea in Medicina e Chirurgia in cui c'è almeno uno studente che non ha superato alcun esame del primo anno

D c'è almeno un corso di laurea in Medicina e Chirurgia in cui nessuno studente ha superato tutti gli esami del primo anno

E c'è almeno un corso di laurea in Medicina e Chirurgia in cui almeno uno studente ha superato tutti gli esami del primo anno

8 **Di un gruppo di persone si sa che "tutti i maschi sono minorenni". Se ne può dedurre che certamente, nel gruppo:**

A tutte le femmine sono maggiorenni

B tutte le persone minorenni sono maschi

C tutte le persone minorenni sono femmine

D tutte le femmine sono minorenni

E tutte le persone maggiorenni possono solo essere femmine

9 **Le tavole di verità sono tabelle usate nella logica per determinare se, attribuiti i valori di verità alle proposizioni che la compongono, una determinata proposizione è vera o falsa. Le tabelle di verità della congiunzione "e" (∧), della disgiunzione "o" (∨) e della negazione "non" (¬) sono rispettivamente:**

A	B	A∧B
V	V	V
V	F	F
F	V	F
F	F	F

A	B	A∨B
V	V	V
V	F	V
F	V	V
F	F	F

A	¬A
V	F
F	V

Sapendo che l'implicazione logica A ⇒ B è equivalente (ossia ha la stessa tabella di verità) della proposizione ¬ A ∨ B, qual è la tabella di verità dell'implicazione?

A

A	B	A ⇒ B
V	V	V
V	F	F
F	V	F
F	F	V

B

A	B	A ⇒ B
V	V	V
V	F	V
F	V	F
F	F	V

C

A	B	A ⇒ B
V	V	V
V	F	V
F	V	F
F	F	F

D

A	B	A ⇒ B
V	V	F
V	F	V
F	V	V
F	F	F

E

A	B	A ⇒ B
V	V	V
V	F	F
F	V	V
F	F	V

RAGIONAMENTO LOGICO

10 **«Se Andrea non legge non è contento».**

Se quanto affermato è vero, quale delle seguenti affermazioni è vera?

- A Solo se Andrea legge allora è contento
- B Se Andrea non è contento significa che non ha letto
- C Se Andrea è contento significa che ha letto
- D Leggere è l'attività preferita da Andrea
- E Condizione necessaria affinché Andrea sia contento è che legga

11 **L'affermazione "quando corro a lungo consumo grassi" è equivalente a:**

- A per consumare grassi devo correre a lungo
- B non consumo grassi pur avendo corso
- C se consumo grassi vuol dire che ho corso a lungo
- D o corro a lungo o consumo grassi
- E se non consumo grassi allora non ho corso a lungo

12 **Quale delle seguenti affermazioni equivale a dire: "Non tutti i laureati in ingegneria fanno l'ingegnere"?**

- A Nessun laureato in Ingegneria fa l'ingegnere
- B Tutti i laureati in Ingegneria fanno l'ingegnere
- C Non esiste un laureato in ingegneria che non faccia l'ingegnere
- D Vi è almeno un laureato in ingegneria che non fa l'ingegnere
- E Tutti i laureati in ingegneria fanno un lavoro diverso dall'ingegnere

13 **Quando prende il treno, Carlo arriva sempre in ritardo a destinazione.**

Quale delle seguenti affermazioni può essere dedotta dalla frase precedente?

- A Carlo è arrivato in ritardo, quindi ha preso il treno
- B Carlo è arrivato in orario, quindi ha preso il treno
- C Carlo non ha preso il treno, quindi è arrivato in ritardo
- D Carlo è arrivato in orario, quindi non ha preso il treno
- E Carlo non ha preso il treno, quindi è arrivato in orario

14 **Affinché il dirigente possa preparare la sua relazione è necessario che la segretaria inserisca i dati nel computer.**

Se la precedente affermazione è vera allora è anche vero che:

- A quando la segretaria ha inserito i dati nel computer il dirigente prepara la sua relazione
- B il fatto che il dirigente possa preparare la sua relazione implica che la segretaria abbia inserito i dati nel computer
- C se il dirigente non ha ancora preparato la sua relazione, significa che la segretaria non ha ancora inserito i dati nel computer
- D è possibile che il dirigente prepari la sua relazione anche inserendo autonomamente i dati nel computer
- E se il dirigente non prepara la sua relazione è a causa della segretaria

15 **Le nuove indagini non hanno confermato l'impossibilità che il freddo non sia la causa della rottura dei tubi.**

Il significato della precedente affermazione è:

A il freddo non può essere in alcun modo causa della rottura dei tubi

B il freddo è certamente la causa della rottura dei tubi

C il freddo potrebbe non essere la causa della rottura dei tubi

D il freddo causa sempre problemi

E il caldo è probabilmente la causa della rottura dei tubi

16 **Delle tre figlie di Giacomo – Giulia, Beatrice e Chiara – almeno una è bionda. Sapendo che se Giulia è bionda anche Beatrice lo è, che se Chiara è bionda lo è anche Giulia, e che tra Beatrice e Chiara una non è bionda, si può dedurre con certezza che:**

A Giulia, Beatrice e Chiara sono bionde

B Beatrice non è bionda mentre Giulia lo è

C Beatrice è bionda

D Chiara è bionda

E Giulia e Beatrice sono entrambe bionde

Leggere il testo del seguente problema.

Al primo anno del corso di laurea in Lingue, sei compagni di studi sono chiamati a scegliere ciascuno due corsi opzionali fra i sei disponibili: inglese, francese, tedesco, spagnolo, cinese, arabo. È noto che:

1) Arianna e Beatrice hanno litigato, e non desiderano frequentare alcun corso in comune;
2) Chiara è la migliore amica di Arianna: anche lei eviterà accuratamente la compagnia di Beatrice;
3) Damiano ed Eluana sono entrambi iscritti al corso di arabo, ma hanno fatto scelte diverse per quanto riguarda il secondo corso a cui iscriversi: lui tedesco, lei spagnolo;
4) il cinese ha fama di essere una lingua difficile: solo Chiara l'ha scelto. L'inglese è stato invece scelto da tre studenti. Tutti gli altri corsi avranno ciascuno due studenti;
5) Beatrice è una studentessa Erasmus proveniente da Bordeaux, quindi non le interessa frequentare il corso di francese. Anche Frank è uno studente Erasmus, proveniente da Berlino, ma questo non influirà sulla sua scelta di frequentare o meno il corso di tedesco.

17 **Chi frequenterà il corso di inglese?**

A Arianna, Chiara e Frank

B Beatrice e Frank

C Beatrice e Frank

D Beatrice e Eluana

E Arianna, Damiano e Frank

Leggere il testo del problema e rispondere alle domande seguenti.

Marco ha quattro fratelli: Andrea, Cesare, Davide e Biagio. Ognuno è sposato con una delle quattro sorelle di Elena, la moglie di Marco, e che sono Emma, Lucia, Alma e Maria. Si sa inoltre che:

- Marco è più grande di Biagio;
- Cesare è più piccolo solo di Andrea;
- Davide, il più piccolo dei cinque fratelli, ha sposato Emma;
- Alma ha sposato il fratello immediatamente più anziano rispetto al più giovane dei cinque.

18 **Quale delle seguenti affermazioni è falsa?**

A Biagio non è il più piccolo dei cinque fratelli
B Cesare è sposato con Maria o con Lucia
C Andrea ed Elena non sono marito e moglie
D Andrea ha sposato o Alma o Lucia
E Marco è il terzo fratello in ordine di età

19 **"Nell'ufficio di Silvia ci sono diversi scaffali con libri di storia e di matematica. Sugli scaffali dove ci sono almeno due libri ce ne è almeno uno di matematica". Se la precedente affermazione è vera, allora è vero che:**

A se su uno scaffale c'è un solo libro questo è di matematica
B uno scaffale che contiene tre libri ne ha sempre due di storia
C il numero dei libri di storia su uno scaffale è sempre minore o pari al numero di libri di matematica
D su uno scaffale che contiene due libri potrebbero non esserci libri di storia
E uno scaffale non può contenere un solo libro

20 **Se la lettera N identifica una qualunque cifra (singola), la lettera P identifica una qualunque cifra (singola) pari e la lettera D identifica una qualunque cifra (singola) dispari, allora il prodotto tra i numeri NP e PD sarà certamente un numero:**

A pari
B divisibile per tre
C composto da cinque cifre
D dispari di tre cifre
E pari di quattro cifre

21 **In un ipotetico linguaggio in codice, alla parola SPECIFICA corrisponde il codice SPEFECIFIFIFICAFA e alla parola IGNORATO corrisponde il codice IFIGNOFORAFATOFO. Come si scriverà, nel medesimo codice, la parola MAIL?**

A MAFIFIL B MAFAIFIL C MAFAFIIL D MFAAIFIL E MAIL

22 **Jack possiede 12 pipe apparentemente identiche, una delle quali è però più pesante delle altre. Avendo a disposizione una bilancia a due piatti, quante pesate saranno sufficienti per essere certi di individuarla?**

A 7 B 3 C 6 D 4 E 2

23 **Se A viene prima di C, E viene prima di C, C viene prima di D ed A viene prima di E, allora una delle seguenti affermazioni è falsa (F) mentre tutte le altre sono vere (V).**

1. A è la prima della serie
2. E viene dopo D
3. E non è l'ultima della serie
4. E viene prima di D
5. L'ordine non è alfabetico

Quale tra le seguenti è dunque la sequenza corretta?

A 1:V 2:F 3:V 4:V 5:V
B 1:F 2:V 3:V 4:V 5:V
C 1:V 2:V 3:V 4:F 5:V
D 1:V 2:V 3:V 4:V 5:F
E 1:V 2:V 3:F 4:V 5:V

PARTE QUINTA

24 **Cinque persone (A, B, C, D, E) decidono di scambiarsi i regali di Natale di modo che ciascuno faccia un regalo a due persone e ne riceva da altre due persone. A fa un regalo a B e C; D fa un regalo a B e a una delle due persone che ricevono il regalo anche da E; C fa un regalo a D e alla stessa persona che riceve il regalo anche da B. Da chi riceve i regali E?**

- A Da C e A
- B Da B e C
- C Da D e A
- D Da B e D
- E Da D e

25 **Cinque amici occupano a teatro cinque poltrone contigue nella stessa fila: Anselmo è a fianco di Bruno ma non di Cesare, il quale è a lato di Dario ma non di Enrico, e questi è a lato di Bruno ma non di Dario. In quale ordine sono seduti?**

- A Cesare, Dario, Anselmo, Bruno, Enrico
- B Cesare, Dario, Bruno, Enrico, Anselmo
- C Dario, Cesare, Enrico, Bruno, Anselmo
- D Enrico, Dario, Anselmo, Bruno, Cesare
- E Anselmo, Bruno, Cesare, Enrico, Dario

26 **In un sacchetto ci sono delle biglie. Tenendo conto che: a) ogni biglia può essere di vetro o di metallo; b) ogni biglia può essere rossa o verde; c) se una biglia è di vetro allora è verde, si deduce che:**

- A ogni biglia di metallo è rossa
- B una biglia rossa è di vetro o di metallo
- C una biglia verde può essere di metallo
- D ogni biglia verde è di vetro
- E c'è almeno una biglia rossa di vetro

27 **Nella palestra comunale di Delta ci sono due ragazzi, Luca e Andrea, che indossano magliette dello stesso colore. Luca afferma di avere la maglietta nera, mentre Andrea afferma di avere la maglietta bianca. Allora si può affermare con certezza che:**

- A entrambi mentono
- B almeno uno dei due mente
- C Luca mente, Andrea non mente
- D Andrea mente, Luca non mente
- E entrambi non mentono

28 **Ci sono due persone di sesso diverso, una francese e una inglese. La persona inglese dice: "Io sono un uomo", mentre la francese dice: "Io sono una donna". Se almeno uno dei due mente, quale delle seguenti affermazioni risulta necessariamente vera?**

- A La donna è francese e l'uomo è inglese
- B La donna è inglese e l'uomo è francese
- C Solo l'uomo mente
- D Solo la donna mente
- E Nessuna delle precedenti alternative è corretta

RAGIONAMENTO LOGICO

29 **Un ispettore di polizia sta conducendo un'indagine su un caso di omicidio. Sulla scena del delitto è stato ritrovato un biglietto di ingresso a un museo. Ciascuno dei 5 sospettati ha ammesso di aver visitato il museo nell'ultimo mese.**

- **Il sospettato A sostiene di aver visitato il museo il 17 febbraio.**
- **Il sospettato B sostiene di aver visitato il museo il 6 febbraio.**
- **Il sospettato C sostiene di aver visitato il museo il 9 febbraio.**
- **Il sospettato D sostiene di aver visitato il museo il 30 gennaio.**
- **Il sospettato E sostiene di aver visitato il museo il 3 febbraio.**

L'ispettore ricorda chiaramente di aver visitato lui stesso il museo il mese precedente, il 16 gennaio, e sa per certo che da dicembre a marzo il museo è aperto soltanto il martedì e il venerdì. Pertanto, sa anche che SOLO uno dei sospettati non sta dicendo la verità. Chi è il sospettato che non sta dicendo la verità?

A Sospettato A
B Sospettato B
C Sospettato C
D Sospettato D
E Sospettato E

30 **In una scuola milanese gli studenti studiano l'inglese e/o il francese. Il 70% studia l'inglese e il 60% studia il francese. Quale percentuale di studenti studia entrambe le lingue?**

A 65%
B 10%
C 30%
D 40%
E I dati del problema sono insufficienti per rispondere

31 **È noto che quando a Lisbona sono le 12.00 a Islamabad sono le 18.00 e a Canberra sono le 23.00. Se Mosca è due ore indietro rispetto a Islamabad, che ore saranno nella città russa quando a Londra, che è un'ora avanti rispetto a Lisbona sono le 11.00?**

A Le 12.20
B Le 13.00
C Le 16.00
D Le 15.00
E Le 14.00

32 **Il servizio di autobus Bologna-Parma ha una corsa diretta che parte ogni 12 minuti da ciascuna delle due città. Il servizio ha inizio contemporaneamente in entrambe le città. Il tragitto richiede 1 ora e 5 minuti in ciascuna direzione e gli autobus sostano per almeno 5 minuti presso la stazione di arrivo. Qual è il numero minimo di autobus necessari per fornire il servizio?**

A 6
B 8
C 10
D 11
E 12

33 **«La Federazione Internazionale del Calcio (FIFA) sta pensando di cambiare la regola del fuorigioco nel calcio. La Federazione Internazionale di Hockey ha cambiato la propria regola del fuorigioco alcuni anni fa e ciò ha reso il gioco più aperto e votato all'attacco e, di conseguenza, più avvincente per gli spettatori. Dunque, se si cambiasse la regola del fuorigioco anche nel calcio, si renderebbe il gioco più movimentato e avvincente per gli spettatori. La regola del fuorigioco dovrebbe, quindi, essere cambiata».**

Quale delle seguenti affermazioni, se considerate vere, indebolisce l'argomentazione precedente?

- A La regola del fuorigioco nell'hockey è molto diversa da quella nel calcio
- B Il calcio ha un numero di spettatori notevolmente maggiore rispetto all'hockey
- C La maggior parte dei giocatori e degli allenatori di calcio è contraria a qualsiasi modifica della regola del fuorigioco
- D La maggior parte dei tifosi e dei giornalisti sportivi che si occupano di calcio è contraria a qualsiasi modifica della regola del fuorigioco
- E Qualsiasi modifica della regola del fuorigioco stravolgerebbe le regole del calcio

34 **Carlo ha a disposizione una grossa somma di denaro e dove scegliere quale tipo di investimento finanziario effettuare. La conoscenza di un software di analisi statistica dei dati è necessaria per poter confrontare i diversi prodotti finanziari e individuare quello più idoneo. Poiché Carlo non sa utilizzare il computer e non conosce i programmi di analisi statistica, dovrà rivolgersi a un promotore finanziario.**

Su quale ipotesi implicita si basa il brano precedente?

- A Carlo può imparare l'utilizzo di software di analisi statistica
- B Carlo non sa utilizzare il computer
- C Carlo dovrebbe valutare la possibilità di un investimento immobiliare
- D Tutti i promotori finanziari sanno utilizzare almeno un software di analisi statistica
- E Carlo intende investire una grossa somma di denaro

35 **«Alle elementari, quando i bambini in un'aula sono seduti ai loro banchi disposti per file singole, la maestra riesce facilmente a guardarli tutti negli occhi mentre spiega alla lavagna. Cosa che, invece, non è sempre possibile se i bambini sono seduti attorno a tavoli rotondi in gruppi separati. Inoltre, i bambini seduti ai loro banchi disposti per file singole, quando alzano lo sguardo, invece di distrarsi guardando il bambino di fronte vedono la maestra. Quindi, essere seduti ai propri banchi disposti per file singole aiuta i bambini a rimanere concentrati meglio sul proprio lavoro e questa dovrebbe dunque essere la disposizione standard dei banchi in ogni aula elementare».**

Se considerata vera, quale delle seguenti affermazioni rende più forte l'argomentazione precedente?

- A Se i banchi sono disposti in file singole, i bambini riescono a vedere meglio la lavagna
- B Essere seduti in gruppi di 4-7 bambini rende più facile la discussione in classe
- C I banchi disposti in fila non occupano più spazio dei tavoli rotondi
- D Alcuni bambini si distraggono facilmente sia che siano seduti in banchi disposti per file singole sia che siano seduti in gruppi
- E I fautori dei metodi tradizionalisti reputano la disposizione in banchi in file singole come la migliore per insegnare

Soluzioni e commenti

1 Escludendo la decina del "cinquanta", in tutte le altre nove decine si trova sempre un solo 5 e dunque, per queste decine sarà necessario usare nove volte il numero 5. Per la decina del cinquanta sono necessari invece undici 5: due per il numero 55 e nove per tutti gli altri numeri della decina; la risposta corretta è quindi la **E**.

2 Le reclute della guardia svizzera pontificia devono avere **necessariamente** alcune caratteristiche. Quel "necessariamente" rimanda alla condizione "necessaria, ma non sufficiente", cioè una o più premesse imprescindibili che però non garantiscono sempre il risultato desiderato.

Per questo motivo risulta vera l'alternativa **A** che appunto indica, nonostante il possesso di tutte le caratteristiche richieste, il mancato raggiungimento del risultato. Le alternative **B** ed **E** invece hanno entrambe una lacuna nelle caratteristiche necessarie: Tommaso perché senza periodo di formazione, Nicolò perché nato a Parigi (quindi non cittadino svizzero dalla nascita), è corretto – risultando quindi affermazioni vere – che non permettano il risultato finale. L'alternativa **D** con la presenza di tutte le caratteristiche vede l'ottenimento del risultato, quindi in linea con le caratteristiche richieste.

Viceversa la **C** (soluzione del quesito) è l'affermazione falsa perché vede l'arruolamento finale nonostante l'età non sia tra i 19 e i 30 anni (Enea è nato nel 1989, quindi di anni ne ha più di 30).

3 Se prendendo 56 biglie Tommaso non riesce mai a prenderle tutte gialle e blu, ma gli capita sempre di prendere almeno una biglia rossa, allora la somma di biglie gialle e biglie blu sarà, in totale, al massimo pari a 55. Poiché le biglie presenti nel sacchetto sono 80, allora quelle rosse devono essere almeno 25: la risposta corretta è la **B**. Si noti che, in sostanza, il quesito può essere risolto considerando le biglie di due tipi, rosse e non-rosse, senza considerare i tre colori proposti: se tra 56 biglie ce n'è sempre almeno una rossa, significa che le non rosse sono 55, e le rosse, dunque, 80 – 55 = 25.

4 Affermare che solo le persone in buona salute possono donare il sangue, vuol dire che tutti i donatori di sangue devono godere di buona salute (anche se ci sono persone che godono di buona salute che non donano il sangue). Michele è un donatore di sangue, mentre suo fratello Nicolò, non lo è.

A questo punto, sicuramente Michele gode di buona salute, mentre nulla si può dire su suo fratello, che potrebbe sia godere di buona salute sia stare fuori dall'insieme di coloro che godono di buona salute, come indicato dalla seguente rappresentazione insiemistica:

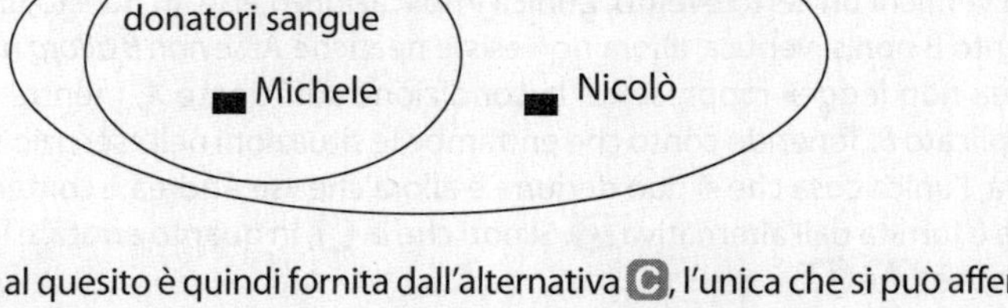

La soluzione al quesito è quindi fornita dall'alternativa **C**, l'unica che si può affermare con certezza.

RAGIONAMENTO LOGICO

5 Si può procedere per sostituzione, inserendo nell'ultima equazione quanto indicato dalle prime due:

$$(a \lozenge b) \nabla (a \lozenge a) \text{ diventa } ab \nabla aa$$

che, in base alla seconda equazione, coincide con ab/aa ossia b/a.

Ma b/a coincide con b ∇ a (grazie alla seconda equazione); la soluzione è quindi la risposta **E**.

6 La risposta esatta è la **B**. Infatti, se Gino è pigro e chi è pigro ama la pesca, allora Gino deve amare la pesca. In altre parole, poiché *Gino* è un elemento dell'insieme *pigri* e quest'ultimo è sottoinsieme dell'insieme *amanti della pesca*, è evidente che *Gino* è anche elemento dell'insieme *amanti della pesca*.

Il fatto che i pigri amino la pesca non implica necessariamente il contrario, ossia che tutti gli amanti della pesca siano pigri; possono infatti esistere amanti della pesca che non sono pigri (l'alternativa **C** è dunque errata). Per la medesima ragione è errata anche la **D**, infatti – quanto a Luca – l'unica informazione nota è che egli ama la pesca; non vi sono poi elementi per concludere né che sia pigro né che non lo sia e dunque l'alternativa **A** è errata.

7 Negare che "in ogni corso di Medicina c'è almeno uno studente che ha superato tutti gli esami del primo anno" significa affermare che in almeno un corso di Medicina non c'è almeno uno studente che ha superato tutti gli esami ossia "esiste almeno un corso in cui nessuno studente ha superato tutti gli esami". La risposta corretta è quindi la **D**.

8 Il testo dell'esercizio afferma che tutti i maschi di un dato gruppo sono minorenni, quindi non può essere che tutte le persone minorenni siano femmine (alternativa **C** errata). In termini insiemistici, quindi, l'insieme *maschi* è totalmente incluso in quello *minorenni*. Ciò non implica però che questi due insiemi coincidano: non tutti gli elementi dell'insieme *minorenni* sono elementi dell'insieme *maschi* (alternativa **B** errata), perché anche alcune femmine potrebbero essere minorenni (il che rende errate anche l'alternativa **A**). Se poi le femmine siano tutte o in parte o in nessun caso minorenni non si può dire, per cui è errata anche la **D**. Sicuramente, se tutti i maschi sono minorenni e ammesso che nel gruppo ci siano persone maggiorenni, esse possono solo essere femmine. La soluzione al quesito è fornita dall'alternativa **E**.

9 Per individuare la risposta corretta occorre costruire la tabella di verità di $\neg A \vee B$, ricordandosi che una proposizione che prevede come connettivo logico "$\vee$" risulta vera se almeno una delle due parti che la compongono è vera:

A	¬ A	B	¬ A ∨ B
V	F	V	V
V	F	F	F
F	V	V	V
F	V	F	V

Osservando la prima, la terza e la quarta colonna della tabella, ci si accorge che la tabella di verità costruita è coincidente con quella proposta dall'alternativa **E** (soluzione del quesito).

10 La frase proposta dall'esercizio è del tipo *se A allora B*, esprime cioè una condizione che è *sufficiente* perché si verifichi un certo evento. L'unica implicazione certa, in questo tipo di affermazioni, è che se l'evento B non si verifica, allora non esiste neanche A: *se non B allora non A*. Nel caso specifico, «Andrea non legge» rappresenta la condizione sufficiente *A*, mentre «non è contento» è l'evento implicato *B*. Tenendo conto che entrambe le situazioni nell'esercizio sono espresse in forma negativa, l'unica cosa che si può dedurre è allora che «se Andrea è contento allora ha letto» e la soluzione è fornita dall'alternativa **C**. Si noti che la **E**, in quanto errata, è la ragione per cui sono errate anche **A** e **B**.

11 "Correre a lungo" è una condizione sufficiente perché io consumi grassi: basta che io corra a lungo perché io consumi i grassi. Posso però consumare grassi anche in altri modi: infatti la condizione posta non implica che SOLO quando corro a lungo consumo grassi. È invece certo che se non ho consumato grassi non ho corso a lungo: quindi la C è sbagliata e la E è la soluzione del quesito.

12 Se non tutti i laureati in ingegneria svolgono la professione di ingegnere, significa che alcuni svolgono una professione differente. L'affermazione equivalente a quella del testo dell'esercizio è quindi: "vi è almeno un laureato in ingegneria che non fa l'ingegnere", che è quella riportata correttamente dall'alternativa D.

13 "Prendere il treno" è condizione sufficiente, ma non necessaria, affinché Carlo arrivi in ritardo a destinazione. Ogni volta che Carlo prende il treno, allora, arriva in ritardo (alternativa B errata). L'unica cosa che si può dedurre in questo caso è che se Carlo non è arrivato in ritardo, allora non ha preso il treno (alternativa D soluzione del quesito). Carlo potrebbe, però, arrivare in ritardo anche quando non prende il treno (infatti la condizione è sufficiente, ma non necessaria), quindi le alternativa A ed E sono errate. Non è, infine, deducibile neanche l'alternativa C, infatti quando Carlo non prende il treno non è possibile stabilire se arrivi in orario.

14 Che la segretaria inserisca i dei dati nel computer è condizione necessaria affinché il dirigente possa preparare la sua relazione: solo se la segretaria inserisce i dati il dirigente può preparare la relazione. Si può quindi dedurre che, se la segretaria non inserisce i dati, il dirigente non può preparare la relazione; e anche, di conseguenza, che se il dirigente può preparare la relazione, allora certamente la segretaria ha inserito i dati. L'alternativa B è quindi la soluzione del quesito.

Le alternative A, C e E sono errate in quanto il fatto che la segretaria inserisca i dati è solo condizione necessaria, ma non sufficiente affinché il dirigente possa preparare la relazione (può accadere che la segretaria inserisca i dati e che comunque il dirigente non prepari la relazione).

15 "Non confermare l'impossibilità" significa "ammettere la possibilità", dato che due negazioni producono una affermazione (risposta A errata). Ciò che risulta possibile (ma non certo: risposta B da escludere) è che il freddo non sia causa della rottura dei tubi. La risposta esatta è la C.

16 La A è palesemente errata perché l'esercizio afferma che una tra Beatrice e Chiara non è bionda. Tra le due a non essere bionda è certamente Chiara, perché se lo fosse lo sarebbe anche Giulia e di conseguenza anche Beatrice e si avrebbero tutte e tre le figlie bionde, che si è già visto essere impossibile (alternativa D errata). A essere bionde, quindi, possono essere o Giulia e Beatrice, oppure solo Beatrice (infatti se Giulia è bionda lo è anche Beatrice, ma questa potrebbe essere bionda senza che Giulia lo sia). A questo punto si può affermare con certezza solo che Beatrice è bionda (C soluzione).

17 Già a una prima lettura, si possono facilmente scartare le alternative D ed E: né Eluana né Damiano possono frequentare il corso di Inglese poiché, secondo l'informazione 3), già frequentano arabo e rispettivamente spagnolo e tedesco (e ognuno dei ragazzi può frequentare due soli corsi).

Si provi, ora, a individuare i corsi seguiti da ognuno degli studenti costruendo una tabella di sei colonne (o sei righe) dove inserire i sei corsi:

Inglese	Francese	Tedesco	Spagnolo	Cinese	Arabo

Dalle prime due informazioni si sa che Arianna e Beatrice non seguiranno gli stessi corsi e neanche Chiara e Beatrice.

RAGIONAMENTO LOGICO

Considerando la terza, quarta e quinta informazione si può iniziare a compilare la tabella nel seguente modo:

Inglese	Francese	Tedesco	Spagnolo	Cinese	Arabo
	NO Beatrice	Damiano	Eluana	Chiara	Damiano Eluana

Beatrice non segue francese ma non può seguire neanche inglese, che il testo dice avere tre studenti: se infatti lo seguisse Beatrice, non potrebbero seguirlo né Chiara né Arianna e con Beatrice resterebbe solo Frank. I tre studenti di inglese quindi devono essere Arianna, Chiara e Frank.

Inglese	Francese	Tedesco	Spagnolo	Cinese	Arabo
Arianna Chiara Frank	NO Beatrice	Damiano	Eluana	Chiara	Damiano Eluana

Beatrice deve quindi, per esclusione di tutti gli altri corsi, seguire tedesco e spagnolo, mentre Arianna e Frank sono i due studenti di francese.

Inglese	Francese	Tedesco	Spagnolo	Cinese	Arabo
Arianna Chiara Frank	Arianna Frank	Damiano Beatrice	Eluana Beatrice	Chiara	Damiano Eluana

La soluzione al quesito è quindi fornita dall'alternativa A.

18 Dalla tabella utilizzata per risolvere il quesito precedente si ricava facilmente che la soluzione all'esercizio è fornita dall'alternativa D, l'unica falsa tra quelle proposte.

19 Si faccia attenzione al testo del quesito: se sugli scaffali dove ci sono due o più libri sicuramente almeno uno è di matematica, potrebbero essere anche tutti libri di matematica, e quindi nessuno di storia (la D è la soluzione dell'esercizio). Le altre alternative, invece, non sono in alcun modo sostenute dalle informazioni fornite.

20 Moltiplicando tra loro un numero pari e uno dispari si avrà sempre come risultato un numero pari. Il prodotto tra NP e PD sarà quindi certamente un numero pari. Non è invece certo che tale numero abbia sempre quattro cifre, dato che potrebbe averne anche soltanto tre, a seconda dei moltiplicatori (per esempio 12 x 21 = 252, ma 86 X 89 = 7654). La sola certezza tra le alterative proposte è dunque fornita dall'alternativa A (soluzione), mentre la E, che è soltanto possibile, va esclusa.

21 Nell'ipotetico linguaggio in codice la parola SPECIFICA corrisponde al codice SPE-FE-CI-FI-FI-FI-CA-FA. In pratica dopo ogni vocale si aggiunge una F e si ripete la vocale: infatti la prima sillaba SPE diventa SPEFE, la seconda CI diventa CIFI e così via.
Similmente, alla parola IGNORATO corrisponde il codice IFIGNOFORAFATOFO: anche in questo esempio dopo ogni vocale si aggiunge una F e si ripete la vocale.
La parola MAIL si scriverà quindi MAFAIFIL: risposta esatta B.

22 Un metodo per minimizzare il numero di pesate è dividere le 12 pipe in tre gruppi uguali da 4 pipe. Pesando due di questi gruppi, risulterà o che la bilancia rimane in equilibrio (e quindi la pipa più pesante si trova nel terzo gruppo non pesato) oppure che uno dei due piatti contiene la pipa più pesante. In entrambi i casi, dopo la prima pesata si scarteranno 8 pipe e resteranno 4 pipe da confrontare. Facendo una seconda pesata con 2 pipe su ogni piatto della bilancia, si individua la coppia con la pipa più pesante. Restano quindi 2 pipe: mettendone una per piatto, con una terza pesata si individuerà la più pesante. La risposta corretta è quindi la B.

23 Schematizzando le informazioni, sapendo che A viene prima di C e di E, che quest'ultima viene prima di C e che quest'ultima viene prima di D, si ha:

$$A \rightarrow E \rightarrow C \rightarrow D$$

L'affermazione falsa è quindi la 2: E non viene dopo D, ma prima. Si tratta ora di individuare la sequenza che riporta correttamente tale informazione, ovvero la **A** (soluzione).

24 Per risolvere il quesito conviene partire dalle alternative. Poiché ogni persona fa un regalo a due persone, certamente E non può ricevere regali da A (che già li fa a B e C). Si possono quindi scartare le alternative **A** e **C**. Si sa, inoltre che D fa un regalo a B e a una persona che riceve il regalo da E: D quindi non può fare il secondo regalo a E (lo fa infatti alla persona che lo riceve da E). Si possono quindi scartare anche le alternative **D** ed **E**. La soluzione è quindi certamente l'alternativa **B** (E riceve i due regali da B e C).

25 Valutando le istruzioni fornite dall'esercizio, si può notare come Bruno sieda a lato sia di Anselmo sia di Enrico: solo la **A** e la **C** possono quindi essere la soluzione del quesito. Si sa poi che Cesare è a fianco di Dario ma non di Enrico (la **C** è quindi errata). L'ordine che rispetta tutte le condizioni dall'esercizio è dunque: Cesare, Dario, Anselmo, Bruno, Enrico. La **A** è la soluzione esatta. Logicamente si poteva vedere la sequenza delle persone anche al contrario e cioè: Enrico, Bruno, Anselmo, Dario e Cesare, ma l'ordine reciproco non sarebbe cambiato.

26 L'unica certezza che fornisce il testo dell'esercizio è che *tutte le biglie di vetro sono verdi*. L'insieme delle biglie di vetro è, quindi, un sottoinsieme di quelle verdi. Questo vuol dire che una biglia verde può anche essere di metallo, mentre le biglie rosse devono essere per forza di metallo (visto che quelle di vetro sono tutte verdi). La soluzione al quesito è quindi fornita dall'alternativa **C**.

27 Non sapendo quale sia il colore della maglietta che indossano i due ragazzi (ma sapendo che comunque entrambi la indossano dello stesso colore) e poiché Luca e Andrea affermano due cose diverse, non si sa chi dei due sia a mentire oppure se mentano entrambi. Si può essere certi, però, che almeno uno dei due sta mentendo (**B** soluzione del quesito).

28 L'esercizio pone la condizione che le due persone siano di sesso diverso. Sappiamo, poi, che almeno una delle due persone mente: se mentisse solo la francese, però, avremmo due uomini, mentre se mentisse solo l'inglese avremmo due donne, e in entrambi i casi non sarebbe rispettata la condizione iniziale. Dobbiamo quindi assumere che entrambi mentano, e quindi che l'inglese sia donna e il francese uomo. La risposta esatta è pertanto la **B**.

29 In base alle regole di apertura del museo, il giorno 16 gennaio era necessariamente un martedì oppure un venerdì. I sospettati D e B indicano due date che corrispondono allo stesso giorno della settimana in cui cadeva il 16 gennaio (dal quale distano infatti 14 e 21 giorni) quindi dicono il vero. I sospettati E e A indicano due date che distano sempre 4 giorni da quel medesimo giorno della settimana (infatti il 3 febbraio dista 4 giorni dal 30 gennaio e il 17 febbraio dista 1 settimana e 4 giorni dal 6 febbraio). Perciò il 16/01, il 30/01, il 6/02 erano venerdì e il 3/02 e il 17/02 erano martedì. Il sospettato che mente è dunque il sospettato C, che indica una data (9 febbraio) corrispondente a un giorno della settimana incompatibile con le altre informazioni contenute nel testo dell'esercizio. La risposta corretta è quindi la **C**.

In realtà, osservando le affermazioni dei cinque sospettati si può arrivare alla soluzione in un modo molto più rapido. L'esercizio afferma, infatti, che SOLO uno dei cinque mente, ma quindi se mentisse A allora mentirebbe anche E (infatti il 3 il 17 febbraio cadono certamente lo stesso giorno della settimana essendo due date che distano tra loro esattamente 14 giorni) e viceversa, così come se mentisse B allora mentirebbe anche D (le due date proposte cadono certamente lo stesso giorno della settimana essendo due date che distano tra loro esattamente 7 giorni) e viceversa. Se mente una e una sola persona, quindi, questa non può che essere C.

30 La risposta esatta è la **C**. Il totale degli studenti, infatti, non può ovviamente essere il 130% dato dalla somma delle due percentuali fornite, ma deve essere pari al 100%. Ciò significa che il 30% degli studenti studia entrambe le lingue.

---

31 Le informazioni del testo possono essere schematizzate come segue:

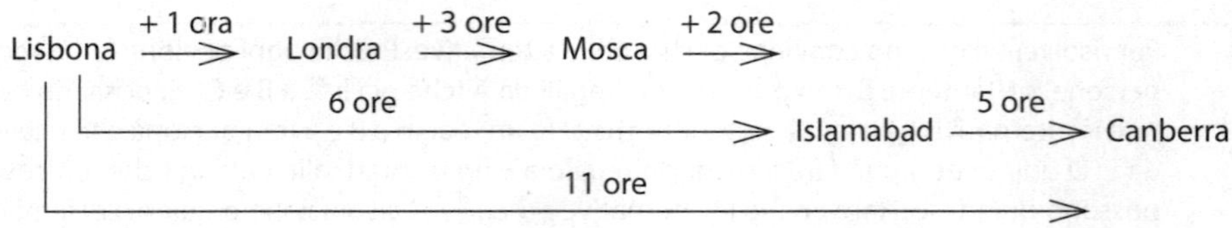

Si osserva che tra Londra e Mosca la differenza è di 3 ore, per cui se nella città inglese sono le 11.00, in quella russa sono le 14.00 (**E** soluzione del quesito).

---

32 Poiché il servizio deve assicurare la partenza di un autobus da ognuna delle due città ogni 12 minuti, e visto che i primi due autobus partiti non potranno ripartire prima che siano trascorsi almeno 70 minuti (ovvero 1 ora e 5 minuti + almeno 5 minuti di sosta), dovranno essere in servizio 12 autobus. Infatti:

- minuto 0: partono gli autobus A e B
- minuto 12: partono gli autobus C e D
- minuto 24: partono gli autobus E e F
- minuto 36: partono gli autobus G e H
- minuto 48: partono gli autobus I e L
- minuto 60: partono gli autobus M e N

La tratta successiva, in partenza al minuto 72, potrà essere nuovamente effettuata dagli autobus A e B che avranno in quel momento effettuato il loro tragitto e rispettato il turno di riposo. La risposta corretta è pertanto la **E**.

---

33 Fatto salvo il preambolo («la FIFA intende cambiare le regole del fuorigioco nel calcio») il ragionamento in esame si può scomporre come segue:

- **premessa**: cambiare la regola del fuorigioco nell'hockey ha reso il gioco più energico e avvincente per gli spettatori;
- **inferenza**: se si cambiasse la regola del fuorigioco anche nel calcio, pure in questo caso il gioco diventerebbe più movimentato e avvincente per gli spettatori;
- **conclusione**: la regola del fuorigioco nel calcio dovrebbe quindi essere cambiata.

Per indebolire l'argomentazione, bisogna trovare tra le opzioni date quella capace di invalidare o almeno mettere in dubbio uno di questi passaggi. La **C** e la **D** non danno informazioni capaci di confutare il ragionamento: che varie categorie (calciatori, allenatori, tifosi e giornalisti sportivi) siano contrarie a qualsiasi modifica del gioco del calcio non rende meno vero né che il gioco diventerebbe più avvincente, né che gli spettatori lo troverebbero più divertente; di conseguenza non è indebolita nemmeno la conclusione: vale sempre la pena di modificare le regole del fuorigioco. Analogo ragionamento si applica alla **E**: che il gioco del calcio possa venire stravolto da questa modifica non rende meno vero che diventerebbe più avvincente e che dunque sia bene cambiare la regola. La **B** è del tutto irrilevante: la numerosità del pubblico nei due diversi sport è un elemento non considerato dall'argomentazione in esame. La risposta esatta pertanto è la **A**. Se le regole del fuorigioco nei due sport sono molto diverse, ciò indebolisce il secondo anello della catena logica (che abbiamo chiamata *inferenza*): nulla infatti può garantire che la modifica di una regola molto diversa abbia nel calcio gli stessi effetti positivi che ha avuto nell'hockey. Non c'è dunque motivo di modificarla.

34 In base a quanto affermato nel testo, partendo dalle premesse:

- Carlo deve fare un investimento finanziario e non conosce software di analisi statistica;
- la conoscenza di software di analisi statistica è necessaria per individuare il prodotto finanziario migliore;

si giunge alla seguente conclusione:

- Carlo deve rivolgersi a un promotore finanziario.

Tale conclusione ha senso solo a condizione che qualsiasi promotore finanziario sappia utilizzare i software di analisi statistica; l'ipotesi implicita è dunque quella indicata nell'alternativa **D**.

35 Si analizzi l'argomentazione di partenza:

- **premessa 1**: se i bambini sono seduti in fila, la maestra può guardarli negli occhi e loro restano concentrati;
- **premessa 2**: se i bambini sono seduti in cerchio la maestra non li vede negli occhi e loro si distraggono e chiacchierano più facilmente;
- **conclusione**: la disposizione standard a scuola dovrebbe essere per file.

L'esercizio chiede di individuare l'affermazione che rafforza l'argomentazione data, ossia quella che rende più forte la conclusione (la disposizione a file è la migliore). Appare evidente che la risposta corretta è la **A**: se disposti in singole file, i bambini vedono meglio la lavagna e quindi si concentrano maggiormente; è dunque logico concludere che questa disposizione sia quella da adottare. L'alternativa **E** afferma che la disposizione a file è ritenuta dai tradizionalisti la migliore per insegnare, ossia ripete quanto sostenuto dalla conclusione dell'argomentazione senza tuttavia addurre motivazioni aggiuntive come invece avviene nell'alternativa **A**.

RAGIONAMENTO LOGICO

Ragionamento logico-verbale

1 **Individuare l'alternativa che condivide una proprietà di significato con tutte le parole 1, 2 e 3.**

1. Irlandese
2. Cipriota
3. Islandese

- A Spagnolo
- B Francese
- C Maltese
- D Italiano
- E Turco

2 **Quale delle seguenti parole ha un nesso semantico sia con *sollecito* che con *polizia*?**

- A Premuroso
- B Celere
- C Sirene
- D Rapido
- E Reparto

3 **Individua, tra i termini seguenti, quello che intrattiene relazioni di sinonimia tanto con «volume» quanto con «attitudine»**

- A intelligenza
- B capienza
- C portata
- D capacità
- E idoneità

4 **Quale tra le coppie di termini proposti completa logicamente la seguente proporzione verbale?**

x : serenità = conciliazione : y

- A x = Inquietudine; y = diverbio
- B x = Oblio; y = intesa
- C x = Boria; y = cruccio
- D x = Tolleranza; y = intolleranza
- E x = Avvenenza; y = rammarico

RAGIONAMENTO LOGICO

5 **Trovare l'alternativa che completa correttamente la seguente proporzione tra parole:**

sfumato : nitido = X : Y

A X = bianco; Y = nero
B X = completo; Y = carente
C X = miope; Y = presbite
D X = valido; Y = capace
E X = rigido; Y = eretto

6 **Scegliere nell'espressione:**

X : grande = poco : Y

la coppia X e Y più plausibile in modo che, tra le varie alternative, il rapporto tra il primo e secondo termine sia simile o analogo a quello tra terzo e quarto.

A X = abbastanza, Y = sufficiente
B X = vuoto, Y = pieno
C X = ieri, Y = oggi
D X = piccolo, Y = molto
E X = gallina, Y = uovo

7 **Quale tra le coppie di termini proposti completa logicamente la seguente proporzione verbale?**

x : branco = briganti : y

A x = Transumanza; y = lupara
B x = lene; y = banditismo
C x = Lupi; y = masnada
D X = Orda; y = saccheggio
E x = Leoni; y = latitanza

8 **Trovare l'alternativa che completa correttamente la seguente proporzione tra parole:**

vino : X = Y : latte

A X = rosso; Y = bianco
B X = uva; Y = formaggio
C X = bianco; Y = bianco
D X = aceto; Y = olio
E X = etichetta; Y = mucca

9 **Quali, tra i termini proposti, completano correttamente la seguente proporzione verbale?**

Esteriore : estremo = X : Y

A X = effimero Y = caduco
B X = alto Y = supremo
C X = ottimo Y = buono
D X = finale Y = terminale
E X = superiore Y = sommo

10 **Principe Myškin : *L'idiota* = X : *Padri e figli* = Edmond Dantés : Y**
Individuate la coppia che completa correttamente la proporzione.

A X = Andrej Bolkonskij, Y = *La signora delle camelie*
B X = Jean Valjean, Y = *I miserabili*
C X = Natalija Rostova, Y = *Vent'anni dopo*
D X = Anna Karenina, Y = *I tre moschettieri*
E X = Bazarov, Y = *Il conte di Montecristo*

11 **Individuare la coppia nella quale i termini NON rimandano al medesimo prefisso:**

A neofilia – neogene
B misofobia – misogamia
C filantropia – filologia
D paramedico – paranormale
E paleomagnetismo – paleozoico

12 **Individuare il rapporto anomalo:**

A polmonite – infiammazione
B diaframma – muscolo
C aorta – arteria
D odontalgia – indigestione
E melanoma – tumore

13 **Individuare il rapporto anomalo:**

A termometro – gradi
B barometro – pressione
C igrometro – umidità
D altimetro – altitudine
E goniometro – angoli

14 **Uno dei seguenti abbinamenti NON è congruente con gli altri. Quale?**

A Basilare / secondario
B Cauto / avventato
C Perspicuo / incomprensibile
D Irreprensibile / censurabile
E Pernicioso / deleterio

15 **Individuare il rapporto anomalo:**

A podologo – piedi
B geriatra – anziani
C epatologo – fegato
D oftalmologo – occhi
E ematologo – polmoni

16 **Quale dei seguenti accoppiamenti NON è corretto?**

A Spagna / Guadalquivir
B Russia / Moldava
C Francia / Loira
D Germania / Elba
E Inghilterra / Tamigi

17 **Individuare il termine la cui etimologia NON segue la stessa "logica" degli altri:**

- A analfabeta
- B anacronistico
- C apatia
- D apnea
- E acritico

18 **Quale dei seguenti sostantivi è eterogeneo rispetto agli altri?**

- A Sostantivo
- B Pronome
- C Verbo
- D Tempo
- E Avverbio

19 ***"Circostanza o complesso di circostanze da cui si teme possa derivare un grave danno"*** **è la definizione associata a quale fra queste parole?**

A Incognita   B Allarme   C Frangente   D Incidenza   E Pericolo

20 **Dati i nomi di cinque specialità mediche (angiologia, oncologia, nefrologia, proctologia, tisiologia) indicare la corretta sequenza dell'organo, dell'apparato o della patologia di specifica competenza:**

- A stomaco, epitelioma, vescica, intestino tenue, polmoni
- B apparato scheletrico, pancreas, diabete, colon, bronchi
- C menorragia, leucemia, prostatite, paradontosi, enfisema
- D milza, granuloma, cistifellea, cistite, asma
- E apparato circolatorio, tumore, rene, intestino retto, tubercolosi

21 **Quale dei seguenti termini NON appartiene allo stesso campo semantico degli altri quattro?**

- A Ignavia
- B Livore
- C Accidia
- D Indolenza
- E Abulia

22 **Individuare un contrario di *solerte* tra:**

- A pigro
- B superficiale
- C pignolo
- D coscienzioso
- E meticoloso

23 **Individuare il termine la cui etimologia NON segue la stessa "logica" degli altri:**

- A Filantropico
- B Ipertrofico
- C Ipotermico
- D Polivalente
- E Biaurale

PARTE QUINTA

24 **Chi segue fedelmente una dottrina o una teoria è detto:**

A paradosso
B dossografo
C glossografo
D eterodosso
E ortodosso

25 **Quattro delle seguenti parole hanno un elemento in comune. Individuate quella con etimologia differente.**

A Antiemetico
B Antipatia
C Antifonario
D Antiquario
E Antibiotico

26 **Per *sinossi* o *sinopsi* si intende:**

A una patologia dell'occhio
B la connessione tra cellule nervose
C il percorso che unisce due luoghi in un territorio collinare
D il compendio di un'opera
E lo strumento che aiuta a effettuare conversioni di rotta marina

27 **Quali parole vanno sostituite ai numeri per dare un senso compiuto e logico alle frasi seguenti?**

«Ancora più fondamentale è l'eredità culturale e politica: i modi di pensare, d'agire, il *mal du siècle* che ____(1)____. Il conflitto d'interessi in ____(2)____, e l'ibrido politica-affarismo: ambedue persistono, come *modus vivendi* della politica. ____(3)____ non è lavata né pianta.»

A (1) perdura; (2) primis (3); L'onta
B (1) permane; (2) fondo; (3) L'ignominia
C (1) spicca; (2) fine; (3) La pusillanimità
D (1) devia; (2) effetti; (3) La vigliaccheria
E (1) sommerge; (2) conclusione; (3) La viltà

28 **Quali parole vanno sostituite ai numeri per dare un senso compiuto e logico alle frasi seguenti?**

«Le facoltà mentali che si ____(1)____ chiamare analitiche sono poco suscettibili di analisi. Le conosciamo soltanto ____(2)____. Come l'uomo forte gode della sua potenza fisica e si compiace degli esercizi che mettono in azione i suoi muscoli, così l'analista si ____(3)____ di quella attività spirituale che serve a "risolvere"».

A (1) vogliono; (2) nei difetti; (3) diletta
B (1) possono; (2) nei diletti; (3) diverte
C (1) devono; (2) nei fallimenti; (3) allevia
D (1) usano; (2) nelle illazioni; (3) intrattiene
E (1) sogliono; (2) negli effetti; (3) gloria

RAGIONAMENTO LOGICO

29 **Un saggio di Vittorio Strada fa risalire il primo atto di terrorismo politico a un giovanotto russo di buona famiglia, Petr Zaičnevskij, che nel 1862 lancia il manifesto per la Giovane Russia, nel quale così incita i suoi discepoli in vista della rivoluzione: «Ricordate che allora chi non sarà con noi sarà contro di noi, e chi è contro è nostro nemico, e i nemici...»:**
Completare con la frase più coerente.

- A ...vanno sterminati con ogni mezzo
- B ...vanno persuasi con buoni argomenti
- C ...vanno ricondotti alla democrazia
- D ...vanno convinti a sostenere lo Zar
- E ...vanno lasciati a casa

30 **«Sempre più ricercatori italiani studiano in parte o in toto all'estero. Senza contare coloro che, pur vivendo in Italia, esportano nel mondo la propria competenza nei settori più diversi, dalla filosofia alla scienza, alla tecnologia. Il problema è che non vi è solo una globalizzazione dell'economia, ma anche quella della scienza e della ricerca e il ricercatore va dove vi sono più fondi e migliori condizioni di lavoro. Se non si interviene in Italia sulle risorse, sulle strutture e sul sistema di valutazione non sempre meritocratico, ha senso solo parziale parlare di...».**
Individuare tra le alternative quella che completa coerentemente il brano.

- A ...brevetti in scadenza
- B ...durata temporale dei brevetti
- C ...edilizia universitaria
- D ...fuga e mancato rientro dei cervelli
- E ...riordino degli enti di ricerca

Soluzioni e commenti

1 La caratteristica delle parole 1, 2 e 3 è quella di indicare persone appartenenti a Paesi il cui territorio è un'isola. Tra le alternative, quella che ha la stessa caratteristica è *Maltese* (C soluzione del quesito).

2 L'aggettivo *sollecito* indica chi agisce in maniera pronta, rapida e precisa e dunque si può considerare semanticamente vicino al termine *celere*. *Celere* che identifica anche i reparti mobili della Polizia di Stato e dunque è proprio il termine che ha un nesso semantico (cioè di significato) sia con *sollecito* sia con *polizia*, come richiesto dal quesito. La risposta corretta è dunque la B.

3 Il *volume* è la misura dello spazio occupato da un corpo e dunque il termine *capacità* gli è sinonimo da un punto di vista geometrico. Nell'accezione invece di propensione verso una determinata attività lo stesso termine *capacità*, proposto dal quesito come alternativa D, risulta essere la soluzione in quanto sinonimo anche di *attitudine*.

4 In questo esercizio occorre verificare le diverse coppie di termini proposte per individuare quale di esse completa la proporzione in modo tale che la relazione tra i primi due termini sia analoga a quella esistente tra il terzo e il quarto termine. In base a tale logica, risulta corretta la risposta A: «Inquietudine sta a serenità come conciliazione sta a diverbio». Si nota infatti che a destra e a sinistra dell'uguale la proporzione verbale presenta due termini opposti, due stati d'animo e situazioni contrarie.

5 In questo esercizio, la relazione tra i due termini dati è di *opposizione/contrarietà*. L'alternativa corretta è la B: *completo* è infatti l'opposto, il contrario, di *carente*. L'alternativa C, a prima vista accettabile, è in realtà errata: miope non è infatti il contrario di presbite; la miopia e la presbiopia sono infatti due difetti dell'occhio che comportano rispettivamente difficoltà di visione da lontano e da vicino. Le alternative D ed E sono da escludere perché formate da vocaboli tra loro sinonimi (*valido/capace*) o affini per area semantica (*rigido/eretto*).

6 Mancando un termine sia al membro di sinistra sia a quello di destra della proporzione è necessario sostituire le diverse alternative proposte, verificando quando si crea la stessa logica a sinistra e a destra dell'uguale. Si trova, così, facilmente che la soluzione è la coppia di termini proposta dall'alternativa D, con la quale si hanno due coppie di termini contrari: *piccolo* è il contrario di *grande* come *poco* lo è di *molto*.

7 In questo caso per completare correttamente la proporzione verbale occorre individuare l'alternativa che risponde alla relazione tra un nome collettivo e gli individui che lo compongono. Per il primo membro bisogna cercare il termine che indica gli individui di un branco (tre opzioni valide: *iena*, *lupi*, *leoni*); per il secondo il collettivo a cui possono appartenere dei *briganti*. In questo caso, un solo termine si adatta: *masnada*. La risposta esatta è la C.

8 Il *vino* è ricavato dalla lavorazione dell'*uva*, mentre dal *latte* si ricava il *formaggio*. La risposta corretta è dunque la B. Si presti attenzione all'alternativa A, errata: benché produca una relazione possibile (bevande e loro colore), presenta i termini nell'ordine inverso.

9 La relazione logica che lega i due termini del primo membro, *esteriore* ed *estremo*, è quella di comparativo di maggioranza e superlativo assoluto di *esterno*. L'unica alternativa tra quelle proposte che soddisfa tale relazione è quella che propone *superiore* e *sommo*, ovvero comparativo di maggioranza e superlativo assoluto di *alto*. La risposta corretta è quindi la E.

RAGIONAMENTO LOGICO

10 Il quesito chiede di associare nel giusto ordine un personaggio letterario all'opera di cui è protagonista, come appunto il principe Myškin lo è per *L'idiota* di Dostoevskij. La risposta esatta è la **E**: infatti Bazarov è il protagonista di *Padri e figli* di Turgenev, come Edmond Dantés lo è di *Il conte di Montecristo*, opera di Dumas padre. Si ricorda che Andrej Bolkonskij e Natalija Rostova sono tra i principali personaggi di *Guerra e Pace* di Tolstoj, autore anche di *Anna Karenina*, mentre Jean Valjean è il protagonista di *I miserabili* di Hugo. Opere di Dumas sono, infine, anche *I tre moschettieri* e il suo seguito *Vent'anni dopo*, mentre *La signora delle camelie* è stata scritta da Dumas figlio.

11 L'unica coppia di termini nell'esercizio che non ha lo stesso prefisso (anche se a prima vista sembra di sì) è quella dell'alternativa **B**. Infatti, la *misofobia* è la paura patologica della sporcizia e dell'inquinamento (dal termine greco *mýsos*, che significa "sporco, sporcizia"). La *misogamia*, invece, è l'odio verso il matrimonio (dal greco *mísos*, che indica appunto "odio, avversione").

12 Analizzando le coppie di termini proposte, si osserva che il secondo elemento indica la categoria di appartenenza del primo, definendolo. Infatti: il *diaframma* è un *muscolo* (il principale muscolo impegnato nella respirazione, situato tra addome e cavità toracica), l'*aorta* è un'*arteria*, la *polmonite* è un'*infiammazione* (tutti i termini medici con suffisso *-ite*, infatti, indicano una infiammazione: in questo caso ai polmoni). Per ciò che riguarda l'alternativa **E**, il *melanoma* è una forma di *tumore* maligno.

L'unico rapporto che si discosta da questa norma è quello individuato dall'alternativa **D**, dove *odontalgia* indica semplicemente il mal di denti e dunque non ha nessun rapporto di sottoinsieme o di appartenenza con *indigestione*.

13 L'unico rapporto anomalo è quello indicato dall'alternativa **A**, che rappresenta dunque la soluzione del quesito. L'anomalia risiede nel fatto che i *gradi* sono l'unità di misura e non l'oggetto di misurazione del termometro, come invece accade per tutte le altre coppie di termini (il *barometro* misura la *pressione*, l'*igrometro* l'*umidità*, l'*altimetro* l'altitudine e il *goniometro* gli angoli). In analogia agli altri rapporti, l'alternativa **A** avrebbe dovuto proporre, accanto a *termometro*, il termine *temperatura*.

14 Pur non conoscendo il significato di tutti i termini proposti è possibile, analizzando le alternative, arrivare alla soluzione del quesito. Le prime due opzioni riportano, infatti, termini di comune utilizzo: *basilare* è il contrario di *secondario*, così come *cauto* lo è di *avventato*. Si può dunque stabilire che il legame interno a queste coppie dovrebbe essere quello di *contrarietà*. *Irreprensibile* è certamente l'opposto di *censurabile*, mentre *incomprensibile* lo è di *perspicuo*. Quest'ultimo aggettivo non è di largo utilizzo, ma condivide l'etimologia con il più usato *perspicace* ("che capisce con facilità", dal latino *perspicere*, "guardare dentro, osservare attentamente"): *perspicuo* significa dunque "facile da capire". Sono, invece, sinonimi tra loro *pernicioso* e *deleterio*: entrambi significano "che provoca o comporta gravi danni". La soluzione al quesito è, quindi, la **E**.

15 Il *podologo* è il medico specializzato nello studio, nella cura e nella prevenzione delle malattie dei *piedi*. Il rapporto da verificare è pertanto del tipo *specializzazione medica – ambito di competenza*. La stessa relazione è presente nelle alternative **B** (il *geriatra* si occupa dei processi fisiologici e patologici dell'età senile e ha quindi come pazienti gli *anziani*), **C** e **D**. L'*ematologo*, invece, si occupa delle malattie del sangue; dunque l'alternativa **E** rappresenta la soluzione del quesito.

16 Fiume che scorre interamente nella Repubblica Ceca, la Moldava non si trova in Russia, come erroneamente proposto dall'alternativa **B**. Tutti gli altri abbinamenti tra fiumi e Paese risultano invece corretti.

17 Il termine che dal punto di vista etimologico non segue la stessa logica degli altri è *anacronistico*, parola di origine greca composta dalla preposizione *anà* + *chrónos*, che indica un movimento in contrasto con il tempo, non in linea con esso. Gli altri quattro termini etimologicamente sono invece tutti introdotti dal prefisso *a-* (*an-* davanti a vocale), che indica privazione, mancanza. La risposta esatta è dunque la **B**.

18 La risposta esatta è la **D**, in quanto tutte le rimanenti alternative riportano alcune delle categorie grammaticali in cui possono essere classificati i vocaboli di una lingua ("parti del discorso"), mentre il *tempo* (così come il *modo*) è una flessione del verbo (un verbo al *tempo* passato, per esempio, indica che l'azione espressa si è svolta nel passato).

19 Con il termine *pericolo* identifichiamo proprio quelle circostanze da cui si teme possa giungere un grave danno, per esempio per la nostra incolumità personale. Risposta corretta del quesito **E**.

Con *incidenza* si indica invece un effetto diretto o concomitante del manifestarsi di un fatto o di un fenomeno, a prescindere dal suo essere o no dannoso.

20 Il corretto abbinamento delle specialità mediche e delle rispettive competenze è: angiologia/apparato circolatorio; oncologia/tumore; nefrologia/rene; proctologia/intestino retto; tisiologia/tubercolosi, che è la sequenza indicata nell'alternativa **E**.

21 La sfera semantica fa riferimento al significato dei termini. *Ignavia*, *accidia*, *indolenza* e *abulia* sono tutti sinonimi tra loro e indicano pigrizia. Non lo è, invece, *livore* (**B** risposta corretta) che indica un sentimento di invidia o di rancore.

22 Il quesito chiede di individuare il contrario dell'aggettivo *solerte* di cui sono sinonimi i termini *alacre*, *attivo*, *vigile*; un contrario tra le alternative proposte è *pigro*. La risposta esatta è quindi la **A**.

23 Quattro dei cinque aggettivi proposti dall'esercizio sono composti con un prefisso (di origine greca o latina) che esprime un valore *avverbiale*. Così: *iper-trofico* significa "troppo cresciuto"; *ipo-termico* "al di sotto di una certa temperatura"; *poli-valente* "con più valenze, funzioni"; *bi-aurale* "relativo alle due orecchie". Fa eccezione *filantropico*, composto derivato dal greco, in cui il prefisso assume valore *verbale*: da *philéo* (amare) + *anthrópos* (essere umano) = "che ama l'umanità". La risposta corretta è la **A**.

24 *Paradosso* (alternativa **A**) è un termine di origine greca il cui significato letterale è "ciò che è contrario all'opinione"; un *dossografo* (alternativa **B**) si occupa di "raccogliere conoscenze e opinioni" relative a un argomento specifico, mentre il *glossografo* (alternativa **C**) è un raccoglitore e commentatore di *glosse* (cioè di particolarità lessicali).

L'alternativa corretta è la **E**: "chi segue fedelmente una dottrina o una teoria" è infatti detto *ortodosso*; con il suo contrario, *eterodosso* (alternativa **D**), è indicato invece chi si differenzia, con i suoi comportamenti o con le sue opinioni, da un sistema o da una credenza ufficiale.

25 L'elemento comune a quattro dei nomi composti delle alternative è il prefisso *anti-*: può significare "contro" (opposizione, contrasto, come in *antibiotico*) oppure "davanti" (come in *antifonario*). La parola anomala è il sostantivo *antiquario*, risposta esatta **D**: indica uno studioso o commerciante di cose antiche e deriva dal latino *antiquus*, "antico" appunto.

26 Il termine *sinossi* proviene dal greco *syn-* e *opsis* (vista), e significa letteralmente "veduta comprensiva"; in italiano la *sinossi* è quindi il compendio di un'opera (alternativa **D**) che riassume nel loro complesso i temi principali di un argomento o di una materia.

Da non confondere con il termine *sinapsi*, la cui definizione è fornita dalla **B**.

27 Si osservi che le due alternative **A** e **B** presentano una somiglianza di significato quanto ai termini proposti per le lacune 1 e 3, per le quali potrebbero essere considerate esatte entrambe.

È invece soprattutto la seconda parola mancante a indirizzare verso la soluzione. Infatti, se l'affermazione *il conflitto di interessi in primis* gode di senso compiuto, non altrettanto si può dire per l'espressione *il conflitto di interessi in fondo*. La risposta corretta è quindi la **A**.

28 Tra le opzioni di sostituzione del primo termine, quattro sono sufficientemente plausibili: si può escludere la **D**, perché la forma verbale *usano* non si adatta alla forma riflessiva imposta dalla particella *si* (accettabile poteva essere "che si *usa* chiamare" ecc.). Per le rimanenti, bisogna quindi procedere a verificare quale alternativa consente di inserire altri due termini sensati. Si nota che in tutte il terzo termine renderebbe privo di senso il secondo (nella **C**, peraltro *allevia* non sarebbe compatibile con una corretta sintassi). L'unica opzione che rimane dotata di senso è l'alternativa **E**. Nella prima lacuna si inserisce correttamente il verbo *si sogliono*, presente indicativo del riflessivo *solersi*, "essere soliti"; la frase continua logicamente con «le conosciamo solo *negli effetti*» e prosegue affermando che «come l'uomo forte gode della sua potenza fisica (...), così l'analista *si gloria* di quella attività spirituale che serve a "risolvere"».

29 Trattandosi di un manifesto di terrorismo politico in vista di una rivoluzione, i termini non possono certo essere pacati. La frase che meglio completa il brano è, quindi, quella proposta dall'alternativa **A**, soluzione del quesito.

30 Il fenomeno descritto dal brano è quello per cui i ricercatori italiani scelgono di lavorare in parte o *in toto* all'estero, attratti da migliori condizioni economiche e di lavoro. Non si parla, dunque, di brevetti né di edilizia, ma del fatto noto come «fuga e mancato rientro dei cervelli». L'alternativa che completa il brano in modo corretto è dunque la **D**.

parte sesta

COMPETENZE DI LETTURA E CONOSCENZE ACQUISITE

Competenze di lettura

Leggere il seguente testo e rispondere alla relativa domanda.

Miglioramento e "progresso" sono oggi intimamente legati alle nozioni di *piccolo*, *leggero*, *trasferibile*. Viaggiare a mani libere, anziché attaccarsi tenacemente a cose ritenute attraenti per la loro affidabilità e concretezza (vale a dire per il loro peso, solidità e resistenza): questo è oggi il tratto distintivo del potere. Ancorarsi a un posto non è così importante se questo posto può essere raggiunto e abbandonato quando si vuole, in poco tempo [...]. Per contro, ancorarvisi eccessivamente, sovraccaricare il legame con un coinvolgimento reciprocamente vincolante può rivelarsi estremamente dannoso qualora spuntino altrove nuove opportunità. [...] Ribaltando una tradizione millenaria, oggi sono i ricchi e i potenti a odiare tutto quanto è durevole e a cercare il transitorio, mentre i più poveri si aggrappano a quel po' che posseggono e tentano disperatamente e contro tutte le avversità di farlo durare il più a lungo possibile.

da Zygmunt Bauman, *Modernità liquida*, Laterza, Roma -Bari 2002, p. XXI

1 Si scelga la FRASE CHE SINTETIZZA LA TESI di Bauman.

A Stabile non è più bello
B Ricchezza e povertà sono in eterno conflitto
C I poveri si ancorano, i ricchi no
D Viaggiare a mani libere senza attaccarsi a niente
E I poveri non hanno bisogno del superfluo

Leggere il seguente testo e rispondere alla relativa domanda.

Ci si dovrebbe guardare dal predicare ai giovani, come scopo della vita, il successo nella sua accezione corrente. Infatti un uomo che ha avuto successo è colui che molto riceve dai suoi simili, incomparabilmente di più di quanto gli sarebbe dovuto per servigi da lui resi a costoro. Il valore di un uomo, tuttavia, si dovrebbe giudicare da ciò che egli dà e non da ciò che egli riceve. L'impulso più importante al lavoro nella scuola e nella vita è il piacere che si riceve dal lavoro, dai suoi risultati e la conoscenza del valore che questi risultati hanno per la comunità. Nel risvegliare e rafforzare queste forze psicologiche nei giovani io scorgo il compito più importante della scuola.

Albert Einstein, da un discorso del 15 ottobre 1936,

(trad. it. in S. Bergia, *Einstein e la relatività*, Laterza, Roma-Bari 1978, p. 236)

2 Quale delle seguenti affermazioni NON consegue all'argomentazione di Einstein?

A Il compito più importante della scuola consiste nello stimolare forze psicologiche alternative alla ricerca di quel che correntemente s'intende per successo
B Il successo, nella sua accezione corrente, remunera al di là del merito
C Il valore di un uomo non si dovrebbe giudicare da ciò che riceve dai suoi simili
D Un uomo di successo riceve dai suoi simili solo quanto gli è dovuto per i servigi da lui resi
E Il successo, come comunemente inteso, non dovrebbe essere additato quale scopo della vita

COMPETENZE E CONOSCENZE

Leggere il seguente testo e rispondere alle relative domande.

La maggior parte degli impulsi umani si può dividere in due classi, quelli che sono possessivi e quelli che sono costruttivi o creativi. Le istituzioni sociali sono i rivestimenti o le personificazioni degli impulsi e si possono classificare approssimativamente secondo gli impulsi che rappresentano. La proprietà è l'espressione diretta del possesso; scienza e arte sono tra le più dirette espressioni della creatività. Il desiderio di possesso può essere aggressivo o difensivo: cerca di trattenere quanto si possiede o di togliere ad altri. Nei due casi, l'atteggiamento di ostilità verso gli altri fa parte della sua essenza. Sarebbe un errore supporre che l'impulso di possesso difensivo sia sempre giustificabile, mentre quello offensivo sia sempre biasimevole; quando nello *status quo* esiste una grande ingiustizia, può essere l'esatto opposto e di solito nessuno dei due casi è giustificabile. L'interferenza dello Stato nelle azioni degli individui è resa necessaria dall'impulso del possesso. Alcuni beni possono essere acquistati o mantenuti con la forza, mentre altri no. Si può ottenere una moglie con la forza, come hanno fatto i Romani con le donne sabine; ma l'affetto di una moglie non può essere acquistato in questo modo. Non si sa però se i Romani desiderassero l'affetto delle donne sabine. Coloro nei quali gli impulsi di possesso sono forti, tendono a preoccuparsi soprattutto dei beni che la forza può ottenere. Tutti i beni materiali appartengono a questa categoria. La libertà nei confronti di questi beni, se fosse illimitata, tenderebbe a rendere ricchi i forti e poveri i deboli. Una società capitalista, a causa degli impedimenti parziali imposti dalla legge, rende ricchi gli uomini astuti e poveri gli uomini onesti, perché la forza dello Stato è messa a disposizione degli uomini, non secondo un principio giusto o razionale, ma secondo una serie di massime tradizionali la cui spiegazione è puramente storica. Per tutto quel che riguarda il possesso e l'uso della forza, la libertà illimitata porta anarchia e ingiustizia. La libertà di uccidere, la libertà di rubare, la libertà di defraudare, non appartengono più agli individui, però appartengono ancora ai grandi Stati e vengono da essi esercitate in nome del patriottismo. Tanto gli individui, quanto gli Stati, non dovrebbero essere liberi di esercitare la forza secondo la loro iniziativa, se non nei casi di improvvisa emergenza, come verrà in seguito stabilito a giustificazione davanti a un tribunale. La ragione è che l'esercizio della forza da parte di un individuo contro un altro è sempre male, da ambedue le parti, e può essere tollerato soltanto quando viene compensato da un preponderante bene che ne consegue. Allo scopo di rendere minima la quantità di forza esercitata attualmente nel mondo, è necessaria l'esistenza di un'autorità pubblica, depositaria di una forza praticamente irresistibile, sanzionata dalla legge, la cui funzione dovrebbe essere soprattutto quella di reprimere l'uso privato della forza.

3 Tra le definizioni sotto elencate di cinque parole che compaiono sottolineate nel testo, una è imprecisa. Quale?

- A Impulsi: *stimoli, inclinazioni naturali e istintive*
- B Essenza: *sostanza di qualcosa*
- C Biasimevole: *meritevole di un giudizio di disapprovazione*
- D Massime: *estreme, supreme*
- E Preponderante: *che ha maggior importanza, peso*

4 Una sola delle seguenti affermazioni è deducibile dal testo. Quale?

- A La scienza è espressione del desiderio di possesso
- B Non si sa se i Romani ottenessero le mogli con la forza
- C Nel desiderio di possesso di tipo difensivo c'è un'essenza di ostilità
- D L'esercizio della forza da parte di un individuo contro un altro non può essere mai tollerato
- E L'uso della forza è sempre illegale

In base alle informazioni contenute nel brano seguente, rispondere alle successive domande.

Gli oppositori degli alimenti transgenici fanno uno strano uso della scienza. Da una parte si servono di argomenti scientifici, per sostanziare la propria diffidenza nei confronti delle biotecnologie agricole. Dall'altra denunciano il rapporto incestuoso tra mondo della ricerca e business, affermando senza troppi giri di parole che non basta un camice bianco per meritare una fiducia incondizionata. Sono impazienti di dare voce ai cosiddetti "ricercatori indipendenti", quelli utili alla loro causa, mentre con una disinvoltura che lascia stupefatti sono pronti a chiudersi le orecchie di fronte alle prese di posizione della grande maggioranza della comunità scientifica. Quasi che il mondo della ricerca fosse costituito da uno stuolo di persone che non si fanno scrupoli a obbedire ai diktat dell'industria biotecnologica o dell'*establishment* scientifico anche a costo di mettere a repentaglio la salute dei consumatori e gli equilibri ambientali. E che solo pochi coraggiosi fossero disposti a ribellarsi ai compromessi, impugnando la bandiera della verità e della ricerca senza macchia. Le cose però, è inutile dirlo, non stanno affatto così. La comunità scientifica non è certo esente da giochi di potere, ma se la maggior parte dei ricercatori è convinta che le piante geneticamente modificate comportino rischi trascurabili e sostanziali vantaggi, lo è sulla base di pure considerazioni scientifiche. Chi è contrario alle nuove biotecnologie agricole farebbe bene a tenerne conto, magari per continuare a opporsi agli alimenti transgenici sulla base di motivazioni di altra natura, politiche, ideologiche, persino estetiche.

da Anna Meldolesi, *Organismi geneticamente modificati*, Einaudi, Torino 2001

---

5 Una sola delle seguenti informazioni NON contrasta con le informazioni che si possono ricavare dal brano. Quale?

- A Meldolesi occupa una posizione di rilievo in una multinazionale delle sementi, che sarebbe seriamente danneggiata qualora venissero introdotte norme che limitano l'impiego di organismi geneticamente modificati in agricoltura
- B Meldolesi, pur essendo una dei cosiddetti "ricercatori indipendenti", è costretta ad ammettere che le biotecnologie agricole basate sull'ingegneria genetica non sono dannose né per l'uomo né per l'ambiente
- C Meldolesi, che è una biologa e una giornalista scientifica, ha pubblicato il brano riportato nel suo secondo libro; il primo, *La costola di Eva*, era centrato sull'antropologia molecolare
- D Meldolesi sostiene che esiste un rapporto incestuoso nella ricerca sulle biotecnologie tra ricerca stessa e business
- E Meldolesi si fida ciecamente di chiunque indossi un camice bianco

---

6 Tra gli aggettivi che definiscono il carattere, implicito o esplicito, dello scritto di Meldolesi individuare quello che meglio ne esprime lo spirito.

- A Polemico
- B Riflessivo
- C Apocalittico
- D Esortativo
- E Pacato

Leggere il seguente testo e rispondere alla relativa domanda.

Scrive l'antropologa Michèle Petit: «Se l'esperienza della lettura continua ad avere un senso per tante donne e, in numero minore, tanti uomini (...) è a mio parere prima di tutto perché per loro leggere costituisce un ambito privilegiato in cui elaborare un universo interiore e quindi, di riflesso, per relazionarsi con l'universo esteriore».

«la Repubblica», 3 maggio 2010

---

7 Dal brano proposto si ricava una sola delle seguenti affermazioni.

- A La lettura si esaurisce in una gratificazione egoistica
- B La lettura non sollecita il contatto con il mondo esterno al soggetto
- C La lettura fa riflettere su sé stessi e sul mondo
- D La lettura quanto più è varia tanto più promuove la creatività
- E La lettura gratifica particolarmente i sognatori e le persone sensibili

In base alle informazioni contenute nel brano seguente, rispondere alle successive domande.

Sull'origine della vita dal mondo inorganico si è discusso a lungo, e tuttora si discute. Ma gli argomenti e i dati sperimentali di cui dispone la biologia moderna sono di tal natura da far ritenere che la soluzione di questo problema appaia oggi meno vaga e lontana di quanto non lo fosse una cinquantina di anni or sono. Nell'antichità si riteneva possibile che da sostanze inorganiche o da sostanze organiche in decomposizione si originassero animali anche di elevata organizzazione, come mosche, anguille, rane, topi ecc.
È ben nota la strana ricetta data da Virgilio nelle *Georgiche* per procurarsi api: uccidere un giovane torello e attendere che dal suo cadavere in putrefazione nascano le api. J.B. Van Helmont, nel secolo XVII, affermava che basta lasciare alcuni stracci vecchi e sudici in una soffitta, perché da questi nascano topi. La generazione spontanea era pacificamente ammessa da filosofi e naturalisti ed era inquadrata nei diversi sistemi filosofici, senza difficoltà. Il primo a porsi il problema in termini scientifici fu il celebre medico e poeta aretino Francesco Redi, che si propose di risolvere la questione mediante l'esperimento. Prese carni di diverse specie, le lasciò andare in putrefazione, e vide che dopo un certo tempo da esse nascevano mosche di varie specie.

Pose allora le carni entro vasi di vetro la cui apertura fosse chiusa con carta o garza strettamente aderente, e constatò che in questi vasi mai s'ingenerano mosche. Ripetute le esperienze "infinite volte" in diversi tempi e in diverse condizioni, il Redi, nella sua celebre opera *Esperienze intorno alla generazione degli insetti* (Firenze 1668), poté concludere che le mosche nascono dalla carne putrefatta soltanto quando altre mosche vi abbiano precedentemente deposto le uova. I sostenitori della generazione spontanea opposero argomentazioni ed esperimenti: tutti fallaci [...]. Le osservazioni e le conclusioni negative del Redi furono poi confermate ed estese da altri naturalisti e specialmente da A. Vallisnieri. Verso la metà del Settecento quasi tutti i naturalisti erano ormai convinti dell'inesistenza della generazione spontanea di rane, vermi o insetti.

8 Tra le affermazioni sotto elencate, una sola è deducibile dal testo del brano.

- A Per dimostrare scientificamente la generazione spontanea della vita occorreva fare in modo che essa avvenisse in condizioni di isolamento dall'ambiente esterno
- B Virgilio, nello scrivere le *Georgiche*, si proponeva di dimostrare come la creazione degli esseri viventi fosse prerogativa degli dei
- C Francesco Redi, nel suo scritto *Esperienze intorno alla generazione degli insetti*, trascura l'importanza dei batteri e dei protozoi al fine della generazione spontanea della vita
- D La questione dell'origine della vita è da sempre argomento controverso all'interno delle discussioni filosofiche: per molti pensatori, in passato, era impossibile accettare l'idea che gli esseri viventi potessero generarsi spontaneamente
- E Nel XVII secolo la figura dello scienziato si era distaccata completamente da quella del letterato: se in precedenza un poeta come Virgilio poteva compiere osservazioni "scientifiche" sul mondo della natura, ai tempi di Redi, invece, un medico non avrebbe mai potuto essere anche, per esempio, un poeta

9 Il brano è di natura:

- A letterario-poetica
- B storico-scientifica
- C filosofico-epistemologica
- D polemico-satirica
- E scientifico-tecnologica

Leggere il seguente testo e rispondere alla relativa domanda.

Il fenomeno della specializzazione delle Scienze [individuazione di sei discipline fondamentali, con compiti, metodi e strutture ben distinte, cioè matematica, astronomia, fisica, chimica, biologia e sociologia, e altre in esse comprese], fin dall'inizio del secolo XIX, non faceva che riprodurre, entro l'organizzazione delle ricerche, una delle più tipiche situazioni che si venivano imponendo nella nascente industria per evi-

denti ragioni economiche: la suddivisione del lavoro. Come questa mirava a incrementare la produzione delle merci, così quella si rendeva necessaria per incrementare la produttività scientifica. Il primo vantaggio della specializzazione è una precisa delimitazione dei campi di indagine perché permette al singolo ricercatore di assimilare in breve tempo le tecniche ivi solitamente applicate e quindi di metterle subito a profitto dell'indagine. Ma vi è anche un altro aspetto, non meno importante. Con le ricerche specialistiche nascono anche i linguaggi appositamente costruiti da ogni scienza per denotare tutte e sole le proprietà che essa intende prendere in considerazione nei fenomeni indagati: linguaggi che favoriscono in misura notevolissima l'esattezza delle espressioni, il rigore dei ragionamenti, la chiarificazione dei principi che stanno alla base delle singole teorie.
Tale specializzazione e tecnicizzazione dei linguaggi scientifici ha però avuto anche un'altra conseguenza assai meno positiva. E invero è stata proprio essa a far sorgere nello scienziato specialista una tendenza a rinchiudersi nella propria disciplina, senza nemmeno chiedersi se questa necessitasse di una qualunque integrazione o di un coordinamento con il lavoro dei ricercatori impegnati in altri campi di indagine. Si ebbe così un frantumarsi della scienza in tante scienze particolari, dando luogo a un mosaico di risultati concreti, ove non era rintracciabile, se non con grande difficoltà, un disegno fornito della benché minima organicità.

Ludovico Geymonat, *Lineamenti di filosofia delle scienze*, EST, Mondadori, Milano 1986

---

10 Relativamente a quanto riportato nel testo, è possibile ritenere che il fenomeno della specializzazione delle scienze:

A abbia ostacolato la produttività nel campo scientifico
B abbia favorito l'utilizzazione di un linguaggio scientifico comprensibile a tutti
C abbia favorito una visione globale delle scienze della natura
D nessuna delle altre alternative proposte è deducibile
E abbia ostacolato il coordinamento tra i campi di indagine delle diverse discipline scientifiche

---

In base alle informazioni contenute nel brano seguente, rispondere alla successiva domanda.

«La conoscenza aumenta sicuramente nel corso degli studi scolastici medi, mentre dopo il diploma della scuola media superiore sono possibili sia un aumento che una diminuzione delle nozioni non utilizzate nella vita. In ogni caso, la conoscenza si modifica sostanzialmente quando lo studente entra nell'università».

---

11 Quale delle seguenti affermazioni NON può essere dedotta dal precedente ragionamento?

A Le nozioni acquisite durante gli studi medi vanno perdute all'università
B Una parte di quanto appreso durante gli studi può andare perduta dopo il diploma
C Gli studenti aumentano sempre le loro conoscenze durante gli studi scolastici medi
D È possibile che alcuni studenti aumentino le loro conoscenze dopo il diploma
E A contatto con il mondo accademico si verificano cambiamenti della conoscenza

---

Leggere il seguente testo e rispondere alla relativa domanda.

Se ne andò con la sua sporta sotto il braccio; poi, quando fu lontano, in mezzo alla piazza scura e deserta, che tutti gli usci erano chiusi, si fermò ad ascoltare se chiudessero la porta della casa del nespolo, mentre il cane gli abbaiava dietro, e gli diceva col suo abbaiare che era solo in mezzo al paese.

---

12 Così si legge nell'ultima pagina di un romanzo italiano dell'Ottocento. Se ne ricava una sola delle informazioni qui proposte.

A Il protagonista non ha vicino a sé nessuna interlocutrice
B Il protagonista parte con bastone e cappello
C Il protagonista intravede un volto dietro un uscio socchiuso
D Il protagonista getta un boccone di pane al cane
E Il protagonista sta a origliare accanto a un uscio socchiuso

COMPETENZE E CONOSCENZE

Leggere il seguente testo e rispondere alla relativa domanda.

Perché la biologia è differente?

Nonostante i sensazionali sviluppi di cui si è resa protagonista – come la genetica, la teoria dell'evoluzione e la biologia molecolare – la biologia ha continuato a essere trattata alla stregua di un mero derivato delle scienze fisiche. Ben pochi filosofi hanno capito che tanto la meccanica quanto tutte le discipline scientifiche postgalileiane possedevano due tipi di caratteristiche. Si tratta, nel primo caso, di caratteristiche condivise da tutte le discipline scientifiche autentiche, tra cui l'organizzazione e la sistematizzazione delle conoscenze sulla base di principi esplicativi. Gli altri attributi rappresentano caratteristiche che risultano specifiche di un particolare settore scientifico o gruppo di discipline scientifiche. Nel caso della meccanica tra gli attributi salienti potremmo includere il ruolo rilevante della matematica, il fatto che le sue teorie si basino su leggi naturali, una tendenza assai più marcata di quella che si rinviene nella biologia al determinismo, al ragionamento tipologico e al riduzionismo. Nessuna di queste caratteristiche specifiche della meccanica, però, svolge un ruolo di primo piano in biologia, quando si tratta di formulare una teoria.

Quando iniziò a svilupparsi la filosofia della scienza, gli specialisti del campo diedero apparentemente per scontato che tutti i tipi di scienza fossero equivalenti, quanto al contenuto filosofico. Questo è il motivo per cui Galileo, Kant e, di fatto, la stragrande maggioranza dei filosofi della scienza hanno applicato alla biologia, senza modificazione alcuna, una filosofia che era stata plasmata sulla meccanica. Anzi, la stessa procedura è stata usata per tutte le scienze: antropologia, psicologia, sociologia e altre ancora. Invece, bisognerebbe analizzare accuratamente ogni disciplina, per riuscire a determinare se i suoi principi di base e le sue componenti siano adeguatamente coperti dalle spiegazioni della meccanica e, in senso lato, da quelle della fisica.

da E. Mayr, *L'unicità della biologia*, Raffaello Cortina Editore, Milano 2005

13 Dalla lettura del brano precedente si evince che:

- A ogni disciplina ha caratteristiche fondalmentalmente specifiche
- B in biologia non serve la matematica
- C la biologia deriva in tutto dalla fisica
- D le varie discipline scientifiche non hanno nulla in comune tra di loro
- E nessuna delle altre alternative proposte è corretta

Leggere il brano seguente e rispondere alle relative domande.

La riforma (della scuola) appare animata da un fervore totalizzante che vorrebbe abbracciare ogni cosa, dal cinema al giardinaggio, ma la scuola non può insegnare tutto; non è solo inevitabile, ma è anche bene che molte cose debbano essere apprese dagli studenti, specie da quelli di una certa età, per proprio conto, senza o anche contro la scuola. Chiedere alla scuola di dire e di dare tutto rivela una mentalità assistenzialista che educa alla passività e nuoce alla formazione; gli studenti chiedono giustamente che la scuola faccia loro leggere e discutere un romanzo uscito il giorno prima, ma talora lo chiedono in un tono che rivela come non venga loro in mente di poterselo leggere anche da soli. La scuola non può essere una mucca con infinite mammelle da cui sgorgano tutti i tipi di latte possibile...

[...] la scuola è al servizio di scolari e studenti quando li libera dai condizionamenti economici e sociali e offre a ciascuno di loro le stesse possibilità di sviluppare la propria persona, quando li rispetta senza vezzeggiarli nè adularli e insegna loro non a dire vanitosamente la propria opinione, bensì ad osservare e a conoscere la realtà con quell'attenzione all'oggetto che costituisce l'autentica indipendenza intellettuale, la capacità di vedere e di conoscere, ben diversa dal pretenzioso sdottorare.

I miei compagni e io siamo grati a un professore che, quando qualcuno di noi, con l'inevitabile presunzione dell'adolescenza, iniziava a rispondere a una sua domanda dicendo "lo penso che..." ci interrompeva ingiungendoci di non pensare mai e di imparare fatti, nomi e date. Già allora – per merito suo, non nostro – capivamo che era un modo giusto di insegnarci a pensare.

Da Claudio Magris, *Utopia e disincanto*, Garzanti, 2001

14 **Sui compiti che competono alla scuola Claudio Magris esprime giudizi ben precisi, al di fuori delle mode, reagendo ai luoghi comuni più diffusi. Individuate quale dei "precetti" qui ricavati dal suo testo NON È CORRETTAMENTE DEDOTTO:**

- **A** una scuola seria deve fare delle scelte tra le cose che si propone di insegnare e avere il coraggio di escluderne alcune, o molte, dai suoi programmi
- **B** è essenziale che nella scuola si impari che esprimere giudizi è lecito solo quando si hanno ben chiari gli elementi su cui il giudizio si fonda
- **C** abituare all'attenzione e all'osservazione della realtà dovrebbe essere l'obiettivo di un insegnamento che educhi a pensare in modo autonomo
- **D** sarebbe poco o niente educativa una scuola che pretendesse di rispondere a tutte le curiosità dei giovani, arrogandosi il diritto di guidarli in modo totalizzante nella vita
- **E** la scuola dovrebbe evitare di assumersi compiti che non le competono, come quello di correggere le disuguaglianze sociali

15 **Dal passo di Claudio Magris si possono trarre alcune massime a uso degli studenti. Quale tra queste NON È COERENTE con il suo discorso?**

- **A** È importante imparare a essere autonomi e a coltivare liberamente i propri interessi, anche contro i gusti e i principi della scuola che si frequenta
- **B** È altrettanto importante imparare a essere cauti nei giudizi e ad accettare anche di essere contraddetti o confutati
- **C** L'indipendenza intellettuale si conquista solo con una scrupolosa, onesta e paziente attenzione alla realtà
- **D** Una certa presunzione negli adolescenti è naturale ed è giusto e salutare che essi non comprendano né apprezzino chi, frenandola, spegne i loro entusiasmi
- **E** Pretendere tutto dagli insegnanti è un segno non tanto di fiducia nella scuola, quanto piuttosto di inerzia intellettuale

Soluzioni e commenti

1 L'ultimo periodo del brano di Bauman dice esplicitamente che «oggi sono i ricchi e i potenti a odiare tutto quanto è durevole e a cercare il transitorio, mentre i più poveri si aggrappano a quel po' che posseggono». Tale idea o tesi di fondo è quella espressa dall'alternativa C, che è quindi la risposta esatta. L'alternativa A può trarre in inganno, ma è solo parzialmente corretta in quanto esclude dalla sintesi la contrapposizione tra ricchi e poveri.

2 All'inizio del brano, Einstein scrive che l'uomo di successo riceve dai suoi simili «incomparabilmente di più di quanto gli sarebbe dovuto per servigi da lui resi a costoro», affermazione che è l'esatto opposto di quanto sostenuto dall'alternativa D, che è quindi la risposta esatta.

3 Tutte le definizioni proposte sono corrette, ma il termine *massime* compare nel testo con un significato che non è quello suggerito dall'alternativa D, bensì con il valore di sostantivo e il senso di «sentenze che enunciano principi e norme di vita». La risposta esatta è dunque la D.

4 L'autore afferma, nella prima parte del brano, che nel desiderio di possesso, sia di tipo aggressivo sia di tipo difensivo, c'è un'essenza di ostilità e dunque l'alternativa corretta è la C. L'alternativa B può sembrare corretta, ma secondo il brano ciò che non si sa è se i Romani desiderassero l'affetto delle donne sabine e non se i Romani ottenessero le mogli con la forza. Poco oltre la metà del brano l'autore afferma che l'esercizio della forza da parte di un individuo contro un altro può essere tollerato quando viene compensato da un preponderante bene che ne consegua. Anche l'alternativa D è dunque da scartare. Allo stesso modo, la E è errata dal momento che alla fine del brano si dice che vi è una «forza sanzionata dalla legge» e dunque non sempre l'uso della forza è illegale.

5 Per arrivare alla soluzione del quesito è necessario procedere per esclusione, valutando la plausibilità delle informazioni riportate nelle diverse alternative rispetto al contenuto del brano.
Nella A si presuppone una specie di conflitto di interessi di Meldolesi che difenderebbe le ragioni della ingegneria genetica perché ne trarrebbe vantaggio: in realtà, non esiste alcun elemento del brano che suffraghi questa ipotesi e anzi la principale argomentazione riportata dall'autrice (la comunità scientifica è nella grande maggioranza favorevole al transgenico) esula dalle variabili che una «corrotta Meldolesi» potrebbe controllare e/o falsificare per meglio giustificare la sua tesi. L'alternativa B è facilmente individuabile come errata in quanto Meldolesi assume un'esplicita posizione critica nei confronti della categoria dei cosiddetti "ricercatori indipendenti", a cui dunque non è logico pensare che appartenga. L'alternativa D è errata in quanto nel brano si afferma esplicitamente che «le cose non stanno certo così», riferendosi anche ai presunti rapporti incestuosi tra ricerca sulle biotecnologie e business. L'alternativa E, palesemente errata, non merita commento. La risposta corretta è per esclusione la C; questa alternativa contiene informazioni che non sono in alcun modo ricavabili direttamente dal contenuto del brano (si pensi, per esempio, al titolo del primo libro dell'autrice), ma comunque non lo contraddicono: è infatti plausibile che Meldolesi abbia una laurea in una disciplina scientifica, che lavori nella comunicazione e che possa avere scritto un altro libro (anche questo di argomento scientifico).

6 In tutto il brano l'autrice si esprime con tono palesemente critico verso quanti si schierano contro i vantaggi offerti dalle biotecnologie. La risposta corretta è dunque la A.

7 Dal brano dell'antropologa si ricava che tanto per le donne quanto per gli uomini la lettura è un'esperienza in grado di far riflettere sia sulla propria interiorità sia sulla relazione con il mondo esteriore (risposta esatta C).

COMPETENZE E CONOSCENZE

8 Il brano mostra come Redi – con il suo esperimento – abbia falsificato la teoria della generazione spontanea mostrando che NON si notava nascita di mosche in recipienti isolati dall'ambiente esterno. Di conseguenza, tale teoria sarebbe risultata scientificamente valida solo se, proprio in quei recipienti, si fosse verificata la generazione spontanea della vita. La risposta esatta è la A.

9 Il brano ha per oggetto argomenti di natura scientifica e dà maggior risalto agli aspetti storici degli avvenimenti descritti che non a quelli prettamente tecnici e disciplinari. L'alternativa esatta è dunque la B.

10 La specializzazione delle scienze ha avuto l'effetto di incrementare la produttività scientifica e non di ostacolarla (alternativa A errata), ma ha portato a un «frantumarsi della scienza in tante scienze particolari, dando luogo a un mosaico di risultati concreti, ove non era rintracciabile, se non con grande difficoltà, un disegno fornito della benché minima organicità». Il fenomeno della specializzazione ha, quindi, ostacolato il coordinamento tra i campi di indagine delle diverse discipline scientifiche (alternativa E soluzione del quesito) e non certo favorito una visione globale delle scienze umane o l'utilizzazione di un linguaggio scientifico comprensibile a tutti (alternative B e C errate).

11 Nel corso degli studi scolastici medi il bagaglio di conoscenze «aumenta sicuramente» (quindi l'alternativa C è deducibile), mentre dopo il diploma sono possibili sia un incremento (alternativa D deducibile) sia un decremento (alternativa B deducibile) delle conoscenze acquisite. Queste ultime subiscono, comunque, modificazioni quando lo studente frequenta l'università (alternativa E deducibile) e quindi potrebbero aumentare o diminuire. L'alternativa A (soluzione del quesito) non è quindi deducibile dal ragionamento, in quanto, il testo non dice che le nozioni acquisite negli studi medi vanno senz'altro *perse* nel loro *insieme*.

12 L'unica informazione che si può ricavare dal periodo – che conclude *I Malavoglia* di Giovanni Verga, capolavoro del verismo italiano pubblicato nel 1881 e capitolo iniziale del *Ciclo dei vinti* – è che il protagonista 'Ntoni è solo e non ha vicino a sé alcuna interlocutrice (risposta esatta A).

13 In biologia, quando si tratta di formulare una teoria, le caratteristiche della meccanica (tra cui il ruolo saliente della matematica) non svolgono un ruolo primario. Affermare questo, però, non significa certo dire che in biologia la matematica non serve affatto (alternativa B errata). Ogni disciplina scientifica possiede, secondo l'autore del brano, due tipi di caratteristiche: alcune «condivise da tutte le discipline scientifiche autentiche» (alternativa D errata), altre «che risultano specifiche di un particolare settore scientifico o gruppo di discipline scientifiche» (alternativa A, soluzione del quesito).

14 La scuola secondo Magris non può insegnare tutto e sarebbe diseducativo se lo facesse (primo paragrafo). La scuola deve, quindi, scegliere quali argomenti insegnare e avere il coraggio di operare esclusioni (la A e la D si possono quindi dedurre dal brano). L'abitudine all'osservazione e all'attenzione della realtà (secondo paragrafo) è l'obiettivo di un insegnamento che si propone di rendere autonomo il modo di pensare dell'alunno il cui giudizio (ultimo paragrafo) si deve basare su elementi chiari (anche la B e la C si possono quindi dedurre dal brano). L'affermazione che non si può, invece, dedurre dal brano è quella proposta dall'alternativa E. La scuola, secondo l'autore, è al servizio degli studenti (inizio secondo paragrafo), quando riesce a liberarli dai condizionamenti economici e sociali cercando quindi di correggere queste disuguaglianze attraverso la formazione della loro personalità.

15 La soluzione al quesito è fornita dall'alternativa D. L'idea che si ritrova, infatti, in tutte le altre alternative di un metodo di apprendimento fondato sulla ricerca dell'autonomia, sull'accettazione della contraddizione e confutazione, sull'attenzione della realtà come base per una indipendenza intellettuale e sulla iniziativa personale e non sull'inerzia mentale rappresenta il filo conduttore del brano. L'autore conclude invece il brano affermando come sia apprezzabile, salutare e giusto il metodo di insegnamento (da non contrastare ma da favorire) che spegne l'inevitabile presunzione adolescenziale; proprio il contrario di quanto affermato dall'alternativa D, che non è, quindi, deducibile.

Conoscenze acquisite negli studi

1 Quale dei seguenti eventi è accaduto durante la vita di Leonardo da Vinci?

A Riccardo Cuor di Leone partecipa alla terza crociata
B Guerra dei trent'anni
C Scoperta dell'America
D Rivoluzione Francese
E Morte di Dante Alighieri

2 Quale dei seguenti romanzieri fu anche un medico?

A George Bernard Shaw
B Michail Bulgakov
C Lewis Carroll
D George Eliot
E Gustave Flaubert

3 "Tecnica pittorica che consiste nello stendere colori diluiti in acqua su uno strato di intonaco fresco che, asciugandosi, forma una superficie dura e compatta che fissa il colore". A quale tecnica si riferisce la precedente definizione?

A Graffito
B Gouache
C Acquerello
D Affresco
E Calcografia

4 Chi è l'autore dell'opera lirica "Aida"?

A Gaetano Donizetti
B Giuseppe Verdi
C Gioacchino Rossini
D Vincenzo Bellini
E Amilcare Ponchielli

5 Quale dei seguenti Paesi NON è stato un membro fondatore della NATO?

A Francia
B Canada
C Belgio
D Germania
E Italia

COMPETENZE E CONOSCENZE

6 **Individuare l'abbinamento sbagliato di opera e autore tra quelli proposti.**

- A Freud – *L'interpretazione dei sogni*
- B Darwin – *L'origine delle specie*
- C Newton – *Dialogo sopra i due massimi sistemi del mondo*
- D Euclide – *Gli elementi*
- E Aristotele – *Metafisica*

7 **Il termine *morbilità* indica:**

- A il rapporto tra il numero di morti in un anno di osservazione e la popolazione di riferimento
- B la frequenza percentuale di una malattia in una determinata popolazione
- C la trasmissione di una malattia infettiva da un soggetto ammalato a uno sano
- D l'insieme dei meccanismi attraverso i quali si origina un processo morboso
- E la scienza che studia le malattie: le loro cause, i meccanismi con cui si instaurano

8 **Indicare l'unico Stato, tra i seguenti, che si trova nell'emisfero boreale.**

- A Filippine
- B Cile
- C Nuova Zelanda
- D Zambia
- E Angola

9 **In Italia, secondo la Costituzione, il diritto di aderire a una formazione politica:**

- A è libero e pieno, a meno che si tratti di un'organizzazione tendente a riorganizzare il partito fascista
- B è sempre pieno e libero, ed è anche possibile aderire a una formazione fascista
- C è sottoposto a controllo da parte degli organi dello Stato
- D è libero e pieno in generale, ma vietato per alcune categorie di cittadini (militari, sacerdoti ecc.)
- E non esiste

10 **Quale di questi termini NON indica è uno strato dell'atmosfera?**

- A Stratosfera
- B Oligosfera
- C Termosfera
- D Esosfera
- E Troposfera

11 **Quale tra i seguenti personaggi dell'antichità era medico?**

- A Epicuro
- B Tolomeo
- C Socrate
- D Ippocrate
- E Eratostene

12 **Le prime votazioni italiane alle quali partecipò l'elettorato femminile si svolsero nel:**

- A 1912
- B 1946
- C 1958
- D 1948
- E 1926

13 **Individuare la sola affermazione tra le seguenti coerente con l'articolo 23 della Costituzione: "Nessuna prestazione personale o patrimoniale può essere imposta se non in base alla legge".**

- **A** La legge può imporre al cittadino qualsiasi cosa
- **B** Nessuno può essere obbligato a pagare una tassa se essa non è sancita da una legge
- **C** Nessuno può lavorare se una legge non lo autorizza
- **D** Nessuno può pagare un lavoratore se la legge non lo autorizza
- **E** Lo Stato può chiedere una prestazione personale in qualsiasi momento, perché lo Stato è la legge

14 **Quale delle seguenti istituzioni ha il compito di controllare le finanze dell'Unione europea?**

- **A** Corte di giustizia dell'Unione europea
- **B** Corte dei conti europea
- **C** Banca centrale europea
- **D** Comitato economico e sociale europeo
- **E** Parlamento europeo

15 **Trieste entrò a far parte del territorio dello Stato italiano:**

- **A** nel 1870
- **B** dopo la Grande Guerra
- **C** durante il fascismo
- **D** in seguito all'occupazione tedesca
- **E** nel 1975

16 **Con il termine *maieutica* si intende:**

- **A** un metodo pedagogico fondato sulla partecipazione attiva del soggetto
- **B** l'arte di interpretare antichi testi e documenti
- **C** un tipo di ceramica in cui l'impasto d'argilla è rivestito di smalto impermeabile
- **D** una corrente filosofica del Seicento
- **E** la retorica di ispirazione sofistica

17 **"Mezzodì: allunga nel riquadro il nespolo / l'ombra nera, s'ostina in cielo un <u>sole / freddoloso</u> […]".**

Eugenio Montale, *Ti libero la fronte dai ghiaccioli*

Le parole sottolineate danno luogo a una delle seguenti figure retoriche. Quale?

- **A** Climax
- **B** Similitudine
- **C** Metafora
- **D** Ossimoro
- **E** Iperbole

18 **"Solo la terra, se ben coltivata, ha la capacità di fornire prodotto netto, solo l'attività agricola è in grado di creare ricchezza e non semplicemente di trasformarla".**
La tesi rimanda esplicitamente a UNO dei personaggi sotto elencati. Quale?

- **A** Jeremy Bentham
- **B** François Quesnay
- **C** Adam Smith
- **D** David Ricardo
- **E** Robert Malthus

COMPETENZE E CONOSCENZE

19 **In quale campo dell'attività umana trova applicazione la tecnica della risonanza magnetica nucleare?**

- A Medicina
- B Musica elettronica
- C Energie rinnovabili
- D Farmacia
- E Informatica

20 **Il più efficace vaccino antipoliomielite è stato messo a punto da:**

- A Alfred Sabin
- B Robert Koch
- C Edward Jenner
- D Louis Pasteur
- E Andrew Wakefield

21 **Qual è la lingua ufficiale del Brasile?**

- A Catalano
- B Castigliano
- C Portoghese
- D Creolo
- E Basco

22 **Chi scrisse l'opera *Philosophiae naturalis principia mathematica*?**

- A Spinoza
- B Keplero
- C Galileo
- D Newton
- E Tartaglia

23 **Quali furono gli Stati che parteciparono alla guerra di Crimea?**

- A Spagna, Portogallo, Francia, Russia, Regno Unito
- B Regno Unito, Impero d'Austria-Ungheria, Francia, Italia, Russia
- C Russia, Prussia, Bulgaria, Grecia, Impero ottomano
- D Francia, Regno Unito, Impero ottomano, Italia, Russia
- E Regno Unito, Francia, Piemonte, Impero ottomano, Russia

24 **La conquista dell'impero azteco avvenne a opera di:**

- A una coalizione di Stati luterani
- B eserciti crociati
- C un piccolo esercito comandato da Hernán Cortés
- D popolazioni nomadi del Nord America
- E guerrieri Inca

25 **Il terzo articolo della Costituzione Italiana afferma che:**

- A tutti i cittadini sono uguali davanti alla legge
- B tutti coloro che lavorano sono italiani
- C ogni cittadino trova collocazione nella società per mezzo del suo lavoro
- D sono concessi privilegi agli aristocratici
- E non ci devono essere differenze di opinioni politiche

26 **La Convenzione sul Patrimonio dell'Umanità, adottata dall'UNESCO nel 1972, ha lo scopo di identificare e mantenere la lista dei siti che possono essere considerati:**

- A di rilevante valore di mercato
- B di eccezionale importanza culturale o naturale
- C convenzionalmente ritenuti adatti all'insediamento umano
- D caratterizzati da una pace duratura
- E adeguati allo sfruttamento energetico

27 **L'autore del libro *L'anello di Re Salomone* è:**

- A S. Freud
- B C.G. Jung
- C I.P. Pavlov
- D K. Lorenz
- E K. von Frisch

28 **"Disciplina che ha come oggetto di studio intere popolazioni (o loro parti più o meno estese) nelle quali intende valutare la frequenza, le modalità di comparsa, la propagazione e il meccanismo d'azione di tutti i fattori in grado di influenzare le condizioni di salute e/o di malattia dell'uomo".**
Questa è la definizione di:

- A Epidemia
- B Epica
- C Epidemiologia
- D Epistemologia
- E Episodicità

29 **Gli archeologi hanno trovato a Ebla in Siria tavolette in argilla con i primi esempi di scrittura:**

- A cuneiforme
- B geroglifica
- C bustrofedica
- D cirillica
- E aramaica

30 **Quale dei seguenti filosofi fu bruciato sul rogo in Campo dei Fiori a Roma?**

- A Giordano Bruno
- B Galileo Galilei
- C Marsilio Ficino
- D Tommaso Campanella
- E René Descartes

31 **Quale dei seguenti statisti italiani NON è stato Presidente della Repubblica Italiana?**

- A Alcide De Gasperi
- B Giovanni Gronchi
- C Antonio Segni
- D Giovanni Leone
- E Francesco Cossiga

32 Gaetano Salvemini ne parlò come della conquista di uno "scatolone di sabbia"; Giovanni Pascoli le consacrò il discorso celebrativo *La grande proletaria s'è mossa*; fu promossa da Giolitti, nel tentativo di gudagnare consensi per la propria politica, sull'onda dell'opinione pubblica nazionalista.
Si tratta di UNA delle seguenti imprese. Quale?

A La conquista d'Etiopia
B La conquista della Libia
C La conquista dell'Algeria
D La conquista della Tunisia
E La conquista della Somalia

33 Affermò che la soggettività umana, in questa vita, può cogliere l'Infinito, l'Assoluto tramite lo strumento della ragione oppure, più caratteristicamente, tramite quelli del sentimento, della fede, dell'intuizione, della fantasia, dell'arte. Rivendicò il carattere spirituale della natura, il suo essere un tutto vivente, irriducibile agli schemi materialistico-meccanicistici. Esaltò il patrimonio di lingua, di tradizioni, di cultura che conferisce a ciascun popolo la propria identità nazionale. Rivalutò, con esiti talora progressisti, talaltra conservatori, la storia come sviluppo continuo, necessario, provvidenziale, restituendo dignità a ogni epoca del passato, in particolare al Medioevo.
Si tratta di UNO dei seguenti fenomeni culturali. Quale?

A Decadentismo
B Romanticismo
C Positivismo
D Classicismo
E Illuminismo

34 "Carneade, chi era costui?": questa celebre domanda, pronunciata da Don Abbondio nell'incipit del capitolo VIII di *I Promessi Sposi*, riporta il nome di un:

A imperatore romano
B filosofo greco
C matematico arabo
D tiranno siracusano
E teologo cristiano dei primi secoli

35 In quale delle seguenti categorie di beni economici rientrano i guanti sterili usati dal chirurgo?

A Beni non durevoli
B Beni complementari
C Beni strumentali
D Beni durevoli
E Beni succedanei

36 Uno solo tra i seguenti personaggi del XX secolo è legato NON alla pratica della psicologia e della psicoanalisi MA alla scienza medica. Chi?

A Sigmund Freud
B Carl G. Jung
C Alexander Fleming
D Eric Fromm
E James Hillmann

37 **"Una sorta di inesauribile forza creativa alimenta l'immensa opera di ..., a lungo pervasa dalla convinzione dell'intrinseca bontà della vita e della natura non sofisticate da complicazioni intellettualistiche e dalla corruzione della vanità mondana. Questa visione della vita si incupisce dopo la 'conversione' a cui l'inquieta coscienza morale e la fondamentale religiosità di ... approdano nell'età matura".**
Di quale dei seguenti scrittori del XIX secolo parla il brano proposto?

- A Alessandro Manzoni
- B Alexandre Dumas
- C Lev Tolstoj
- D Giacomo Leopardi
- E Charles Dickens

38 **Quale tra le seguenti discipline NON è contemplata nelle categorie del premio Nobel?**

- A Medicina
- B Fisica
- C Economia
- D Chimica
- E Matematica

39 **La corrente culturale e filosofica sviluppatasi in Europa nel secondo Ottocento e fondata sulla fiducia nel progresso e nel metodo scientifico prende il nome di:**

- A positivismo
- B espressionismo
- C idealismo
- D neoplatonismo
- E esistenzialismo

40 **Il transatlantico *Titanic* affondò nella notte tra il 14 e il 15 aprile 1912 per:**

- A la collisione con un'altra nave
- B una avaria della bussola
- C il malfunzionamento del radar
- D la collisione con un iceberg
- E la presenza di fitti banchi di nebbia

41 **Individua tra i seguenti chi NON è stato un interprete della letteratura italiana del Novecento.**

- A Alberto Moravia
- B Massimo Bontempelli
- C Carlo Cassola
- D Carlo Carrà
- E Pier Paolo Pasolini

42 **È stato deliberato dal Parlamento italiano che il 9 maggio di ogni anno sia:**

- A la giornata che ricorda l'orrore della *Shoah*
- B la giornata che ricorda le vittime del terrorismo
- C la giornata che ricorda le vittime delle foibe istriane
- D la giornata che ricorda le vittime del comunismo
- E la giornata che ricorda le vittime del fascismo

43 **Quale tra i seguenti è l'inventore del social network Facebook?**

- A Steve Jobs
- B Larry Page
- C Mark Zuckerberg
- D Sergey Brin
- E Bill Gates

44 **"Là sopra gli spalti**
il principe triste
aveva di notte
incontri funesti.
Di giorno fingeva
feroce follia;
la dolce sua amata
morì tuttavia.
Infine ogni dubbio
fugò sullo zio;
vendetta decise,
morì, ma l'uccise".
A quale celebre personaggio letterario allude la filastrocca?

- A Amleto
- B Orlando
- C Faust
- D Achille
- E Don Chisciotte

45 **Quale tra le seguenti NON è una delle Sette meraviglie del mondo antico?**

- A La Piramide di Giza
- B Il Faro di Alessandria
- C Il Partenone di Atene
- D I giardini pensili di Babilonia
- E Il Colosso di Rodi

Soluzioni e commenti

1 Nel 2019 si è celebrato il cinquecentesimo anniversario della morte di Leonardo. Il grande artista e scienziato di Vinci era nato nel 1452. L'unico tra i cinque eventi citati nelle alternative che avvenne durante la sua vita fu la scoperta dell'America a opera di Colombo, nel 1492, quando Leonardo, quarantenne, era al servizio di Ludovico il Moro a Milano. La terza crociata finì infatti al 1192, Dante morì nel 1321, la Guerra dei Trent'anni si combatté tra 1618 e 1648 e la Rivoluzione francese iniziò nel 1789. La risposta esatta è quindi la **C**.

2 Lo scrittore e drammaturgo russo Michail Bulgakov (1891-1940), noto soprattutto per il romanzo satirico postumo *Il maestro e Margherita* (1967), era medico e tale professione esercitò nelle convulse fasi della guerra civile che seguì alla presa del potere bolscevica. La risposta corretta è la **B**.

3 La definizione riportata in domanda è quella di affresco, come correttamente indicato dall'alternativa **D**. Una delle più note opere d'arte realizzata con questa tecnica è l'Ultima cena di Leonardo conservata nel refettorio di Santa Maria delle Grazie a Milano.

4 *Aida* fu un'opera lirica commissionata a Giuseppe Verdi (risposta corretta **B**) dal vicerè egiziano, che voleva un'opera egiziana di carattere storico.. La prima rappresentazione dell'opera in quattro atti avvenne nel 1871 al Cairo. L'anno dopo debuttò invece alla Scala di Milano con grande successo. Basata su un soggetto dell'archeologo francese Auguste Mariette e su libretto di Antonio Ghislanzoni, *Aida* è una delle opere più note e rappresentate di Verdi.

5 Nata nel 1949 per volere statunitense, la NATO (Organizzazione dell'Atlantico del Nord) inizialmente riuniva dodici Stati fra cui non figurava la Germania (risposta esatta **D**). Solo nel 1955 la Repubblica Federale Tedesca (Germania Ovest) aderì a questa organizzazione di difesa internazionale. Nel 1990, con la riunificazione delle due Germanie, anche i territori della ex Repubblica democratica tedesca (Germania est) furono inclusi. L'Italia vi ha aderito fin dalla fondazione. Al 2022 la NATO conta 30 Stati membri.

6 L'abbinamento sbagliato è quello proposto dall'alternativa **C**. Il *Dialogo sopra i due massimi sistemi del mondo* è infatti una celeberrima opera di Galileo Galilei, in cui il grande scienziato confutava il sistema tolemaico-aristotelico a favore della teoria eliocentrica copernicana. L'opera si svolge attraverso le discussioni di tre personaggi: Sagredo, il dotto, che si limita ad ascoltare le accese discussioni tra Simplicio, fedele alle tesi aristoteliche, e Salviati il quale invece ritiene valida la teoria copernicana. L'importanza di questo testo (bellissimo e arguto) non riguarda solo la storia della scienza ma anche la letteratura italiana: infatti, nonostante l'argomento, è composta in volgare e rappresenta la nascita della prosa scientifica nella nostra lingua.

7 La morbilità (dal latino *morbus*, "malattia") è un concetto statistico che riguarda l'incidenza che ha una certa malattia su una certa popolazione. Si definisce appunto come *il numero dei casi di una data malattia registrati durante un periodo definito in rapporto al numero complessivo delle persone prese in esame* (risposta **B** esatta). Non va confusa con la *mortalità* (**A**), con il meccanismo di *contagio* (**C**), con la *patogenesi* (**D**) né con la *patologia* (**E**).

8 Si ricorda che l'emisfero boreale è quello a nord dell'equatore, mentre quello australe è a sud. L'unico Stato tra quelli proposti a trovarsi a nord dell'equatore sono le Filippine (Cile, Nuova Zelanda, Angola e Zambia sono, infatti, nell'emisfero australe). La soluzione al quesito è quindi fornita dall'alternativa **A**.

9 Il divieto di ricostituire il partito fascista è sancito da una Disposizione transitoria (la XII) della Costituzione tuttora in vigore. Per il resto, i cittadini italiani hanno il diritto di associarsi liberamente, anche a fini politici (purché in questo caso non si tratti di associazioni segrete o a carattere militare). La risposta corretta è dunque la **A**: come risulta dall'articolo 18 della Costituzione.

10 Tra le alternative indicanti i vari strati dell'atmosfera terrestre, l'unico termine errato è *oligosfera* (risposta da indicare **B**). Nell'ordine, a partire dal suolo, l'atmosfera terrestre si divide in: troposfera, stratosfera, mesosfera, termosfera, esosfera.

11 La risposta esatta è **D**. Il greco Ippocrate di Coo (460 a.C.-370 a.C. circa) è considerato il padre della medicina scientifica occidentale. Fu il primo a ricercare l'origine delle malattie nella sfera naturale e non soprannaturale, spiegando salute e malattia come equilibrio e disequilibrio di quattro umori nel corpo umano. Ancora oggi, il giuramento pronunciato dai medici prima di intraprendere la professione – base della deontologia moderna – è una rivisitazione del tradizionale giuramento attribuito allo stesso Ippocrate.

12 La risposta esatta è la **B**. A partire dall'unità d'Italia, ci furono diversi tentativi e disegni di legge per introdurre almeno il diritto di voto femminile in ambito amministrativo. Però, con il subentrare della legislazione fascista, non si arrivò a nulla. Il diritto di voto attivo femminile fu sancito con decreto luogotenenziale nel febbraio 1945 e quello passivo (il diritto a essere elette) fu stabilito solo nel marzo 1946. Le prime elezioni in cui tali diritti furono esercitati si tennero nel marzo 1946, durante le prime elezioni amministrative del dopoguerra.

13 La risposta corretta è la **B**. A nessun cittadino può essere imposto arbitrariamente di fare (prestazione personale) qualcosa oppure dare qualcosa (prestazione patrimoniale) allo Stato (risposta **E** errata) se non attraverso una legge emessa dal Parlamento o dalla Regione. Per prestazione personale sono da intendersi tutte le azioni di carattere fisico o intellettuale che possono essere imposte dallo Stato per un superiore interesse pubblico (obbligo di rendere testimonianza, prestazioni obbligatorie dei medici, l'intervento in caso di calamità ecc.). Per prestazioni patrimoniali sono da intendersi tributi, tasse, imposte che devono essere stabiliti per legge, in modo che non possano esserci arbitrii nella loro riscossione. Naturalmente in uno Stato democratico le leggi non possono imporre qualsiasi cosa, dato che esse sono subordinate alla superiore autorità della Costituzione, cui non possono contravvenire (risposta **A** errata).

14 La Banca centrale europea, attiva dal 1999 e al momento presieduta dalla francese Christine Lagarde (succeduta nel 2019 a Mario Draghi), controlla l'andamento della moneta unica e le politiche del settore monetario mentre le finanze dell'Unione europea sono controllate dalla Corte dei conti europea (risposta esatta **B**), la cui istituzione risale al 1975. La Corte controlla quindi i conti dei numerosi organi dell'Unione europea, verificando entrate e uscite di ognuno e accertando che non si verifichino frodi o irregolarità e la gestione finanziaria sia corretta.

15 Le alternative **C**, **D** ed **E** si scartano facilmente perché troppo tarde. La **A** può invece dare luogo a qualche confusione, perché il 1870 indica l'anno in cui Roma venne annessa al Regno d'Italia. La risposta esatta è la **B**: Trieste fu annessa all'Italia dopo la prima guerra mondiale, come stabilito dalla Conferenza di Parigi del 1919.

16 La risposta esatta è la **A**. Infatti la *maieutica*, nell'ambiente socratico-platonico, indicava il metodo di ricerca della verità consistente nella sollecitazione del soggetto pensante a ritrovarla in sé stesso e a trarla fuori dalla propria anima. La risposta **B** indica invece il significato della parola *ermeneutica*. La **C** è la definizione di *maiolica*.

17 Il climax è una figura di pensiero, che rappresenta una progressione crescente (esempio: "carino, bello, stupendo"); la similitudine istituisce un paragone (esempio: "piombò come un falco"); la metafora è una similitudine, "condensata" (esempio: "Buffon è una saracinesca"); l'ossimoro accosta due termini in palese contrasto tra loro (esempio: "brivido caldo"); l'iperbole è un'esagerazione palese (esempio: "magro da morire"). Nel nostro caso, il *sole freddoloso* è un ossimoro. La risposta esatta è la **D**.

18 La scuola economica fisiocratica fu fondata a metà del XVIII secolo dal medico di corte ed economista francese François Quesnay. A fondamento delle convinzioni dei fisiocratici c'era il primato assoluto dell'agricoltura, sostenuto dall'idea che manifattura e commercio fossero rami sterili dell'attività economica, incapaci di formare "prodotto netto" (differenza tra valore di un prodotto e suo costo di produzione), l'elemento dinamico centrale per assicurare la crescita economica di una nazione. Ciò è, in sintesi, quanto espresso anche dalla tesi della domanda: la risposta esatta è quindi la **B**.

19 La risonanza magnetica nucleare (in sigla NMR) trova applicazione in medicina (risposta **A** esatta). È una tecnica di *imaging* (generazione di immagini) usata a scopi diagnostici e basata sul principio fisico della risonanza magnetica nucleare. Il segnale di densità che produce l'immagine è dato dal nucleo atomico degli elementi esaminati, mentre, nella più nota e diffusa tecnica di *imaging* radiologico, la densità radiografica è prodotta dagli orbitali elettronici degli atomi colpiti dai raggi X. In medicina, le informazioni che si ottengono dalle immagini di risonanza magnetica differiscono da quelle degli altri metodi di *imaging* in quanto rendono possibile la distinzione tra i tessuti sulla base della loro composizione biochimica.

20 La messa a punto della *vaccinazione*, come tecnica per sconfiggere le malattie infettive, si deve al lavoro del medico britannico Edward Jenner (1749-1823), che studiò il primo vaccino contro il vaiolo umano. Pasteur (1822-1895) – fondatore insieme a Koch (1843-1910) della microbiologia e della batteriologia moderne – ha tra l'altro messo a punto i vaccini contro la rabbia e il carbonchio. Un primo vaccino contro la poliomielite fu sviluppato nel 1952 da Jonas Salk (1914-95), utilizzando virus disattivati; ma un secondo e assai più efficace vaccino fu realizzato nel 1957 da Albert Sabin (1906-93), utilizzando virus vivi e attenuati. La risposta esatta è la **A**. Si noti che la **E** cita un medico inglese dei nostri giorni (oggi radiato), autore di una pubblicazione scientifica fraudolenta, che sosteneva la correlazione oggi smentita tra il vaccino antimorbillo e l'autismo.

21 Il Brasile è il più vasto e popoloso paese sudamericano. Fu colonizzato dai portoghesi a partire dall'inizio del XVI secolo, divenne indipendente nel 1822 e attualmente è una Repubblica federale presidenziale. La sua lingua ufficiale è rimasta il portoghese (risposta esatta **C**).

Nelle altre alternative si trovano le tre lingue più diffuse della Spagna (castigliano, catalano e basco) e il creolo, che indica una lingua nata dalla fusione di due o più lingue (per esempio il giamaicano o l'haitiano).

22 *I principi matematici della filosofia naturale* (noti anche semplicemente come *Principia*) non solo è la più importante opera di Isaac Newton (pubblicata nel 1687) ma è anche considerata una delle più importanti opere del pensiero scientifico di tutti i tempi. In essa Newton ha enunciato e spiegato i principi della dinamica e la sua legge della gravitazione universale. La risposta esatta è **D**.

23 La guerra di Crimea (1853-1856) venne combattuta dal Regno Unito e dalla Francia contro la Russia, in difesa dell'Impero ottomano. Il Piemonte di Cavour aderì alla lega anti-russa per il desiderio di ottenere contropartite, sul piano internazionale, dalle altre due grandi potenze impegnate. La risposta esatta è dunque la **E**. Con riguardo alle date di questo evento storico, si ricordi che ancora va mantenuta la distinzione tra Piemonte e Italia (il Regno d'Italia fu proclamato nel 1861).

24 La risposta corretta è la **C**. Il condottiero spagnolo Cortés (1485-1547) sbarcò sulla costa messicana nel 1519 con 500 soldati e nel giro di due soli anni riuscì a conquistare lo sterminato impero azteco, che divenne la colonia Nuova Spagna, di cui lo stesso Cortés fu, per volere di Carlo V, il primo governatore.

25 Nel suo articolo 1, la Costituzione italiana pone, a fondamento della Repubblica e della vita democratica, il lavoro in quanto mezzo e misura della collocazione sociale degli individui. Con questo articolo si intendeva togliere rilievo a titoli nobiliari, retaggi famigliari e rendite di casta, per sancire l'ideale di pari opportunità per tutti gli individui nella costruzione della vita repubblicana. A questo si riferisce l'alternativa **C** che pertanto non è quella corretta. La risposta da indicare è infatti la **A**, che rimanda correttamente all'articolo 3 della Costituzione: «Tutti i cittadini hanno pari dignità sociale e sono eguali davanti alla legge [...]. È compito della Repubblica rimuovere gli ostacoli di ordine economico e sociale che, limitando di fatto la libertà e l'eguaglianza dei cittadini, impediscono il pieno sviluppo della persona umana e l'effettiva partecipazione di tutti i lavoratori all'organizzazione politica, economica e sociale del paese». Si rivendica in tal modo non solo il principio ideale di eguaglianza di fronte alla legge, ma anche la volontà di eliminare ostacoli e impedimenti di ordine economico e sociale (che, sul piano reale, limitano di fatto tale eguaglianza dei cittadini) per assicurare il godimento effettivo dei diritti e delle libertà (eguaglianza sostanziale).

26 Grazie alla Convenzione UNESCO del 1972 sono stati individuati e posti sotto tutela centinaia di siti naturali o beni culturali in tutto il mondo, considerati di eccezionale importanza e quindi patrimonio dell'umanità. La risposta esatta è la **B**. I siti protetti dall'UNESCO nel mondo sono più di 1100 tra culturali, naturali e "misti". Solo in Italia i siti protetti sono 53.

27 L'opera di divulgazione scientifica che ha dato fama e notorietà all'etologo e zoologo austriaco Konrad Lorenz (1903-1989), premio Nobel per la Medicina nel 1973, è stata *L'anello di Re Salomone* (1949). Il titolo richiama una leggenda secondo la quale il sovrano, proprio grazie al suo anello, era in grado di parlare agli animali. La risposta corretta è la **D**. Tra gli altri scienziati delle alternative, va ricordato il biologo e zoologo austriaco Karl von Frisch (1886-1982), studioso delle api, che fu insignito del Nobel per la Medicina insieme a Lorenz.

28 Quella fornita dall'esercizio è una definizione di *epidemiologia* (risposta **C**), cioè appunto la disciplina medica che studia la frequenza con cui si manifestano le malattie nonché le condizioni che favoriscono od ostacolano il loro sviluppo. L'epidemiologia rappresenta la base per una razionale azione preventiva e/o contenitiva delle malattie. Attenzione a non confondersi con la **A**: l'*epidemia* (cioè la manifestazione collettiva di una malattia che rapidamente si diffonde a colpire un numero significativo di persone in un territorio più o meno vasto) è infatti uno degli oggetti di studio di questa disciplina.

29 A Ebla, nell'odierna Siria, sono state trovate nella seconda metà del Novecento migliaia di tavolette cuneiformi (risposta esatta **A**) risalenti al terzo e secondo millennio avanti Cristo. La scrittura cuneiforme, usata in Mesopotamia, veniva praticata con uno stilo che incideva dei segni o dei tratti su una tavoletta di argilla o creta ed è una delle più antiche del Vicino Oriente di cui si ha testimonianza. È una scrittura di tipo sillabico, mentre quella aramaica (risposta **E**) era di tipo alfabetico e relativa all'aramaico del I millennio a.C. La scrittura geroglifica (risposta **B**) caratterizzò l'antico Egitto mentre quella bustrofedica (risposta **C**) non riguarda un alfabeto ma è una tecnica: le parole non un verso fisso (da sinistra a destra o da destra a sinistra) ma procedono riga per riga prima in un senso e poi in quello opposto. Molto più recente è l'alfabeto cirillico (risposta **D**), che risale al IX secolo della nostra era, ed è tuttora in uso presso i popoli slavi.

30 Alcuni dei filosofi citati dalle alternative incorsero nella censura del Sant'Uffizio, ma fu Giordano Bruno a pagare addirittura con la vita la sua libertà di pensiero (risposta esatta: **A**). Domenicano, depose l'abito e si accostò al calvinismo. Dopo aver risieduto, tra molte altre città, a Ginevra, Parigi, Londra e Francoforte, tornò in Italia, nella Repubblica di Venezia, sperando che l'indipendenza di questa di fronte al Papato l'avrebbe protetto. Ma si sbagliava: accusato di eresia, fu consegnato all'Inquisizione romana e arso sul rogo. Recentemente, la Chiesa cattolica ha fatto autocritica per questo.

31 La risposta esatta è la **A**. De Gasperi (1881-1954) fu deputato del Parlamento austriaco, poi a quello italiano. Fu più volte presidente del Consiglio, ma non fu presidente della Repubblica.

32 La ricerca del "posto al sole", della "quarta sponda" spinse l'Italia nazionalista guidata da Giolitti a gettarsi nella guerra italo-turca del 1911-12 che portò alla conquista della Libia e all'acquisizione del Dodecaneso. La risposta esatta è quindi la **B**.

33 Il movimento culturale nato come reazione al razionalismo illuminista che nella prima metà del XIX secolo, a partire dalla Germania, si diffuse in tutta Europa propugnando i valori riassunti nel testo della domanda è quello romantico (risposta corretta **B**).

34 Carneade di Cirene fu un filosofo greco, vissuto nel secondo secolo avanti Cristo; frequentò l'Accademia platonica, di cui divenne anche scolarca. Non lasciò nulla di scritto e il suo pensiero si ascrive alla corrente degli scettici. La risposta esatta è dunque la **B**. Personaggio trascurabile, deve la sua tardiva fama proprio alla citazione manzoniana. Grazie ad essa è diventato lo sconosciuto per antonomasia. "È un carneade" si dice appunto di persona che nessuno conosce, irrilevante.

35 Convenzionalmente, in economia, i beni non durevoli sono quelli che dopo l'uso non possono essere immagazzinati e non durano più di tre anni. I guanti sterili da chirurgo sono destinati a essere usati una sola volta e quindi rientrano in questa categoria di beni economici.

La risposta cercata è quindi la **A**.

36 La riposta da indicare è la **C**. Mentre gli altri personaggi citati sono famosi interpreti della psicoanalisi e della psicologia, Fleming (1881-1955) fu medico, batteriologo e ricercatore insignito del premio Nobel per la Medicina nel 1945 per il suo successo di maggior rilievo. Basandosi su un'osservazione casuale compiuta nel 1929, studiò l'azione che le colonie di una particolare muffa esercitavano sui batteri stafilococchi. Grazie al suo lavoro, riuscì ad analizzare e riprodurre quella attività antibatterica tramite la liberazione di una sostanza che chiamò *penicillina* (dal nome della muffa antibatterica *Penicillium notatum).*

37 La risposta esatta è la **C**. Lo stralcio riportato si riferisce infatti allo scrittore russo Lev Tolstoj (1828-1910), autore di una produzione letteraria davvero "immensa", che comprende capolavori come *Guerra e pace* (1863-69) e *Anna Karenina* (1873-77).

38 La disciplina per la quale non è prevista assegnazione del premio Nobel – riconoscimento istituito nel 1901 dallo svedese Alfred Nobel, inventore della dinamite – è la *matematica* (risposta esatta **E**). Oltre che per le discipline scientifiche citate nelle alternative, ricordiamo che vengono attribuiti anche i Nobel per la Pace e quello per la Letteratura. Il premio più importante assegnato ai matematici è la medaglia Fields.

39 Nato in Francia nella prima metà dell'Ottocento e poi diffuso nella seconda metà del secolo in Europa, il positivismo si fonda sull'applicazione del metodo scientifico anche all'ambito filosofico. Si è ispirato alle idee illuministe del secolo precedente e ha condiviso con queste la fiducia nella scienza e nel progresso. La risposta esatta è dunque la **A**.

40 Il celebre transatlantico inglese, lungo 270 metri largo 28 e alto 52, affondò nel corso del suo viaggio inaugurale attraverso l'Oceano Atlantico con destinazione New York, dopo aver colpito a causa della nebbia un gigantesco iceberg. Dei 2200 passeggeri imbarcati oltre 1500 morirono. La risposta corretta è la **D**.

41 Carlo Carrà (1881-1966) è stato uno dei protagonisti della pittura italiana del Novecento (risposta esatta **D**), dapprima come esponente del futurismo e in seguito della pittura metafisica, che fondò nel 1916 insieme a Giorgio De Chirico. Al futurismo appartengono *I funerali dell'anarchico Gelli* (1911) e *Manifestazione interventista* (1914), alla metafisica invece *L'amante dell'ingegnere* (1921).

42 La risposta esatta è la **B**. Il decreto legge che ha istituito il 9 maggio quale Giornata della Memoria per le vittime del terrorismo è stato approvato a larghissima maggioranza dal Parlamento italiano nell'aprile 2007. La data scelta, per il suo valore simbolico, è quella dell'assassinio nel 1978 dello statista democristiano Aldo Moro da parte delle Brigate Rosse.

43 I personaggi indicati nelle alternative sono tra i protagonisti degli sviluppi informatici degli ultimi decenni. Bill Gates è il fondatore d Microsoft; Steve Jobs (insieme a Steve Wozniac) ha dato vita ad Apple; Page e Brin sono i fondatori di Google, mentre Mark Zuckerberg è l'inventore di Facebook. La risposta esatta è la **C**.

44 La filastrocca sul "principe triste" allude al principe di Danimarca Amleto, protagonista dell'omonima tragedia shakespeariana in 5 atti. Infatti, è proprio ad Amleto che appare sugli spalti del castello di Elsinore lo spettro del padre, il quale gli rivela che ad assassinarlo è stato suo fratello (zio di Amleto). Il principe ereditario giura di vendicarsi e per farlo si finge pazzo e respinge l'amata Ofelia, spingendola al suicidio. Riesce a portare a termine la sua vendetta, uccidendo l'usurpatore, ma non gli sopravvive. La risposta esatta è quindi la **A**.

45 Le sette meraviglie del mondo antico erano famosi e ammirati monumenti siti in Egitto, Grecia, Turchia e Mesopotamia. Una delle prime liste delle sette meraviglie risale al II secolo a.C. Le due meraviglie del mondo greco incluse tra le sette erano il Colosso di Rodi e la statua di Zeus a Olimpia mentre non vi figurava il Partenone di Atene. La risposta esatta è dunque la **C**.

parte settima

PROVA SIMULATA

Introduzione

Il libro ESERCIZI COMMENTATI (al pari del MANUALE DI PREPARAZIONE, delle PROVE DI VERIFICA e 10000 QUIZ) è specifico per la preparazione alle prove **TOLC-MED** e **TOLC-VET** di ammissione ai corsi universitari di *Medicina e Chirurgia, Odontoiatria / Protesi dentaria* e *Medicina Veterinaria.*

A partire dall'a.a. 2023/2024, queste prove sono gestite, su indicazione del MUR, dal consorzio CISIA.

La prova simulata riportata nelle pagine seguenti ricalca la struttura dei nuovi TOLC che le aspiranti matricole dei corsi di **Medicina**, **Odontoiatria** e **Veterinaria** possono svolgere a partire dall'anno solare 2023, nelle due sessioni di aprile e di luglio.

Questi due tipi di TOLC comprendono 50 quesiti ciascuno, da svolgere in 90 minuti, ripartiti in entrambi i test nelle stesse quattro sezioni.

Questa simulazione riproduce – nel numero di domande per sezione e nel tempo massimo prefissato per lo svolgimento di ogni sezione – le specifiche del TOLC-MED. Poiché le differenza tra TOLC-MED e TOLC-VET sono minime (si veda la descrizione in Prefazione), anche gli aspiranti veterinari possono svolgerla con eguale profitto.

La prova è dunque formata da **50 quesiti a risposta multipla** con **5 alternative** di cui una sola esatta. Si articola in quattro parti, da svolgere entro il tempo predefinito qui sotto indicato:

- Comprensione del testo e conoscenze acquisite negli studi — **7 quesiti** da svolgere in **15 minuti**
- Biologia — **15 quesiti** da svolgere in **25 minuti**
- Chimica e Fisica — **15 quesiti** da svolgere in **25 minuti**
- Matematica e Ragionamento — **13 quesiti** da svolgere in **25 minuti**

Il tempo totale a disposizione è di **90 minuti**, ma è importante usarlo nei modi previsti dal TOLC, senza concedersi minuti aggiuntivi in assoluto e senza trasferire i minuti di una sezione ai quesiti di un'altra.

Pertanto, si suggerisce di svolgere ogni sezione entro il tempo esatto indicato nello schema. Solo così la prova simulata consente sia di verificare il grado di preparazione raggiunto, sia di sperimentare la difficoltà e l'impegno necessari a risolvere per intero un questionario, rispettando le modalità di svolgimento del test ufficiale. Naturalmente non si possono utilizzare sussidi di nessun tipo (dizionario, calcolatrice, smartphone ecc.).

Questa prova simulata è corredata da **due schede per le risposte**: sulla *scheda vergine* (riportata all'inizio della prova) il lettore deve indicare l'alternativa scelta per ogni quesito; la *scheda delle risposte esatte* (riportata al termine della prova) indica la soluzione di tutti i quesiti. Una volta completata la prova (**e solo allora**) il lettore può confrontare le risposte che ha segnato sulla scheda vergine con quelle indicate sulla scheda già compilata.

Per la **valutazione del risultato,** si utilizzi il seguente criterio:

- risposta esatta: +1
- risposta errata: −0,25
- risposta omessa: 0

Il primo obiettivo da cogliere è la **soglia** di **10 punti**: se infatti, svolgendo un TOLC-MED o VET, non si ottiene questo punteggio minimo, non si è considerati idonei per l'iscrizione in graduatoria.

Il punteggio conseguito dal lettore nella prova simulata non può invece essere utilizzato come indizio sulla possibilità o meno di essere ammessi al corso prescelto. Infatti, le probabilità di ammissione dipendono non solo dalla performance individuale ma dal rapporto tra numero di candidati e posti disponibili e dal punteggio realizzato dagli altri candidati.

È più costruttivo dunque considerare il risultato di questa simulazione come un indicatore del livello di preparazione, lavorando sulle eventuali difficoltà emerse (lacune in una disciplina o su argomenti dei programmi, eccessiva lentezza nella soluzione dei quesiti, difficoltà nella gestione dei tempi massimi di svolgimento delle sezioni ecc.)

Per prepararsi in modo mirato ai TOLC-MED e TOLC-VET, sono a disposizione degli studenti i corsi specifici che Alpha Test organizza ogni anno, svolti **in aula** oppure **on line** e con durata differenziata. Alpha Test ha rinnovato la struttura dei suoi corsi per offrire agli studenti un supporto ottimale per sostenere le prove in tutte le sessioni previste.

Tutti i corsi e i libri Alpha Test hanno un supporto digitale (**MyDesk**): questo consente agli studenti di simulare la prova in modalità computer-based e garantisce sempre l'accesso ai contenuti formativi e informativi relativi al test.

PARTE SETTIMA

PROVA SIMULATA

Tempo a disposizione: 90 minuti – Tempo consigliato: 80 minuti

Scheda per le risposte

Alpha Test

Scheda per le risposte della prova simulata

Contrassegnare le risposte relative alle domande della prova simulata

	A	B	C	D	E		A	B	C	D	E
1						26					
2						27					
3						28					
4						29					
5						30					
6						31					
7						32					
8						33					
9						34					
10						35					
11						36					
12						37					
13						38					
14						39					
15						40					
16						41					
17						42					
18						43					
19						44					
20						45					
21						46					
22						47					
23						48					
24						49					
25						50					

Comprensione del testo e conoscenze acquisite negli studi

Tempo a disposizione: 15 minuti

---

1 **«Gli uomini, non avendo potuto guarire la morte, la miseria, l'ignoranza, hanno creduto meglio, per essere felici, di non pensarci". "L'uomo è manifestamente nato a pensare; qui sta tutta la sua dignità e tutto il suo pregio; e tutto il suo dovere sta nel pensare rettamente». Individuare quale delle seguenti illazioni è da considerare arbitraria in quanto non deducibile dai testi citati di Pascal.**

A L'ignoranza non impedisce la felicità
B Non usare rettamente il pensiero è per l'uomo una colpa
C L'uomo, non potendo evitarla, ha il dovere morale di non pensare alla morte
D Per essere felice l'uomo evita il pensiero della morte
E La dignità dell'uomo è intimamente connessa all'esercizio del pensiero

---

2 **La Rivoluzione industriale inglese, che si profilò nella seconda metà del XVIII secolo, affermò nella prima metà del secolo successivo il ruolo decisivo e centrale di una delle seguenti forze motrici: quale?**

A Motore a scoppio
B Vento
C Acqua
D Elettricità
E Macchina a vapore

---

3 **Oltre che per il rapimento (marzo) e l'uccisione (maggio) di Aldo Moro e per l'elezione (luglio) del socialista Sandro Pertini a Presidente delle repubblica, il 1978 è ricordato anche come l'anno dei tre papi. Di quali papi si tratta?**

A Giovanni Paolo I – Giovanni Paolo II – Benedetto XVI
B Giovanni XXIII – Giovanni Paolo I – Giovanni Paolo II
C Giovanni XXIII – Paolo VI – Giovanni Paolo I
D Paolo VI – Giovanni Paolo I – Giovanni Paolo II
E Pio XII – Giovanni Paolo I – Giovanni Paolo II

---

4 **Spesso, nel dibattito politico italiano e in quello dell'Unione europea, si sente parlare del problema dell'indebitamento dello Stato, che continua a crescere. Quale indicatore misura in modo più adeguato il grado di indebitamento di uno Stato e la sua entità?**

A Debito pubblico/saldo di bilancia commerciale
B Debito pubblico/PIL
C Disavanzo pubblico/PIL
D Disavanzo pubblico/tasso di sconto
E Debito pubblico/saldo di bilancia dei pagamenti

PROVA SIMULATA

5 **Individuare l'alternativa che completa correttamente il seguente comma costituzionale: "Tutti i cittadini hanno pari .... sociale e sono eguali davanti alla legge, senza .... di sesso, di razza, di lingua, di religione, di opinioni .... , di condizioni personali e sociali".**

A moralità; differenza; personali
B opportunità; similitudine; pubbliche
C dignità; distinzione; politiche
D libertà; distacco; prevalenti
E etica; parità; collettive

6 **Quale tra i seguenti Paesi non ha mai avuto un primo ministro donna nel XX secolo?**

A Svezia
B Israele
C India
D Regno Unito
E Pakistan

7 **"La gigantografia di Valeriia, la bambina ucraina la cui immagine ha fatto il giro del mondo, ha fatto il giro per Roma grazie ad oltre 100 volontari che hanno risposto all'appello dell'artista francese Jr che aveva dato appuntamento alle 12 al pubblico romano per un'azione artistica e simbolica, attorno al ritratto monumentale. Questo progetto, orchestrato insieme all'Ambasciata di Francia in Italia, accompagna anche la conclusione dell'installazione dell'artista sulla facciata di Palazzo Farnese, visibile ancora per qualche giorno. Dopo aver dispiegato una prima volta la gigantografia di Valeriia con lo sfondo suggestivo di San Pietro, il considerevole corteo si è avviato in direzione di Piazza Farnese, passando per Corso Vittorio Emmanuele II e poi in via dei Ballauri. Lì, sull'emblematica Piazza Farnese, il ritratto di Valeriia ha incontrato un'altra opera ben nota dai romani e dai turisti, realizzata poco più di un anno fa dallo stesso artista sulla facciata di Palazzo Farnese, sede dell'Ambasciata di Francia". (adnkronos, 23/09/2022)**
Individua il titolo che meglio individua lo spirito dell'azione descritta.

A L'arte non può fermare la guerra
B I bambini ci salveranno (dalla guerra)
C L'arte può cambiare il mondo
D Roma caput mundi
E Francia e Italia unite a sostegno della bambina ucraina

Biologia

Tempo a disposizione: 25 minuti

8 **La maggior parte delle cellule procariotiche ha dimensioni comprese tra:**

- A 20 e 25 nm
- B 2 e 5 nm
- C 1 e 10 nm
- D 100 e 150 μm
- E 0,5 e 5 μm

9 **Un individuo arriva in ospedale con un livello molto elevato di glucosio nel sangue e nelle urine. Il problema che presenta può essere legato a:**

- A elevata produzione di adrenalina da parte dell'ipotalamo
- B insufficiente produzione di glucagone da parte del fegato
- C insufficiente produzione di insulina da parte del pancreas
- D insufficiente produzione di enzimi digestivi dei carboidrati
- E insufficienza renale

10 **Una cellula della mucosa intestinale di un gambero presenta 200 cromosomi, ciascuno composto da due cromatidi. In una delle 4 cellule che si formano alla fine della meiosi dello stesso gambero si potranno contare:**

- A 100 cromosomi, ciascuno costituito da 2 cromatidi
- B 200 cromosomi, ciascuno costituito da 1 cromatidio
- C 200 cromosomi, ciascuno costituito da 2 cromatidi
- D 400 cromosomi, ciascuno costituito da 1 cromatidio
- E 100 cromosomi, ciascuno costituito da 1 cromatidio

11 **Il sistema nervoso parasimpatico:**

- A predispone l'organismo alla rapida reazione in caso di pericolo
- B trasporta i segnali da e verso i muscoli scheletrici
- C stimola la digestione di grassi e proteine e rallenta il battito cardiaco
- D stimola il fegato a liberare glucosio
- E la maggior parte dei suoi neuroni usa come neurotrasmettitore la noradrenalina

12 **Per inserire un gene estraneo in un plasmide:**

- A plasmide e gene devono essere tagliati con lo stesso enzima di restrizione
- B non occorre l'intervento della DNA-ligasi
- C occorre l'intervento della DNA-polimerasi
- D il plasmide deve essere tagliato con un enzima di restrizione, il DNA del gene con la DNA-polimerasi
- E il DNA del gene e quello del plasmide devono essere identici

PROVA SIMULATA

13 **Si consideri l'albero genealogico di una famiglia in cui è presente un gene dominante non legato al sesso che determina una malattia genetica.**

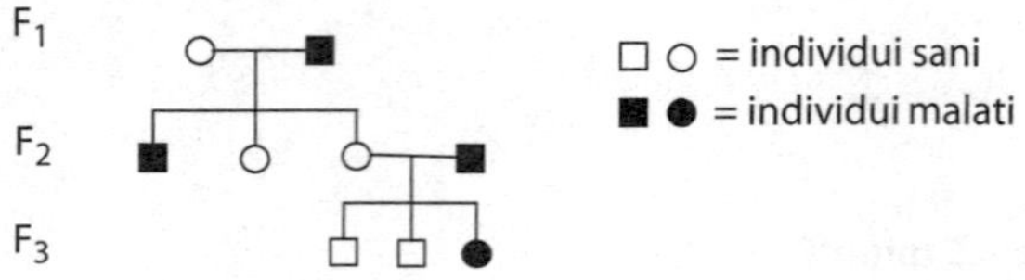

Possiamo dire con certezza che:

A il figlio maschio malato di F_2 è omozigote

B la femmina sana di F_1 è eterozigote

C i due maschi sani di F_3 sono eterozigoti

D le due femmine sane di F_2 sono eterozigoti

E la femmina malata di F_3 è eterozigote

14 **Che cosa succede nella fermentazione alcolica?**

A Il glucosio viene ossidato a piruvato in presenza di O_2

B Il piruvato viene trasformato in etanolo

C L'acido lattico viene trasformato in etanolo

D Si producono 32 molecole di ATP

E Viene sintetizzato glucosio

15 **Nella specie umana, l'ultrafiltrato ottenuto a livello della capsula di Bowman del nefrone è costituito in condizioni normali da:**

A acqua, glucosio, urea, sali

B acqua, urea, urina

C proteine, globuli rossi, acqua

D acido urico e acqua

E acqua e ammoniaca

16 **"La Corea di Huntington è una malattia genetica degenerativa ereditaria che colpisce il sistema nervoso. Il termine "corea", introdotto per la prima volta da Paracelso, deriva dal greco e significa "danza", mentre George Huntington per primo descrisse la malattia.**
Il riferimento alla "danza" è dovuto ai movimenti involontari che, insieme ad alterazioni della personalità e a una progressiva demenza, caratterizzano clinicamente questa malattia. La causa della Corea di Huntington è la mutazione di un gene, che si trova sul braccio corto del cromosoma 4. Quando questo gene è alterato contiene una serie di ripetizioni della tripletta Citosina-Adenina-Guanina (CAG), che dà l'informazione per l'amminoacido "glutammina". L'alterazione si trasmette come carattere dominante."
Dopo la lettura del breve brano, individuare l'affermazione ERRATA:

A non esistono portatori sani

B se il gene alterato è presente in entrambi genitori, solo il 25% dei figli ha la probabilità di essere sano

C se un genitore è ammalato, i figli hanno il 50% di probabilità di ereditare la malattia

D la mutazione viene ereditata con maggior probabilità dai figli maschi

E se nessun figlio è ammalato, nessuno delle generazioni successive sarà colpito

17 **Valutate le seguenti affermazioni:**

1) gli enzimi modificano il punto di equilibrio delle reazioni chimiche;

2) negli esseri viventi, nelle reazioni chimiche in cui si verifica formazione o rottura di un legame covalente è generalmente coinvolto un enzima;

3) gli enzimi accelerano la velocità delle reazioni chimiche.

- A Solo la 2 è esatta
- B Solo la 3 è esatta
- C La 1 e la 2 sono esatte
- D La 1 e la 3 sono esatte
- E La 2 e la 3 sono esatte

18 **Un significativo vantaggio della fecondazione interna deriva dal fatto che essa:**

- A consente la fecondazione di numerosi ovociti
- B consente di attribuire con certezza la paternità
- C facilita la riproduzione in ambiente terrestre
- D porta alla formazione di una coppia stabile
- E riduce la competitività tra i membri di un gruppo

19 **La membrana plasmatica che delimita le cellule eucariotiche è definita asimmetrica in quanto:**

- A le proteine intrinseche si affacciano solo sulla superficie intracellulare
- B la superficie extracellulare è idrofila, mentre quella intracellulare è idrofobica
- C le due superfici di membrana, intracellulare ed extracellulare, hanno caratteristiche e proprietà differenti
- D le proteine estrinseche sono presenti solo sulla superficie extracellulare
- E i fosfolipidi sono rivolti verso la superficie extracellulare, mentre le proteine sono presenti solo sulla superficie intracellulare

20 **Nelle piante terrestri le cellule della radice non contengono:**

- A mitocondri
- B membrana cellulare
- C nucleo
- D cloroplasti
- E vacuolo

21 **Nell'uomo le arterie coronarie, destra e sinistra, provvedono alla vascolarizzazione di:**

- A encefalo
- B midollo spinale
- C cuore
- D intestino
- E polmoni

22 **Delle seguenti classi appartengono ai vertebrati:**

- A policheti
- B crostacei
- C chilopodi
- D anfibi
- E gli imenotteri

Chimica e fisica

Tempo a disposizione: 25 minuti

---

23 In quale dei seguenti composti il carbonio presenta un numero di ossidazione negativo?

A C_2H_6
B $C_6H_{12}O_6$
C CCl_4
D $CHCl_3$
E CO

---

24 Quale delle seguenti coppie di composti sono collegate da legami a ponte di idrogeno?

A Etanolo-metanolo
B Etano-propano
C Acqua-etano
D Acqua-ciclopentano
E Benzene-acqua

---

25 Un certo elemento forma un ossido, che quando è sciolto in acqua forma una soluzione acida. Quale, tra le seguenti è la deduzione più ragionevole? È un:

A elemento di transizione
B elemento che appartiene al gruppo degli elementi alcalini
C metallo
D gas nobile
E non metallo

---

26 «L'entropia può essere considerata una misura del disordine di un sistema. In generale si osserva che i sistemi tendono ad assumere spontaneamente le disposizioni più probabili, e quindi meno ordinate».

Quale delle seguenti affermazioni PUÒ essere dedotta dalla lettura del brano precedente?

A L'entropia di un sistema tende spontaneamente ad aumentare
B È più probabile una disposizione ordinata rispetto a una disordinata
C L'entropia di un sistema deve comunque rimanere costante
D L'entropia di un sistema tende spontaneamente a diminuire
E Tutti i sistemi sono estremamente disordinati

---

27 La base coniugata dell'acido nitrico:

A è forte
B è NO_2^-
C è NH_3
D è NO_3^-
E è l'anidride nitrica

PROVA SIMULATA

28 **Il peso equivalente del ferro (PA = 55,84) nel cloruro ferrico è circa:**

A 55,84
B 18,61
C 27,92
D 13,96
E 167,52

29 **Lo ione ammonio (NH_4^+) e il metano (CH_4) hanno in comune:**

A il carattere nettamente acido
B l'ibridazione *sp*^{2}
C l'ibridazione *sp*^{3}
D la struttura planare
E il peso molecolare

30 **Data la reazione chimica**

$$H_2SO_3 + AuNO_3 \rightarrow Au_2SO_3 + HNO_3,$$

quali sono i coefficienti stechiometrici che permettono di bilanciarla?

A 1, 2, 1, 3
B 1, 1, 2, 1
C 1, 2, 1, 2
D 1, 3, 1, 3
E 2, 3, 1, 2

31 **Quante molecole sono contenute in 92 g di alcol etilico (PM = 46)?**

A 2
B $1{,}2 \cdot 10^{24}$
C $2 \cdot 10^{23}$
D $6{,}02 \cdot 10^{23}$
E $1{,}2 \cdot 10^{24}$

32 **Una centrifuga da laboratorio ruota a 6000 giri/minuto. Detta g l'accelerazione di gravità, quanto vale, approssimativamente in funzione di g (considerare g = 10 m/s^2), il modulo dell'accelerazione centripeta di un campione che ruota a una distanza di 12,5 cm dal centro di rotazione?**

A 80g
B 125g
C 630g
D 1250 g
E 5000 g

33 **Due automobili di ugual massa viaggiano a velocità rispettivamente uguali a 140 km/h e 110 km/h. In quale rapporto stanno le rispettive energie cinetiche?**

A $(140/110)^{1/2}$
B (140/110)
C $(140/110)^2$
D (140 – 110)/140
E Non si può calcolare senza conoscere la massa delle due automobili

34 **Un corpo di massa 400 g viene appeso a una molla che ha una costante elastica di 49 N/m. Qual è l'allungamento della molla nella posizione di equilibrio?**

A 5 cm
B 12,5 cm
C 8 cm
D 20 cm
E 40,8 cm

35 **Un gas ha un volume di 3 m^3 ed una pressione di 5 atm. Se si mantiene costante la temperatura, quale volume avrà il gas se si impone una pressione di 15 atm?**

A 0,5 m^3
B 1 m^3
C 2 m^3
D 3 m^3
E 5 m^3

36 **Una carica elettrica viene posta fra due cariche identiche, alle distanze d_1 dalla prima e d_2 dalla seconda, con $d_1 < d_2$. Sia F_1 la forza di interazione con la prima carica e sia F_2 la forza di interazione con la seconda carica. Risulta:**

A $F_1 < F_2$
B $F_1 = F_2$
C $F_1 > F_2$
D $F_1 = 1/F_2$
E $F_1 = F_2/2$

37 **Due corpi di ugual massa, di ugual temperatura, ma caratterizzati da calori specifici molto diversi, vengono messi in contatto. Cosa avviene?**

A Il calore passa dal corpo di calore specifico minore a quello caratterizzato da calore specifico maggiore
B La temperatura del corpo avente calore specifico maggiore diminuisce mentre aumenta quella dell'altro corpo
C Il calore passa dal corpo di calore specifico maggiore a quello caratterizzato da calore specifico minore
D I due corpi non si scambiano calore
E La temperatura del corpo avente calore specifico maggiore aumenta mentre diminuisce quella dell'altro corpo

Matematica e ragionamento

Tempo a disposizione: 25 minuti

---

38 Quale di queste espressioni è diversa da 0 per ogni numero reale *x*?

A $x^2 + (x+1)^2$

B $(2x+2)^2 + (3x+3)^2$

C $x^2 - (x+1)^2$

D $(x+1)^2$

E x^2

---

39 Se si lancia un dado 5 volte con quale probabilità il "2" esce esattamente 3 volte?

A $\frac{1}{2}$ B $\frac{5^2}{6^5}$ C $\frac{1}{6^3}$ D $\frac{1}{2} \cdot \frac{5^2}{6^2}$ E $2 \cdot \frac{5^3}{6^5}$

---

40 Le prime 10 rilevazioni dell'altezza degli studenti di una classe hanno una media pari a 168 cm. Le successive 15 rilevazioni hanno una media pari a 172 cm. Qual è la media delle 25 osservazioni?

A 169

B 170

C 171

D 172

E Nessuna delle precedenti

---

41 Nel piano cartesiano, qual è l'area del triangolo individuato dagli assi cartesiani e dalla retta di equazione $y = 8x - 4$?

A 2

B 4

C 1

D −1

E −2

---

42 Una goccia sferica di mercurio di raggio R viene suddivisa in otto goccioline di raggio R/2. Il rapporto superficie/volume del sistema diventa:

A 2 volte più grande

B 8 volte più piccolo

C 8 volte più grande

D 2 volte più piccolo

E rimane inalterato

43 **Il logaritmo in base 1/3 di 3 è:**

A un numero negativo
B uguale a 1
C un numero positivo
D uguale a zero
E non definito

44 **Per quali valori di x, con $0 < x < \pi$, si ha $\sin(x) > \sin(5\pi/18)$?**

A $5\pi/18 < x < 13\pi/18$
B $5\pi/18 < x < \pi/2$
C $0 < x < 5\pi/18$ e $13\pi/18 < x < \pi$
D $5\pi/18 < x < 7\pi/9$
E $5\pi/18 < x < \pi$

45 **Matteo e Luisa sono sposati da 30 anni, hanno 3 figli, Marta di 27 anni, Gigi di 25 anni e Marco di 18 anni. Marta è sposata con Antonio e i due hanno un bimbo di 12 mesi che si chiama Roberto, Gigi è fidanzato con Giorgia e Marco è ancora *single*. Se tu sei Antonio chi sei per Marco?**

A Il genero B Il nipote C Lo zio D Il cognato E Il nonno

46 **Nel deserto ci sono 3 accampamenti:**

- **l'accampamento X si trova a 30 km a ovest rispetto all'accampamento Z;**
- **l'accampamento Y si trova a 40 km a sud rispetto all'accampamento X;**
- **la distanza tra l'accampamento Z e l'accampamento Y è di 50 km.**

La capacità di trasmissione radio varia da accampamento ad accampamento. Il segnale radio dall'accampamento X copre un raggio di 10 km; dall'accampamento Y copre un raggio di 20 km e dall'accampamento Z copre un raggio di 40 km. Quale delle seguenti affermazioni NON è corretta?

A È impossibile per un soldato in pattugliamento nel deserto captare un segnale trasmesso da tutti e tre gli accampamenti
B È possibile che un soldato capti un segnale trasmesso dall'accampamento Y e dall'accampamento Z, ma non possa captare un segnale dall'accampamento X
C Un soldato che riceve un segnale dall'accampamento Y può non essere in grado di captare un segnale dall'accampamento Z e neanche di captare un segnale dall'accampamento X
D È possibile che un soldato capti un segnale trasmesso dall'accampamento Y e dall'accampamento X, ma non possa captare un segnale dall'accampamento Z
E Un soldato che riceve un segnale dall'accampamento X capta sempre il segnale dall'accampamento Z, ma non capta mai il segnale dall'accampamento Y

47 **Chiara, Diana, Elisa, Federica e Grazia appartengono ad una squadra femminile di calcetto 5 contro 5. Dopo aver giocato 20 partite, Chiara ha segnato in media 1,2 gol a partita, Diana 0,6 gol a partita e Elisa 0,75 gol a partita. Le altre giocatrici, Federica e Grazia, non hanno segnato alcun gol.**

Durante le 5 partite seguenti, Chiara segna in totale altri 6 gol, mentre Diana, Elisa e Federica segnano ciascuna 1 gol e Grazia non ne segna nemmeno uno.

Qual è in media il numero di gol segnati per partita dall'intera squadra dopo 25 partite?

A 0,48 B 2,40 C 0,60 D 2,55 E 12,00

48 **Alla piscina comunale di Bresso il prezzo del biglietto di entrata è di euro 2 a testa per gli adulti e di euro 1 a testa per i bambini. Le famiglie possono anche acquistare una "tessera famiglia" valida un anno per euro 50 che permette l'uso illimitato della piscina a 2 adulti ed ad un massimo di 3 bambini. Per famiglie più numerose ogni bambino in più paga ogni volta la metà del prezzo del biglietto di entrata. I coniugi Bianchi ed i loro 4 figli sono amanti del nuoto. L'anno scorso hanno usato la loro "tessera famiglia" ben 40 volte.**
Quanto hanno risparmiato i Bianchi lo scorso anno grazie alla "tessera famiglia"?

A euro 190
B euro 230
C euro 250
D euro 50
E euro 270

---

49 **Il 31 di marzo due persone si fermano davanti al numero 36 di via del Corso. Il più giovane dei due chiede informazioni al più anziano circa l'età delle sue tre figlie. Quest'ultimo risponde, alzando gli occhi, che tra la più grande e la più piccola esiste una differenza di età pari a 1/6 del valore del numero civico sotto cui sono e la somma delle età delle tre figlie è proprio uguale al numero del giorno in cui si trovano.**
Quali sono le età delle tre figlie della persona più anziana?

A 14, 8, 9
B 18, 10, 3
C 16, 10, 6
D 18, 14, 12
E 10, 4, 16

---

50 **Dall'analisi delle risposte fornite ad un esame per il conseguimento della patente di guida, emerge che, per ognuna delle 40 domande, c'è stato almeno un candidato che ha fornito la risposta corretta. Determinare, sulla base di questa sola informazione, quale delle seguenti situazioni si è necessariamente verificata.**

A Tutti i candidati hanno risposto correttamente ad almeno 30 domande
B Nessuna domanda è stata lasciata senza risposta da tutti i candidati
C Esiste un candidato che ha risposto correttamente a tutte le domande
D Esiste un candidato che ha risposto in maniera errata a tutte le domande
E Esiste almeno una domanda a cui tutti i candidati hanno risposto correttamente

Le risposte dei quesiti della prova simulata devono essere riportate nella scheda vergine che si trova all'inizio della prova, per poi essere confrontate con le soluzioni riportate nella scheda delle risposte esatte: per le istruzioni dettagliate si veda l'introduzione a pagina 263.

Risposte esatte

Alpha Test

Risposte esatte della prova simulata

Verificare le risposte relative alle domande della prova simulata

	A	B	C	D	E		A	B	C	D	E
1	□	□	■	□	□	**26**	■	□	□	□	□
2	□	□	□	□	■	**27**	□	□	□	■	□
3	□	□	□	■	□	**28**	□	■	□	□	□
4	□	■	□	□	□	**29**	□	□	□	■	□
5	□	□	■	□	□	**30**	□	□	■	□	□
6	■	□	□	□	□	**31**	□	□	□	□	■
7	□	□	■	□	□	**32**	□	□	□	□	■
8	□	□	□	□	■	**33**	□	□	■	□	□
9	□	□	■	□	□	**34**	□	□	■	□	□
10	□	□	□	□	■	**35**	□	■	□	□	□
11	□	□	■	□	□	**36**	□	□	■	□	□
12	■	□	□	□	□	**37**	□	□	□	■	□
13	□	□	□	□	■	**38**	■	□	□	□	□
14	□	■	□	□	□	**39**	□	□	□	□	■
15	■	□	□	□	□	**40**	□	□	□	□	■
16	□	□	□	■	□	**41**	□	□	■	□	□
17	□	□	□	□	■	**42**	■	□	□	□	□
18	□	□	■	□	□	**43**	■	□	□	□	□
19	□	□	■	□	□	**44**	■	□	□	□	□
20	□	□	□	■	□	**45**	□	□	□	■	□
21	□	□	■	□	□	**46**	□	■	□	□	□
22	□	□	□	■	□	**47**	□	□	□	■	□
23	■	□	□	□	□	**48**	□	□	■	□	□
24	■	□	□	□	□	**49**	■	□	□	□	□
25	□	□	□	□	■	**50**	□	■	□	□	□

Soluzioni e commenti

1 L'unica alternativa arbitraria perché non deducibile dai testi citati di Pascal è la **C**. Infatti, i testi citati affermano che il dovere dell'uomo sta nel *pensare rettamente* e non nell'evitare il pensiero della morte, a cui l'uomo ricorre per essere felice.

2 Nella prima metà dell'Ottocento la forza motrice che si affermò prepotentemente grazie alla Rivoluzione industriale, dapprima in Inghilterra e poi nell'Europa continentale, fu quella della macchina a vapore (risposta esatta **E**).

3 L'anno che vide succedersi sul soglio di Pietro ben tre pontefici è, come ricordato nel testo della domanda, il 1978, che si aprì con in carica Paolo VI (Giovanni Maria Montini, santo dal 2018), cui successe il breve pontificato di Giovanni Paolo I (Albino Luciani) e si chiuse con Giovanni Paolo II (Karol Wojtyla, santo dal 2014). La risposta esatta è dunque la **D**.

4 La risposta esatta è la **B**. Infatti il rapporto in questione rappresenta teoricamente il numero di anni (o frazione di anno, se minore di 1) che uno Stato impiegherebbe a ripagare i propri debiti se l'intera ricchezza nazionale prodotta in un anno venisse dedicata al rimborso del debito. Rapportare il debito a uno dei saldi della bilancia dei pagamenti (alternative **A** ed **E**) non ha senso in quanto due Paesi con uguale debito potrebbero avere diversi saldi, ma non per questo essere meno "capaci" di rimborsare il debito.

5 L'esercizio chiede di completare il primo dei due commi dell'art. 3 della Costituzione italiana. L'articolo, che è incluso nei Principi fondamentali della Carta (artt. 1-12) si completa correttamente scegliendo l'alternativa **C**.

6 Nel corso del Novecento diversi Paesi hanno avuto primi ministri o premier donne. In Israele, per esempio, c'è stata Golda Meir (1969-74). Nel Regno Unito Margareth Thatcher (1979-90), in India Indira Gandhi (1966-77 e 1980-84) e in Pakistan Benazir Bhutto (1988-90 e 1993-96). In Svezia, invece, la prima premier donna (il titolo ufficiale è Ministro di Stato della Svezia) è entrata in carica solo nel 2021 ed è la socialdemocratica Magdalena Andersson. La risposta esatta è dunque la **A**.

7 Il senso dell'iniziativa artistica romana voluta dallo street artist francese Jr, non nuovo a iniziative di questo genere, è individuato con più precisione dall'alternativa **C**, che risulta essere la risposta corretta. L'arte, quando è partecipata dalle persone e letteralmente portata per le strade di una metropoli come Roma, nella sua fisicità e materialità può contribuire a cambiare le persone e il loro modo di agire e comportarsi e, di conseguenza, in prospettiva, anche il mondo.

8 Le cellule del corpo umano vanno dai 7 μm dei globuli rossi ai 100 μm della cellula uovo, mentre le cellule somatiche hanno mediamente un diametro di 30 μm. I procarioti hanno dimensioni nettamente inferiori, ma sempre nell'ordine dei μm: infatti sono visibili anche con il microscopio ottico. La risposta corretta è la **E**: sono comprese tra 0,5 e 5 μm.

9 Il tasso di glucosio nel sangue (glicemia) è mantenuto costante dall'azione di diversi ormoni: i *glucocorticoidi* (prodotti dalla corticale surrenale), il *glucagone* (secreto dal pancreas) e l'*adrenalina* (secreta dalla midollare surrenale) tendono ad innalzare questo valore, rendendo disponibile una maggior quantità di glucosio; l'*insulina* (prodotta dal pancreas) diversamente, fa abbassare questo valore. Una glicemia molto elevata, come proposto dal quesito, può quindi essere dovuta a un'insufficiente produzione di insulina; risposta **C**.

10 La meiosi è un processo di divisione cellulare che permette di produrre 4 cellule aploidi a partire da una cellula diploide. Se una cellula della mucosa intestinale di un gambero (una cellula somatica) contiene 200 cromosomi, ciascuno composto da due cromatidi, avranno questa composizione cromosomica anche le cellule della linea germinale, prima di subire la meiosi. Una cellula di questo tipo, in seguito a meiosi produce quattro cellule con numero di cromosomi dimezzato, inoltre ciascun cromosoma, dopo la meiosi, è formato da un solo cromatidio, in ognuna delle quattro cellule formate dalla meiosi si potranno quindi contare 100 cromosomi, ciascuno costituito da 1 cromatidio; risposta **E**.

11 Il sistema parasimpatico fa parte del sistema nervoso autonomo, cioè quella componente del sistema nervoso periferico responsabile del controllo delle attività fisiologiche fondamentali, indipendenti dalla volontà; innerva la muscolatura involontaria (come quella dell'intestino e le pareti dei vasi) e le ghiandole, e il neurotrasmettitore caratteristico è l'acetilcolina. Si possono quindi escludere le alternative **B** ed **E**. In particolare il parasimpatico promuove le funzioni vegetative, cioè stimola l'attività gastrica, pancreatica e intestinale, determina contrazione dei bronchi, rallentamento del battito cardiaco e vasodilatazione. Azione opposta viene svolta dall'ortosimpatico, che adegua l'organismo alle situazioni di "emergenza" aumentando l'irrorazione sanguigna ai muscoli oltre a provocare vasocostrizione periferica, dilatazione delle vie aeree, accelerazione del il battito cardiaco e aumento della demolizione del glicogeno. Da quanto appena visto si deduce che la risposta corretta è la **C**.

12 I plasmidi sono utilizzati come vettori di geni nelle tecniche di ingegneria genetica. Per inserire un gene estraneo in un plasmide, il DNA del gene e quello del plasmide devono essere tagliati con lo stesso enzima di restrizione, in questo modo si formano "estremità adesive" complementari che permettono l'integrazione nel plasmide del DNA estraneo, grazie anche all'intervento dell'enzima DNA-ligasi. Da quanto appena visto si deduce che l'alternativa corretta è la **A**.

13 Il quesito propone l'albero genealogico di una famiglia in cui compare una malattia a trasmissione autosomica dominante. In questo caso gli individui sani sono sicuramente omozigoti per l'allele normale, e in base a questa osservazione si possono già escludere le alternative **B**, **C** e **D**.

In F_1 una femmina sana si accoppia con un uomo malato e hanno due femmine sane e un maschio malato; quest'ultimo, figlio di una donna omozigote per l'allele normale e di un uomo eterozigote, non può essere omozigote per la malattia ma sarà certamente eterozigote, quindi è possibile escludere la risposta **A** e stabilire che l'alternativa corretta è la **E**, infatti anche la femmina malata di F_3 sarà certamente eterozigote.

14 Nel corso della fermentazione alcolica il piruvato (a 3 atomi di carbonio) viene ossidato e perde un atomo di carbonio sotto forma di CO_2, trasformandosi in etanolo, un composto a 2 atomi di carbonio; la reazione non produce ATP. La risposta corretta è la **B**.

15 All'interno della capsula di Bowman del nefrone si raccoglie un liquido, indicato come *ultrafiltrato*, derivato dal passaggio di plasma all'interno di questa struttura attraverso le pareti dei capillari del glomerulo renale. Tali pareti non permettono, però, il transito di proteine né di cellule del sangue. È già possibile, quindi, escludere la risposta **C**.

Nel successivo percorso lungo il tubulo renale avvengono una serie di modificazioni dell'ultrafiltrato dal quale viene riassorbito il 99% di acqua, sali, glucosio e altre sostanze nutritive che erano presenti a livello della capsula di Bowman, mentre rimane l'urea. La risposta **B** è da scartare in quanto l'urina non si forma già nella capsula di Bowman ma rappresenta il prodotto finale dei processi che avvengono durante l'intero percorso nel nefrone.

Le risposte **D** ed **E** non sono esatte in quanto né l'acido urico, eliminato da uccelli, rettili e insetti, né l'ammoniaca, rilasciata direttamente nell'ambiente esterno dagli organismi acquatici inferiori, rappresentano i prodotti di rifiuto azotati dell'uomo e non si raccolgono, quindi, nel suo ultrafiltrato. La risposta esatta è dunque la **A**.

16 Per rispondere correttamente al quesito è necessario individuare, fra quelle proposte, l'affermazione errata. La corea di Huntington è una malattia genetica causata da un allele dominante, e come tale si manifesta sia in omozogosi che in eterozigosi, ne consegue che non possono esistere portatori sani e che non possono nascere figli malati da genitori sani. La A e la E quindi sono affermazioni corrette e si può escludere che siano risposte esatte al quesito.

Indicando con H l'allele dominante che causa la corea di Huntington e con h l'allele recessivo corrispondente alla forma normale, un individuo sano avrà genotipo hh, mentre un individuo malato (eterozigote) avrà genotipo Hh. Un individuo con genotipo hh produce esclusivamente gameti contenenti l'allele h, mentre un individuo di tipo Hh produce gameti contenenti per il 50% l'allele h e per il 50% l'allele H. Dall'incrocio fra due individui malati (Hh) nasceranno figli malati (con genotipo Hh), per il 75% e sani (hh) per il 25%; si può scartare quindi anche l'alternativa B, che risulta corretta. Se un solo genitore è malato, l'incrocio fra gameti tutti di tipo h e gameti che per il 50% contengono l'allele H, produrrà individui per il 50% malati (Hh) e per il 50% sani (hh); anche l'affermazione C è quindi corretta.

La risposta esatta al quesito è la D, infatti questa mutazione, non essendo legata ai cromosomi sessuali, viene ereditata in ugual misura dai maschi e dalle femmine. Si noti che quando un quesito propone una malattia genetica dominante si presume (se non è diversamente specificato) che gli individui malati siano eterozigoti.

17 Gli enzimi sono proteine con funzione di catalizzatori per le reazioni chimiche che avvengono negli esseri viventi; praticamente tutte le reazioni biochimiche sono catalizzate da enzimi (la 2 è esatta). Un enzima non sposta la posizione dell'equilibrio (la 1 è errata), quindi non può far sì che avvenga una reazione sfavorita dal punto di vista termodinamico, però accelera la velocità della reazione perché ne abbassa l'energia di attivazione (la 3 è esatta). Ogni enzima agisce in modo specifico per catalizzare una determinata reazione (o poche reazioni simili); gli enzimi non compaiono né fra i reagenti né fra i prodotti di una reazione, in quanto rimangono inalterati. Le affermazioni esatte sono la 2 e la 3; risposta corretta: E.

18 Si parla di fecondazione interna quando questo processo avviene all'interno del corpo della femmina, dove vengono introdotti gli spermatozoi. Diversamente, con la fecondazione esterna, i gameti maschili e femminili vengono rilasciati all'esterno, in ambiente acquatico, e qui ha luogo la loro fusione. Questa seconda modalità è tipica degli animali che vivono o si riproducono in acqua (pesci e anfibi), mentre la fecondazione interna è caratteristica degli animali che vivono fuori dall'acqua (rettili, uccelli e mammiferi). La risposta esatta è la C.

19 Le proteine intrinseche attraversano tutta la membrana (risposta A errata); Anche la superficie intracellulare è idrofila (B errata); Le proteine estrinseche possono essere anche sulla superficie interna (D errata) ed i fosfolipidi sono all'interno della membrana mentre le proteine possono essere anche sulla superficie extracellulare (E errata). Al contrario le membrane sono asimmetriche perché tutti i lipidi che la compongono hanno funzioni diverse e, in base a queste, si dispongono sulla superficie esterna o quella interna. Quindi la risposta esatta è la C.

20 Le cellule della radice non hanno modo di effettuare la fotosintesi, a causa dell'assenza di luce, quindi non contengono cloroplasti (risposta D corretta), mentre contengono tutte le altre strutture elencate nelle rimanenti alternative.

21 Anche le cellule del cuore necessitano di irrorazione sanguigna per ricevere ossigeno e nutrienti e cedere anidride carbonica e sostanze di rifiuto. Le arterie che provvedono all'irrorazione del cuore si chiamano "coronarie". Quindi la risposta corretta è la C.

22 Le alternative si riferiscono a diverse classi del regno Animale e indicano rispettivamente: vermi marini ([A]) appartenenti al phylum Anellidae; animali acquatici prevalentemente marini (B) appartenenti al phylum Arthropoda; i cosiddetti millepiedi o centopiedi (C) appartenenti ancora al phylum Arthropoda; rane e salamandre (D), animali terrestri ma strettamente legati all'ambiente acquatico, almeno per una fase del ciclo vitale, appartenenti al phylum Chordata; infine i ricci di mare (E), appartenenti ancora al phylum Echinodermata. Sono vertebrati solo gli anfibi, dotati appunto di uno scheletro interno, quindi la risposta esatta è la D.

---

23 Per rispondere al quesito è necessario ricordare alcune regole che, data la formula di un composto, permettono di calcolare il numero di ossidazione (N.O.) degli atomi che compaiono nella formula stessa:

- tutte le sostanze allo stato elementare hanno numero di ossidazione nullo;
- il numero di ossidazione di uno ione monoatomico è uguale alla carica dello ione;
- la somma dei numeri di ossidazione di tutti gli atomi presenti in una molecola neutra è pari a 0, mentre in uno ione poliatomico è pari alla carica dello ione;
- il N.O. dell'idrogeno è + 1, tranne che nei composti con i metalli (idruri) in cui è – 1;
- nella maggior parte dei composti il N.O. dell'ossigeno è – 2 (tranne nei perossidi, come H_2O_2, in cui è –1 e in OF_2, in cui è +2);
- il N.O. degli elementi del gruppo I A è + 1, il N.O. di quelli del gruppo II A è + 2, il N.O. di Al è +3

Dato che Cl (alogeno) è più elettronegativo di C, e il suo numero di ossidazione più comune (e così anche nei composti CCl_4 e $CHCl_3$) è –1; possiamo ora stabilire che:

in C_2H_6 $N.O._C = -3$
in $C_6H_{12}O_6$ $N.O._C = 0$
in CCl_4 $N.O._C = +4$
in $CHCl_3$ $N.O._C = +2$
in CO $N.O._C = +2$

Fra i composti proposti, l'unico in cui il carbonio presenta numero di ossidazione negativo è l'etano (C_2H_6), risposta A.

---

24 Il legame a ponte di idrogeno è il più forte tra i legami deboli. È un legame di natura elettrostatica e si instaura essenzialmente tra molecole aventi un idrogeno legato a un atomo fortemente elettronegativo (come per esempio molecole con gruppi H–O, H–F, H–N) e il doppietto solitario dell'atomo elettronegativo che viene a trovarsi in una molecola adiacente. Si forma così un legame per mezzo dell'idrogeno, che si dispone a ponte tra le due molecole adiacenti. Gli idrocarburi alifatici o aromatici sono molecole apolari, quindi non possono formare legami a ponte di idrogeno. Poiché la risposta B ipotizza la formazione del ponte di idrogeno tra due alcani quali l'etano e il propano, può essere scartata.

L'acqua è una delle sostanze con la più marcata propensione a formare legami a ponte di idrogeno, ma non può farli con molecole apolari, anche se queste contengono idrogeno: la scarsa polarità dei legami C–H, presenti nell'etano, nel ciclopentano e nel benzene, rende nullo o quasi il dipolo che dovrebbe dare l'interazione elettrostatica col doppietto solitario dell'ossigeno dell'acqua. Per questo motivo vanno scartate anche le risposte C, D ed E. Il metanolo e l'etanolo sono invece due alcoli a catena corta contenenti entrambi il gruppo OH, che è adatto a formare ponti di idrogeno: la risposta esatta è pertanto la A.

---

25 Gli ossidi sono composti binari formati da ossigeno e un altro elemento. Gli ossidi di metalli, come Na_2O e CaO, in acqua formano una soluzione basica, mentre gli ossidi di non metalli, come NO_2 e SO_3, formano una soluzione acida. Sia gli elementi di transizione sia gli elementi alcalini sono metalli e quindi danno reazione basica, mentre gli alogeni non reagiscono con l'ossigeno.

Si deduce che la risposta corretta è la E.

---

26 Secondo quanto riportato nel brano appena letto, l'entropia rappresenta una misura del disordine di un sistema. Dato che le disposizioni ordinate sono meno probabili di quelle disordinate, si osserva che i sistemi tendono spontaneamente ad assumere disposizioni meno ordinate, quindi si può dire che l'entropia tende spontaneamente ad aumentare.

Fra le affermazioni proposte, l'unica che può essere dedotta dal brano è dunque la A.

27 Secondo il modello di Brønsted-Lowry, durante una reazione acido-base l'acido cede ioni H^+ e si trasforma nella propria base coniugata, mentre la base accetta questi ioni e si trasforma nel proprio acido coniugato. Nel caso proposto dal quesito, l'acido nitrico, HNO_3, reagisce con H_2O trasformandosi nella propria base coniugata, NO_3^-, come indicato dall'equazione chimica:

$$HNO_3 + H_2O \rightarrow NO_3^- + H_3O^+$$

Lo ione nitrato, NO_3^-, è una base debole, infatti la forza di un acido (o di una base) è inversamente proporzionale alla forza della base coniugata (o dell'acido coniugato).

La risposta esatta è la **D**.

28 Il peso equivalente (PE) di una sostanza è il peso della quantità di sostanza in grado di fornire o consumare una mole di elettroni in una reazione redox, di generare una mole di ioni H^+ o di ioni OH^- in una reazione acido-base, oppure di produrre una mole di carica elettrica ionica in seguito a dissociazione. Il cloruro ferrico è un composto binario formato dallo ione ferrico Fe^{3+} (in cui il ferro compare con il numero di ossidazione più elevato), in rapporto 1:3 con lo ione cloruro Cl^-; questo composto ha quindi formula $FeCl_3$. Dato che la dissociazione di una mole di $FeCl_3$ produce 3 moli di cariche positive e 3 moli di cariche negative, si può dire che una mole di $FeCl_3$ contiene 3 equivalenti e che il peso equivalente del ferro è pari a 1/3 del peso di una mole di $FeCl_3$.

Dato che:

$$PE = \frac{PM}{eq/mol}$$

Sarà:

$$PE_{Fe} = \frac{55{,}84 \text{ g/mol}}{3 \text{ eq/mol}} = 18{,}61 \text{ g/eq}$$

Un equivalente di ferro nel composto $FeCl_3$ pesa 18,61 g; risposta **B**.

29 La configurazione elettronica esterna dell'azoto è $2s^2\,2p^3$, mentre quella del carbonio è $2s^2\,2p^2$; N contiene quindi cinque elettroni nel livello esterno e C ne contiene quattro. Nelle due molecole considerate (NH_4^+ e CH_4) gli atomi centrali formano 4 orbitali ibridi di tipo sp^3, in questo modo il carbonio ha un elettrone su ciascun orbitale e può formare 4 legami covalenti con altrettanti atomi di idrogeno. L'azoto, d'altra parte, ha un doppietto in un orbitale e tre elettroni spaiati nei tre orbitali rimanenti, questi ultimi sono utilizzati per formare legami covalenti con tre atomi di idrogeno, mentre il quarto orbitale, contenente il doppietto, viene utilizzato per formare un legame dativo con uno ione H^+. La risposta esatta è quindi la **C**. Si ricordi che una molecola caratterizzata da orbitali di tipo sp^3 ha struttura tetraedrica, la risposta **D** è quindi sbagliata.

30 Si comincia bilanciando l'oro: ci sono 2 Au tra i prodotti, mentre ne compare solo uno tra i reagenti, mettiamo quindi un 2 davanti a $AuNO_3$. Osserviamo poi che ci sono 2 idrogeni tra i reagenti e solo uno tra i prodotti: aggiungiamo quindi un 2 davanti a HNO_3. I coefficienti stechiometrici corretti sono 1, 2, 1, 2, risposta **C**.

31 Per calcolare il numero di molecole è necessario conoscere il numero di moli. Dalla formula n = m/PM ricaviamo:

$$n = 92 \text{ g}/46 \text{ g/mol} = 2 \text{ mol}$$

Sapendo che una mole equivale a un numero di Avogadro ($6{,}02 \cdot 10^{23}$) di molecole:

$$2 \cdot 6{,}02 \cdot 10^{23} = 12 \cdot 10^{23} = 1{,}2 \cdot 10^{24}$$

La risposta corretta è la **E**.

32 Il modulo dell'accelerazione centripeta nel moto circolare uniforme è data dal prodotto tra il quadrato della velocità angolare ω e il raggio *r* (distanza del campione dall'asse di rotazione della centrifuga):

$$a_c = \omega^2 \cdot r$$

Per applicare questa relazione la velocità angolare, pari a 6000 giri al minuto, deve essere convertita in radianti al secondo:

$$\omega = \frac{6000 \text{ giri}}{\text{minuto}} = \frac{100 \text{ giri}}{\text{secondo}} = \frac{100 \cdot 2\pi}{\text{secondo}} = 100 \cdot 2\pi \text{ rad/s}$$

similmente il raggio di 12,5 cm deve essere convertito in metri:

$$r = 12{,}5 \text{ cm} = \frac{12{,}5}{100} \text{ m}$$

Si ricava (ricordando che $g \approx 10$ m/s^2) che il modulo dell'accelerazione centripeta vale:

$$a_c = \omega^2 \cdot r = (100 \cdot 2\pi \text{ rad/s})^2 \cdot \frac{12{,}5}{100} \text{ m} =$$

$$= \frac{100^2}{100} \cdot 4\pi^2 \cdot 12{,}5 \text{ m/s}^2 \approx 100 \cdot 40 \cdot 12{,}5 \text{ m/s}^2 = 50.000 \text{ m/s}^2 = 5000 \cdot g$$

La risposta esatta è quindi la **E**.

33 Le due automobili hanno la stessa massa *m*; le rispettive energie cinetiche sono rispettivamente:

$$E_1 = \frac{1}{2}mv_1^2 \quad \text{e} \quad E_2 = \frac{1}{2}mv_2^2$$

quindi il loro rapporto vale:

$$\frac{E_1}{E_2} = \frac{\frac{1}{2}mv_1^2}{\frac{1}{2}mv_2^2} = \frac{v_1^2}{v_2^2} = \frac{(140 \text{ km/h})^2}{(110 \text{ km/h})^2} = \frac{(140)^2}{(110)^2} = \left(\frac{140}{110}\right)^2$$

La risposta esatta è la **C**.

34 La risposta corretta è la **C**. Infatti il peso del corpo è un vettore, diretto verticalmente verso il basso, avente modulo:

$$P = m \cdot g = 0{,}4 \text{ kg} \cdot 9{,}8 \frac{\text{m}}{\text{s}^2} = 3{,}92 \text{ N}$$

La molla genera invece una forza elastica diretta verticalmente verso l'alto avente modulo:

$$F = \text{k} \cdot x = 49 \text{ N/m} \cdot x$$

dove k è la costante elastica della molla (ossia 49 N/m) mentre *x* è lo spostamento dalla posizione di partenza (con la molla "scarica").

Uguagliando le due espressioni si ottiene:

$$m \cdot g = \text{k} \cdot x \rightarrow 3{,}92 \text{ N} = 49 \text{ N/m} \cdot x \rightarrow x = \frac{3{,}92 \text{ N}}{49 \text{ N/m}} = 0{,}08 \text{ m} = 8 \text{ cm}$$

35 L'equazione di stato dei gas perfetti (o legge di Clapeyron):

$$P \cdot V = n \cdot \mathrm{R} \cdot T$$

si riduce alla legge di Boyle quando la temperatura è costante:

$$P \cdot V = \text{costante}$$

In pratica, se la temperatura non varia il prodotto fra pressione e volume rimane costante: P e V sono tra loro inversamente proporzionali. Quindi, se si fa **aumentare** la pressione P di 3 volte (da 5 a 15 atmosfere) il volume V dovrà **diminuire** di 3 volte (passando da 3 m^3 a 1 m^3): risposta **B**.

---

36 Le forze elettrostatiche sono inversamente proporzionali al quadrato della distanza fra le cariche: essendo $d_1 < d_2$ risulta $F_1 > F_2$.

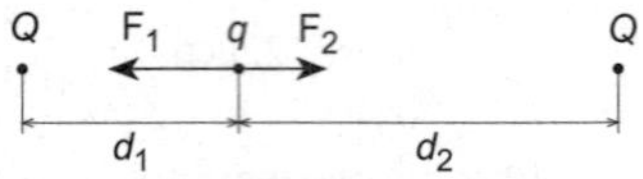

La risposta corretta è quindi la **C**.

---

37 Il calore fluisce spontaneamente da un corpo più caldo a uno più freddo, in accordo con il secondo principio della termodinamica (enunciato di Clausius), fino a giungere a una temperatura di equilibrio uguale per i due corpi. Nel caso considerato dal problema, dunque, non avviene passaggio di calore (risposta **D**).

---

38 La risposta corretta è la **A** poiché l'espressione $x^2 + (x + 1)^2$ è la somma di due quadrati che non si annullano mai contemporaneamente. Invece l'espressione $(2x + 2)^2 + (3x + 3)^2$, pur essendo allo stesso modo una somma di due quadrati, è uguale a 0 per $x = -1$.

---

39 Lanciando 5 volte un dado, la probabilità di ottenere una certa sequenza contenente esattamente 3 volte il "due" e, di conseguenza, 2 volte un numero diverso da "due" è data da:

$$\mathrm{P} = \frac{1}{6} \cdot \frac{1}{6} \cdot \frac{1}{6} \cdot \frac{5}{6} \cdot \frac{5}{6} = \frac{5^2}{6^5}$$

Occorre però prestare attenzione al fatto che questa è la probabilità di ottenere una sola configurazione, per esempio quella dove prima ci sono i 3 "due" e poi i 2 numeri diversi da "due": esistono però altre configurazioni. Indicando con X i 2 numeri diversi da "due" si potrebbero presentare le seguenti sequenze:

2 2 2 X X
2 2 X 2 X
2 2 X X 2
. . .
X 2 X 2 2
X X 2 2 2

Occorre quindi contare tutte le possibili configurazioni: per questo "conteggio" si utilizza il concetto di *coefficiente binomiale* che fondamentalmente risponde alla domanda "dati *n* oggetti, in quanti modi ne posso scegliere *k*?" La formula per il calcolo del coefficiente binomiale è la seguente:

$$\binom{n}{k} = \frac{n!}{(n-k)! \cdot k!}$$

Applicandola al caso dei 5 lanci (quindi $n = 5$) con il "2" che esce 3 volte (quindi $k = 3$) si ottiene:

$$\binom{5}{3} = \frac{5!}{(5-3)! \cdot 3!} = \frac{5!}{2! \cdot 3!} = \frac{5 \cdot 4}{2} = \frac{20}{2} = 10$$

La probabilità cercata è pertanto:

$$P = 10 \cdot \frac{5^2}{6^5} = 2 \cdot 5 \cdot \frac{5^2}{6^5} = 2 \cdot \frac{5^3}{6^5}$$

La risposta esatta è quindi la **E**. Occorre prestare attenzione al fatto che, leggendo il testo del quesito, facilmente si commette l'errore di calcolare la probabilità di ottenere una sola configurazione e quindi di rispondere erroneamente $P = 5^2/6^5$ che, come si è visto, rappresenta la probabilità di una sola possibile sequenza di 3 "due" e 2 numeri diversi da "due".

---

40 La media delle 25 osservazioni si calcola nel modo seguente:

$$\frac{168 \cdot 10 + 172 \cdot 15}{25} = \frac{1680 + 2580}{25} = \frac{4260}{25} = 170{,}4$$

Dal momento che il valore ottenuto è un numero non intero (mentre tutti i numeri proposti sono interi), la risposta corretta è la **E**.

---

41 Le intersezioni della retta di equazione $y = 8x - 4$ con gli assi si trovano risolvendo i due sistemi lineari:

asse y: $\begin{cases} y = 8x - 4 \\ x = 0 \end{cases} \rightarrow \begin{cases} y = -4 \\ x = 0 \end{cases}$ asse x: $\begin{cases} y = 8x - 4 \\ y = 0 \end{cases} \rightarrow \begin{cases} 8x = 4 \\ y = 0 \end{cases} \rightarrow \begin{cases} x = 1/2 \\ y = 0 \end{cases}$

La retta incontra quindi gli assi nei punti (0; –4) e (1/2; 0).

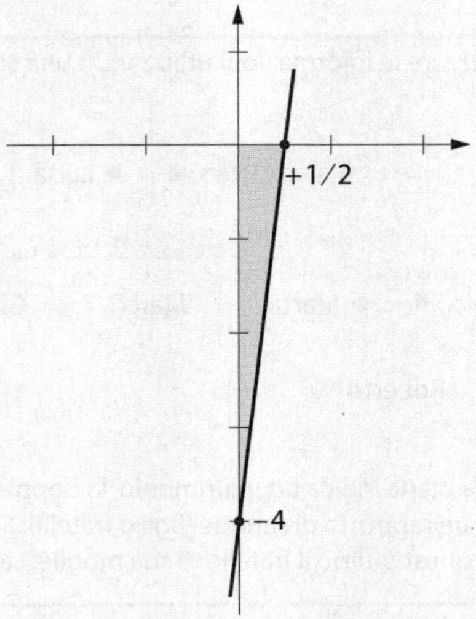

Il triangolo rettangolo individuato dagli assi cartesiani e dalla retta ha i cateti che misurano dunque 4 e 1/2 e la sua area è:

$$A = \frac{4 \cdot 1/2}{2} = \frac{2}{2} = 1$$

La risposta corretta è la **C**.

42 Se si dimezzano le dimensioni lineari di ciascuna goccia, la sua superficie si riduce a un quarto e il volume a un ottavo. Indicando con *S* e *V* rispettivamente la superficie e il volume iniziali, il nuovo rapporto superficie/volume del sistema (ossia delle otto goccioline) diventa:

$$\frac{8 \cdot S/4}{8 \cdot V/8} = \frac{2 \cdot S}{V} = 2 \cdot \frac{S}{V}$$

La risposta corretta è quindi la **A**.

43 Essendo $3 = (1/3)^{-1}$ si ricava che:

$$\log_{1/3} 3 = -1$$

quindi la risposta corretta è la **A**.

44 Per rispondere al quesito occorre ricordare il grafico della sinusoide e osservare che $\frac{5}{18}\pi = 50°$.

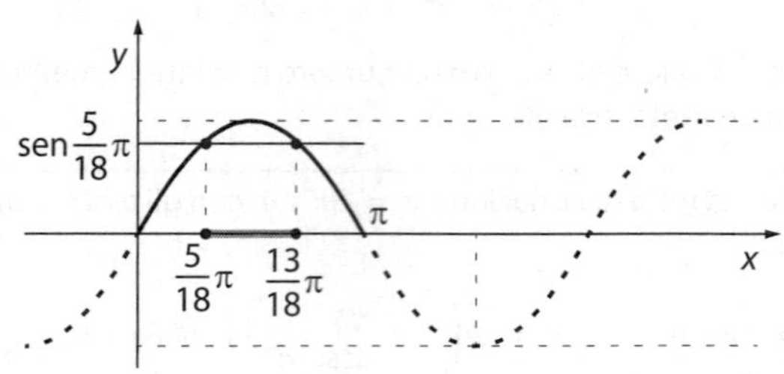

Si trova che $\text{sen}x > \text{sen}\frac{5}{18}\pi$ per valori di *x* compresi tra $\frac{5}{18}\pi = 50°$ e $\frac{13}{18}\pi = 130°$: risposta **A**.

45 Provando a schematizzare le informazioni utilizzando una sorta di albero genealogico si ha:

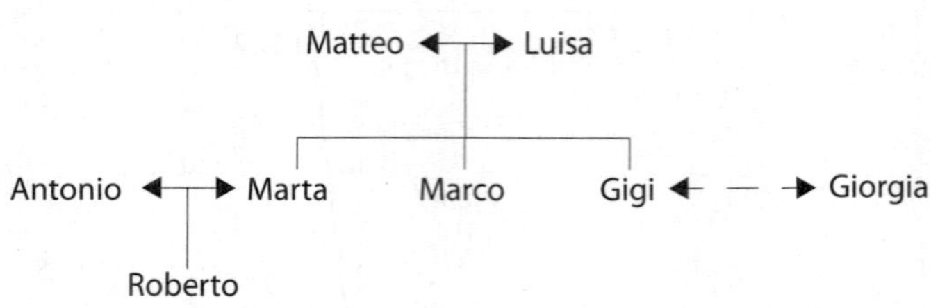

dove la doppia freccia piena indica un matrimonio, la doppia freccia tratteggiata un fidanzamento e la linea continua un rapporto di sangue (figli o fratelli). Si vede quindi che Antonio è il cognato di Marco, essendo quest'ultimo il fratello di sua moglie. La soluzione del quesito è quindi la **D**.

46 Se in 20 partite Chiara ha segnato in media 1,2 gol a partita significa che complessivamente ha segnato 1,2 x 20 volte ossia 24 gol. Con ragionamento analogo si ricava che Diana ha segnato 12 reti e Elisa 15, per un totale complessivo nelle prime 20 partite pari a 24 + 12 + 15 = 51.

A questi gol se ne aggiungono ulteriori 9 nelle ultime 5 partite; quindi in 25 partite il numero complessivo di reti ammonta a 60 (51 + 9) e il numero medio di gol a partita è dunque pari a 60/25. Semplificando numeratore e denominatore per 5 si ottiene 12/5 che corrisponde a 10/5 + 2/5 = 2 + 0,4 ossia 2,4 (risposta corretta **B**).

47 Per valutare le diverse alternative proposte, risulta utile schematizzare le informazioni fornite dal testo. Rappresentando la capacità di trasmissione dei singoli accampamenti con una circonferenza con raggio pari al raggio di trasmissione si ottiene la seguente figura, dalla quale risulta evidente che non è possibile quanto indicato dall'alternativa **D**: la distanza tra X e Y è pari a 40 chilometri, il raggio di trasmissione di X è pari a 10 chilometri e il raggio di trasmissione di Y è pari a 20 chilometri; non esiste pertanto una zona dalla quale sia possibile captare sia il segnale proveniente da X sia quello proveniente da Y.

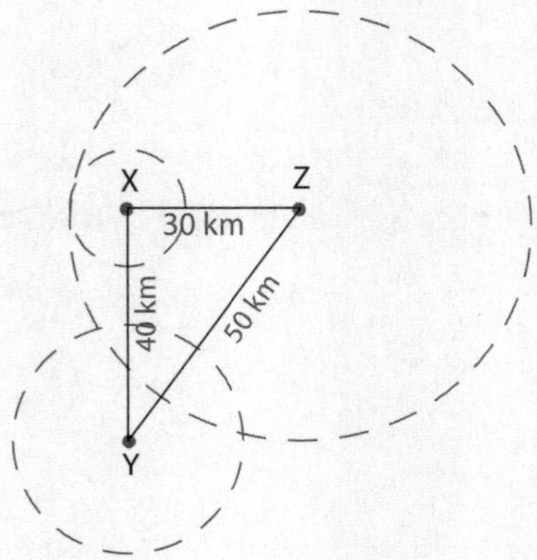

48 La famiglia Bianchi è andata in piscina 40 volte; dunque se non avesse avuto la "tessera famiglia" avrebbe dovuto sostenere un costo pari a 320 euro:

160 euro (2 adulti × 2 euro × 40 volte) + 160 euro (4 bambini × 1 euro × 40 volte)

Grazie alla "tessera famiglia" ha invece speso 70 euro:

50 euro (tessera) + 20 euro (0,5 euro × 1 bambino × 40 volte)

Il risparmio è stato quindi pari a 320 – 70 = 250 euro e la risposta corretta è la **C**.

49 Per risolvere quest'esercizio conviene partire dall'analisi delle alternative. La somma dell'età delle tre figlie deve essere pari a 31 (giorno in cui i due si trovano a parlare), mentre la differenza tra l'età della più grande e quella della più piccola, deve essere pari a 6 (1/6 di 36). Analizzando le alternative, l'unica che rispetta queste condizioni è la **A** (soluzione del quesito), infatti 14 + 8 + 9 = 31 e 14 – 8 = 6.

50 Se è vero - come si dice nel testo - che ognuna delle 40 domande ha ricevuto una risposta da qualcuno dei candidati, allora non c'è nessuna delle 40 diverse domande che è rimasta orfana di risposta, ovvero che è stata completamente ignorata da ciascuno dei candidati all'esame per la patente di guida. Questo è esattamente quanto affermato nell'alternativa **B**, soluzione del quesito.

PROVA SIMULATA